高速铁路接触网作业车司机专业知识导读

《高速铁路接触网作业车司机专业知识导读》编委会 编

中国铁道出版社有限公司

2021年·北 京

内 容 简 介

本书系统介绍了当前高速铁路接触网作业车的新设备和新技术，以JW-4G型接触网作业车为基础进行阐述。全书共七章，包括接触网作业车概述、高速铁路接触网作业车的基本结构、车载安全装备、接触网作业车管理、高速铁路接触网作业车的操纵、接触网作业车故障应急处置、事故案例。

本书可作为接触网作业车司机、技术人员、管理人员的专业培训教材，也可供从事接触网专业管理、安全管理等方面工作的人员学习参考。

图书在版编目(CIP)数据

高速铁路接触网作业车司机专业知识导读 /《高速铁路接触网作业车司机专业知识导读》编委会编．—北京：中国铁道出版社有限公司，2021．5

ISBN 978-7-113-27843-4

Ⅰ．①高… Ⅱ．①高… Ⅲ．①高速铁路-接触网-技术培训-教材 Ⅳ．①U238②U225

中国版本图书馆CIP数据核字(2021)第052494号

书　　名：高速铁路接触网作业车司机专业知识导读
作　　者：《高速铁路接触网作业车司机专业知识导读》编委会

责任编辑：田　甜　　**编辑部电话：**(010)51873116　　**邮箱：**tdpress@126.com
编辑助理：魏　娟
封面设计：曾　程
责任校对：焦桂荣
责任印制：高春晓

出版发行：中国铁道出版社有限公司(100054，北京市西城区右安门西街8号)
网　　址：http://www.tdpress.com
印　　刷：国铁印务有限公司
版　　次：2021年5月第1版　2021年5月第1次印刷
开　　本：787 mm×1 092 mm　1/16　印张：15.25　字数：376千
书　　号：ISBN 978-7-113-27843-4
定　　价：65.00元

编　委　会

主　　任： 王　勇

副 主 任： 白高赞　张居才

主　　编： 靳旭东　张之明　牛会民

编写人员： 杨庆和　牛会民　刘　辉　刘国庆　张　津　刘卫茹
刘全波　罗荣刚　白祥坤　杨　云　吕　筠　王亚涛
崔海霞　李晓明　王永亭　罗隆玉　田立中　王建民

审定人员： 孙　强　万　涛　边冠铭　张志峰

前 言

随着我国高速铁路的建设和发展，陆续出现了JW-4G型接触网作业车、接触网多功能作业车、接触网多平台作业车、接触网检修车列、接触网检测车等多种新型高速铁路接触网作业车。新车型的应用为高速铁路供电运行维护工作提供了有力的技术支撑，但同时也对高速铁路接触网作业车的运用、维护管理提出了新要求，现场的运用维护管理人员需要更好地掌握接触网作业车的基本原理和专业知识。

北京局集团公司高度重视高速铁路接触网作业车运行维护管理工作和职工培训工作，由供电部和职工培训部牵头组织专业技术人员，成立了本书编委会。本书系统介绍了当前高速铁路接触网作业车的新设备和新技术，以JW-4G型接触网作业车为基础，全面讲解了接触网作业车的构造和原理、车载安全装备、专业管理、高速铁路作业车的操纵、故障应急处置等方面内容，列举了近几年发生的接触网作业车事故案例并对案例进行了详细分析。本书与实际结合紧密、内容系统全面，可作为接触网作业车司机、技术人员、管理人员的专业培训教材，也可作为接触网专业管理、安全管理等方面人员的参考用书。

本书由靳旭东、张之明、牛会民任主编。第一章由刘辉、杨云、吕筠、王亚涛、杨庆和、牛会民编写，第二章由刘国庆、李晓明、王建民编写，第三章由张津、王永亭、罗隆玉编写，第四章由刘全波、田立中编写，第五章由刘国庆、崔海霞编写，第六章由刘全波、刘卫茹编写，第七章由罗荣刚、白祥坤编写。全书经孙强、万涛、边冠铭、张志峰等集体审定。

书中不妥之处，恳请读者指正。

《高速铁路接触网作业车司机专业知识导读》编委会

2020年12月

目　录

第一章　高速铁路接触网作业车概述

第一节　接触网作业车应用和发展

接触网作业车是电气化铁路接触网日常维修、检测、大修、应急抢修及施工的重要设备，是保障铁路供电安全的重要装备。

一、应用现状

截至2020年6月，全路十八个铁路局集团有限公司共有各类自带动力作业车4 877台，从业司机8 658人。当前，随着高速铁路运营里程的增加，对供电安全服务品质要求更高，新技术、新材料发展迅速，更加要求我们认清形势、适应形势、锐意改革，用好新型装备，加强技能培训和演练，推进落实物防技防措施，确保高速铁路运行安全。

二、接触网作业车分类

（一）按功能分类

接触网作业车按功能分为接触网检修作业车、接触网高空作业车、接触网立杆作业车、接触网放线车、接触网专用平车、绝缘子水冲洗车等。

随着技术进步，涌现出了接触网多功能作业车、接触网多平台作业车、接触网检修车列、接触网检测车等新车型。

（二）按传动方式分类

接触网作业车按传动方式可分为机械传动、液力传动、电传动。

机械传动方式：以内燃机为动力，通过离合器、变速箱、换向分动箱、传动轴、车轴齿轮箱等将发动机的动力传递到轮对上，实现驱动车辆运行。

液力传动方式：以内燃机为动力，通过液力传动箱、传动轴、车轴齿轮箱等将发动机的动力传递到轮对上，实现驱动车辆运行。

电传动方式：以内燃机为动力，驱动发电机发电，通过整流系统实现交流电变直流电，再通过控制系统控制牵引电机，实现动力传递。

三、当前应用的主要车型

（一）JW-4G型接触网检修作业车

JW-4G型接触网检修作业车最高运行速度为120 km/h，采用潍柴动力股份有限公司（以下简称潍柴动力）生产的WP12.480型电喷水冷柴油发动机，额定功率353 kW，排放达到了国家第三阶段排放标准。采用液力传动形式，可实现无级变速。采用JZ-7G制动机。车体两端设有13B号上作用式缓冲车钩。整车具有功率大、牵引能力强、制动性能可靠、操纵轻便灵活、作业方便、使用寿命长、运行稳定性和平稳性好等优点，主要适用于电气化铁路接触网上部设施的安装、维修和日常检查、保养。

该车主要由车体、车架、转向架、动力传动装置、制动系统、液压系统、电气系统、自动调平的升降回转作业平台、车钩及缓冲装置、空调、随车起重机等组成。走行部采用两台两轴转向架，动力传动系统采用车下悬挂安装方式，车辆上部空间得到了有效利用，车辆前端设置司机室，后部设置升降回转作业平台及随车起重机，预留紧线柱的安装位置。

该车采用了一系列新技术，如采用模块化设计，标准化的操作台，标准化的车体造型，标准化的底盘。在车架与转向架，转向架与轮对之间设有连接装置，整车起吊或脱轨起复时不需采用锁具捆绑，可直接起吊或起复。轴箱设置有防倾覆装置，在作业车脱轨后，防倾覆装置勾住钢轨避免整车倾覆。这些新技术极大提高了车辆使用的可靠性和安全性。

（二）DPT 型接触网检修作业车

DPT 型接触网检修作业车为液力传动的四轴作业车，装机功率为 353 kW，采用液力传动，最高运行速度为 120 km/h，主要由车体、车架、转向架、动力传动装置、制动系统、液压系统、电气系统、车钩及缓冲装置、空调、三平台作业装置、抬拨线装置等组成。可用于接触网上部设施的安装、检修和日常维护保养，可为外接电动机具提供电源。

（三）BR711 型 160 km/h 接触网检修多功能作业车

BR711 型快速多功能作业车（图 1-1）是德国葛莱斯堡机械有限公司（Gleisbaumechanik Brandenburg. H. GmbH，简称 GBM 公司），于 2003 年根据德国联邦铁路（简称 DB 铁路）提出的技术要求，设计、制造并通过 DB 铁路认证的高速铁路接触网检修作业车辆。

由原北京二七轨道交通装备有限责任公司全套引进 BR711 型快速多功能作业车技术，在进行了中国铁路适应性改进后制造生产。该车具有 160 km/h 以上运行速度，整车配置两个总功率为 1 324 kW（2×662 kW）的柴油机作为动力，装备有升降作业平台、高空作业斗、导线拨线装置、模拟检测弓等接触网检修作业装置。

图 1-1 BR711 型快速多功能作业车

（四）JDZ-160 型接触网多功能检修作业车

JDZ-160 型接触网多功能检修作业车由昆明中铁大型养路机械集团有限公司生产制造，是为接触网定期大修、维修、抢修等特殊任务设计和生产的专业设备。该车配备升降旋转作业平台、高空作业斗、导线拨线装置、接触网检测装置等设备，具有 160 km/h 的最高运行速度，可以快速到达作业现场。

其主要用途为：

1. 用于电气化铁路接触网大修、维修、故障处理等作业。
2. 用于枢纽及较大站场接触网上部设备的维修作业。
3. 用于固定基础设施的检修作业。

4. 用于电气化铁路接触网综合检测。

(五)JJC型接触网检修作业车列

JJC型接触网检修车列装机功率由1 412 kW(353 kW×4)改进为2 268 kW(567 kW×4),具有双向牵引功能,车顶部安装有170余米长的贯通升降作业平台,可满足8个作业组同时进行3个跨距、4个定位的检修。车厢内设置设备操作台、储物架,满足制作、组装接触网零部件以及存储各种工具、材料的功能需求,方便了接触网集中修,现场材料加工和工具、材料的统一存储。

采用接触网检修车列进行高速铁路集中修作业,作业人员集中,工作部署统一,降低了作业危险系数、减少了天窗占用时间、提高了作业效率,为高速铁路接触网集中修的开展提供了现代化装备支持。

(六)高速铁路接触网检测车

高速铁路接触网检测车运行时速120 km/h,用于检测高速铁路接触网。该车安装有接触网悬挂状态检测监测装置、弓网检测装置,可实现对高速铁路接触网的全功能状态监测和参数检测,具有自带动力运行、运行速度高、图像数据分析智能化等特点。

接触网悬挂状态检测监测装置安装有高清成像系统,可对支撑装置、接触悬挂、附加悬挂、绝缘部件等关键零部件的状态进行图像采集,并通过强大的分析系统,对图像和数据进行自动对比、智能分析,及时发现零部件“松、脱、卡、磨、断、裂”等问题并准确定位,生成缺陷报表。

弓网检测装置可测量弓网接触压力、硬点、接触线高度、拉出值、定位器坡度等参数,数据分析系统能实时统计分析检测数据,自动判定弓网参数超标情况并报警,生成“一杆一档”数据库。

高速铁路接触网检测车的应用,能全面评估高速铁路接触网动态运行品质,指导高速铁路设备维护,替代人工静态测量、全面巡视检查等工作,减轻劳动强度、提高劳动效率。

四、新技术发展

(一)综合巡检技术

现有接触网检测车、电务检测车、轨道巡检车、探伤车,各车功能单一,对相关设备的状态检测、维修计划、天窗作业、质量验收均以各专业为主,存在检测监测资源分散,数据不能关联共享,占用天窗时间多,作业效率低,维护成本高等问题。

因此,针对高速铁路设备日常养护维修检测监测的实际需求,加快推进集工、电、供各专业多参量综合巡检技术,是符合设备养护维修检测监测发展的需要。综合巡检技术特点包括以下三个方面:

1. 缓解劳动力需求、提高运营生产效率。

2. 一次出乘,同一天窗同步实现“工、电、供”立体巡检。

3. 推动“工、电、供”融合、提高线路基础设施巡检作业效率。

(二)混合动力技术

混合动力技术主要优点如下:

1. 在隧道外,可采用柴油机牵引,满足快速到达施工现场的要求;在隧道内,可采用动力电池牵引,实现零排放,低噪声作业。

2. 实现柴油机+动力电池混合牵引,通过动力电池进行牵引功率补偿,解决高海拔地区柴油机降功问题。

3. 具有空气制动和电制动两种制动方式，在长大坡道区段，可减少空气制动，降低闸瓦磨耗和更换频次。

4. 电制动具有再生制动功能，可实现能量回收。

5. 动力电池具有外接电源充电、主柴油机充电（停车和行车均可充电）、再生制动充电三种充电方式，方式多样，适应不同的运用场合。

（三）远程监控技术

接触网作业车的电气系统出现疑难故障，现场诊断及处理往往很难及时响应，极大地影响了作业车运行和施工作业。远程监控技术的推广，实现了及时响应与诊断处理各种故障的功能，更好地保障了作业车运行和作业安全。远程监控技术主要包括车载信息采集与故障诊断系统（车载系统）、车—地传输系统和地面信息处理系统，可以实现远程监控、故障诊断、视频监控、统计分析、短信平台和系统管理六大功能。通过实施监控作业车发动机、变扭器信息、安全联锁信息、故障报警信息、电压电流信息等关键行车状态信息和作业装置状态信息，高效指导司乘人员和作业人员对故障的快速处理。

（四）行车安全健康诊断技术

行车安全健康诊断技术是对接触网作业车的关键零部件进行实时监测、预警、诊断，构建故障诊断及预测性维护系统，全面提升作业车的安全性、可靠性、经济性。该系统基于大数据对车辆关键设备和整车的性能分析评估，对故障进行预测分析，实现对车辆的状态修及健康管理，全面保障作业车行车安全，降低运行维护成本。

该技术主要分两个方面：

1. 采用压力传感器实时监测应力值变化，对发动机、液力变速箱、发电机组、空压机等重要悬挂部件安装座结构强度和焊缝开裂趋势进行监控，判断是否出现问题。

2. 采用加速度传感器实时监测振动频率，通过波形变化，实时监测轴承、齿轮箱、轮对、传动轴及联轴器等转动部件的异常状况。

（五）长大坡道适应性技术

随着我国高速铁路向西部地区延伸，铁路建设所面临的自然环境和地形因素更加复杂，而采用大坡道线路能够适应复杂地形，从而减少工程投资，因此我国出现了较多超长大坡道线路。比如西成客专线路，由于所处地理位置地形复杂，连续长大坡道区间较多，尤其在鄠新区间，坡度为25‰的持续坡道长达45.05 km。

传统的液力制动通过将转动的机械能转为传动油的能量，通过散热器将热量散走，在长大下坡道，变扭器温度高、制动冲击大、系统管路压力大，易爆管，存在安全隐患。因此需要研究采用电阻制动的作业车，对制动电阻、控制系统进行长大下坡道适应性设计，适应性改造和优化，使之适应长大下坡道运行作业安全的需要。

（六）调车作业安全防护技术

调车作业安全防护技术，可以实现防止司机误认调车信号。结合进路信息，向司机实时提供前方调车信号机的名称及状态；实现防止车辆越出站界标；实现防止冲撞车挡，结合站场图设备，实现对车挡定位，控制作业车在安全地点停车；实现防止区间施工车辆超范围作业和冒进进站信号机，结合调度命令和施工车辆运行参数，可防止作业车超范围作业和冒进进站信号机；实现提示脱轨器位置，提示进入有车股道（区段）。

第二节　JW-4G 型接触网检修作业车

一、车辆简介

JW-4G 型接触网检修作业车主要适用于高速电气化铁路接触网上部设施的安装、维修和日常检查、保养。

现在，金鹰重型工程机械有限公司、宝鸡中车时代工程机械有限公司、中车太原机车车辆有限公司均生产 JW-4G 型接触网检修作业车。其基本外形如图 1-2 所示。

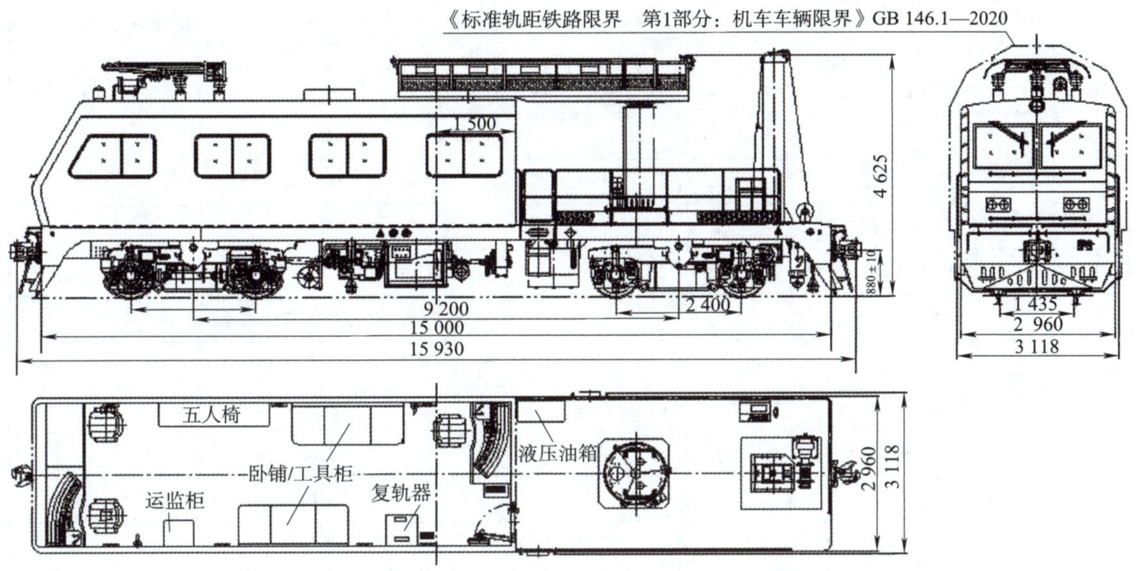

图 1-2　JW-4G 接触网检修作业车外形(单位：mm)

二、主要技术参数

(一)适用环境参数(表 1-1)

表 1-1　JW-4G 型接触网检修作业车环境参数

序号	项　目	计量单位	技术标准
1	环境温度	℃	－25～＋50
2	海拔高度	m	≤3 000
3	相对湿度	—	月平均≤90％，日平均≤95％
4	最大外轨超高	mm	180
5	最大坡道	—	≤33‰
6	最高风速	m/s	≤20
7	适用场合	—	中雷区并承受风、沙、雨、雪的侵袭，夜间作业

(二)整车主要技术参数(表 1-2)

表 1-2 JW-4G 型接触网检修作业车整车技术参数

序号	项　　目	计量单位	技术标准
1	轨距	mm	1 435
2	车轮直径	mm	840
3	轴列式	—	2-B
4	轴距	mm	2 400
5	轴数	轴	4
6	通过最小曲线半径	m	100(10 km/h)
7	最高持续运行速度	km/h	120(牵引 50 t)
8	最高连挂运行速度	km/h	120
9	启动牵引力	kN	50
10	燃油箱容积	L	1 000
11	液压油箱容积	L	176
12	蓄电池容量	A·h	200×24 块
13	传动方式	—	液力传动(含惰行自润滑系统)
14	制动方式	—	空气制动及停车手制动
15	空气制动机	—	JZ-7G
16	空压机	m^3/min	1. 08
17	总风缸容积	L	500
18	紧急制动距离	m	≤400(单机平直道,制动初始速度 80 km/h) ≤800(单机平直道,制动初始速度 120 km/h)
19	钩缓装置	—	13B 上作用车钩及缓冲器
20	车钩中心距轨面高度	mm	880±10
21	转向架中心距	mm	9 200
22	车架长度	mm	15 000
23	车架宽度	mm	2 960
24	外形尺寸 (长×宽×高)	mm	15 930×3 118×4 625(不带紧线柱) 15 930×3 118×4 740(带紧线柱)
25	整备重量	t	约 46(不带紧线柱);约 47(带紧线柱)
26	限界	—	符合 GB 146. 1—2020

(三)柴油机主要技术参数(表 1-3)

表 1-3 JW-4G 型接触网检修作业车发动机技术参数

序号	项　　目	计量单位	技术标准
1	型号	—	WP12. 480 电喷
2	形式	—	水冷、立式、直列、六缸、四冲程
3	吸气方式	—	增压、空空中冷

续上表

序号	项　目	计量单位	技术标准
4	总排量	L	11.596
5	额定功率 P_s	kW	353(480)
6	标定功率下燃油消耗率	g(kW·h)	203
7	标定转速	r/min	2 100
8	最大扭矩	N·m	1 970
9	最大扭矩转速	r/min	1 200～1 500
10	排放指标	—	满足国家第三阶段排放标准

(四)液力传动箱主要技术参数(表 1-4)

表 1-4　高速铁路接触网检修作业车液力传动箱技术参数

序号	项　目	计量单位	技术标准
1	型号	—	T211 型卧式液力传动箱(德国福伊特)
2	输入功率	kW	350
3	额定输入转速	r/min	2 100
4	挡位	位	前 2,后 2
5	各挡速比	—	无级调速
6	控制方式	—	电液控制

三、车辆基本结构、主要部件

(一)车辆基本构造

JW-4G 型接触网检修作业车主要由车体、车架、转向架、动力传动装置、制动系统、液压系统、电气系统、自动调平的升降回转作业平台、车钩及缓冲装置、平衡支腿、随车起重机、弓网检测装置等组成。走行部采用两台两轴转向架,动力传动装置下悬,车辆前端设置司机室,后部设置带自动调平的升降回转作业平台及随车起重机。预留紧线柱的安装位置,可选择安装视频检测装置。JW-4G 型高速铁路接触网检修作业车外形结构及车上布置分别如图 1-3、图 1-4 所示。

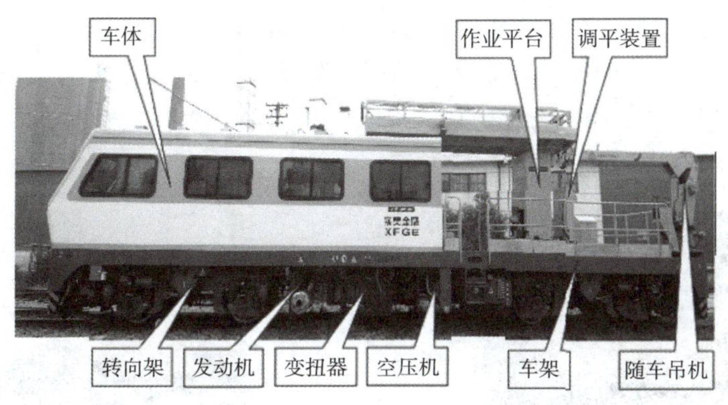

图 1-3　JW-4G 型高速铁路接触网检修作业车外形结构

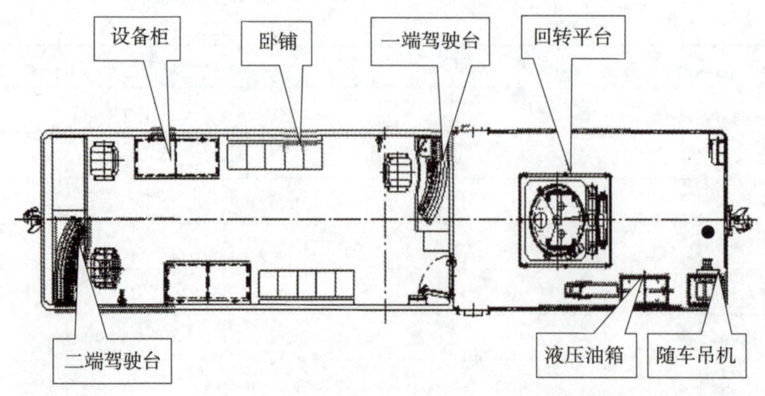

图 1-4 JW-4G 型高速铁路接触网检修作业车车上布置

(二)主要部件的作用

1. 动力系统:将燃料燃烧产生的热能转化为机械能并输出,使设备产生运动。

2. 传动系统:传递动力系统产生的动力,通过变速器使扭矩放大,传递给轮对,驱动接触网检修作业车运行。

3. 车体车架:车体、车架是供车辆上部设备的骨架和司乘人员及作业人员的工作和休息场所。

4. 转向架:承载车体载荷并实现重量、动力的传递,实现车辆的安全转向和运行。

5. 制动系统:保证车辆由运动状态到停止状态的转变并顺利实现驻车。

6. 液压系统:为随车作业机具提供可控的动力输出来源。

7. 电气系统:直流系统的主要作用就是为发动机启动提供电能,同时保证车辆声、光、仪表以及辅助、控制设备的用电;交流系统主要是为随车生产、生活设施提供电能。

第三节 接触网多功能检修作业车

一、车辆简介

接触网多功能检修作业车是电气化铁路、高速客运专线接触网检修、维护、抢修的专业设备,也可以用于线路、桥梁等设施的检查和维护。

目前我国原北京二七轨道交通装备有限责任公司、昆明中铁大型养路机械集团有限公司具备生产接触网多功能检修作业车的能力。

原北京二七轨道交通装备有限公司引进 GBM 公司技术生产 BR711 型接触网多功能检修作业车(简称 BR711 型号,如图 1-5 所示);昆明中铁大型养路机械集团有限公司引进奥地利 PLASSER 公司下属的 ROBEL 公司的技术生产的 JDZ-160 型接触网多功能综合作业车如图 1-6 所示。

图 1-5 BR711 型接触网多功能检修作业车

图 1-6 JDZ-160 接触网多功能综合作业车

二、车辆主要技术参数

(一)作业车环境参数(表 1-5)

表 1-5 环境参数

序号	项 目	单 位	技术指标
1	最大海拔高度	m	≤2 500
2	环境温度范围	℃	−25～40
3	相对湿度	%	≤95
4	最小通过曲线半径	m	145
5	最大坡度	‰	≤33
6	外轨最大超高	mm	180
7	最大风速	m/s	12.5(6 级风)
8	限界	—	符合 GB 146.1—2020 的有关要求和“客运专线机车车辆限界暂行规定”(《铁路技术管理规程》)的有关要求
9	作业条件	—	能在雨雪天、隧道、夜间、风沙、盐雾、灰尘严重的条件下工作

(二)作业车车辆技术参数(表 1-6)

表 1-6 车辆技术参数

序号	项 目	单 位	BR711	JDZ-160
			技术指标	技术指标
1	最高运行速度	km/h	160	
2	作业运行速度	km/h	0～10	
3	外形尺寸	mm	24 340×2 875×4 610(长×宽×高)	24 440×3 130×4 700(长×宽×高)
4	柴油机额定功率	kW	662×2	558×2
5	转向架轴距	mm	2 600	2 500
6	转向架中心距	mm	17 000	
7	轮径	mm	920	
8	轨距	mm	1 435	
9	轴式	—	B-B	
10	轴数	—	4 轴(2 个两轴转向架)	
11	整备重量	t	84(包括 5 t 车载备品)	
12	轴重	t	21×(1±2%)	
13	最大载荷重量	t	5	
14	传动方式	—	作业走行采用液压传动 高速运行采用液力传动	
15	紧急制动距离	m	≤1 400(平直道,初速度 160 km/h)	
16	车钩中心高度	mm	880±10(距轨面)	
17	排障器距轨面高度	mm	110±20	
18	扫石装置距轨面高度	mm	30～60(可调)	
19	传动箱吸收功率	kW	550×2	
20	燃油箱容积	L	≥1 600	
21	砂箱总装载量	L	100	

三、车辆基本结构、主要部件

(一)车辆基本结构

接触网多功能检修作业车的基本结构包括动力系统、传动系统、走行系统、制动系统、液压系统、作业机构、检测系统、电气系统等。

1. 车顶

车顶布置有接触网检测装置、导线拨线装置、升降旋转作业平台、高空作业斗等作业装置,照明灯具等。

2. 车内

车内布置从左至右为Ⅰ端司机室、工作间、生活间和Ⅱ端司机室。

3. 车下

车下布置有两台动力转向架、两台柴油机、两台液力传动箱、两个组合式冷却装置、柴油机辅助装置、分动箱、燃油箱、柴油发电机组、应急泵组、蓄电池组、各静液压泵组及基础制动系统等。

(二)主要部件

主要部件由柴油机、液力传动箱、车轴齿轮箱、分动齿轮箱、辅助传动系统、电气系统、制动系统及作业机具组成。

1. 柴油机

BR711 型接触网多功能检修作业车采用的是德国 MAN 公司的 D2842LE606 型柴油发动机,JDZ-160 接触网多功能综合作业车则采用的是 D2842LE602 型柴油发动机,该柴油发动机是电控机械驱动泵喷嘴柴油机。主要结构型式为四冲程、V 形、水冷、涡轮增压、增压空气中间冷却,采用 EDC 电子控制喷射,可以实现精确的燃油喷射正时控制和空气燃油比的控制,并具有功率自动补偿和自我保护功能,有内部诊断程序。

柴油发动机主要由机体、燃油系统、润滑系统、冷却系统、进气和排气系统、电气系统、电子控制系统、电控模块等组成。

作业车柴油机技术参数见表 1-7。

表 1-7 柴油机技术参数

序号	项 目	单 位	BR711	JDZ-160
			技术参数	技术参数
1	发动机制造商	—	德国 MAN 公司	
2	发动机型号	—	D2842LE606	D2842LE602
3	发动机形式	—	V90°	
4	发动机数量	台	2	
5	冷却方式	—	水冷却+中间冷却	
6	启动方式	—	电启动	
7	发动机质量	kg	1 450	
8	气缸总排量	L	21.9	
9	额定功率	kW	662	558

续上表

序号	项　目	单　位	BR711	JDZ-160
			技术参数	技术参数
10	怠速转速	r/min	600	
11	额定转速	r/min	2 100	
12	缸径、冲程与缸数	mm	128×142,4 冲程,12 缸	
13	燃油消耗指标	g/(kW·h)	194	199
14	启动电机	V/kW	24/66	24/6.6

2. 液力传动箱

(1)液力传动箱结构的特点

作业车液力传动箱选用德国 VOITH 生产的 T312bre 传动箱。该传动箱在大部分行驶阻力范围内可以自动适应线路变化,形成无级的牵引力速度特性,液力传动箱最高效率大于 90%。换挡过程牵引力不被切断,在柴油机和驱动装置之间可消除振动冲击,平滑、接近无磨损启动,启动性能好。对瞬时的热过载及机械过载不敏感,过载保护性能好。气候影响不明显。快速制动,制动效果好。

(2)液力传动箱的结构

T312bre 液力传动箱内有 4 个液力元件、1 个液力变矩器、2 个耦合器和 1 个液力制动器。

(3)T312bre 液力传动箱的主要性能指标参数见表 1-8。

表 1-8　T312bre 液力传动箱主要性能指标参数

序号	项目名称	单　位	基本参数
1	最大吸收功率	kW	550
2	输入转速	r/min	2 100(160 km/h)
3	输出转速	r/min	2 981(160 km/h)
4	输入轴旋转方向(面向输入端)	—	顺时针
5	输入齿轮对的传动比	—	i_1=81/34=2.382
6	传动箱最大效率(VOITH 交付)	%	93±2
7	输出轴能够承受的最大扭矩	N·m	10 000
8	输入轴能够承受的最大扭矩	N·m	3 200
9	换向方式	—	机车静止时机械换向
10	换挡方式	—	自动换挡
11	变矩器数目	个	1
12	耦合器数目	个	2
13	储油量	L	100
14	传动油允许的最高工作温度	℃	130
15	传动油的正常工作温度	℃	105±5
16	重量(净重,不含传动油)	kg	1 510×(1+2%)
17	外形尺寸(长×宽×高)	mm	1 257×1 106×765

3. 分动齿轮箱

作业车的分动齿轮箱分为输出端分动齿轮箱和自由端分动齿轮箱;输出端分动齿轮箱同

发动机通过飞轮壳连接，共同安装在公共底座上，其上安装有两个液压泵，主要用于为冷却装置液压系统提供动力。自由端分动齿轮箱安装有三个液压泵，主要用于为低速作业走行、车体支撑锁紧装置和作业机具提供动力。

输出端分动齿轮箱技术参数见表1-9。

表1-9　输出端分动箱技术参数

序号	项　目	单　位	技术参数
1	最大输入功率	kW	662
2	最大输入扭矩	N·m	3 300(1 300～1 700 r/min时)
3	最高输入转速	r/min	2 250
4	分动箱质量	kg	225
5	旋向	—	面向分动箱输入端:顺时针

自由端分动齿轮箱技术参数见表1-10。

表1-10　自由端分动齿轮箱技术参数

序号	名　称	单　位	数　值
1	最大输入功率	kW	530
2	最大输入扭矩	N·m	2 300
3	最高输入转速	r/min	2 200
4	分动箱质量	kg	250
5	分动箱输入端旋向(面对输入端)	—	逆时针
6	分动箱输出端液压泵驱动轴旋向(面对输出端)	—	逆时针

4. 制动系统

作业车制动系统设置有空气制动、液力制动和驻车制动系统。

空气制动包括自动常用制动、紧急制动和直通制动。空气制动系统能够与国内现有空气制动机连挂使用。液力制动时通过T312bre型液力传动箱安装的液力制动器实现，在长大坡道上车辆下坡时优先使用，由液力传动工作油吸收车辆制动的能量，通过冷却装置迅速将热量散发到空气中，没有任何机械摩擦，可以制动车辆保持在某一个较高的速度下快速行驶或减速制动。驻车制动系统采用的是停放制动装置。

制动系统主要技术规格见表1-11。

表1-11　制动系统主要技术规格

序号	项　目	单　位	主要技术规格
1	空气制动机型号	—	JZ-7G型机车空气制动机
2	系统工作压力	kPa	750～900
3	总风缸的容积	L	430
4	驻车制动	—	保证在20‰的坡道不产生溜逸
5	基础制动装置	—	轴装式基础制动装置，铸钢制动盘
6	紧急制动距离	m	≤1 400(平直道，车辆初速度160 km/h) ≤800(平直道，车辆初速度120 km/h) ≤400(平直道，车辆初速度80 km/h)

续上表

序号	项　目	单　位	主要技术规格
7	辅助用风	—	风笛、撒砂、涂油器、升弓、人孔盖锁定、雨刮器、后视镜、风动工具用风接口、车轴齿轮箱换向离合器用风等
8	液力制动最大功率	kW	≤400
9	直通制动制动缸压力	kPa	300

5. 作业机构及主要技术参数

作业车的作业设备包括接触网检测装置和作业机具。

作业机具安装的是 Palfinger 原装进口产品。主要由 PFD99 导线拨线装置、PA95 升降旋转作业平台、PA360 高空作业斗三大部分组成；检测装置采用非接触式检测系统与受电弓配合使用，能在接触网带电和不带电工况和 160 km/h 速度下检测出接触网静态和动态几何参数。

(1)PFD99 导线拨线装置

导线拨线装置由两套独立控制的可升降导线拨线臂、支撑滚轮及操纵控制等部分组成，主要包括底座、支撑臂、导轮组、液压系统相关管路、电气系统相关接线、定位机构等。

导线拨线装置技术参数见表 1-12。

表 1-12　导线拨线装置技术参数

序号	项　目	单　位	技术参数
1	最大拨线力	N	3 500
2	最大提升高度	mm	8 500(距轨面)
3	两支承臂张开时，左右拨出值	mm	±600
4	最大可允许的风速	m/s	12.5
5	控制方式	—	手动、无线、有线遥控

(2)PA95 升降旋转作业平台

升降旋转作业平台由工作平台、升降臂、回转机构、操纵控制装置等部分组成，具有自动调平功能。

作业平台结构总体形式为臂架式，具有两处回转、一处变幅功能和相应的机构。两处回转指水平面的转动：一回转机构是支撑臂相对于车体的转动，二回转机构是平台相对于支撑臂的转动。两处变幅指垂直面的摆动：一是支撑臂变幅机构做支撑臂相对车体的上下摆动；二是调平机构中的油缸使平台相对于支撑臂上下摆动，在相对支撑臂的纵截面使平台调整到水平位置。

升降旋转作业平台主要技术参数见表 1-13。

表 1-13　升降旋转作业平台主要技术参数

序号	项　目	单　位	BR711 型	JDZ-160 型
			技术参数	技术参数
1	工作斗尺寸	mm	3 000×1 500×1 100(长×宽×高)	
2	最大的提升高度	mm	7 500(轨面上)	8 000(轨面上)
3	回转臂回转角度	°	±105	±95

续上表

序号	项目	单位	BR711 型	JDZ-160 型
			技术参数	技术参数
4	平台回转角度	°	±180	
5	最大允许风速	m/s	12.5	
6	控制方式	—	手动、有线遥控	
7	允许最大负载	kg	500	
8	电源插座形式及数量	—	AC 220 V/10 A 防水 5 孔插座，2 个	AC 220 V/50 Hz/16 A，6 个
9	照明设施	—	24 V/20 W 管灯，4 个	LED 工作照度 850 lm，2 个

(3)PA360 高空作业斗

高空作业斗由塔柱、回转臂、伸缩臂、工作斗、三处回转机构、两处变幅机构和操纵控制装置等部分组成。伸缩和回转采用液压系统控制和驱动。工作斗带有变幅机构，使工作斗平面达到自动水平位置，以保证作业人员的安全和舒适性。

高空作业斗主要技术参数见表 1-14。

表 1-14　高空作业斗主要技术参数

序号	项目	单位	BR711 型	JDZ-160 型
			技术参数	技术参数
1	工作斗尺寸	mm	1 500×1 600×1 100(长×宽×高)	
2	最大的提升高度	mm	19 000(轨面上)	
3	最低位置	mm	−11 500(距车顶面)	
4	回转臂回转角度	°	360(连续)	
5	升降臂回转角度	°	360(连续)	
6	工作斗回转角度	°	±90	
7	最大允许风速	m/s	12.5	
8	控制方式	—	手动、有线遥控	
9	允许最大负载	kg	280(距作业斗边沿 300 mm 任意位置)	
10	电源插座型式及数量	—	AC 220 V/10 A 防水 5 孔插座，1 个	AC 220 V/50 Hz/16 A，6 个
11	照明设施	—	24 V/20 W 管灯，2 个	LED 工作照度 850 lm，2 个

(4)接触网检测装置

检测装置安装于接触网多功能综合作业车顶部，非接触、高精度测量接触网静态几何参数；升弓状态下可检测接触网动态几何参数；可将数据按线路、站区和杆号的顺序存储在计算机硬盘中，并能利用配套软件进行数据分析及波形显示。在车顶安装摄像机，将检测受电弓与导线接触的工况视频画面传入检测系统显示器，以便于实时监视弓网工况，并可实时叠加速度、里程、检测参数等信息，也可用于新线路的冷滑。测量结果用于接触网的技术状态评估，为高速铁路接触网的安装与维修提供依据。

接触网检测装置主要测量项目与技术指标见表 1-15。

表 1-15　主要测量项目及技术指标

序号	参数名称	单位	测量范围	测量精度
1	接触线高度	mm	5 150～6 800	±5
2	接触线横向偏移	mm	−600～600	±10
3	双支接触线横向间距离	mm	0～1 000	±10
4	双支接触线高度差	mm	0～500	±5
5	定位器坡度	—	0～1/3	5%

第四节　DPT 型接触网检修作业车

一、车辆简介

DPT 型接触网检修作业车主要适用于电气化铁路接触网上部设施的安装、检修和日常维护保养。

DPT 型接触网检修作业车时速为 120 km/h。采用潍柴动力生产的 WP12.480 型电喷水冷柴油发动机，额定功率 353 kW，排放达到了国家第三阶段排放标准。采用液力传动形式，可实现无级变速。采用 JZ-7G 型制动机。车体两端设有 13B 号上作用式缓冲车钩。整车具有功率大、牵引能力强、制动性能可靠、操纵轻便灵活、维护方便、使用寿命长、运行稳定性好的特点。

该车采用了一系列新技术，如采用模块化设计，标准化的操作台，标准化的车体造型，标准化的底盘。在车架与转向架，转向架与轮对之间设有连接装置，整车起吊或脱轨起复时不需采用锁具捆绑，可直接起吊或起复。轴箱设置有防倾覆装置，在作业车脱轨后，防倾覆装置钩住钢轨避免整车倾覆。这些新技术极大提高了车辆使用的可靠性和安全性。

二、车辆主要技术参数

作业车车辆主要技术参数见表 1-16。

表 1-16　作业车车辆主要技术参数

轨距	1 435 mm
车轮直径(新轮)	840 mm
车轮直径(磨耗后)	790 mm
轴列式	2-B
轴距	2 400 mm
轴数	4 轴
通过最小曲线半径	145 m
最高持续运行速度	120 km/h(牵引 50 t)
最高连挂运行速度	120 km/h
启动牵引力	50 kN
燃油箱容积	1 090 L
液压油箱容积	220 L
蓄电池容量	NM-200(2 V)×24 块

续上表

传动方式	液力传动(含惰行自润滑系统)
制动方式	空气制动及停车手制动
空气制动机	JZ-7G
空压机	1.08 m^3/min(空压机)+0.72 m^3/min(发动机带)
总风缸容积	500 L
紧急制动距离	≤400 m(单机平直道,制动初始速度 80 km/h)
钩缓装置	13B 上作用车钩及缓冲器
车钩中心距轨面高度	(880±10)mm
转向架中心距	9 200 mm
车架长度	15 000 mm
车架宽度	2 960 mm
外形尺寸(长×宽×高)	15 930 mm×3 300 mm×4 500 mm
整备重量	约 49 t
限界	符合 GB 146.1—2020

三、车辆基本结构、主要部件

(一)车辆基本结构

DPT 型接触网检修作业车主要由车体、车架、转向架、动力传动装置、制动系统、液压系统、电气系统、车钩及缓冲装置、空调、三平台作业装置、抬拨线装置等组成,车辆结构如图 1-7 所示。走行部采用两台两轴转向架,动力传动装置下悬,车辆两端各设置一个司机室,中间设置带自动调平的三平台作业装置。

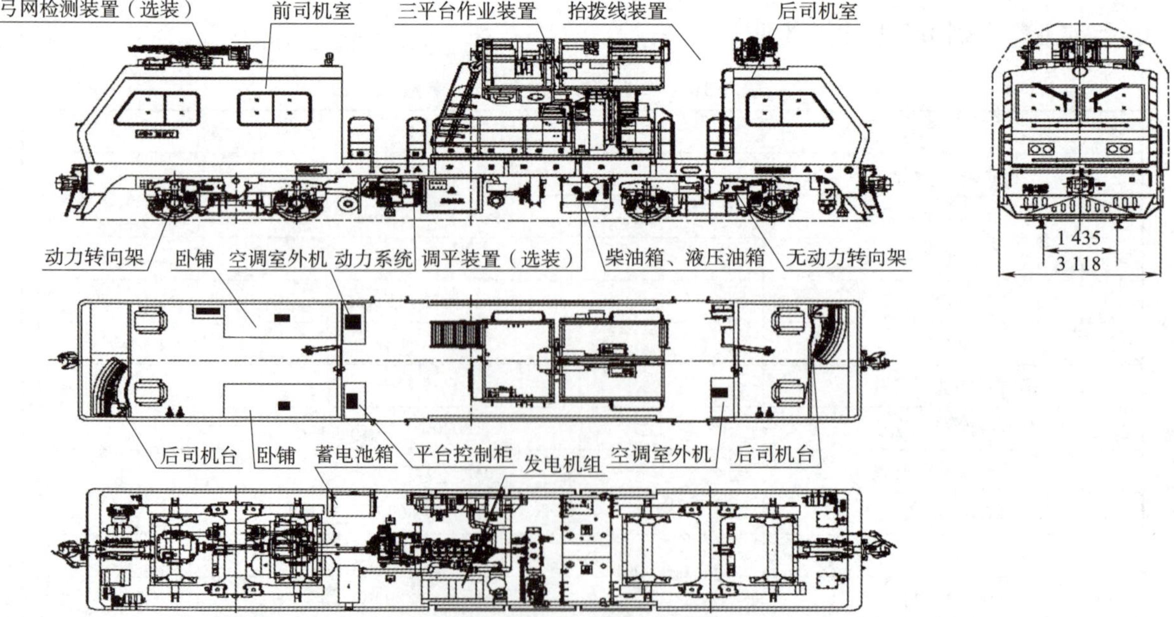

图 1-7　DPT 型接触网检修作业车车辆结构(单位:mm)

(二)主要部件

主要部件由转向架、柴油机、液力传动箱、车轴齿轮箱、制动系统及作业机具组成,除作业机具不同以外,其他部件与JW-4G型高速铁路接触网检修作业车基本相同,下面重点介绍作业机具。

本车作业装置包括三平台作业装置、调平装置和抬拨线装置。作业装置与高速行车具有互锁功能。

1. 三平台作业装置

三平台作业装置主要用于接触网及其辅助设施的安装、日常维护、保养和检修。该装置由三个平台组成,三个作业平台独立操纵。主平台主要用于接触导线作业,可向上移动;辅助平台主要用于承力索、支柱、支撑装置等作业,可向上和分别向左右移动。三平台作业装置如图1-8所示。

图1-8 三平台作业装置

作业机构主要技术参数见表1-17。

表1-17 作业机构主要技术参数

型号	PAFINGER PA1002
外形尺寸(长×宽×高)	4 636 mm×2 480 mm×2 815 mm
净重	4 520 kg
主平台	—
平台底面距轨面最大高度	4 855 mm
额定载重	500 kg
辅助平台	—
最大水平外伸量	距轨道中心左右 4 225 mm
平台底面距轨面最大高度	7 675 mm
额定载重	250 kg

2. 调平装置

调平装置安装在三平台作业装置下方,主要用于外轨超高作业时,依靠调平机构上的调平油缸使作业平台保持水平状态。调平机构机构主要由底架、上架、调平油缸,机械锁定装置、控制系统组成。

3. 抬拨线装置

抬拨线装置主要用于检修作业时将承力锁和接触导线拨至预期位置。抬拨线装置主要技术参数见表 1-18。

表 1-18 抬拨线装置主要技术参数

型号	PAFINGER PFD99
最大拨线力	3 500 N
最大起升高度	8 200 mm

第五节 接触网检修车列

一、车辆简介

JJC 型接触网检修车列由两台牵引车和十台作业车组成车辆布置如图 1-9 所示。该车最高运行速度 120 km/h，顶部安装有 175 m 长的贯通升降作业平台，该车集贯通平台作业、牵引、弓网取电、发电、材料存储和预配、备件和工具储放、食宿、会议、现场办公等功能为一体，主要用于电气化铁路接触网设施的集中检修和日常检查、保养，也可用于检修作业物料、工具、人员的运输。

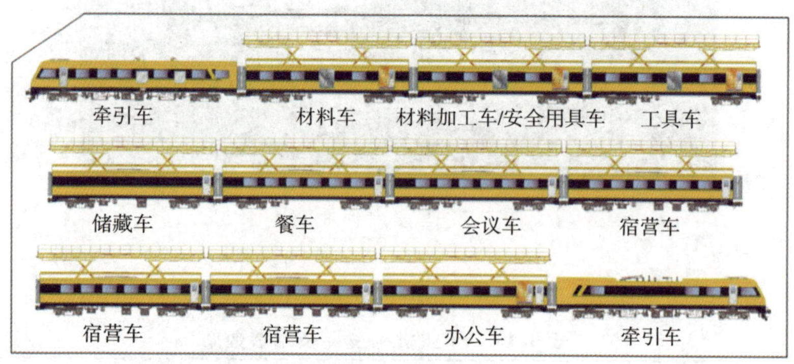

图 1-9 JJC 型接触网检修作业车车辆布置

二、车辆主要技术参数

(一)作业车环境参数(表 1-19)

表 1-19 环境参数

环境温度	−25～45 ℃
海拔高度	≤2 500 m
相对湿度	月平均值不大于 90%，日平均值不大 95%
最大外轨超高	180 mm
最高风速	≤15 m/s
接触网最低导高	5 150 mm
线路坡度	33‰(通过)；30‰及以下(起步)
适应风、沙、雨、雪天气和夜间作业、室外作业	

(二)作业车车辆技术参数(表 1-20)

表 1-20　车辆技术参数

轨距	1 435 mm
动力单元数量	4 套
轮径	840 mm
最高运行速度	120 km/h
通过最小曲线半径	145 m
制动方式	空气制动及手制动
空气制动机	JZ-7
制动距离	≤800 m(平直道、初速度 90 km/h) ≤1 400 m(平直道、初速度 120 km/h)
钩缓装置	15 号小间隙车钩及 KC15 型缓冲器
车钩中心线距轨面高度	(880±10)mm
爬坡能力	33‰
贯通升降作业平台总长度	173.8 m
贯通升降作业平台宽度	1 750 mm
贯通升降作业平台工作高度	4 210～5 910 mm(平台地板面距轨面)
排障器距轨面高度	(110±20)mm
外形尺寸(长×宽×高)	220 000 mm×3 150 mm×4 540 mm
整备重量	约 540 t
限界	符合 GB 146.1—2020

三、车辆基本结构、主要部件

(一)车辆基本结构

本车在前后端分别设置一台牵引车,满足双向行驶。两台牵引车除供电装置有差别以外,其余动力系统、走行系统、制动系统等完全相同。每台牵引车上分别设置 2 套动力单元,两台车的 4 套动力单元具有重联控制功能。每套动力单元柴油机额定功率为 353 kW,两台牵引车的总装机功率为 1 412 kW。4 套动力单元均采用液力传动形式,动力单元已在客专作业车上成熟使用。

1. 02 号车车顶用于接触网检修作业,车内用于储存接触网作业时所需的各种材料和设备。解决了接触网集中修中的材料运输、存储问题。

2. 03 号车车顶用于接触网检修作业,车内用于制作、组装与接触网安装等相关的材料和设备,以及存储各种安全用具。解决了接触网集中修中的材料预配及安全用具存储问题。

3. 04 号车车顶用于接触网检修作业,车内用于存储作业时所需的各种工具。解决了接触网集中修工具的存储问题。

4. 05 号车车顶用于接触网检修作业,车内用隔墙分为储存区和厨房两个区域。

5. 06 号车车顶用于接触网检修作业,车内用于工作人员就餐。车内设置 48 人的座椅和餐桌,满足 48 人同时就餐。

6. 07 号车车顶用于接触网检修作业,车内用于召开会议。车内设置会议桌、座椅、视频装置、投影装置等。

7. 08、09、10号作业车完全相同。该车车顶用于接触网检修作业，车内设置卧铺间、卫生间、热水器等生活设施。3台车满足54人的宿营需求。

8. 11号作业车车顶用于接触网检修作业，车内设置办公桌、操纵台、文件柜、饮水机等设施。

（二）主要部件

主要部件由柴油机、液力传动箱、柴油发电机、电气系统、液压系统、作业机具组成。除作业机具不同以外，其他部件与JW-4G型高速铁路接触网检修作业车基本相同，下面重点介绍作业机具、柴油发电机、液压系统及电气系统。

1. 作业机具

本车作业平台即可整体联控，也可单独进行控制。在03号作业车和11号作业车车内设有作业平台集中操纵台，两个操纵台具有互锁和冗余备份功能。每个作业平台上均设有遥控插接接头，插上遥控器后即可对作业平台进行操纵，同一时间只允许1个平台插接有线遥控器。作业平台主要技术参数见表1-21。

表1-21 作业平台主要技术参数

数量	10台
作业平台长度	17 088 mm/台
作业平台宽度	1 750 mm
护栏高度	1 100 mm
最大起升高度	1 700 mm
作业平台地板面距轨面高度	4 100～5 800 mm
最大起升时间	50 s
最大降落时间	50 s
平台最大载重	3 t/台（均布载荷）；300 kg/m²（最大集中载荷）
最大可允许的风速	≤15 m/s
控制方式工业网络	PLC控制

2. 柴油发电机

检修作业车配置有1个主柴油发电机组（P220）和1个备用柴油发电机组（P110），主发电机组额定功率160 kW（200 kV·A），备用柴油发电机组额定功率80 kW（100 kV·A）。

主发电机组主要在接触网检修作业或整车用电功率较大（≥72 kW）时使用。备用发电机组主要用于主发电机组出现故障或整车用电功率较小（＜72 kW）时的整车用电。

柴油发电机组主要技术参数见表1-22。

表1-22 作业平台主要技术参数

项　目	技术规格	
	主发电机组	备用发电机组
柴油机制造商	PERKINS	PERKINS
柴油机功率/额定转速	160 kW/1 500 r/min	80 kW/1 500 r/min
柴油机型号	1006A-70TAG4	1104C-44TAG2

续上表

项　　目	技术规格	
	主发电机组	备用发电机组
启动方式	电启动	电启动
冷却方式	水冷	水冷
发电机型号	LL5014F	LL3014B
容量	200 kV·A	100 kV·A
频率	50 Hz	50 Hz
额定电压	400 V	400 V
电压波动范围	380～415 V	380～415 V
绝缘等级	H	H
柴油发电机组重量	1 614 kg	1 065 kg
外形尺寸	2 950 mm×1 320 mm×1 626 mm	1 889 mm×1 120 mm×1 367 mm

3. 液压系统

本车液压系统用于驱动复合式散热器的液压马达。每个动力单元设置一套液压系统，两套液压系统完全相同。液压系统由液压泵、散热阀块、液压马达、液压油箱、转向架锁定液压系统及其附件等组成。本液压系统为作业平台的起升、下降，作业平台栏杆的伸出、缩回，作业平台的锁定、解锁及一系簧的锁定、解锁提供动力。

4. 电气系统

接触网供电电源主要技术参数见表 1-23。

表 1-23　接触网供电电源主要技术参数

受流方式	架空接触网单弓受流
受电弓型号	DSA200
输出容量	200 kV·A
接触网电流制式	单向交流 50 Hz
接触网工作电压	17～31 kV
接触网额定电压	25 kV
过压保护值	31 kV
欠压保护值	17 kV
高压额定电流	8 A
高压过流保护值	9.6 A
高压变压器过温保护值	85 ℃
直流过压保护值	750 V
直流过流保护值	327 A
充电系统过压保护值	130 V
充电系统欠压保护值	95 V
充电系统过流保护值	10 A
输出电压	AC 380 V×(1±10%)/220 V，50 Hz

续上表

输出电压谐波含量	≤5%
输出过压保护值	242 V
输出欠压保护值	198 V
输出过流保护值	303 A
中间直流电压值	327 A
变压器接地铜线面积	50 mm^2
爬电距离	1 100 mm

复习思考题

1. JW-4G 型接触网检修作业车由哪几部分组成?
2. JW-4G 型接触网检修作业车自动调平装置由哪些机构组成?
3. 接触网多功能检修作业车作业机具有哪些?
4. DPT 型接触网检修作业车的主要用途是什么?
5. JJC 型接触网检修作业车各车功能结构是什么?

第二章　高速铁路接触网作业车的基本结构

高速铁路接触网作业车是高速铁路接触网维修的重要作业机具，主要由动力系统、传动系统、车体及走行、制动系统、液压系统及作业机构、电气系统等组成。本章以JW-4G型接触网检修作业车为例进行展开介绍。

第一节　动力系统

JW-4G型接触网作业车动力系统采用潍柴动力股份有限公司生产的WP12.480型电喷水冷柴油发动机，额定功率353 kW，排放达到了国家第三阶段排放标准。

一、WP12系列柴油机简介

蓝擎WP12系列发动机是由潍柴动力与AVL（李斯特内燃机及测试设备公司）、BOSCH（罗伯特·博世有限公司）等知名公司强强联合，并与世界优秀的汽车零部件供应商全球协同开发。该系列柴油机具有结构紧凑，使用可靠，动力性、经济性及排放等技术指标优良，启动迅速，操作简单和维护方便等特点，特别是排放指标先进，可达到国际先进排放标准。

（一）WP12系列柴油机简介

1. 柴油机型号含义

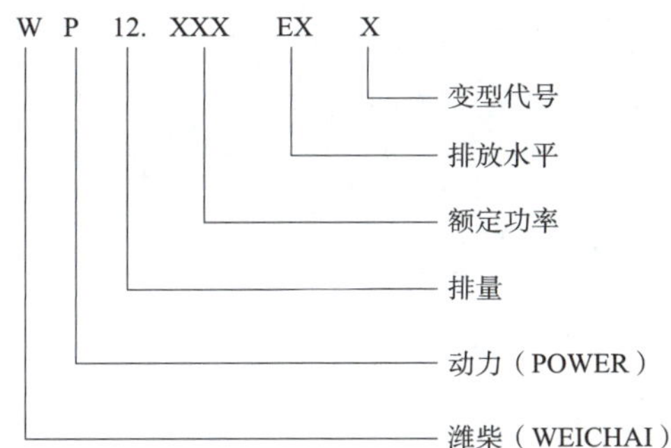

2. WP12系列柴油机技术参数

潍柴WP12系列柴油机功率范围199～353 kW，额定转速2 100 r/min，其主要区别在于输出额定功率、输出最大扭矩的不同，广泛应用于汽车及工程机械。

WP12系列柴油机的主要技术参数标于柴油机铭牌之上，包括柴油机的型号、出厂编号、质量等重要信息。柴油机的技术参数见表2-1。

表2-1　柴油机主要技术性能参数

序号	发动机参数名称	单　位	发动机参数名称
1	发动机型号	—	WP12系列
2	发动机形式	—	液体冷却、四冲程、带排气制动、直喷、增压中冷
3	缸径×行程	mm	126×155

续上表

序号	发动机参数名称	单　位	发动机参数名称
4	排量	L	11.596
5	压缩比	—	17∶1
6	点火顺序	—	1-5-3-6-2-1-4
7	燃油系统	—	电控
8	喷油装置	—	共轨
9	额定功率 P_s	kW	199(270)～353(480)
10	额定转速	r/min	2 100
11	最大扭矩	N·m	1 190～1 970
12	最大扭矩转速	r/min	1 200～1 500
13	额定功率时 BSFC	g/(kW·h)	≤205
14	最低满负荷 BSFC	g/(kW·h)	≤184
15	最低空载转速	r/min	600
16	旋转方向(从输出端看)	—	逆时针
17	启动方式	—	电启动
18	润滑方式	—	压力润滑
19	润滑油容量	L	36(以油尺为准)
20	冷却方式	—	水冷强制循环
21	机油压力	kPa	350～550
22	怠速机油压力	kPa	130～250
23	排放标准	—	欧洲Ⅲ号排放标准
24	不使用冷启动装置	℃	－15
25	使用冷启动装置	℃	－30
26	1 米噪声	dB(A)	＜97
27	旋转方向(从输出端看)	—	逆时针

3. WP12 系列柴油机主要结构组成

潍柴 WP12 系列柴油机外形结构如图 2-1 所示。

图 2-1　WP12 柴油机外形结构

WP12 系列柴油机主要由机体及曲轴箱、曲轴连杆机构、配气机构、冷却系统、润滑系统、燃油系统、电气系统、机械传动系统等组成，如图 2-2 所示。

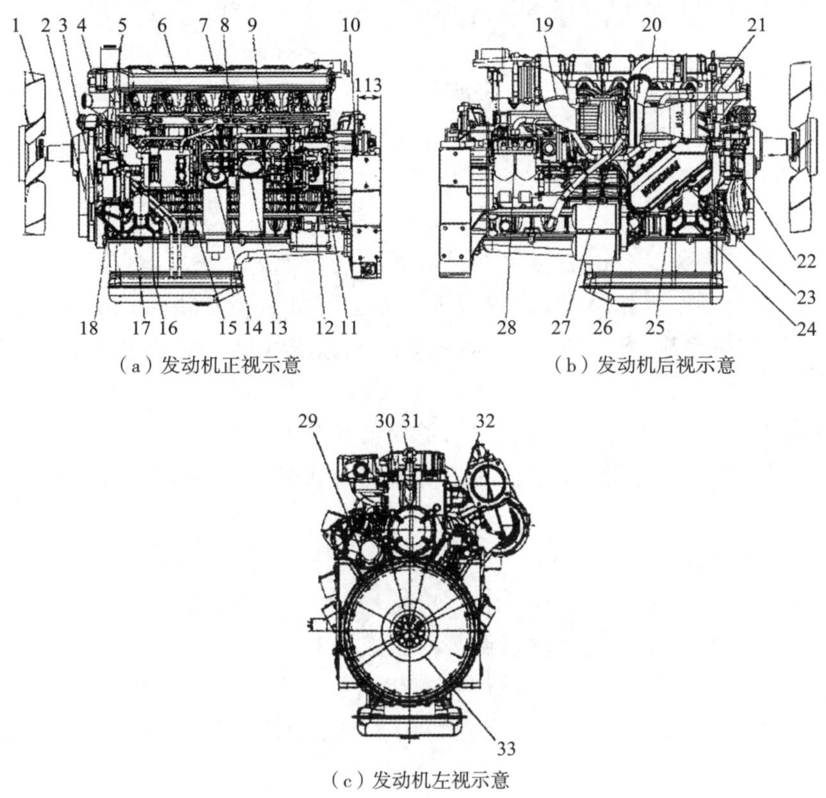

（a）发动机正视示意　（b）发动机后视示意

（c）发动机左视示意

图 2-2　WP12 系列柴油机组成结构

1—风扇；2、3—皮带；4—油气分离器；5—交流发电机；6—进气管；7—摇臂室；8—燃油共轨管；9—高压油管；10—飞轮壳；11—共轨喷油泵；12—启动马达；13、14—燃油滤清器；15—ECU 电控单元；16—油底壳；17—发动机支架；18—空气压缩机；19—涡轮后排气管；20—中冷器进气管；21—增压器进气管；22—水泵；23—减振胶垫；24—发动机支架；25—机油冷却器；26—机油滤清器；27—涡轮增压器；28—空气压缩机；29—液压转向泵；30—气缸盖；31—吊环；32—排气管；33—飞轮

（1）机体

WP12 柴油机机体由两部分组成，机体从主轴承孔中心平面分为两部分，上半部分称为气缸体，下半部分称为曲轴箱，共同组成发动机的机体，作为发动机其他机件的安装骨架，它还和气缸盖、气缸衬垫、油底壳及主轴承盖等共同组成机体组。

（2）曲轴连杆机构

曲轴连杆机构包括活塞、连杆、曲轴、飞轮以及齿圈等，活塞连杆组是高速运动部件，其主要作用就是把气缸燃烧产生的动能通过曲轴飞轮传递出来，通过上述部件使曲轴旋转实现动力输出。

（3）配气机构

配气机构包括气门、挺杆、推杆、摇杆、摇臂、排气制动装置、凸轮轴、正时齿轮等。其作用就是与机械传动机构相互配合，按照发动机各气缸的着火顺序，使空气或可燃混合气体进入气缸并将燃烧后的废气排出。

(4)冷却系统

冷却系统包括水泵、散热器、风扇、膨胀水箱、节温器、水套等。其作用就是将发动机燃料燃烧的多余热量通过冷却液、散热器散出,防止机件温升过快,影响发动机正常工作。

(5)润滑系统

润滑系统包括机油泵、集滤器、机油滤清器、机油散热器、润滑油道及传感器、压力表等。其作用就是将润滑油不间断地输送到运动件的表面,以减少机件磨损,同时又具有密封、冷却、清洗的作用。

(6)燃油系统

燃油系统包括三部分:空气供给、燃油供给和废气排出。

空气供给部分包括空气滤清器、涡轮增压器和进气管。柴油供给部分包括油箱、输油泵、柴油滤清器、高压共轨系统、高压油泵、喷油器等组成。废气排出部分包括排气管和消音器。

(7)电气系统

电气系统包括启动装置、电子控制单元、系统电源及辅助电器件。

启动装置的作用就是利用启动电机的驱动齿轮与飞轮齿圈相啮合,使静止的发动机启动并自行运转。

WP12 系列发动机采用 BOSCH 公司生产的电子控制单元,采用 CAN 和 K 总线实现了与整车电控单元的自由通信,实现对发动机各种工况的自动控制和报警。

系统电源由硅整流发电机、蓄电池、调节器组成。其作用就是给启动装置、机器照明、仪表等提供电源。

辅助电器件是为电气控制提供技术支持的部件,包括各类传感器、继电器及电加热法兰等。

(8)机械传动系统

机械传动系统由传动机构盖板、曲轴主动齿轮、燃油泵传动齿轮、凸轮轴传动齿轮、定时惰性齿轮、喷油泵齿轮、空压机齿轮及机油泵、淡水泵传动齿轮等。

(二)WP12 柴油机结构特点

WP12 系列柴油机具有结构紧凑,使用可靠,动力性、经济性及排放等技术指标优良等特点。

1. 燃油系统采用 BOSCH 公司的高压共轨系统,能够提供最高 160 MPa 的喷油压力,实现喷油量与正时的灵活控制,实现低排放与低油耗。

2. 燃油系统采用 BOSCH 公司的电控装置,具有稳定的系统处理能力,多层次的系统保护和纠错措施,提高发动机的可靠性和安全性;采用 CAN 和 K 总线可以实现与整车电控单元的自由通信。

3. 气缸体采用框架式主轴承结构,保证发动机的高强度和低噪声,同时为适应整车匹配需要,进、排气管位置相对左右镜射。

4. 齿轮室后置并与气缸体一体铸造,提高了稳定性,便于后端取力。

5. 为承载 16.5 MPa 燃烧室的最高爆发压力,曲轴连杆机构设计时采用了较大的主轴径和连杆轴径;曲轴前端轴径得到强化,相比国Ⅱ机型,允许前端有更大的扭矩输出。

6. 气缸盖采用一缸一盖结构,方便用户维修;采用 4 气门进排气结构,保证进、排气及燃烧系统的合理匹配,降低排放。

7. 配气系统采用无导向的气门桥驱动气门,在气门桥及排气门摇臂中带有排气门制动的零部件，有效提高了整机的制动效率。

8. 后端驱动系统齿轮室后置，齿轮系采用低噪声设计，驱动液压泵、喷油泵和空压机等部件，预留 PTO 输出接口，可以满足1 000 N·m的扭矩输出。

9. 进、排气系统采用增压器中置，采用电子加热法兰取代火焰预热系统，可以有效解决冬季冷启动过程中出现的冒“白烟”现象。

二、WP12 系列柴油机的机体

（一）柴油机机体

WP12 柴油机机体由气缸体、曲轴箱两部分组成，外形轮廓如图 2-3 所示。

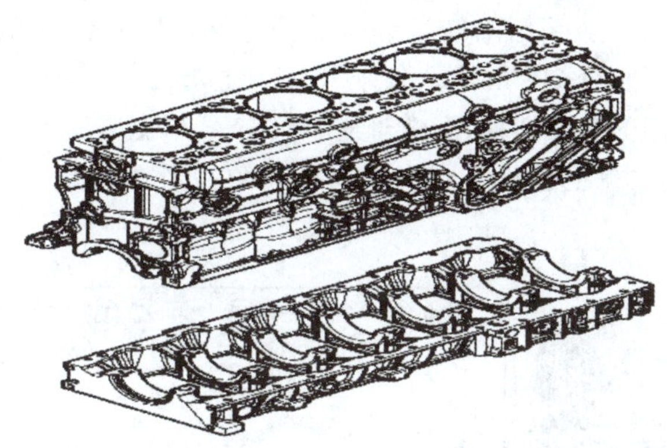

图 2-3　WP12 系列柴油机机体外形轮廓

曲轴箱与七件主轴承一起构成一个刚性很好的整体式框架。气缸体与曲轴箱之间除用 14 个主轴承螺栓(M18)紧固外，两侧还有24 个(M8)螺栓将其形成一个良好的刚性结构；紧固主轴承螺栓时应依次进行，次序如图 2-4 所示。

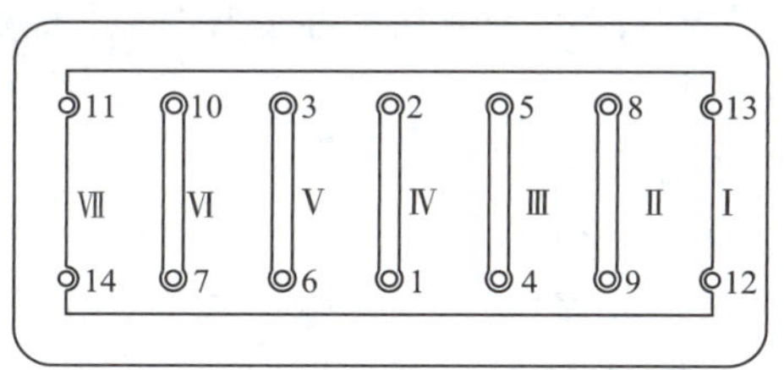

图 2-4　主轴承螺栓拧紧次序

主轴承螺栓安装时 14 根 M18 螺栓螺纹及承压面装配前涂润滑油，按图 2-4 次序分 6 次拧紧。第 1 次用低扭矩风动扳手拧紧；第 2 次达到 80 N·m；第 3 次达到 140 N·m；第 4 次按次序旋扭 70°；第 5 次按次序再旋扭 70°；第 6 次按次序再旋扭 70°；转动曲轴手感曲轴径向和轴向间隙，转动灵活无阻滞。主轴承螺栓允许使用 2 次(包括首次安装)。

曲轴箱框架与气缸体之间安装时没有垫片，装配时在气缸体底平面涂以乐泰 518 号平面密封胶，涂 518 平面密封胶时要均匀、连续。

WP12 柴油机机体为平底式机体，进、排气管左右镜射设计，便于降低噪声。机体前视左侧有前后贯穿的主油道；右侧有副油道，有6 个冷却喷嘴与之连通，用于喷油冷却活塞；曲轴主轴瓦为薄壁、表面有减磨镀层的合金瓦。

柴油机机体是曲轴连杆机构、配气机构及柴油机各辅助系统零部件的装配基体。

(二)气缸套

气缸套俗称缸筒,是发动机燃烧做功的场所,发动机工作时混合气体在燃烧室内被压燃,对气缸套内壁会产生很大的压力,气体燃烧后形成的酸性腐蚀以及活塞在往复运动中的冲击磨损都比较严重。WP12 系列柴油机采用硼合金铸铁的湿式气缸套,内表面经平台网纹珩磨,强度高、磨损小、寿命长。

气缸套安装时,缸套顶高出机身上平面值 0.05～0.1 mm。

(三)气缸盖及衬垫

气缸盖及衬垫主要作用就是封闭气缸,与气缸套壁、活塞顶共同组成燃烧空间,并承受高温高压燃气的作用。

WP12 系列柴油机气缸盖采用四气门结构,低涡流比,是一缸一盖结构的六面加工体,进排气道分布于两侧,外形如图 2-5 所示。每个气缸盖上有 4 根 M14 的气缸盖主螺栓及 4 根 M12×1.5 的与临缸共用的双头螺柱,副螺母通过具有 V 形压紧面的压紧块压紧,在两端头处采用悬挂式压紧块。气缸盖主螺栓及副螺母均用转角扭紧法拧紧。气缸盖螺栓拧紧次序如图 2-6 所示。

图 2-5 气缸盖外形

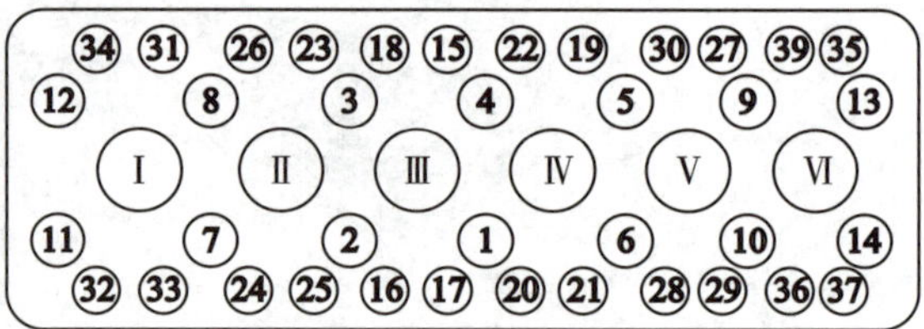

图 2-6 气缸盖螺栓拧紧次序

1. 拧紧编号 1～14 为 M12×1.5 的辅助螺栓(双头螺柱)。

2. 拧紧编号 15～38 为 M14×2 的主螺栓。

3. 用手动或单头气动扳手时,按顺序将气缸盖对中,将主螺栓螺纹部位、承压面、辅助螺栓螺母承压面及螺纹涂抹润滑油。

(1)以(60±6)N·m 的力矩拧紧主螺栓。

(2)以(25±3)N·m 的力矩拧紧副螺母。

(3)以 120°±5°的角度拧副螺母,用一个色点标记其位置。

(4)以 120°±5°的角度拧主螺栓,用一个色点标记其位置。

(5)以 120°±5°的角度再拧副螺母,用一个色点标记其位置。

(6)以 120°±5°的角度再拧主螺栓,用一个色点标记其位置。

4. 气缸盖主螺栓、辅助螺栓、副螺母均允许使用 3 次(包括首次安装)。

气缸盖上喷油器竖直安装在进排气门之间位置。气缸垫是钢板式结构,允许重复使用,但要认真检查,如有损坏,应予以更新。气缸盖、气缸垫与机体都分别有定位,安装时予以注意。

三、曲轴连杆机构

曲轴连杆机构包括活塞、连杆、曲轴及飞轮等,如图 2-7 所示。

(一)活塞

1. 活塞的作用

活塞的作用就是承受燃烧室内气体燃烧产生高温、高压,并向曲轴传递。工作条件恶劣,

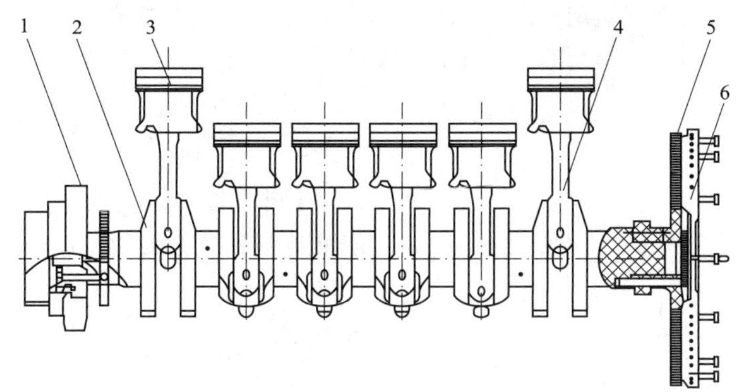

图 2-7　曲轴连杆机构

1—曲轴齿轮；2—曲轴；3—活塞；4—连杆；5—齿圈；6—飞轮

承受着严重热负荷、较大的机械负荷以及剧烈的摩擦与磨损。

2. WP12 系列柴油机活塞的特点

活塞采用强制冷却的内冷油道活塞，如图 2-8 所示，提高了活塞和活塞环的使用寿命。第一道环槽采用铸铁镶圈，要求与活塞本体有极好的黏结，保证有较好的黏结强度和传热效果。活塞上有 2 道气环和 1 道刮油环，第一道是铸铁镶圈内的双面梯形桶面环，上部带有切口，第二道气环是锥面环，第三道环是撑簧铸铁油环，双刃表面镀铬。

3. 活塞的冷却

活塞本体内部加工有内冷油道，通过喷嘴提供机油带走活塞本体应燃烧产生的部分热量，来达到冷却活塞目的，在柴油机高速运转时作用明显；当柴油机在低速和怠速情况下，活塞的热负荷并不是很高，过多的供油反而使活塞传热增多，有效功降低，并不利于燃烧，同时为保证柴油机运转有足够高的压力润滑，采取了喷嘴中使用限压阀的办法。

当机油压力低于 0.15 MPa 时，柴油机一般处于低速情况下，此时机油压力低，不足以克服弹簧压力打开限压阀，限压阀关闭机油通道，喷嘴不向活塞喷油；随着转速的提升，柴油机机油压力升高，当机油压力大于 0.15 MPa 时，开始克服弹簧压力，限压阀开始开启，喷嘴开始喷油。机油冷却喷嘴如图 2-9 所示。随着机油压力的升高，限压阀开启程度越来越大，直至全开。

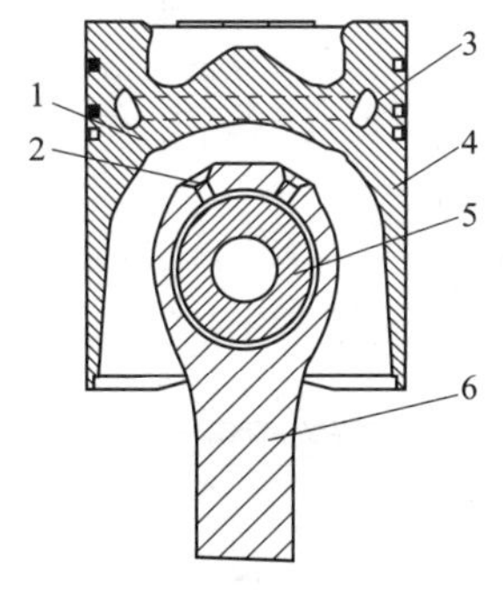

图 2-8　WP12 系列柴油机活塞

1—喷油孔；2—斜油孔；3—内冷油道；4—活塞；5—活塞销；6—连杆

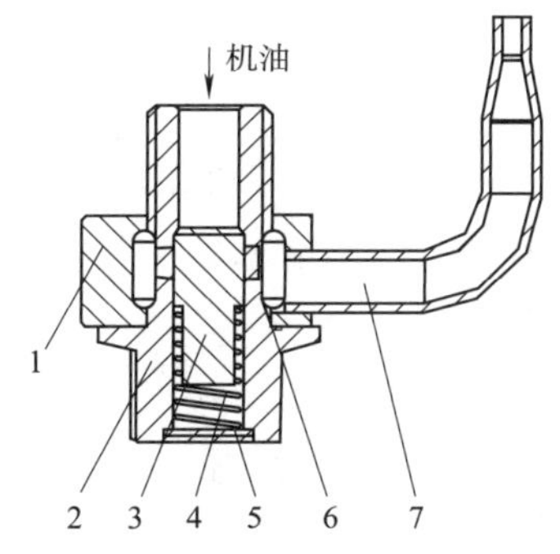

图 2-9　机油冷却喷嘴

1—喷嘴体；2—过油螺钉；3—限压阀；4—弹簧；5—弹簧座；6—油孔；7—喷嘴

采用强制冷却的内油道，保证了柴油机在不同工况下对内冷油道活塞的不同程度冷却，提高了活塞和活塞环的寿命，又可以降低机油消耗。

（二）连杆组

1. 连杆组的组成

连杆组包括连杆体、连杆衬套、连杆盖、轴瓦、连杆螺栓等，其主要作用就是传递活塞与曲轴间的力，将往复运动转换成曲轴的旋转运动。活塞连杆结构如图 2-10 所示。

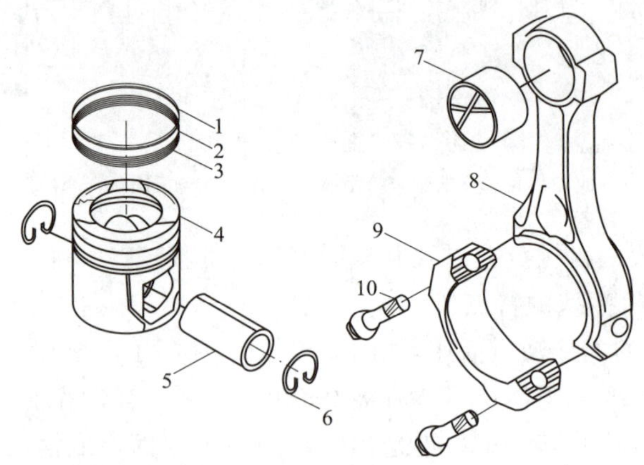

图 2-10 活塞连杆结构

1—梯形环；2—锥面环；3—螺旋撑簧油环；4—活塞；5—活塞销；6—活塞销挡圈；7—连杆衬套；8—连杆体；9—连杆盖；10—连杆螺栓

2. 连杆螺栓的使用

连杆盖使用两个 M14×1.5 的螺栓与连杆体连接，连杆螺栓拧紧时须按转角拧紧法规范要求。拧紧方法如下：

（1）手拧紧：先拧靠，再用 115 N·m 的力矩对称拧紧，最后各转 90°±5°。

（2）自动扳手拧紧：先拧靠，再用 80 N·m 的力矩对称拧紧，最后各转 153°±5°。

（3）连杆螺栓拧紧到位后，漆封。

注意：连杆螺栓只允许使用一次后即应调换，不允许重复使用，否则可能会产生螺栓断裂、机器毁坏事故。

（三）活塞连杆的检修

1. 活塞的安装

（1）将安装至发动机同一质量组内的 6 支活塞放置在装配台上，做好相应的标识，活塞的质量相差不超过 10 g/组，同组质量的活塞装在同一台机器上，且标识好的顺序不得打乱。

（2）加热活塞至 60～80 ℃。

（3）将连杆小头插入活塞内腔，并使连杆小头孔与活塞销孔对正，装入活塞销、活塞销挡圈。

（4）依次安装活塞环，依次装螺旋撑簧油环、锥面环、双面梯形桶面环。活塞环的安装如图 2-11 所示。

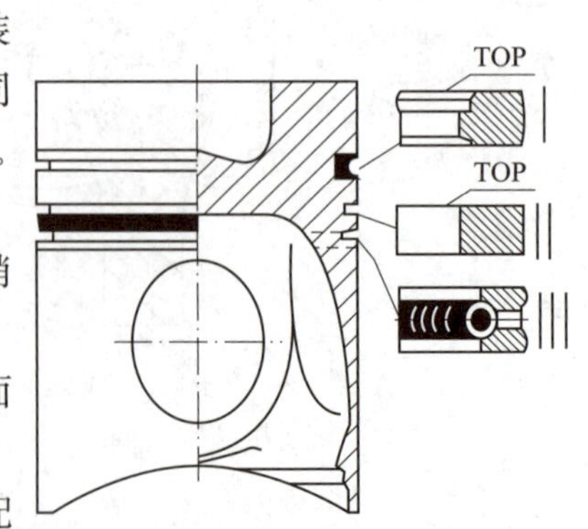

图 2-11 活塞环的安装

（5）安装时注意燃烧室与连杆方向，同时注意活塞环装配次序和向上标记，锥面环小面向上，梯形环“TOP”面向上，安装连杆小头孔及活塞销孔前需涂清洁润滑油。

2. 连杆的安装

(1)将准备安装的连杆做好标识,活塞及连杆总成质量差不超过 29 g/组;同组质量的连杆装在同一台机器上;每支连杆总成的连杆体和连杆盖的配对数字必须一致。

(2)拆下连杆螺栓,检查连杆螺栓螺纹部位有无损伤,必要时更换并检查配对号是否正确。

(3)安装连杆轴瓦,装前要检查瓦片有无损伤,必要时更换,不允许修复。

(4)擦净气缸套内壁、曲轴拐臂及活塞连杆部件,并在各运动副部位涂清洁润滑油。

(5)盘车(旋转)使曲轴拐臂至适当位置。

(6)检查活塞环在环槽内转动是否灵活,有无卡滞现象;第一环开口应与活塞销轴线成 30°±5°夹角,并使各活塞环开口相错 120°;注意检查连杆瓦有无磕碰伤,有磕碰伤的不允许修复使用。

(7)依次装入活塞连杆部件并松装连杆螺栓。注意:连杆瓦盖的分离面应朝向机油冷却器侧;活塞缸次号应与所装入缸次号相同;连杆盖与连杆体配对使用,不得互换;装配时应严防连杆体碰伤曲轴拐臂;连杆螺栓拧入前须在支撑面及螺纹部位涂清洁润滑油;下活塞滑套内外壁必须有清洁润滑。连杆位置示意如图 2-12 所示。

(8)按工艺拧紧连杆螺栓;盘车先拧紧第 1、6 缸连杆螺栓,再盘车 120°,拧紧第 2、5 缸连杆螺栓,最后盘车 120°拧紧第 3、4 缸连杆螺栓。

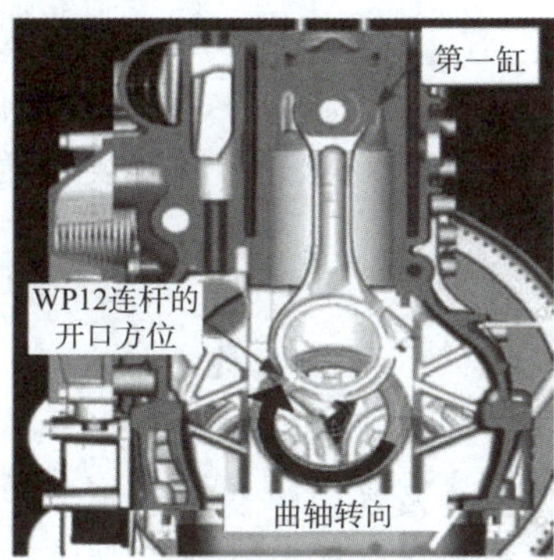

图 2-12　连杆位置示意

(9)手动拧紧时每缸的两根螺栓扭矩应在 170～250 N·m 之间,不在此范围的螺栓应更换。

(10)盘车转动灵活无阻滞。

(四)曲轴

WP12 系列柴油机曲轴是用合金钢模锻制成,结构如图 2-13 所示。带有 12 个平衡块,经过氮化处理,为了承载 16.5 MPa 的最高爆发压力,设计时采用了较大的主轴径和连杆轴径;曲轴前端轴径得到强化,相比欧Ⅱ机型,允许前端有更大的扭矩输出;在曲轴的前端装有硅油减振器,曲轴的前后油封为盒式油封。

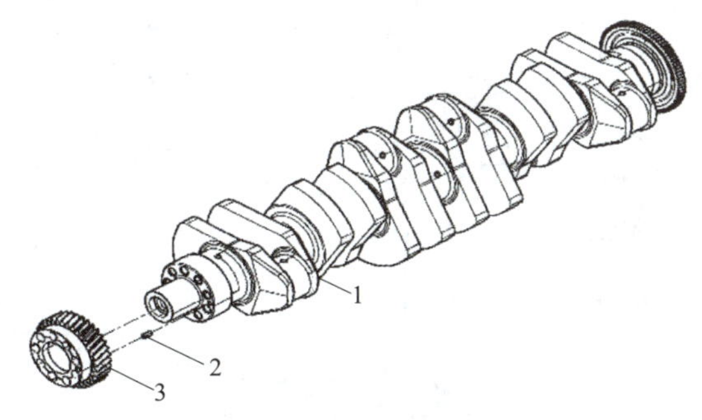

图 2-13　曲轴结构

1—曲轴;2—圆柱销;3—曲轴齿轮

曲轴齿轮是热装到曲轴上的,过盈配合;装车前需进行动平衡试验。

（五）飞轮组

飞轮由飞轮齿圈、飞轮、飞轮连接圈、飞轮螺栓等组成，如图 2-14 所示。WP12 系列柴油机采用 SAE1 飞轮壳和飞轮（飞轮结合盘直径 ϕ475 mm），齿圈与飞轮用螺栓紧固。

飞轮的作用包括：

1. 连接作用。飞轮安装于曲轴后端，将发动机动力传递给离合器。

2. 储能作用。飞轮是一个质量较大的圆盘，在工作行程时储存一定的惯性能量，带动曲轴旋转并在完成其他三个行程时释放能量。

3. 平衡作用。曲轴的旋转是不稳定的，起到平衡配重作用。

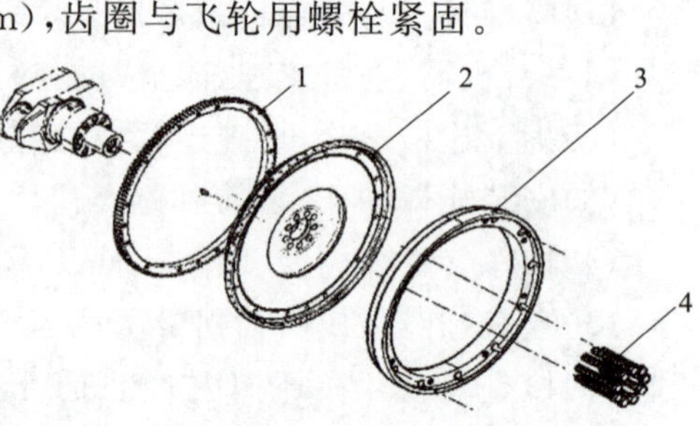

图 2-14　飞轮组合

1—飞轮齿圈；2—飞轮；3—飞轮连接圈；4—飞轮螺栓

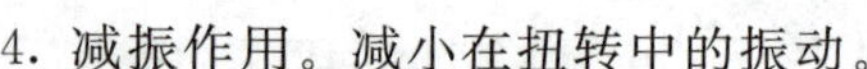

4. 减振作用。减小在扭转中的振动。

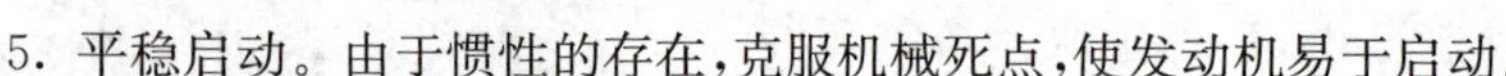

5. 平稳启动。由于惯性的存在，克服机械死点，使发动机易于启动。

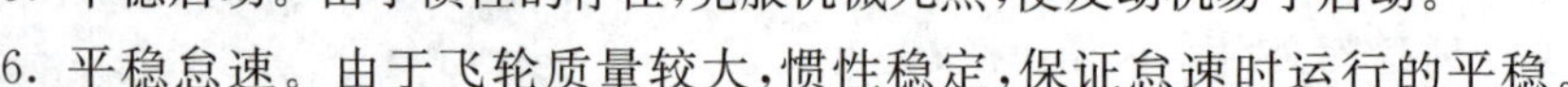

6. 平稳怠速。由于飞轮质量较大，惯性稳定，保证怠速时运行的平稳。

四、配气机构

（一）配气机构的组成

配气机构由气门组件、气门传动组件组成。气门组件包括气门、气门导管、气门座、气门旋转机构及气门弹簧等零件。气门组件应保证气门对气缸的密封性，因此要求气门组件中气门头部与气门座贴合严紧、气门在气门导管中上下运动良好。气门传动组件主要包括凸轮轴、正时齿轮、挺柱及其导杆、推杆、摇臂和摇臂轴等，其作用是使进排气门按配气相位规定的时刻进行开闭，并保证有足够的开度。

（二）配气机构的作用

配气机构就是控制柴油机的换气过程，按照规定的配气正时和气缸发火顺序等，准确、正确地控制各气缸进、排气门的开启和关闭时间，保证换气过程的顺利进行。

（三）WP12 系列柴油机配气机构的特点

WP12 系列柴油机采用四气门结构，通过无导向的气门桥驱动气门，在气门桥及排气门摇臂中带有排气门制动（EVB）零部件，有效提高柴油机整机制动效率。配气机构组件如图 2-15 所示。

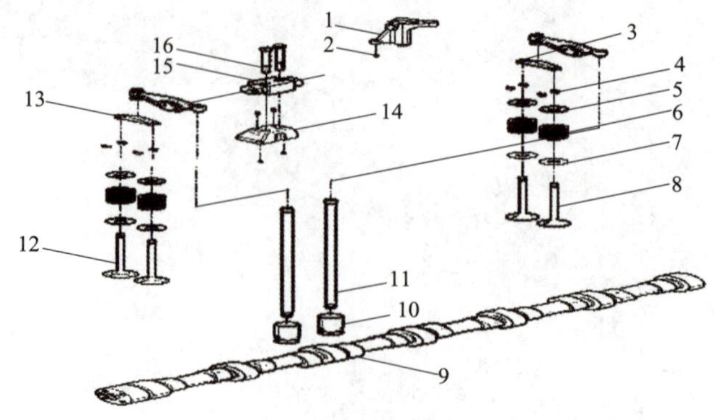

图 2-15　配气机构组件

1—EVB 支架总成；2—圆柱销；3—摇臂组；4—气门锁夹；5—气门弹簧上座；6—气门弹簧；7—气门弹簧下座；8—排气门；9—凸轮轴；10—挺柱；11—气门推杆；12—进气门；13—气门桥；14—摇臂支架；15—摇臂轴组；16—六角螺栓

（四）排气门制动装置

1. 排气门制动装置

WEVB是潍柴动力排气门制动技术的简称："W"代表"Weichai"，"EVB"是英文 Exhaust Valve Brake 的字母缩写，译为"排气门制动"。这项技术来源于德国 MAN 公司，潍柴购买了 MAN 公司的该项专利，是潍柴动力引进国际先进的"EVB"技术并经改进创新，运用在潍柴动力的发动机产品上，潍柴在国内首先采用 WEVB 辅助制动系统。排气门制动装置如图 2-16 所示。

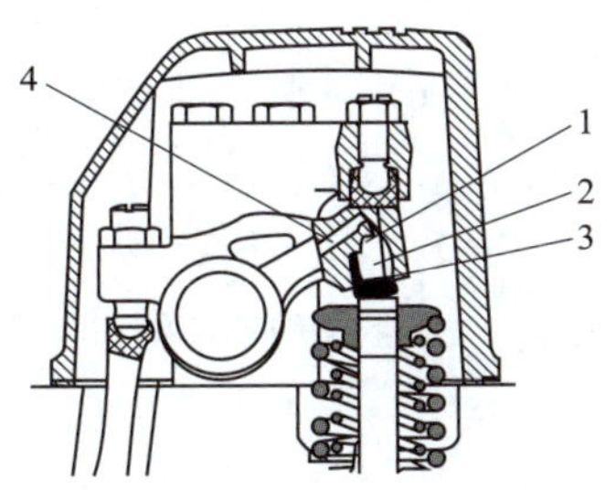

图 2-16　排气门制动装置

1—单向止回阀；2—高压区域；3—活塞冲程控制器；4—润滑油道

2. 排气门制动装置的作用

排气门制动装置主要作用是在车辆制动时增加由柴油机产生的制动力矩，可以保证车辆在下坡路上行驶的安全性，同时降低了制动系统的使用频次，增加了驾乘舒适性，制动效率提高 55％以上。

3. 排气门制动装置的工作原理

排气制动装置是采用蝶形阀开关关闭排气管通道，使活塞在排气行程时受到气体的反压力，利用排气门的节流这一主要方法来损耗惯性拖动功率，阻止发动机运转而产生制动作用，达到控制车速的目的，排气门制动装置建立在传统的蝶形阀制动装置之上。当蝶形节流阀关闭时，柴油机在车辆惯性力的拖动下类似于压缩机工作。排气管内的排气压力可增加到足以使处在进气冲程后，活塞位于下止点附近那个气缸的排气阀被相邻气缸的活塞所推出的废气产生的压力波打开。排气阀制动装置（EVB）就是利用排气门在制动过程中被压力波自动打开的现象，通过使排气门在发动机制动过程中保持打开一个空隙来提高发动机的制动效率。当排气阀被压力波打开后，排气阀制动机构就阻止被打开的排气阀关闭（保持大约 1～2 mm 行程）。这样在压缩冲程中，压缩空气的一部分就从气缸中泄漏出来。甚至在活塞已到达上止点后，排气阀仍然开着。这样就使压缩空气通过排气阀间隙膨胀到排气管中，使膨胀冲程时向下运动的活塞速度大大降低，避免压缩空气再次驱动发动机做功。在排气冲程开始时，通过摇臂的运动使排气阀全开，排气阀摇臂上的卸油孔打开，润滑油喷出，滑块组件在回位弹簧的作用下回位。上述过程循环往复进行，从而增加柴油机的制动功率。

4. WP12 系列柴油机辅助制动系统的结构特点

（1）WEVB 制动系统的供油采用外接管路与内部供油通道相结合的办法，由机体副油道引出机油，通过外接油管到第 6 缸缸盖，然后缸盖与缸盖之间利用短管相接。

（2）所有的外接管路均布置在进气管一侧，该侧温度相对较低，可以有效防止发生泄露造成火灾事故。

（3）专用机体、缸盖、气门摇臂座，在其中布置机油的输送通道。

(4)排气门摇臂中增加控制排气门运动的一套执行机构。

(5)新增支撑臂、封油用调节螺栓总成以及 WEVB 系统供油管路等零部件。

(6)气缸盖罩增加高度 32 mm。

(五)冷却系统

1. 冷却系统的功能

冷却系统的功能是在发动机工作时,将燃油燃烧和机件运动摩擦产生的热量及时地散出机外,保证发动机在适宜的温度下连续工作,强制循环冷却为迅速达到运转温度提供了最好的保证。WP12 系列柴油机冷却系统分为两部分,即水冷却和空气冷却,其原理如图 2-17 所示。一般仅指水冷却。

2. 水冷却系统的组成

水冷却系统主要由散热器、水泵、节温器、膨胀水箱、风扇、驱动装置及管路附件等部件组成,结构如图 2-18 所示。

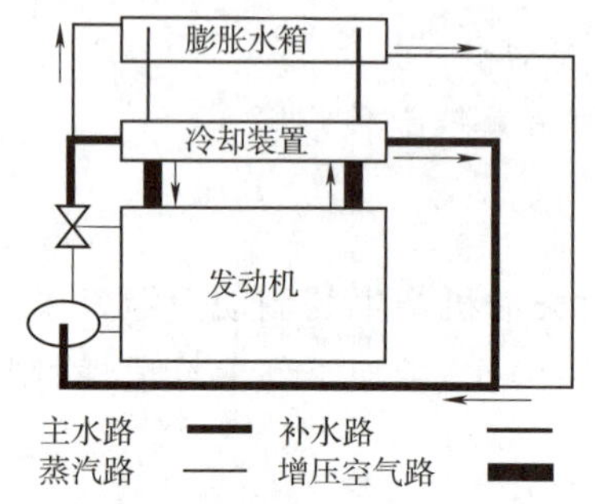

图 2-17　发动机冷却系统原理

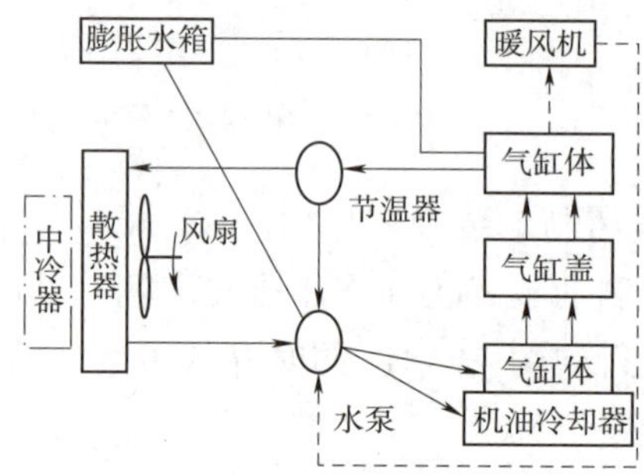

图 2-18　发动机水冷却系统结构

(1)水泵

WP12 系列柴油机上水泵安装在柴油机前端,柴油机进出水室布置在气缸体排气侧,回水腔在上,进水腔在下,结构如图 2-19 所示。出水管终端有双联式节温器,两个节温器布置在出水管内部。节温器有两个出口,一路通往水箱,另一路通往水泵进水口即为小循环。当节温器开启时,冷却水全部经过散热器冷却后由水泵打入机体,避免柴油机工作温度过高;当冷却水温度低于 83 ℃,节温器处于关闭状态,冷却水直接进入水泵进口,使柴油机尽快升温,达到运行要求的热状态,避免低温磨损,延长柴油机的使用寿命。节温器在83 ℃时开始开启,至 95 ℃时全开。

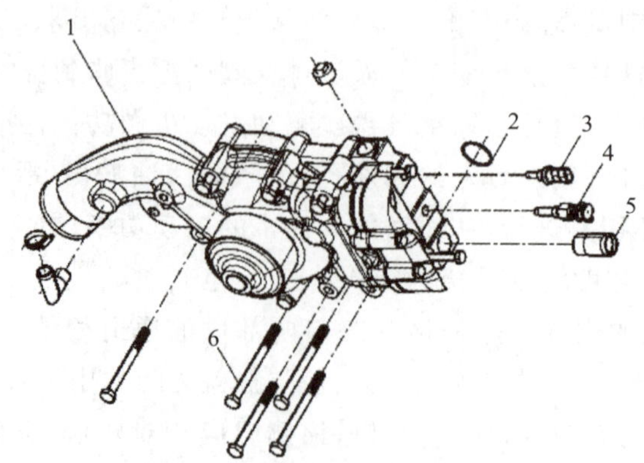

图 2-19　发动机水泵结构

1—水泵分总成;2—密封圈;3—传感器;4—温度传感器;5—水管接头;6—固定螺栓

(2)膨胀水箱

①膨胀水箱及作用

膨胀水箱位于发动机水冷却系统的最高位置,其作用是为冷却水提供热胀冷缩的余地。冷却系统的冷却效率及功能在很大程度上取决于该系统是否附带系统压力或是否无气泡,这两种特性主要受膨胀水箱活力的影响。膨胀水箱与散热器是分离的,设在车架上方,安装在室内活地板正下方,方便冷却液的加注。水箱位置如图 2-20 所示。在膨胀水箱顶部装有压力调节阀,使水系统成闭式回路,打开阀盖,即可给水箱加水。

膨胀水箱的具体作用包括:

a. 接收加热时膨胀的冷却液。

b. 接收从通风管路同空气一起溢出的冷却液,并分离出系统中的空气。

c. 储备一定量的冷却液用于补偿泄漏损失。

d. 冷却系统的稳压和限压。

e. 方便冷却液的加注或液面检查。

②冷却液面检查

膨胀水箱位于驾驶室中部地板下面,通过膨胀水箱加入口开盖(或液位镜)检查冷却液液面,观察口如图 2-21 所示。初次加注冷却液时,最多只能加到膨胀水箱的 60%,其余 40%供冷却液膨胀用。

图 2-20　膨胀水箱位置

图 2-21　膨胀水箱观察口

在打开带有卸压阀和排气按钮的加液口盖时,如果发动机处于热状态,要必须先按下排气按钮后再打开盖子。切忌在发动机处于较热状态时往里加入大量冷却液而因为冷热变化大而损害零件。加注冷却液时,应注意冷却液品牌、型号,不同型号、成分冷却液尽量避免加注。如果在非常情况下没有冷却液,允许缓缓加入温度不太低的冷水,从加液口加入冷却液至刻度线为止。事后须更换冷却液。启动发动机在发动机运转情况下(1 000 r/min)继续添加冷却液直到液面稳定,最后盖上加液口盖。

(3)风扇

WP12 系列柴油机基本型采用环形塑料风扇,风扇传动采用硅油离合器传动(即粘性传动)形式。根据用户需要,也可以采用刚性传动。粘性风扇是一种通过双金属感温元件实现由温度控制风扇工作,所以不仅有节能的效果,更重要的是保证柴油机有良好的热状态,对柴油机的运行和使用寿命都有明显的优点。

(4)散热器

JW-4G 型接触网作业车采用集成式散热器，冷却系统包括发动机水冷却、发动机增压空气冷却(中冷)和液力传动油冷却，散热器设计集发动机水冷却、发动机中冷和液力传动油冷却于一体，采用铝制板翅式，冷却风扇强制冷却结构，具有集成化程度高、维护方便等特点。

散热器位于车辆左侧，冷却液在散热器的左半部分。冷却风扇由液压马达驱动，风扇的运转开关由发动机冷却液温度和液力变速箱油温来控制，从而动态调节发动机水温和液力传动箱油温，确保动力单元在正常温度范围内工作。散热器位置如图 2-22 所示。

(5)驱动泵

散热器驱动泵为散热器风扇提供动力，由液压驱动，通过液压产生动力驱动齿轮旋转，如图 2-23 所示。

图 2-22 散热器位置

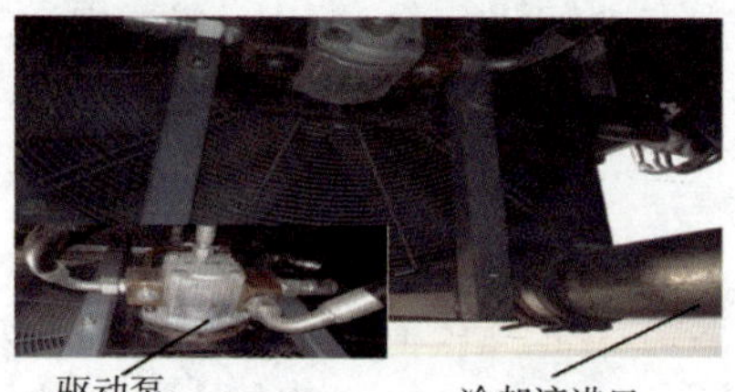

图 2-23 散热器驱动泵

(六)润滑系统

1. 润滑系统的组成

润滑系统包括机油泵、集滤器、机油滤清器、机油冷却器、润滑油道及传感器、压力表等，系统组成如图 2-24 所示。

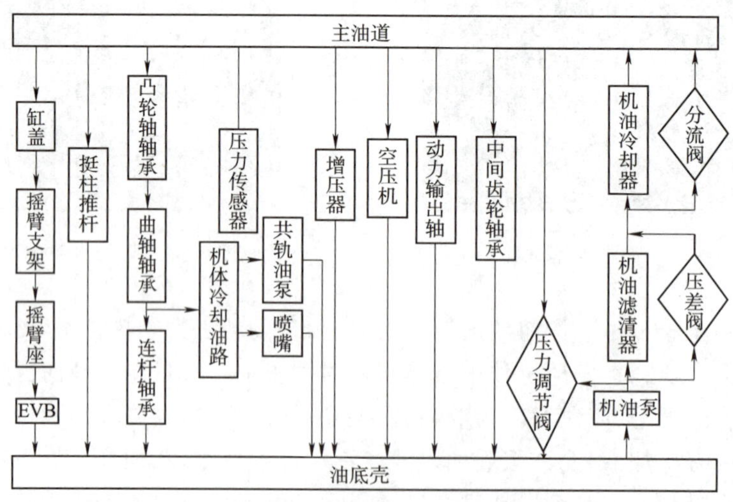

图 2-24 WP12 系列柴油机润滑系统组成

(1)机油泵

机油泵安装在机体上，机油泵驱动齿轮与曲轴齿轮相啮合。WP12 系列柴油机机油泵如图 2-25 所示。

(2)集滤器

集滤器安装于机油泵进口前面，主要是防止较大颗粒杂质进入机油泵，过滤发动机机油，如图 2-26 所示。

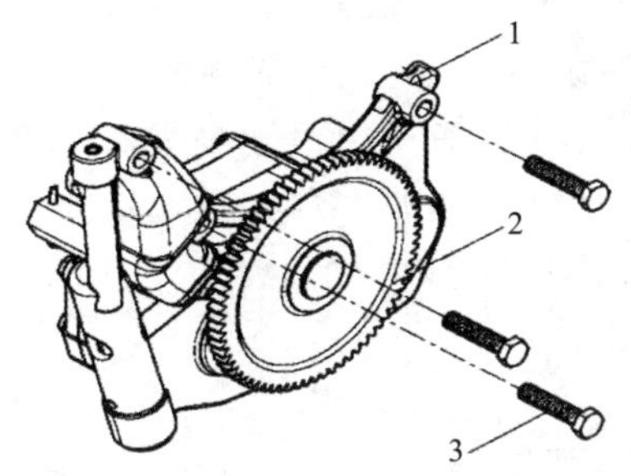

图 2-25　WP12 系列柴油机机油泵

1—机油泵总成；2—机油泵驱动齿轮；

3—固定螺栓

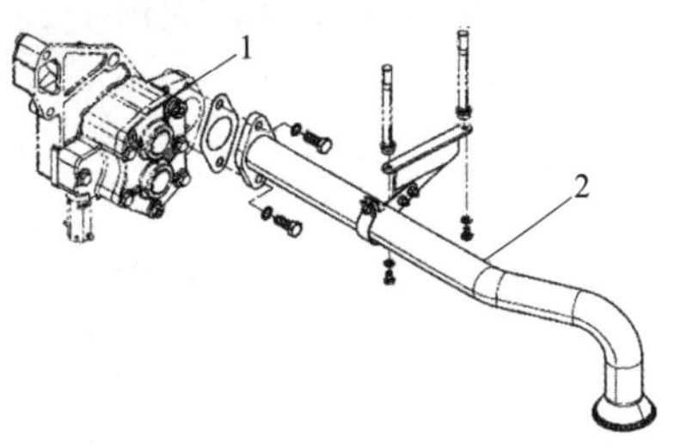

图 2-26　WP12 系列柴油机集滤器

1—机油泵总成；2—集滤器总成

(3)机油冷却器

机油冷却器位于发动机右侧，是水冷式机油冷却器，如图 2-27 所示。

(4)机油滤清器

机油滤清器安装于机油泵之后，用于过滤主油路中较细的微粒；按功能作用分为粗滤器和细滤器。WP12 发动机机油粗滤器、机油细滤器均采用旋装式纸滤芯、双筒并联，如图 2-28 所示。

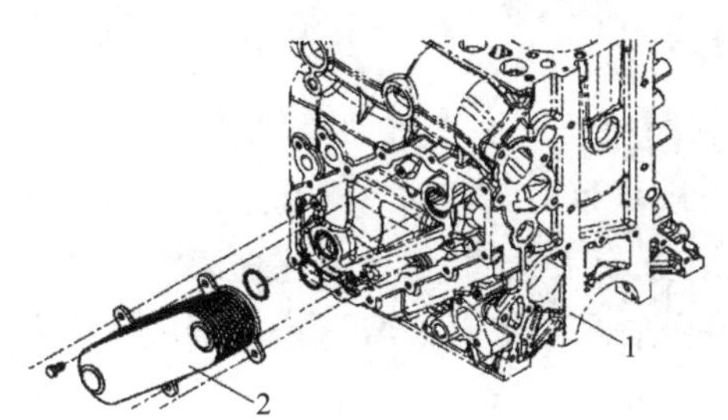

图 2-27　机油冷却器

1—机体；

2—机油冷却器芯子

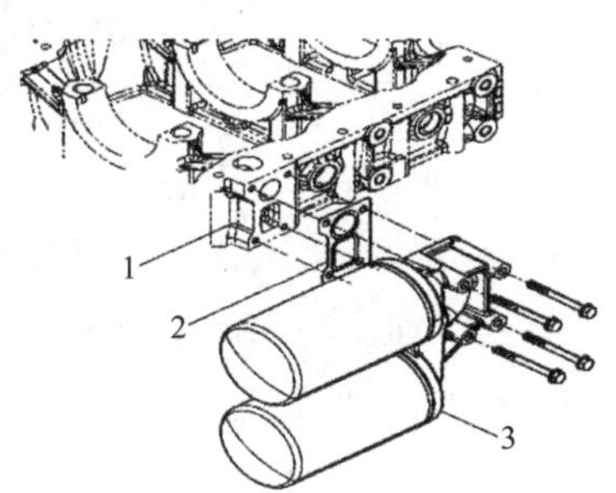

图 2-28　机油滤清器

1—机体；2—垫片；

3—机油滤清器总成

(5)机油压力感应塞

机油压力感应塞用于测量发动机机体内润滑油压力，机油压力感应塞的工作温度为－25～100 ℃，测量范围为 0～550 kPa，报警压力为 25～40 kPa(当压力降低时触点闭合)，报警器通断功率最大 5 W，额定电压为 6～24 V，感应塞的接口如图 2-29 所示。

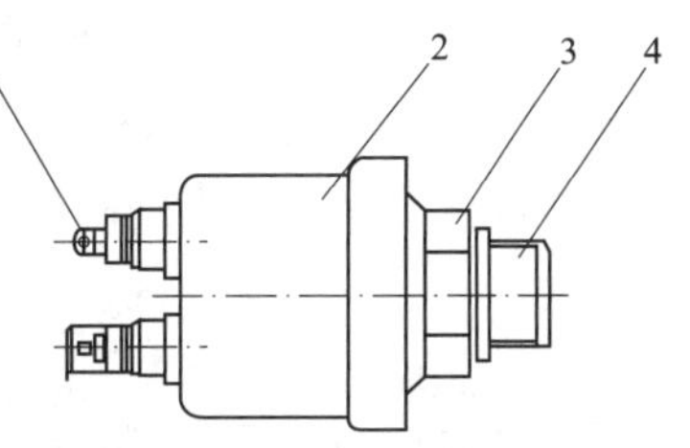

图 2-29　机油压力感应塞接口

1—接线触头；2—壳体；

3—紧固螺母；4—接口

2. 润滑系统的作用

润滑系统的作用就是将润滑油不间断地输送到运动件的表面，以减少机件磨损，同时又具有密封、冷却、清洗的作用。

机油的使用应根据发动机的规定选用。多级机油更有利于冷启动性能，应优先选用。全年使用的多级机油如 15W-40 等也仅可以在规定的温度范围内使用。对于偶尔的低温情况可以采取措施预热机油，或者更换与环境温度相适应的机油。WP12 欧Ⅲ发动机规定使用 CF-4 或 CH-4 级润滑油，根据环境温度选择润滑油的黏度等级如图 2-30 所示。只能使用多级润滑油，禁止使用任何机油添加剂，油底壳的倾斜角度不允许超过规定值，当发动机静止不动且车辆处于水平地面上时，油尺油面必须处于最大和最小标记之间。WP12 系列发动机均不允许使用 CE、CD、CC、CB、CA 级润滑油。每次更换机油时应同时更换机油滤芯。

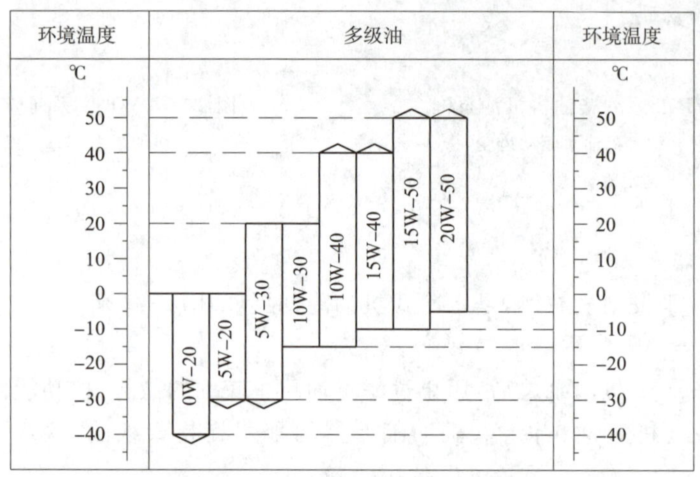

图 2-30　润滑油牌号选择表

3. 润滑方式

润滑供给方式分为压力润滑和飞溅润滑。压力润滑的润滑油由机油泵提供，经粗滤和冷却后进入各运动件的摩擦副进行润滑。飞溅润滑是利用机件运动所带动飞溅起来的润滑油滴或油雾润滑摩擦副表面。在润滑系统中存在既有压力润滑，又有飞溅润滑，称为综合润滑。

WP12 系列发动机采用压力润滑方式，具体为机油泵通过集滤器，将机油由油底壳中吸入，压向机油滤清器和机油冷却器，通过油路系统到达润滑位置。绝大部分油量到达主轴承并由此通过曲轴上的油孔，到达连杆轴承；气缸套表面和活塞销是由喷嘴喷油来实现润滑；气门操纵系统、增压器、共轨油泵、空压机、中间齿轮轴承同样是通过油管和油槽实现压力润滑；活塞顶部是通过喷嘴喷油到内冷油腔冷却；机油是通过机油冷却器由冷却水来冷却。机油循环系统的机油压力是通过机油泵体内的限压阀来调整的。

发动机启动时，由于机油温度低，黏度较大，机油压力短时间内会偏高，但随着发动机水温升高，机油温度上升，机油压力会逐渐下降。当发动机满负荷水温在 80～95 ℃时，正常机油压力为 350～550 kPa。WP12 发动机机油最高加油量为 36 L。

(七)燃油系统

燃油系统供给系统，主要包括三部分：燃油的供给、空气的供给以及废气排出。

1. 燃油供给系统的组成

WP12 系列欧Ⅲ发动机燃油供给由燃油箱、高压油泵、滤清器、共轨管、控制单元(ECU)喷油器以及各传感器组成，主要组成如图2-31所示。

WP12 系列欧Ⅲ发动机采用了 BOSCH 公司生产的高压共轨系统，如图 2-32 所示，使发动机能够满足最高 160 MPa 的喷油压力，实现燃油量与正时的灵活控制，实现低排放与低油耗。

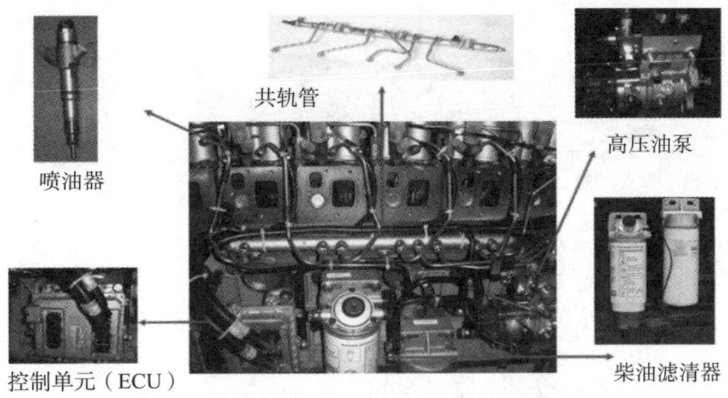

图 2-31　WP12 系列欧Ⅲ发动机燃油供给主要组成

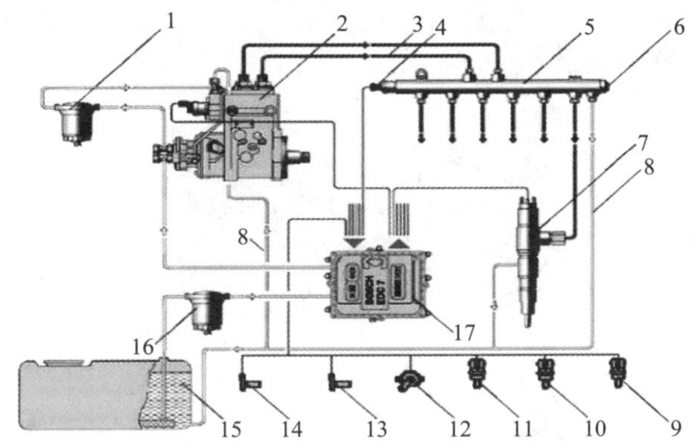

图 2-32　WP12 系列欧Ⅲ发动机电控共轨系统

1—柴油精滤器；2—高压油泵；3—高压油管；4—轨压传感器；5—共轨管；6—限压阀；
7—喷油器；8—回油管；9—机油压力传感器；10—增压压力传感器；11—水温传感器；
12—加速踏板传感器；13—凸轮轴转速传感器；14—曲轴转速传感器；
15—燃油箱(带粗滤器)；16—粗滤器；17—电控单元

共轨式电控燃油喷射技术是一种全新的技术，因为它集成了计算机控制技术、现代传感检测技术以及先进的喷油结构于一身。它不仅能达到较高的喷射压力，实现喷射压力和喷油量的控制，而且能实现预喷射和后喷，从而优化喷油特性形状，降低柴油机噪声，大大减少废气的排放量。

共轨系统对燃油油路要求较高，低压油路(油箱→粗滤→精滤，回油)、高压油路(高压油泵→共轨管→高压油管→喷油器)都要保证密闭。

(1)高压油泵

WP12 系列欧Ⅲ柴油机高压油泵如图 2-33 所示。

高压油泵的作用就是燃油经过高压油泵加压后提供给共轨管，并经喷油器雾化喷入燃烧室。

(2)柴油粗滤器组件

粗滤器组件是安装在油箱油路的下游，它会将流过它的水和微小颗粒从柴油中分离出来(利用它的多层介质构造)。分离出来的水会被收集到位于过滤器底部的集水器皿之中，然后通过放水塞流出。如果在粗滤器顶部安装了电加热器，那么当油流过粗滤器的时候，会被加热器加热。柴油滤清器组件如图 2-34 所示。

(3)回油及喷油器

①喷油器

每个发动机气缸都在其缸盖上装有一个喷油器，其结构如图 2-35 所示。

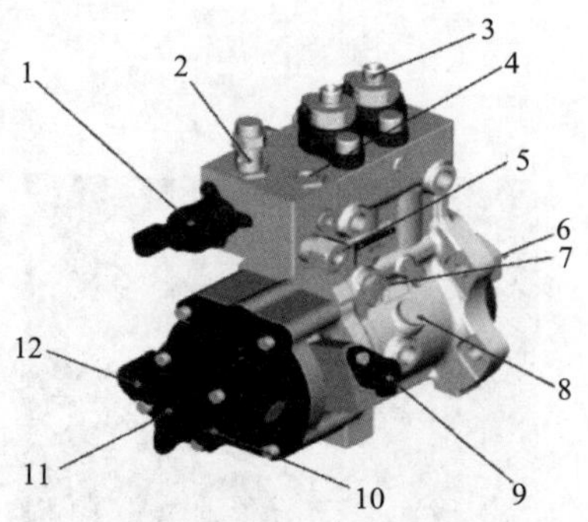

图 2-33　WP12 系列欧Ⅲ发动机高压油泵

1—燃油计量阀；2—柴油进口(自滤器)；3—高压油出口；4—柴油出口；5—溢流阀；6—凸轮轴；7—润滑油进口；8—初始机油加注口；9—凸轮轴相位传感器；10—柴油进口(自油箱)；11—齿轮泵；12—柴油出口(到滤器)

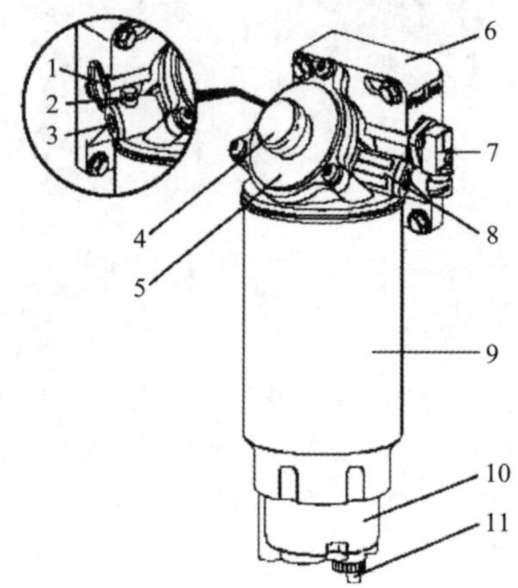

图 2-34　柴油滤清器组件

1—进油口；2—放气螺栓；3—出油口；4—手泵；5—过滤器盖；6—安装用法兰；7—加热器；8—出油口；9—旋压过滤器；10—集水器；11—排水螺栓

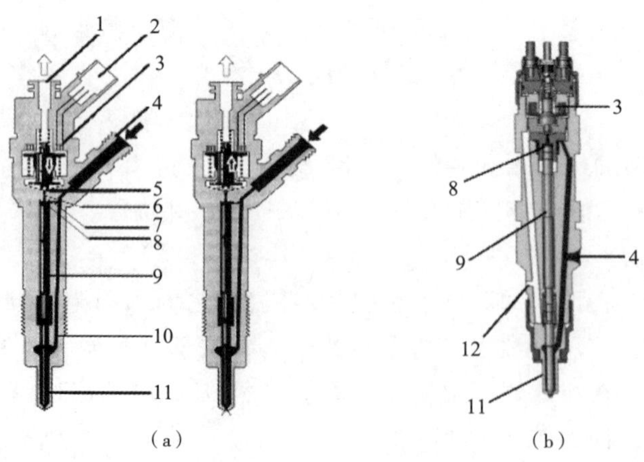

图 2-35　电控喷油器结构

1—回油管；2—插座；3—电磁阀；4—进油口；5—球阀；6—泄油孔；7—进油孔；8—控制腔；9—柱塞；10—针阀弹簧；11—针阀；12—回油口

②喷油器工作原理

高压油泵和喷油嘴通过摇臂或者间接由发动机凸轮轴通过推杆来驱动。

a. 当电磁阀断电:球阀关闭。控制腔压力与针阀弹簧压力之和大于针阀腔压力,针阀关闭,不喷射,如图 2-36 所示;

b. 当电磁阀通电:球阀开启,泻油孔泻油。此时控制腔压力与针阀弹簧压力之和小于针阀腔压力,针阀抬起,喷射,如图 2-37 所示;

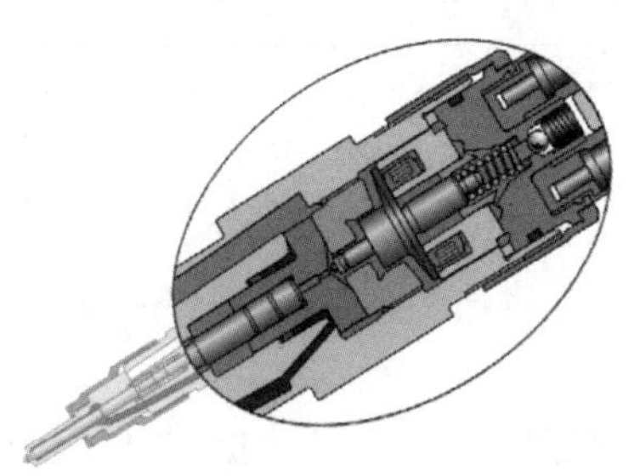

图 2-36　电控喷油器不喷射示意

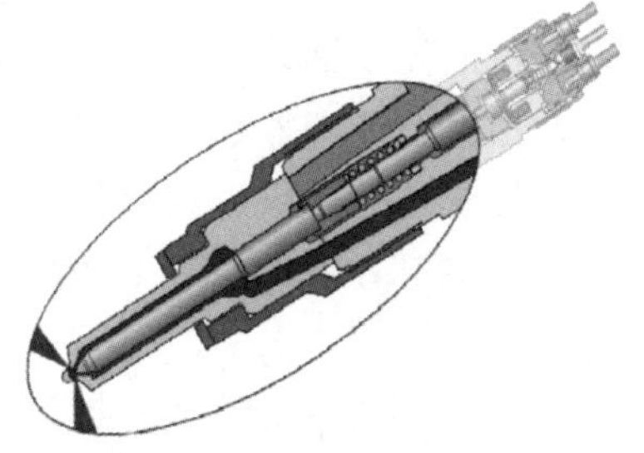

图 2-37　电控喷油器喷射示意

c. 针阀抬起速度取决于泻油孔与进油孔的流量差,针阀关闭速度取决于进油孔流量。

喷射响应=电磁阀响应+液力系统响应,喷油速率控制的要求一般应为 0.1～0.3 ms。

③发动机的回油

WP12 系列发动机的回油是经过气缸盖的内部回油,回油结构如图 2-38 所示。高压燃油经过气缸盖内部的进油接头通向喷油器,高压油管安装示意如图 2-39 所示。在对一个标准的进油接头进行适当的高压密封时,最小需要 12 kN 的预压紧力,最大允许 22 kN,过大会引起进油接头过载而发生泄漏。因为喷油器安装孔位于气缸盖内,需要确保回油能够完全密封。

④安装回油管注意事项

安装回油管时应避免与发动机的高温部件接触(如排气管、涡轮增压器、废气回流管等);回油管内不允许存在节流区域,回油管不可接触锋利的边缘,不可折成尖角,更不可被扭曲;回油管的不当安装会引起燃油泄漏到发动机上。

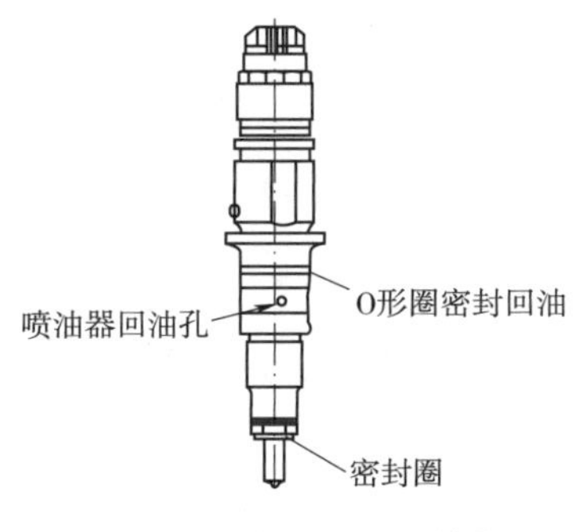

图 2-38　喷油器回油结构

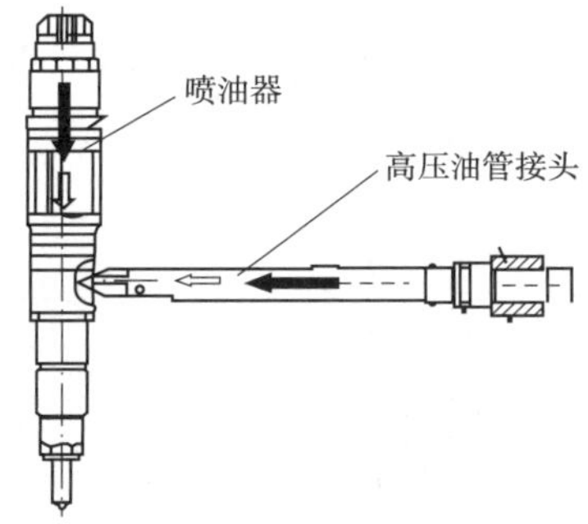

图 2-39　高压油管安装示意

2. 高压共轨系统的工作原理

(1)电控高压共轨燃油喷射系统的组成

电控高压共轨燃油喷射系统主要由进气温度压力传感器、冷却液温度传感器、凸轮轴转速传感器、曲轴转速传感器、油门位置传感器(电子油门)、燃油温度传感器、机油压力传感器、供油泵、ECU(电控单元)电控喷油器、共轨管、共轨压力传感器、油水分离器、燃油细滤器、线束及 CAN 总线等组成。

(2)WP12 系列电控高压共轨柴油机工作过程

首先柴油从燃油箱流入油水分离器进行过滤杂质及分离柴油中的游离水,粗滤后的柴油流到 ECU 散热板给 ECU 散热,再经过输油泵加大一定压力输送到燃油细滤器进行精细过滤较小的杂质;经过精滤处理的柴油流经到供油泵通过油量计量单元 PCV 阀控制供油量,供油泵把柴油加到 160～180 MPa 超高压柴油送到共轨管;共轨管把高压柴油通过高压油管送到喷油器进行喷射;电控喷油器通过 ECU 精密计算来控制喷油量,ECU 通过接收获取进气压力温度传感器、燃油温度传感器、凸轮轴转速传感器、曲轴转速传感器、共轨压力传感器、机油压力传感器、油门位置传感器反馈的信号经过处理计算来实现控制喷油量。

故障的判断、检修方法大部分采用故障检测仪读取数据流或通过电控高压共轨试验台进行检测。

注意事项:高压共轨系统喷油压力最高可达到 160 MPa 左右,柴油机启动、运转及停机时严禁拆卸高压油管排除空气或断油,以免造成伤亡事故。

3. WP12 系列电控高压共轨柴油机的特点

(1)喷油压力产生的过程和喷射的过程相互独立。

(2)喷油压力和转速无关。

(3)喷油始点和燃油喷射量的控制各自独立,可以实现精确控制。

(4)最小稳定燃油喷射量极小,可以达到 1 mm^3/次,并具有合适的控制角度。

(5)喷油系统响应灵敏,能灵活方便地进行多次喷射。

(6)高压喷射改善了进气和燃烧的混合及燃烧过程,降低了柴油机的排放。

(7)高压泵的驱动扭矩峰值小,机械噪声低。

4. 进、排气系统

(1)进、排气系统的组成

进、排气系统由空气供给和废气排出两部分组成。空气供给部分包括空气滤清器、进气歧管、涡轮增压器等;废气排出包括排气管、排气歧管、消音器等。

(2)进、排气系统的作用

柴油机进、排气系统的作用是向燃烧室提供清洁、干燥的空气,排出发动机燃烧做功后产生的废气并带走多余热量。

(3)进、排气系统的要求

①尽量减小进气的空气阻力,以提高气缸的进气密度。

②在所允许的气流阻力条件下,尽量提高空气的滤清效果,以减少磨损,延长机件的工作寿命。

③降低气缸的进气温度,以增大进气冲量密度和降低柴油机的热负荷。

④合理设置排气管道,有效利用排出气缸的废气能量。

⑤采用高效率的涡轮增压器,改善性能。

⑥注意环境保护,减少排气污染和降低噪声。

⑦布置紧凑,结构简单,便于维修。

(4)空气的供给

WP12 进气歧管设压力温度传感器,可有效监视进气温度和压力。WP12 系列欧Ⅲ柴油机进气歧管如图 2-40 所示,进气歧管电子加热器如图 2-41 所示。取代欧Ⅱ发动机使用的火焰预热启动装置，可以有效解决冬季冷启动过程中冒“白烟”的现象，并实现－30 ℃环境下顺利工作。

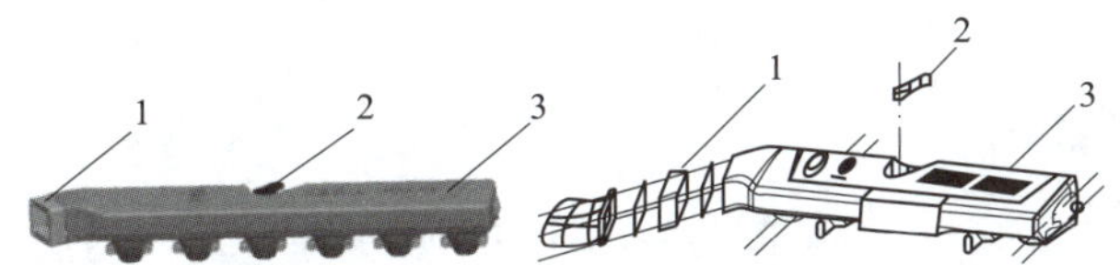

图 2-40　WP12 系列欧Ⅲ柴油机进气歧管

1—加热器；2—压力温度传感器；3—进气管本体

图 2-41　进气歧管电子加热器

涡轮增压器安装于排气歧管上，利用发动机排出的废气，经排气管进入涡轮增压器涡轮壳，废气在涡轮壳中的流速迅速增加，并以一定的方向作用在废气叶轮上，使废气叶轮高速旋转，其转速随排气温度和压力增加而增加，排出的废气带动废气叶轮旋转后由排气口排出。由于压气机叶轮与废气叶轮同轴，高速旋转的压气机叶轮将来自空气滤清器的空气吸入压气机壳，而压气机壳形状为截面积由小到大的涡壳，空气的流速将降低，而压力和温度则升高，向发动机提供了较高的进气压力。

(5)废气排出

排气歧管采用三段式排气管，增压器中置 WP12 系列欧Ⅲ柴油机排气系统如图 2-42 所示。

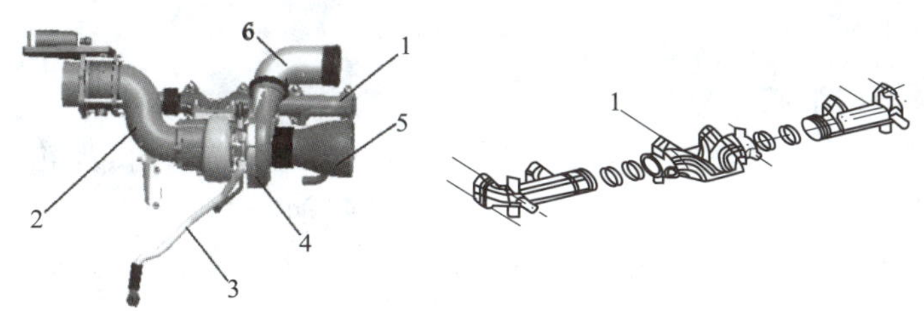

图 2-42　WP12 系列欧Ⅲ柴油机排气系统

1—排气歧管；2—废气排除口；3—增压器润滑油管；4—涡轮增压器；

5—空气进气口；6—压缩空气排出口

(八)电气系统

电气系统包括发电机、启动机、电加热法兰、水温表传感器、机油压力传感器、进气温度压力传感器、转速传感器及继电器等。

1. 发电机

WP12 系列柴油机发电机额定电压为 28 V，带有晶体管调节器。发电机在车上与蓄电池并联工作，工作时发电机自激磁。发电机电路如图 2-43 所示。

发电机在安装、接线时要注意：

(1)必须充分冷却。

(2)必须防尘、防溅、防油。

(3)检查发电机皮带的张紧力。

(4)只能与电压调节器和蓄电池连接运行。

2. 启动机

WP12 系列柴油机启动机为电磁控制、齿轮传动、以摩擦片式单向器传递扭矩的直流启动机,功率 5.4 kW。启动机电路如图 2-44 所示。

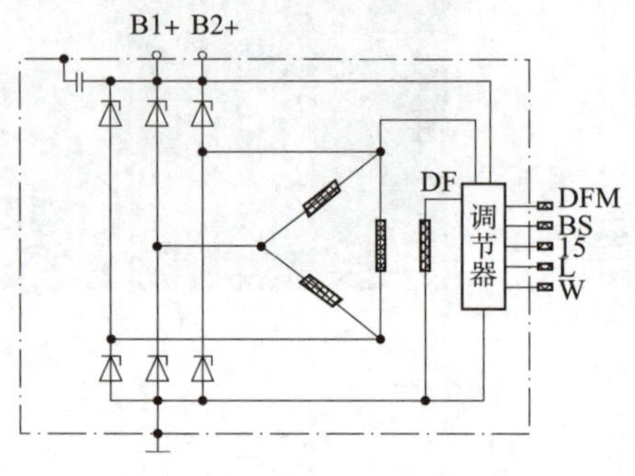

图 2-43 发电机电路

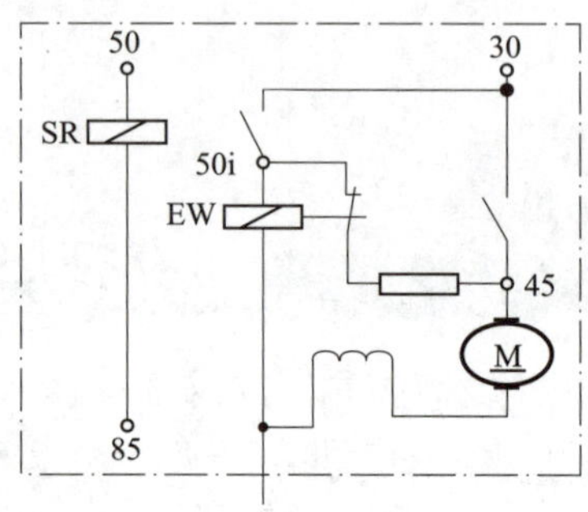

图 2-44 启动机电路

为确保启动机保证无故障运行,应注意:

(1)应做好启动机防护,避免溅入雨水、润滑油等。

(2)应避免高温,启动机壳体的许用温度不大于 100 ℃。

(3)如果驾驶员监控不到启动过程(例如发动机安装在车下或尾部),为保护启动机和防止打齿,必须安装启动继电器,启动继电器电流容量应大于 80 A,在柴油机开始正常运转后立即切断启动机电路。启动继电器的轴线应与地面平行,且垂直于车辆运行方向,以防由于振动和冲击等原因而使启动机意外啮合。

(九)机械传动系统

1. 机械传动系统的组成

WP12 系列柴油机采用齿轮室后置,与飞轮壳为一体式结构,降低齿轮噪声并提高整体可靠性,用于驱动启动机、液压泵、喷油泵等,机械齿轮传动如图 2-45 所示。

在发动机前端的传动系统,用于驱动风扇、水泵、发电机等,由两根多楔皮带驱动;采用自动张紧皮带轮,可以实现皮带松紧度的自动调节,皮带传动如图 2-46 所示。

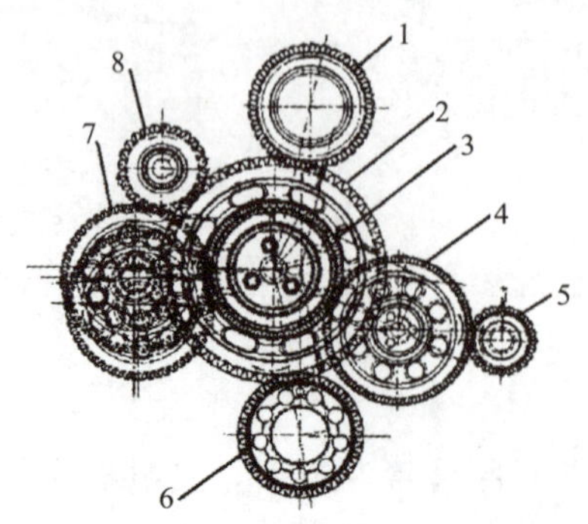

图 2-45 机械齿轮传动系统

1—动力输出齿轮;2—分级大惰轮;3—分级小惰轮;4—凸轮轴齿轮;5—空压机齿轮;6—曲轴齿轮;7—喷油泵齿轮;8—液压泵齿轮

图 2-46 机械皮带传动

2. 机械传动系统的作用

机械传动系统的作用是把曲轴的动力传递到发动机的配气机构、燃油系统、润滑系统、冷却系统等，实现各系统的协调运动，动力的传递通过齿轮组合或皮带实现。

（十）WP12 系列柴油机的保养

1. WP12 系列柴油机使用前的准备

(1)检查冷却液。通过膨胀水箱上的玻璃视孔看到冷却液面，如冷却液不够时，可打开加液口盖加入冷却液。

(2)检查燃油。应打开电源开关，从燃油表上检查燃油液面或者检查燃油箱。

(3)检查发动机润滑油。机油液面应在油尺的上、下刻度线之间，必要时从机油加注口添加机油。

(4)检查柴油机各种附件的连接是否可靠，并排除不正常的现象。检查启动系统电路连线是否正常，蓄电池充电是否充足。然后开启燃油箱阀门，松开燃油粗滤器上的放气螺栓，用燃油粗滤器上的手压泵排除燃油系统中的空气。

2. WP12 系列柴油机气门及 EVB 间隙调整

(1)柴油机冷车状态下，正盘车(按柴油机运转方向)到 1、6 缸上止点。此时飞轮上的刻槽与观察孔盖板上的指针对齐。飞轮刻度线如图 2-47 所示。

(2)拆下缸盖上的气门摇臂罩，判断 1 缸或 6 缸处压缩冲程(处于压缩冲程的气缸进排气门与摇臂间都有间隙)，如图 2-48 所示。

图 2-47　飞轮刻度线

图 2-48　气门室结构

(3)排气门及 EVB 结构如图 2-49 所示。

①调整调整螺栓 1，直到与气门桥的接触间隙为 0。

②松开螺母 2，调整调整螺栓 2，在调整螺栓 2 与气门桥之间插入 0.6 mm 塞尺。

③调整调整螺栓 2，至小活塞到底为止，夹住塞尺。

④调整气门间隙至 0.6 mm，转动调整螺栓直到塞尺无间隙，保持此状态，锁紧螺母，如图 2-50 所示。

⑤调整调整螺栓 1，在气门桥与调整螺栓 1 之间插入 0.4 mm 塞尺。

⑥调整调整螺栓 1，至小活塞到底夹住塞尺为止，保持此状态，锁紧螺母，如图 2-51 所示。

⑦再次检查气门间隙，必要时再进行调整。

(4)需要调整时活塞位于上止点位置，第一缸活塞位于压缩行程上止点位置，依次检查或调整气门间隙(I 表示进气，E 表示排气)，进、排气门状态位置如图 2-52 所示。用塞尺调整好间隙后拧紧摇臂锁紧螺母，并复查气门间隙，直到达到要求为止。

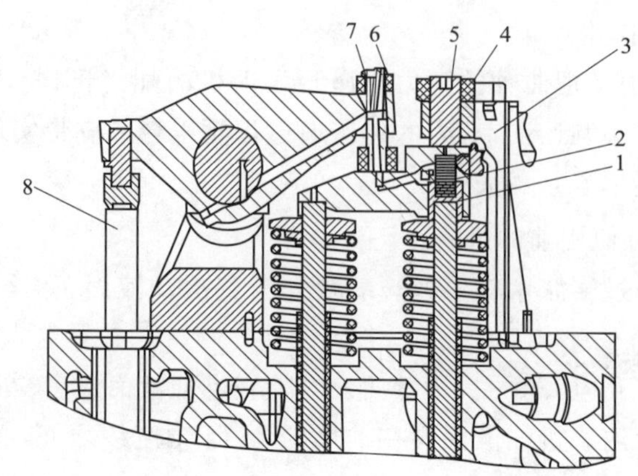

图 2-49　排气门及 EVB 结构示意

1—活塞；2—气门桥；3—气门支架；4—螺母 1；5—调整螺栓 1；6—调整螺栓 2；7—调整螺栓 2；8—挺柱(推杆)

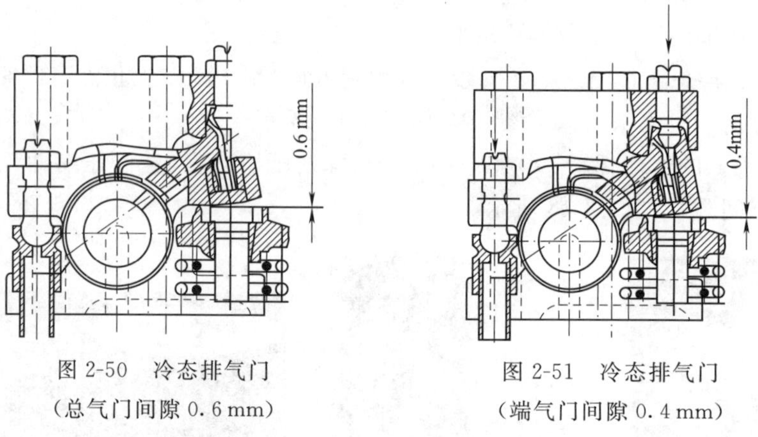

图 2-50　冷态排气门（总气门间隙 0.6 mm）　　图 2-51　冷态排气门（端气门间隙 0.4 mm）

(5)作业结束后安装气缸盖罩垫片和气缸盖罩，螺栓拧紧力矩23 N·m(推荐数值)。

3. 发动机冷却系统的维护保养

(1)冷却系统的使用注意事项

①给膨胀水箱加水时，上水速度不宜过快，以便使管道内空气充分排尽。一般水应加到膨胀水箱高度的 2/3，最低水位不低于 1/3。特别注意判别虚水位，发动机启动 5 min 后应再检查膨胀水箱水位。

②柴油机启动前应检查膨胀水箱水位，不足时加足水，检查散热器及管路密封情况。

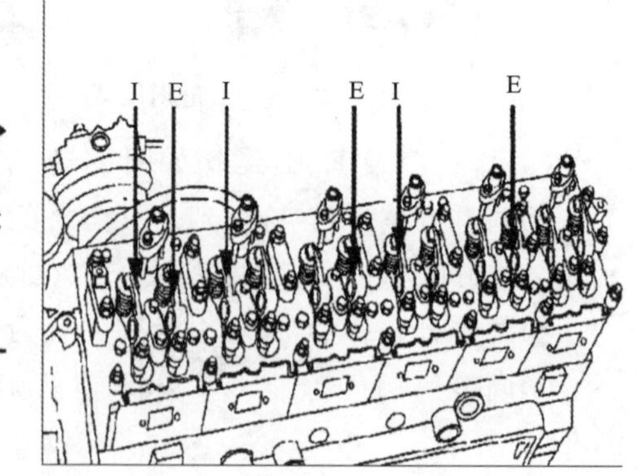

图 2-52　进、排气门状态位置

③当车辆长期停运时，应打开全部水管路上的放水阀，将整个水系统的水放尽，再用压缩空气将管中水吹干净。在寒冷地区更要特别注意，以防冻坏部件和管路。在寒冷地区，冷却液应使用长效型防冻液。

④当散热器上沾染过多尘埃时，将大大降低传热效果。因此，必须定期清除。每运用 3 至 4 个月，用压缩空气喷扫积尘。

⑤使用过程中，应注意检查风扇驱动装置的工作情况。

⑥对各连接螺栓定期紧固，确保无松动。

⑦当冷却系内存有较多水垢时，会降低冷却系的散热效能。换季保养时，应清洗发动机水套和散热器的水垢。

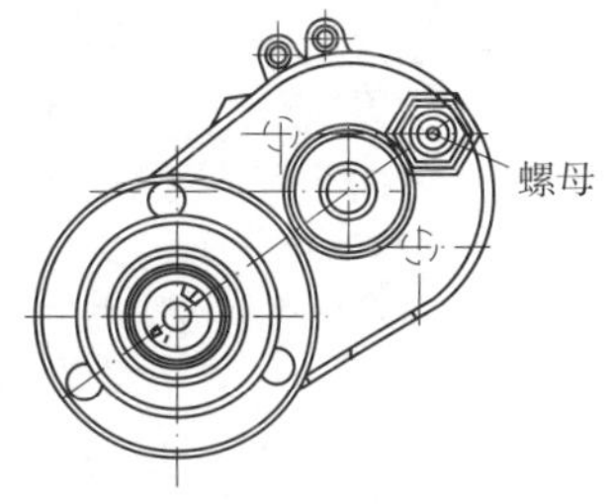

图 2-53　皮带张紧轮螺母

(2)水泵皮带更换

①用开口扳手夹住皮带张紧轮上的焊接螺母，如图 2-53 所示；使皮带张紧轮旋转，让皮带张紧轮的两个小孔轴线对齐；如图 2-54 所示，并迅速用小圆销插入，使皮带张紧轮不能复位，这样就可以拆下6 槽和 10 槽皮带。

②换上新皮带，拔下小圆销，皮带自动张紧，更换后皮带如图 2-55 所示。

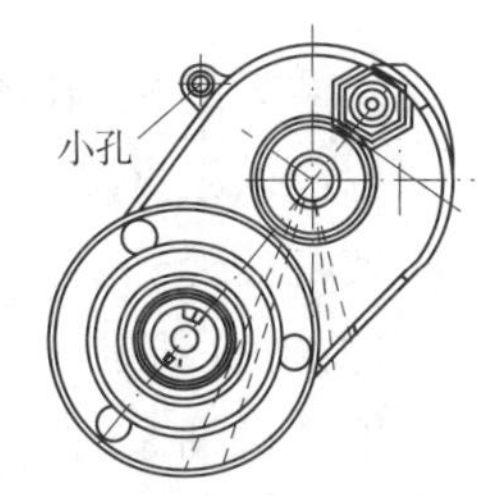

图 2-54　皮带张紧轮螺母

(3)更换水泵

①按更换皮带方法拆下 10 槽多楔带。

②用扳手拆下皮带张紧轮，如图 2-56 所示。

③用扳手拆下皮带惰轮，如图 2-57 所示。

④用扳手拆下水泵与机体 5 个连接螺栓，如图 2-58 所示。

⑤换上新水泵，注意涂胶密封，并按④、③、②、①顺序安装。

图 2-55　更换后皮带

图 2-56　皮带张紧轮

图 2-57　皮带惰轮

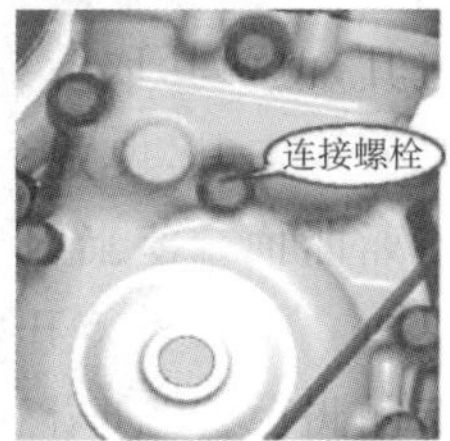

图 2-58　紧固螺栓

4. 润滑系统的维护

(1)更换机油冷却器芯

①松开机油冷却器盖上的一圈 M8 螺栓，并拆下机油冷却器盖(拆卸前要放掉发动机内的冷却液)，如图 2-59 所示。

②清理机油冷却器盖和机身密封结合面，如图 2-60 所示。

③松开机油冷却器芯 4 根 M8 螺栓，如图 2-61 所示。

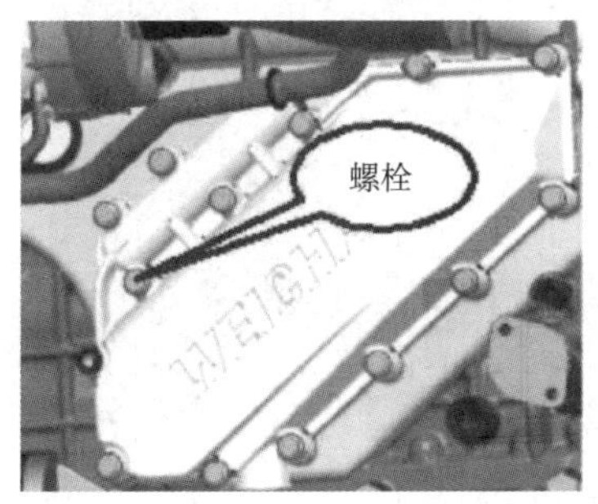

图 2-59　机油冷却器盖

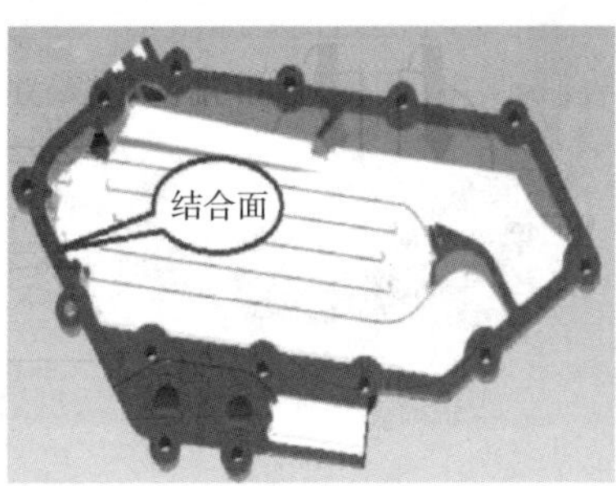

图 2-60　机油冷却器盖清理

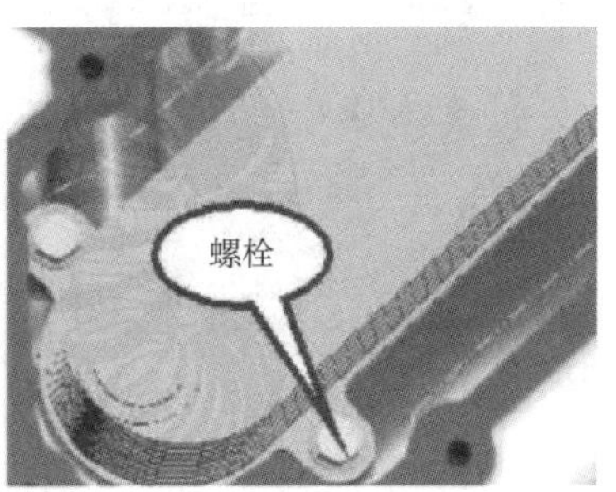

图 2-61　机油冷却器

④拆下机油冷却器芯，并清理干净机身上机油冷却器芯法兰结合面，如图 2-62 所示。

图 2-62 机油冷却器结合面清理

⑤安装新的机油冷却器芯，并拧紧机油冷却器芯4 根 M8 六角螺栓（注：螺栓拧紧前须在螺纹部位涂乐泰 242 密封胶）。

⑥装机油冷却器盖，并拧紧外围所有 M8 六角螺栓。

(2)更换机油泵

①更换机油泵时不要破坏曲轴前油封。

②拆下油底壳，拆机油集滤器，如图 2-63 所示。

③松开吸油管固定压板，如图 2-64 所示。

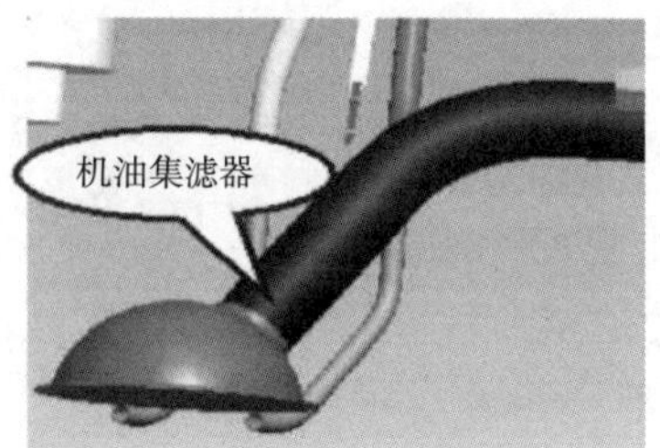

图 2-63 机油集滤器

图 2-64 集滤器吸油管

④拆除皮带。

⑤拆下曲轴皮带轮和减振器，如图 2-65、图 2-66 所示。

⑥拆下前盖板四周 M8 螺栓，拆下前盖板（注意不要破坏曲轴前油封），如图 2-67 所示。

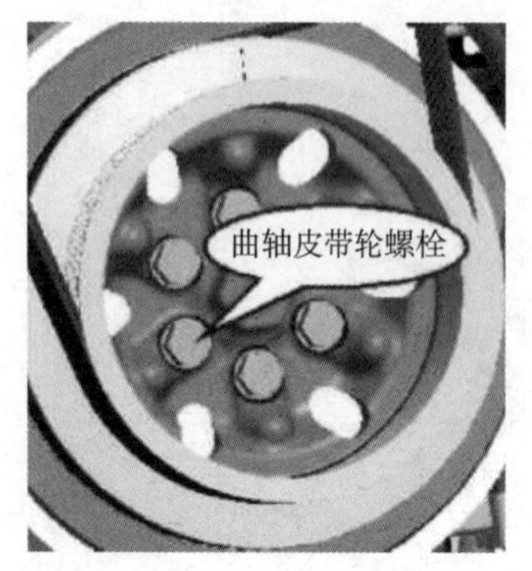

图 2-65 曲轴皮带轮

图 2-66 曲轴减振器

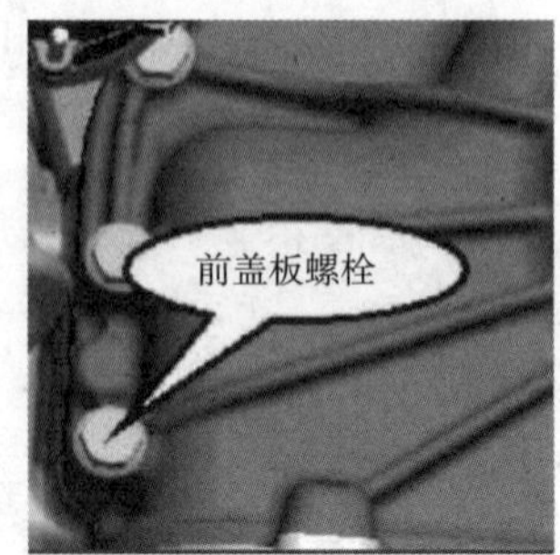

图 2-67 前盖板

⑦拆下机油泵安装在曲轴箱上的3 个 M10 的六角螺栓，拆下机油泵，如图 2-68 所示。

⑧换上新的机油泵，清理曲轴箱与机油泵结合面处。

⑨按上述拆除的反顺序安装上新的机油泵。

(3)更换机油滤清器或滤芯

①卸下旧的机油滤清器,如图 2-69 所示。

②向新滤清器中注满干净的机油,如图 2-70 所示。

图 2-68　机油泵安装螺栓

图 2-69　机油滤清器位置

图 2-70　机油滤清器

③安装新机油滤清器前在胶垫上涂抹机油。

④胶垫接触到基座后,再拧紧 3/4～1 圈,使其密封。

⑤启动柴油机检查是否漏油。

(4)柴油机油

①拧下油底壳底部的放油螺塞,如图 2-71 所示;将机油放净,再旋上放油螺塞,放油时注意观察机油状态,油堵磁铁有无异物。

图 2-71　油底壳油堵位置

②打开加油口盖,从机油加注口加入机油,如图 2-72 所示;观察油尺刻度,直到达到要求,再装上加油口盖。

5. 燃油系统的维护

(1)燃油油路排气

当更换旋装粗滤器或对输油管进行重装时,需要给粗滤器进行排气。粗滤器排气示意如图 2-73 所示。

图 2-72　机油加注口位置

粗滤器排气步骤为:

①将发动机熄火。

②卸下放气螺钉。

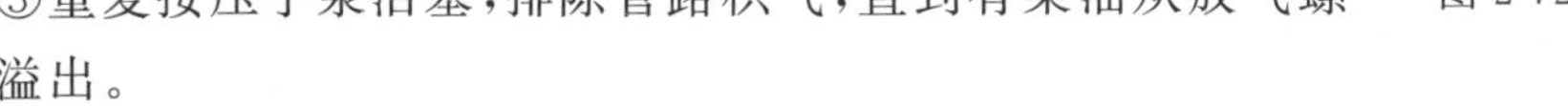

③重复按压手泵活塞,排除管路积气,直到有柴油从放气螺丝中溢出。

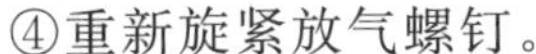

④重新旋紧放气螺钉。

注意:当集水器积水充满或旋压过滤器已经更换,则需要将集水器的水排出。

(2)集水器放水步骤

集水器放水示意如图 2-74 所示,步骤为:

①打开集水器。

a. 底部的放油塞;

b. 排除积水。

②重新旋紧放油塞。

(3)更换旋式燃油滤清器芯

①拆除旧的燃油滤清器芯(图 2-75);如果安装在粗滤器上的集水器皿还可以再用,请将集水器皿取下。

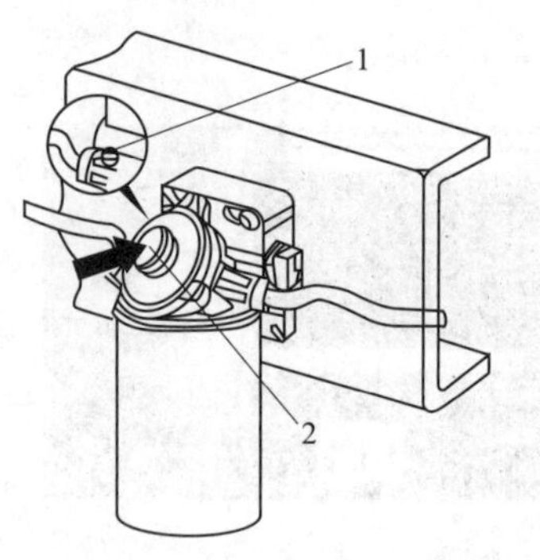

图 2-73　粗滤器排气示意

1—放气螺栓;2—手泵

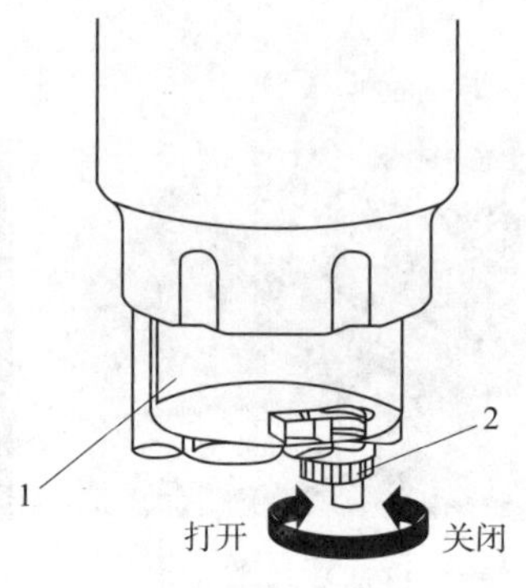

图 2-74　集水器放水示意

1—集水器;2—排水螺栓

图 2-75　燃油滤清器

②用润滑油润滑滤清器上封口,如图 2-76 所示。

③用手拧上滤清器直至封口与接口结合,注意螺纹不得强行带入。

④继续用手拧滤清器直至滤清器牢固安装(大约 3/4 圈),不要使用工具,如图 2-77 所示。

⑤按照排气步骤排气直至无气泡出现。

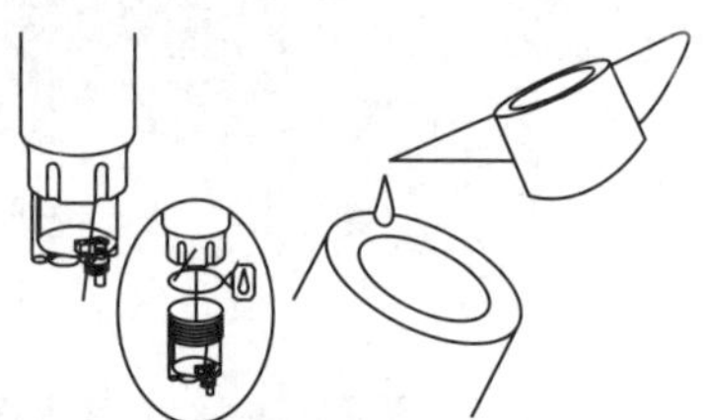
图 2-76　滤清器安装润滑

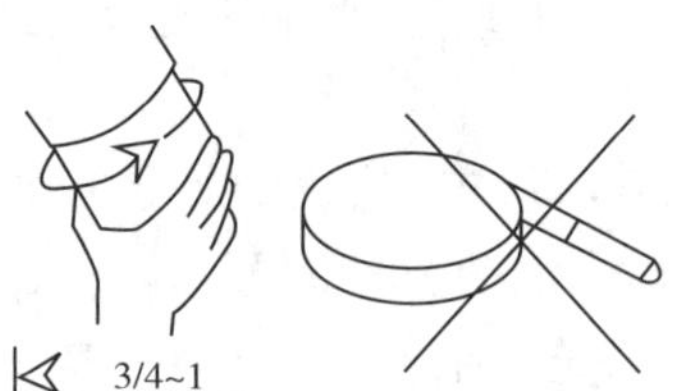

图 2-77　滤清器旋紧

⑥启动发动机,观察发动机运行状态。

⑦进行泄漏实验,观察接口有无渗漏,必要时重新拧紧。

(4)喷油器的更换

①打开摇臂罩固定螺栓,拆下摇臂罩;同时松开喷油器压紧块螺栓,取下喷油器压紧块,如图 2-78 所示。

②松开高压进油接头,如图 2-79 所示。

③用专用工装取出喷油器,如图 2-80 所示。

图 2-78　喷油器压紧块

图 2-79　喷油器高压进油接头

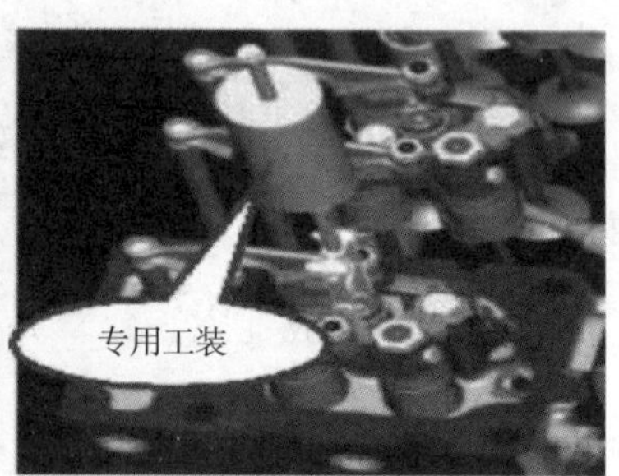

图 2-80　喷油器拆除

④清洁喷油器座孔，将新的喷油器装入喷油器座孔。

(5)装内接式高压进油接头

高压燃油经过气缸盖内部的进油接头通向喷油器。安装进油接头时，O形圈和螺纹副应涂油。螺牙和轴肩需涂油，推荐使用矿物油。如果O形圈和螺纹已事先表面润滑，就不需涂油。

由于进油接头的侧向密封力，随意安装会使喷油器受到不恰当的应力(由进油接头产生的侧向力使喷油器弯曲)，严重的导致发动机故障。进油接头安装步骤如下：

①把喷油器插入气缸盖孔内，确保喷油器各个定位正确，并与密封圈正确接触，用3 N·m的扭矩扭紧喷油器的夹紧螺栓。

②松开喷油器夹紧螺栓，使其对喷油器的轴向力为0，并确保喷油器在气缸盖内正确定位。

③用15～20 N·m的力矩预紧高压进油接头(螺母)(这个力对旋转喷油器使其对准油孔来说是必要的)。

④用8 N·m扭矩、扭转角度90°扭紧喷油器夹紧螺栓，用50～55 N·m的力矩拧紧高压进油接头(螺母)。

(6)进气系统的维护

①检查进气胶管是否老化有裂缝，环箍是否松动。必要时紧固或更换零件，确保进气系统密封性。

②检查空气滤清器滤芯。柴油机最大允许进气阻力为7 kPa，柴油机必须在标定转速和全负荷运转时检查最大进气阻力，当进气阻力达到最大允许限值时，应按制造厂的规定清洁或更换滤芯，如图2-81所示。

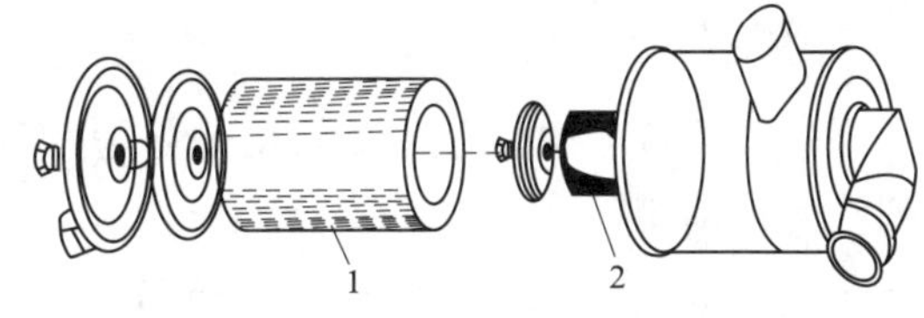

图2-81　WP12系列欧Ⅲ柴油机进气系统

1—纸质主滤芯；2—毛毡安全滤芯

③维护注意事项

a. 决不允许在没有空滤器时使用发动机，否则灰尘和杂质进入柴油机会导致发动机早期磨损；

b. 从空滤器中拆下空滤芯，轻拍端面使灰尘落下，也可用压缩空气反吹(由内向外吹)，清洁空气滤清器芯子如图2-82所示；

c. 不得吹破滤纸；

d. 不得用水和油清洗滤纸，不得用力拍打或敲打滤芯。

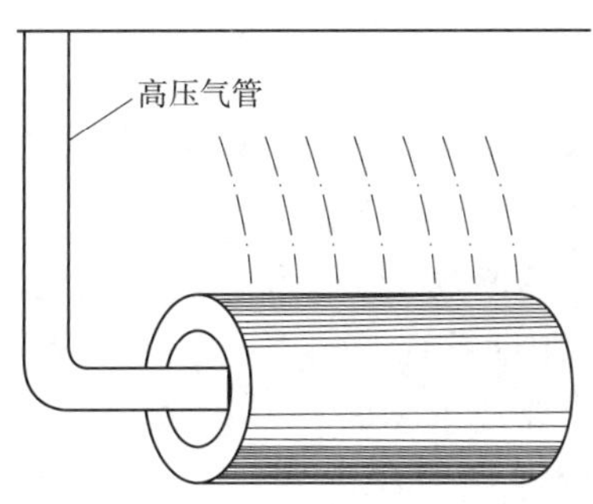

图2-82　清洁空气滤清器芯子

第二节 传动系统

传动系统由液力传动箱、分动箱、传动轴等部件组成，图 2-83 为动力及传动系统。

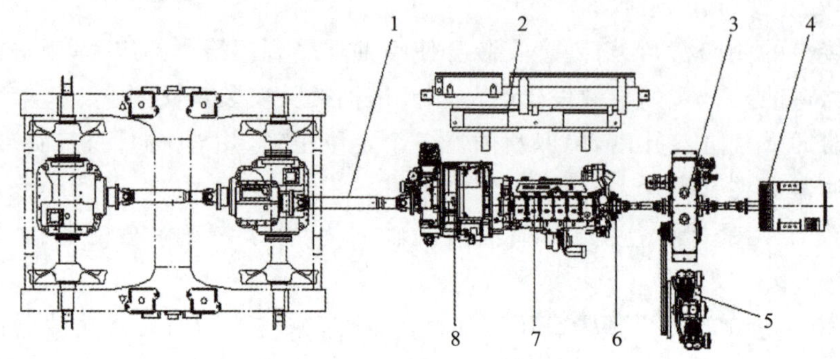

图 2-83 动力及传动系统

1—传动轴；2—辅助系统；3—分动箱；4—发电机（选装）；5—空压机；6—弹性联轴器；7—发动机；8—液力传动箱

高速铁路接触网作业的传动方式为液力传动。传动系统的作用就是将发动机输出的扭矩通过液力传动箱进行放大，通过传动轴传递给轮对，驱动接触网作业车运行。

一、液力传动箱

高速铁路接触网作业主要采用的是德国福伊特公司是专门为铁路车辆设计的 T211re. 4 系列液力传动箱。

（一）福伊特 T211re. 4 液力传动箱的主要技术参数

1. 福伊特液力传动箱命名规则

T211re. 4 液力传动箱是铁路工程车辆专用设备，其命名规则如下：

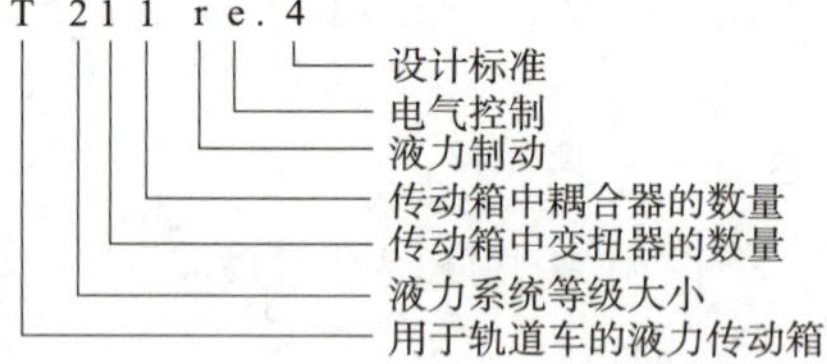

2. T211re. 4 液力传动箱的特点

T211re. 4 液力传动箱其输入功率可达 350 kW，采用全新的福伊特驱动控制器（VTDC），可以直接安装在传动箱上并录入运行数据。另外还具有监控诊断功能，液力制动可以通过联合制动的方式整合进入车辆制动系统。

3. T211re. 4 液力传动箱的主要技术参数

福伊特 T211re. 4 液力传动箱外形如图 2-84 所示，其主要技术参数见表 2-2。

图 2-84 T211re. 4 液力传动箱外形

表 2-2　T211re. 4 液力传动箱的主要技术参数

序号	名称	单位	技术数据
1	柴油机功率	kW	350
2	形式	—	双循环圆(其一为高效的液力耦合器)、卧式、VTDC 电子控制、循环圆冲排油换挡
3	换挡及换向	—	自动换挡、手动液压换向
4	传动箱输入功率 P	kW	312.1
5	传动箱输入转速 n_1	r/min	1 920
6	传动箱输出转速 n_2	r/min	2 898
7	最大输入扭矩	N・m	2 200
8	最大输出扭矩	N・m	6 100
9	输入轴转向	—	输入方向看为顺时针
10	传动箱重量(不含传动油)m	kg	840
11	油箱油量(不包含热交换器及其管路中的油量)V	L	75
12	最大拖行速度	km/h	120
13	最高环境温度	℃	85
14	最高工作温度	℃	130

4. 福伊特 T211re. 4 液力传动箱的特性参数(表 2-3)

表 2-3　福伊特 T211re. 4 液力传动箱的特性参数

序号	名称	单位	技术数据
1	热交换器冷却功率 Q	kW	120.16
2	传动油最高油温	℃	105
3	涡轮传动装置传动油出口温度	℃	110
4	传动油流量	L/s	3.2
5	压力差 ΔP_{max}	bar	1.1
6	最大回油量	L	16

5. 牵引特性

(1)牵引吨位见表 2-4。

表 2-4　JW-4G 型接触网检修作业车牵引吨位

运行速度(km/h)	轮周牵引力(kN)	各坡道牵引吨位(t)					
		0‰	6‰	12‰	18‰	24‰	30‰
0	51.3	1 050	360	220	150	100	75
10	42.6	1 050	360	220	140	90	60
20	34.3	1 050	300	160	90	60	35
30	27.6	1 050	250	110	60	35	—
40	22.3	950	180	80	40	—	—
50	18.3	700	130	50	—	—	—
60	15.2	500	90	30	—	—	—
70	12.8	350	60	—	—	—	—

续上表

运行速度(km/h)	轮周牵引力(kN)	各坡道牵引吨位(t)					
		0‰	6‰	12‰	18‰	24‰	30‰
80	10.5	240	30	—	—	—	—
90	10.4	200	25	—	—	—	—
100	9.9	150	—	—	—	—	—
110	9.3	100	—	—	—	—	—
120	8.7	60	—	—	—	—	—

(2)JW-4G 型接触网检修作业车新轮状态下牵引曲线如图 2-85 所示。

VOITH	铁路机车用福伊特 T211re.4 增压液力变矩器
技术数据表	
发动机	潍柴　WP12.480
额定功率	P_M=353 kW(2 100 r/min)
传动装置	T211re.4(i_1=72/29)
输入功率	—
变矩输出功率	P_{1i}=312.1 kW(1 920 r/min)
耦合输出功率	P_{1y}=318 kW(2 100 r/min)
输出转速	n_{2y}=2 898 r/min
轮径	D_{Tm}=840 mm
传动比	i_A=3.727
最大速度	v_y=123.1 km/h
车辆质量	m=44 t
黏着力	F_N=2×11 t

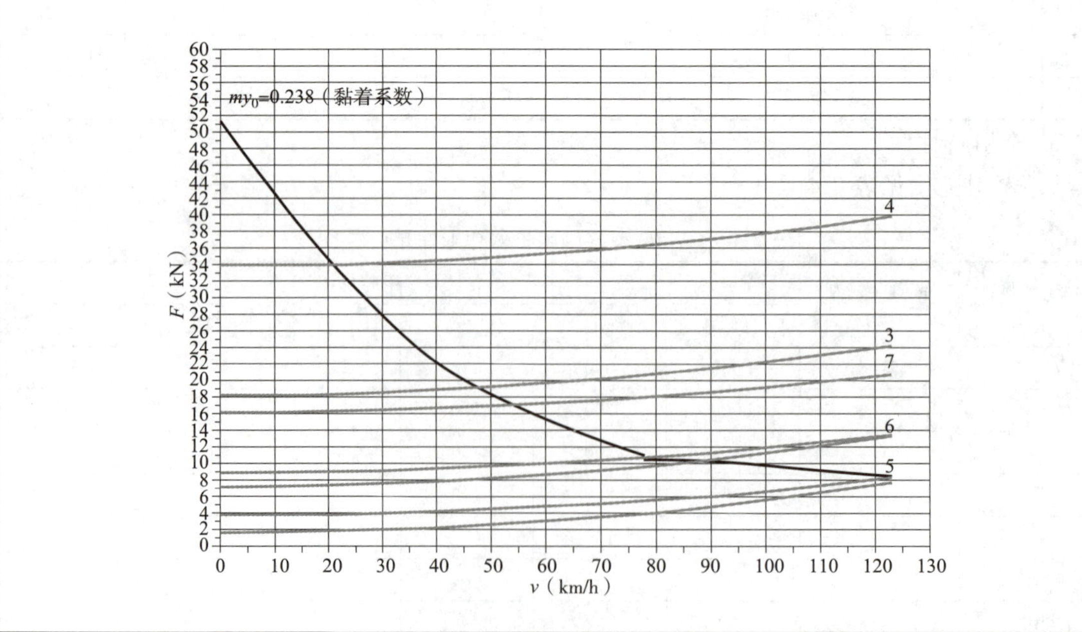

图 2-85　JW-4G 型接触网检修作业车新轮状态下牵引曲线

(3)JW-4G 型接触网检修作业车半磨耗状态下牵引曲线如图2-86 所示。

VOITH	铁路机车用福伊特 T211re.4 增压液力变矩器
技术数据表	
发动机	潍柴　WP12.480
额定功率	P_M=353 kW(2 100 r/min)
传动装置	T 211 re.4(i_1=72/29)
输入功率	—
变矩输出功率	P_{1i}=312.1 kW(1 920 r/min)
耦合输出功率	P_{1y}=318 kW(2 100 r/min)
输出转速	n_{2y}=2 898 r/min
轮径	D_{Tm}=815 mm
传动比	i_A=3.727
最大速度	v_y=119.5 km/h
车辆质量	m=44 t
黏着力	F_N=2×11 t

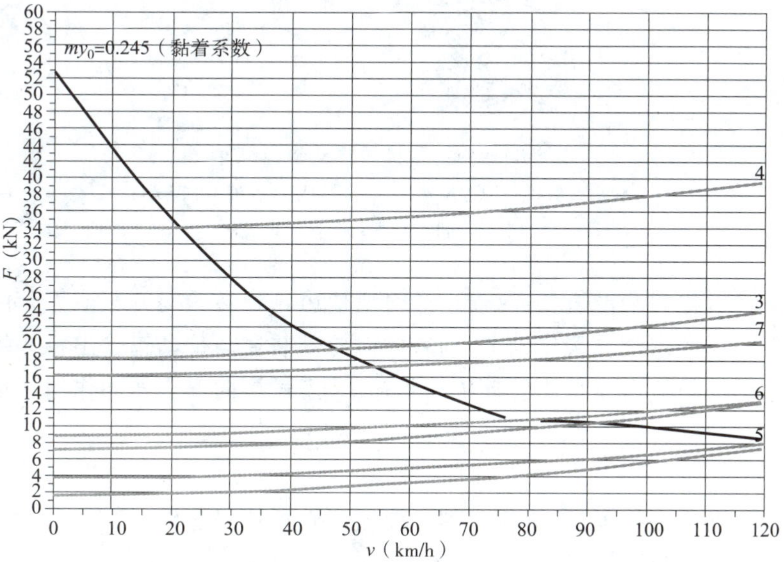

my_0=0.245（黏着系数）

F（kN）

v（km/h）

图 2-86　JW-4G 型接触网检修作业车半磨耗状态下牵引曲线

(二)T211re.4 液力传动箱的组成

1. 液力传动箱组成

T211re.4 液力传动箱由液力制动器、液力变扭器、液力耦合器、换向机构、电气控制模块 VTIC 及部分组成,其输入侧、输出侧分别如图 2-87、图 2-88 所示。

液力传动箱包括机械部分和液力部分组件。

2. 机械组件

机械组件包括增速齿轮、扭转减振器、换向装置、齿轮变速器,其机械部分结构如图 2-89 所示。

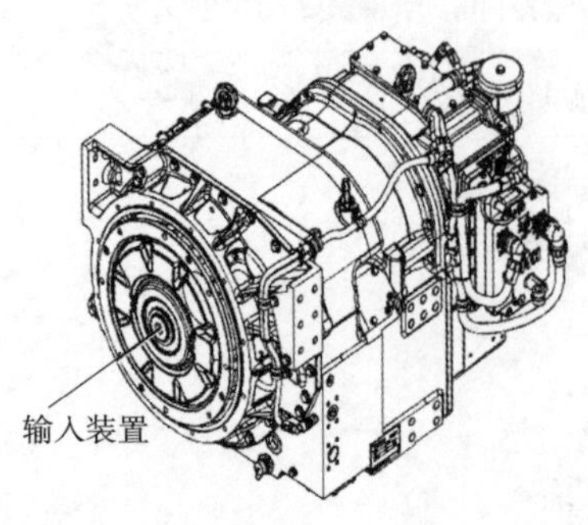

图 2-87 T211re.4 液力传动箱输入侧

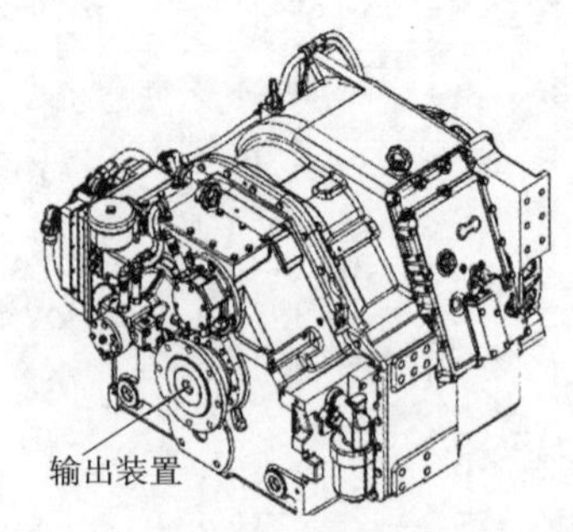

图 2-88 T211re.4 液力传动箱输出侧

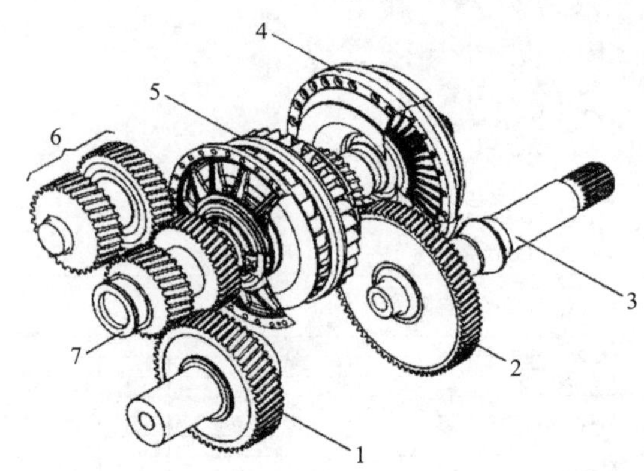

图 2-89 变扭器机械转动装置组件

1—输出装置；2—增速齿轮；3—输入装置；4—液力耦合器；
5—液力变扭器；6—机械部件；7—换向装置的开关轴

传动箱输入轴直接与柴油机相连，通过一对增速齿轮将转速提升至液力元件的工作转速，变扭器和耦合器的泵轮都装在泵轮轴上，两者的涡轮都装在与传动箱输出相连的涡轮轴上，涡轮轴再通过一系列的机械齿轮最终驱动传动箱输出，通过换向离合器的作用，使传动链里机械齿轮的数量增减，实现换向。

3. 液力组件

液力组件包括液力变扭器、液力耦合器。变扭器在低速段运转，耦合器在高速段运转。液力变扭器剖面如图 2-90 所示。

增速齿轮用于将传动转速调整到所需泵轮轴的转速；扭转减振器在涡轮传动装置的输入侧，连接着柴油发动机，作用是转移临界共振并减少动力系统的振动；换向装置用于更改涡轮传动装置中的旋转方向；齿轮变速器用于调整传动装置的从动转速。

传动装置控制器根据行驶速度和发动机负荷水平自动从一个液力循环切换到另一个。低速时注入液力变扭器，高速时注入液力耦合器，切换期间不得中断牵引力。

4. 液力传动箱工作过程

涡轮传动装置中的能量传导是通过循环圆中工作液体（传动油）的惯性力实现的。达到运行速度后，才能达到规定的牵引力。

当传动装置控制器收到牵引命令后，需要一秒钟的时间将传动油注满涡轮传动装置的液力循环系统。

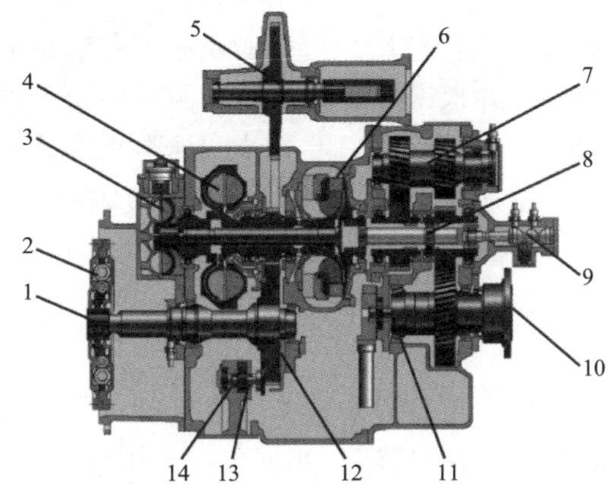

图 2-90　液力变扭器剖面

1—输入轴；2—弹性连轴节；3—液力制动器；4—液力耦合器；5—取力口；
6—液力变扭器；7—连接轴；8—滑动轴/换向轴；9—换向机构；
10—输出轴；11—二级润滑泵；12—增速齿轮；13—油泵；14—控制器

涡轮传动装置中使用的传动油除了传输能量外，还用于涡轮传动装置的润滑、冷却和控制。由于涡轮传动装置中的传动油必须满足极高的要求，因此只允许使用福伊特批准的传动油。

在牵引模式下存在热量损耗，耗损的热量经由柴油发动机的冷却系统循环导出。

T211re.4 液力传动箱的泵有液压输油泵、控制油泵、润滑泵。其中输油泵、控制油泵与初级侧相连，液压循环系统的输油泵为所有的液压循环系统供应变速箱油，控制油泵以液压油为控制线路和润滑位置供应变速箱油；润滑油泵与次级侧相连，以传动油供给润滑点。

5. 液力传动箱电气组件

T211re.4 传动箱是一个电控的传动装置，传动箱液力元件的充油、传动箱转动方向的切换都由来自车辆控制系统的电信号通过电液伺服阀完成。控制传动箱的主要部件是安装在传动箱上的集成化控制板 VTDC 以及有关的传感器、伺服阀和电缆连接。

T211re.4 液力传动箱使用了以下组件：传动装置控制器 VTDC、诊断端口 D-IF、传感器、执行器、接线、插头连接。液力变扭器外观如图 2-91 所示。

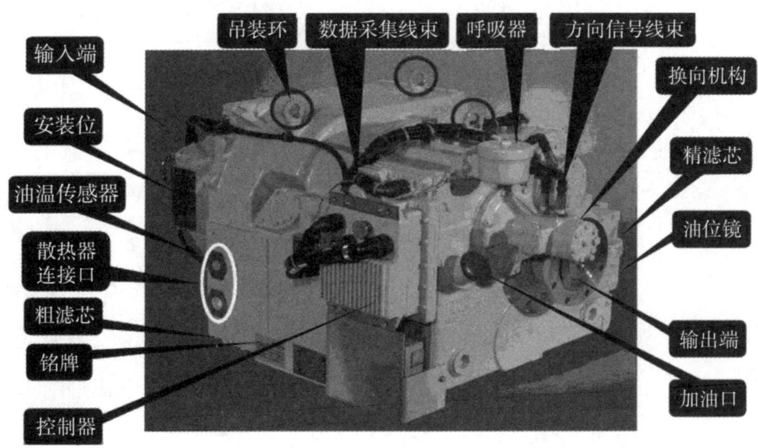

图 2-91　液力变扭器外观

VTDC 的硬件是控制器 VTIC.1(Voith Turbo Integrated Control)。传感器、执行器和插头连接满足防护等级 IP67,其他电子组件的防护等级满足相关要求。VTDC 处理车辆控制器发出的命令以及传感器发出的信号,并根据运行状态接通涡轮传动装置的执行机构。VTDC 与车辆控制器间通过 CAN 总线进行沟通。VTDC 配有可永久保存诊断与运行数据的数据存储器,通过电脑或者诊断与运行数据采集系统 VTBSwin,可以从诊断端口读取 VTDC 中的存储数据。

(三)液力传动箱组件的构造

1. 液力变扭器的构造

液力变扭器也叫变矩器,液力变扭器的结构和构造如图 2-92、图 2-93 所示,液力变扭器是由 3 个工作轮(即泵轮、涡轮、导轮)组成的液力元件。导轮则位于泵轮和涡轮之间,并与泵轮和涡轮保持一定的轴向间隙,通过导轮固定套固定于液力变扭器壳体上,位于液力传动箱的输出侧。以液压油(ATF)为工作介质,起传递转矩、变矩、变速及离合的作用。

液力变扭器是以液体为工作介质的一种非刚性扭矩变换器,是液力传动的形式之一。

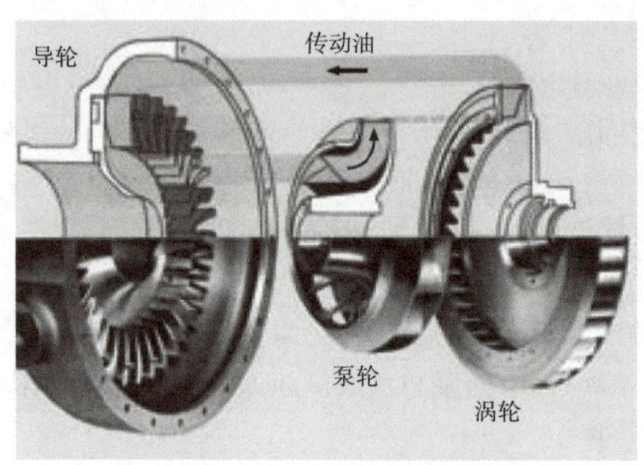

图 2-92 液力变扭器结构

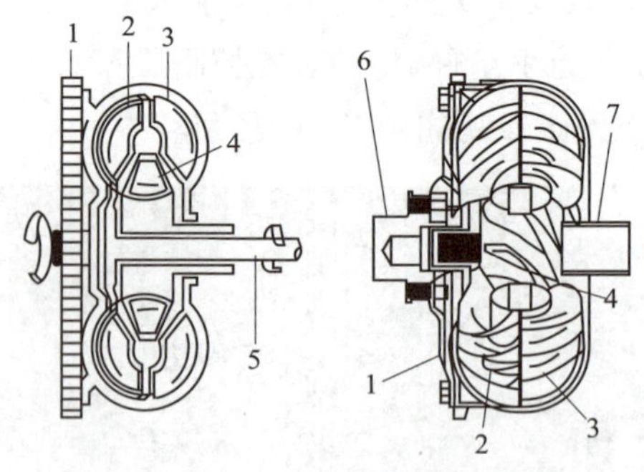

图 2-93 液力变扭器构造

1—飞轮;2—涡轮;3—泵轮;4—导轮;5—变扭器输出轴;6—曲轴;7—导轮固定套

2. 液力耦合器的构造

液力耦合器由泵轮和涡轮组成,泵轮装在输入轴上,涡轮装在输出轴上,构造如图 2-94、图 2-95 所示。

液力耦合器是以液体为工作介质的一种非刚性联轴器,又称液力联轴器。

图 2-94　液力耦合器构造

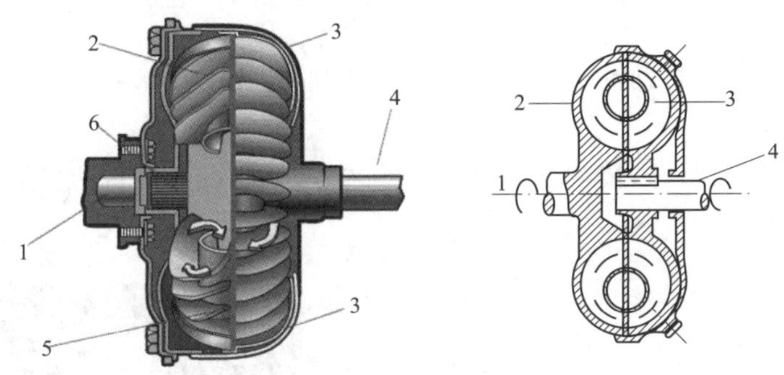

图 2-95　液力耦合器构造

1—输入轴；2—泵轮叶轮；3—涡轮叶轮；4—输出轴；5—内环；6—导轮轴栓槽

3. 传感器

液力传动箱传感器较多，传感器就是实现对设备检测、诊断的元件，包括速度传感器、温度传感器、位置传感器等，为作业车提供液力传动箱各种技术参数。通过这些参数，可以掌握设备的运行状态，确保设备的正常运行。

(1)速度传感器

速度传感器为作业车提供液力传动箱转速参数，转速传感器安装于液力传动箱壳体外部，速度传感器及其安装位置如图 2-96、图 2-97 所示。

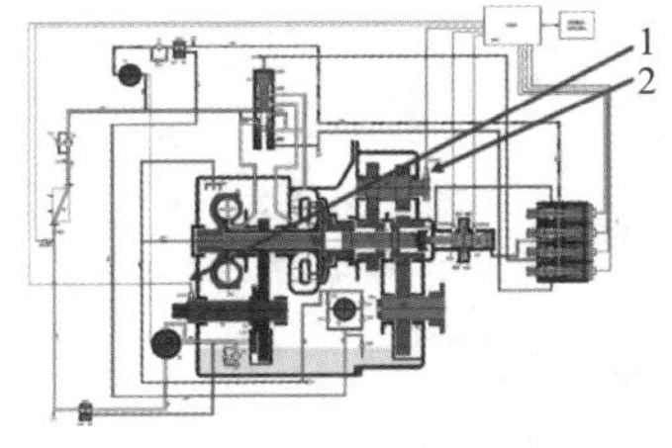

图 2-96　速度传感器

1—输入速度传感器；2—输出速度传感器

图 2-97　速度传感器安装位置

1—输入速度传感器；2—输出速度传感器

速度传感器的作用是作为柴油机启动的先决条件、计算换挡点时间、进行耦合器效率计算的条件以及作为液力制动功率的计算条件。

(2)温度传感器

温度传感器监视液力传动箱的液力传动油工作温度，对油温实时监测，为司机正确操控设备提供技术保障，温度传感器及其安装位置如图 2-98、图 2-99 所示。温度传感器安装在传动油进入热交换器之前。

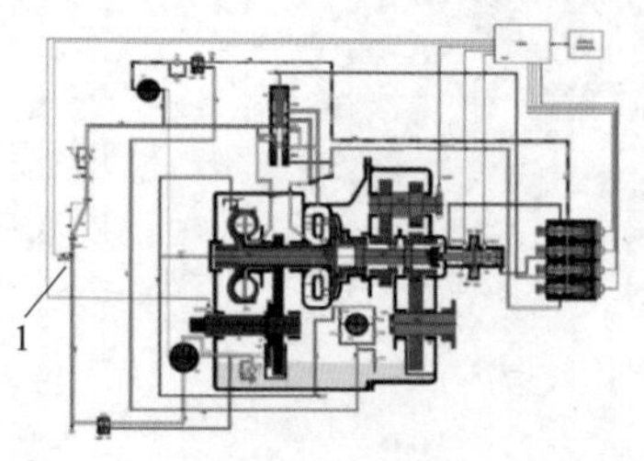

图 2-98 温度传感器

1—温度传感器

图 2-99 温度传感器安装位置

1—温度传感器

温度传感器可为液力传动油油温过热、油温实时监控提供技术参数。

(3)换向位置传感器

换向位置传感器监视液力传动箱输出轴的转动方向，以此确定作业车运行方向，换向位置传感器及其安装位置如图 2-100、图 2-101 所示。

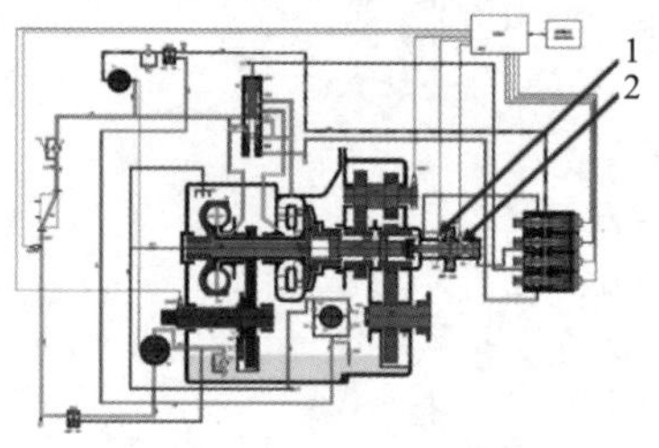

图 2-100 换向位置传感器

1—换向位置 A；2—换向位置 B

图 2-101 换向位置传感器安装位置

1—换向位置 A；2—换向位置 B

换向位置传感器检测换向机构位置和换向机构顶齿现象。

4. 电磁阀

电磁阀是控制电路中的执行元件，通过电磁阀的动作可实现对设备工作状态的转换。包括换向电磁阀、变扭器电磁阀、耦合器电磁阀。如图 2-102、图 2-103 所示。

图 2-102 耦合器控制电磁阀安装位置

1—电磁阀

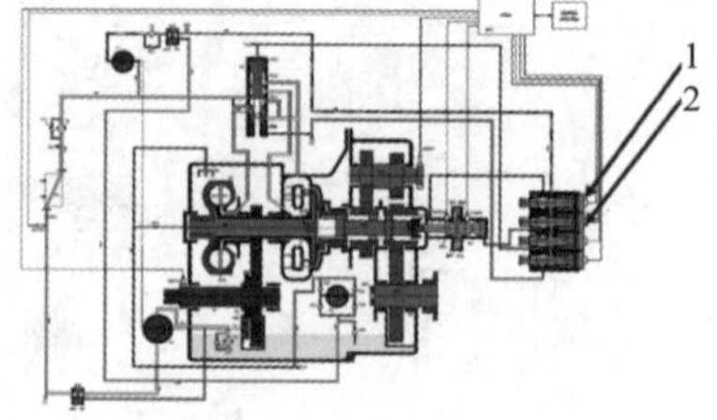

图 2-103 换向电磁阀

1—方向 A；2—方向 B

(1)耦合器电磁阀

耦合电磁阀的作用是控制变扭器、耦合器、换向机构实现动作。

(2)换向电磁阀

通过对换向电磁阀的操作实现换向机构动作(即改变运行方向)。

(四)液力传动箱的工作原理

1. 变扭器的作用

变扭器是液力传动箱的主要动力传动设备之一,其作用是:

(1)离合器作用。当发动机怠速运行时,变扭器在发动机和变速箱之间充当一个断开连接(未接合)的离合器。

(2)增扭矩作用。当需要时,按高泵轮转速/低涡轮转速来倍增扭矩以提供一个更大的启动或驱动扭矩。

(3)液力耦合作用。在非怠速或非启动的其他工作过程中充当一个将发动机扭矩传递给变速箱的作用。

(4)锁止作用。工作时在发动机和变速箱之间提供 1∶1 的动力传递。

另外,变扭器具有缓冲发动机及传动系的扭转振动的作用;起到飞轮的作用,使发动机转动平稳;驱动液压控制的油泵;将发动机输出功率 100%传递给变速器,从而提高发动机燃油经济性并降低变速器温度等作用。

2. 变扭器的工作过程

发动机飞轮带动泵轮(输入)开始转动,泵轮带动了液力变扭器内的传动油转动;传动油转动带动涡轮(输出),最后经过固定的导轮叶片,再次回到泵轮完成循环。变扭器传动油从涡轮流入导轮后方向会发生改变,当传动油经过涡轮再流回到泵轮时,其流动方向与泵轮运动方向相同,这就加强了泵轮的转动力矩,进而也就增大了输出扭矩。变扭器工作过程如图 2-104 所示。

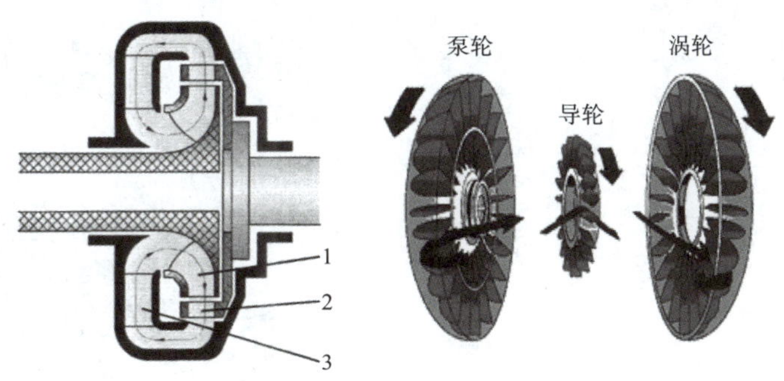

图 2-104　变扭器工作过程

1—泵轮;2—涡轮;3—导轮

柴油发动机以增速齿轮驱动泵轮,柴油发动机的机械能转换成传动油的流动能量;涡轮通过减缓传动油速度和改变传动油方向吸收流动能量并再转换成机械能;导轮的作用是,无论涡轮流出方向如何,始终保持正确的泵轮流入方向。导轮吸收泵轮与涡轮间的扭矩差,并以这种方式实现扭矩转换。

涡轮上产生的扭矩取决于体积流量、传动油偏转角度和速度。涡轮力矩在涡轮停止时最大,并随着涡轮转速的增加而降低。泵轮的输入功率受各自涡轮转速影响很小。

3. 变扭器的动力传递过程

(1)变扭器的工作状态

变扭器有三种工作状态,即增矩状态、耦合状态、自由旋转状态。

①增矩状态。当泵轮的转速较高,而涡轮的转速较低时,传动油在涡轮的环流速度小(因传动油随涡轮绕轴线旋转而产生环流,涡轮转速低所以环流速度低),而涡流速度大(泵轮转速

较大于涡轮转速,因泵轮外缘处压力较大于涡轮外缘处压力,所以涡流速度大),传动油由涡轮叶片内缘流出后,合成液流的方向冲击导轮叶片的正面(凹面),力图使导轮逆时针旋转。因为单向离合器对导轮的逆时针旋转有锁止作为,即导轮不能相对于固定套管作逆时针的旋转,导轮给传动油的反作用力矩再次作用于涡轮上,使涡轮的输出转矩增大,同时传动油经导轮叶片导向后,朝着有利于泵轮叶片旋转方向进入泵轮。所以,涡轮的输出转矩(简称涡轮转矩)等于泵轮通过涡流对涡轮的转矩(简称泵轮转矩)加上导轮对油液的反作用力再次对涡轮的转矩(简称导轮转矩)。随着涡轮转速的提高,涡轮内传动油环流速度的升高,合成液流的方向进一步向环流方向倾斜,导轮对油液的反作用力矩减小,涡轮的输出转矩降低,但输出转矩仍大于输入转矩。

②耦合状态。当涡轮转速是泵轮转速的 0.85 倍时,合成液流的方向与导轮叶片相切,导轮不起增大转矩作用。涡轮的输出转矩和发动机输入转矩相同,此时称为耦合工作状态。

③导轮自由旋转状态。当涡轮转速与泵轮转速相接近时,涡轮内传动油涡流速度小(因为涡轮外缘与泵轮外缘压力差小),而环流速度大(因为涡轮转速大),合成液流的方向冲击导轮的背面(凸面),力图使导轮顺时针旋转,因单向离合器对导轮的顺时针旋转无锁止作为,即导轮可以相对于固定套管作顺时针的旋转,导轮成为自由轮。涡轮的输出转矩和发动机输入转矩相同。

当泵轮输入转速和扭矩不变的情况下,涡轮输出扭矩随涡轮转速(即车辆速度)的增加而下降,车辆表现出理想的牵引特性。车辆理想牵引特性曲线如图 2-105 所示。

(2)变扭器的动力传递过程

发动机带动泵轮旋转,使传动油具有一定的速度,传动油冲击涡轮,使涡轮旋转,涡轮驱动车轮旋转。同时使转速得到提升。增速齿轮速比 1∶2～1∶2.6,输出齿轮速比 1∶1.5～1∶2。变扭器液力动力传递如图 2-106 所示。

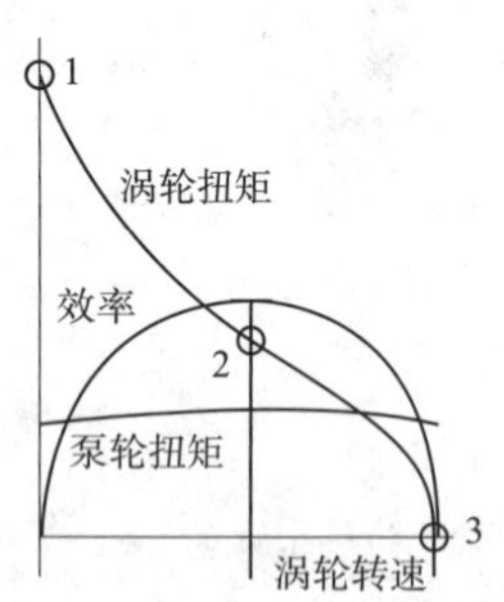

图 2-105　车辆理想牵引特性曲线

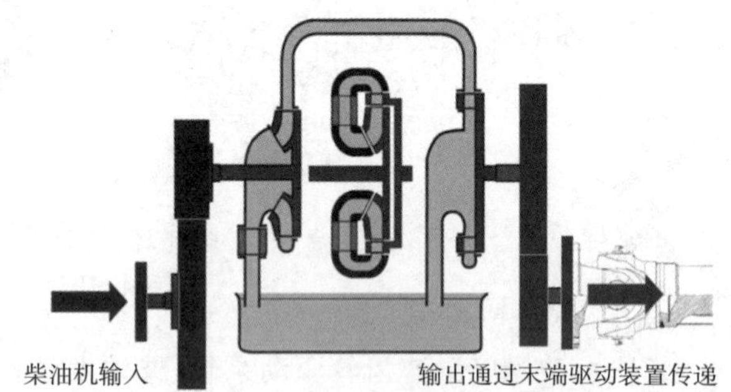

图 2-106　变扭器液力动力传递

4. 液力耦合器的作用和特点

(1)液力耦合器的作用

液力耦合器是以液体为工作介质的一种非刚性联轴器,又称液力联轴器,其作用是实现动力传递的非刚性连接。

(2)液力耦合器的特点

①能消除冲击和振动。传动油在流动过程中不存在机械冲击和摩擦。

②输出转速低于输入转速,两轴的转速差随载荷的增大而增加。因为两轴的传递介质为传动油,扭矩传递为非刚性的,导致输出转速低于输入转速,而且负载越大转速差越大。

③过载保护性能和启动性能好，载荷过大而停转时输入轴仍可转动，不致造成动力机的损坏。

④当载荷减小时，输出轴转速增加直到接近于输入轴的转速，使传递扭矩趋于零。

⑤一般液力耦合器正常工况的转速比在0.95以上时可获得较高的效率。

⑥液力耦合器的特性因工作腔与泵轮、涡轮的形状不同而有差异。它一般靠壳体自然散热，不需要外部冷却的供油系统。

5. 液力耦合器的工作过程

液力耦合器的泵轮和涡轮组成一个可使传动油循环流动的密闭工作腔，泵轮装在输入轴上，涡轮装在输出轴上。

(1)液力耦合器的动力传递过程

当发动机运转时，发动机飞轮带动液力耦合器的壳体和泵轮同时转动，泵轮叶片内的传动油在泵轮的带动旋转，在离心力的作用下，传动油被甩向泵轮叶片外缘处，并在外缘处冲向涡轮叶片，使涡轮在液压冲击力的作用下旋转；冲向涡轮叶片的传动油沿涡轮叶片向内缘流动，返回到泵轮内缘的传动油，又被泵轮再次甩向外缘。传动油就这样从泵轮流向涡轮，又从涡轮返回到泵轮而形成循环的液流。

由于在液力耦合器内只有泵轮和涡轮两个工作轮，液压油在循环流动的过程中，除了受泵轮和涡轮之间的作用力之外，没有受到其他任何附加的外力。

(2)液力耦合器的能量传递过程

液力耦合器中的循环传动油，在从泵轮叶片内缘流向外缘的过程中，泵轮对其做功，其速度和动能逐渐增大；而在从涡轮叶片外缘流向内缘的过程中，传动油对涡轮做功，其速度和动能逐渐减小。液力耦合器要实现传动，必须在泵轮和涡轮之间有油液的循环流动。而油液循环流动的产生，是由于泵轮和涡轮之间存在着转速差，两轮叶片外缘处产生压力差所致。如果泵轮和涡轮的转速相等，则液力耦合器不起传动作用。因此，液力耦合器工作时，发动机的动能通过泵轮传给传动油，传动油在循环流动的过程中又将动能传给涡轮输出。

柴油发动机以增速齿轮驱动泵轮，柴油发动机的机械能转换成传动油的流动能量；涡轮通过减缓传动油速度和改变传动油方向吸收流动能量并再转换成机械能。

(3)液力耦合器扭矩传递

液力耦合器靠传动油与泵轮、涡轮的叶片相互作用产生动量矩的变化来传递扭矩。它的输出扭矩等于输入扭矩减去摩擦力矩，所以它的输出扭矩恒小于输入扭矩。液力耦合器输入轴与输出轴间靠液体联系，工作构件间不存在刚性连接。液力耦合器工作过程如图2-107所示。

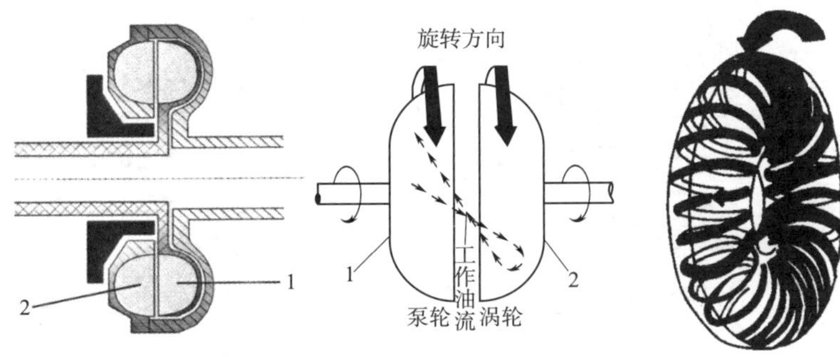

图2-107　液力耦合器工作过程

1—泵轮；2—涡轮

液力耦合器上泵力矩和涡轮力矩是相同的，其牵引特性如图 2-108 所示。

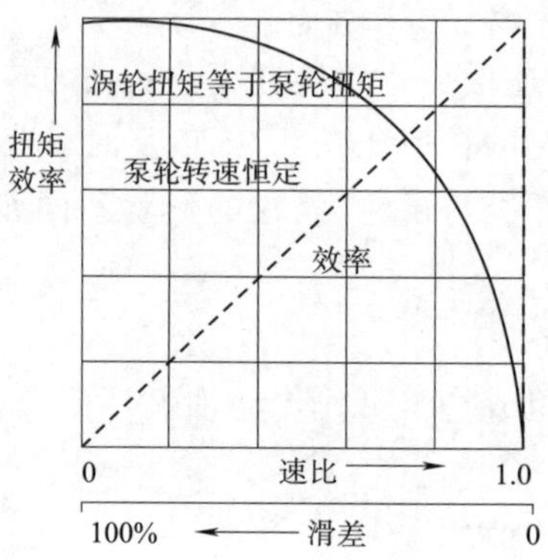

图 2-108　液力耦合器牵引特性

6. 液力传动箱的动力传输路径

液力传动箱吸收柴油发动机传递的动力，由输入轴输入转速，并根据运行状态将相应的输出转速传递到传动箱输出轴上。

柴油发动机的扭矩通过扭转减振器传给液力传动箱的输入轴；输入轴上的齿轮通过增速齿轮将扭矩传递给液力传递装置的泵轮轴，泵轮轴上固定有变扭器的泵轮、液力耦合器的泵轮；变扭器或液力耦合器充油时涡轮上出现的扭矩，通过输出轴传递给从动装置，输出轴上固定有变扭器的涡轮、液力耦合器的涡轮；由输出法兰输出。

输出法兰的旋转方向取决于换向装置中滑动轴的位置。旋转方向 A：输出旋转方向与输入旋转方向相同；旋转方向 B：输出旋转方向与输入旋转方向相反。

7. 换向装置

液力传动箱有一个机械换向装置，通过换向油缸带动的换向轴外齿与换向齿轮内齿啮合，实现传递齿轮的切换，使传动链里的齿轮数量增减，实现传动箱输出转向的变化。

换向装置由一个液压换向油缸和配套的滑动轴组成。传动箱的换向只能在车辆静止时进行。

根据所选旋转方向，换向油缸将所需齿轮啮合。机械能可以传递到输出轴上。换向装置和换向控制位置如图 2-109、图 2-110 所示。

换向装置由传动装置控制器进行电子监控，换向过程中出现的各种运行状态都由不同的传感器进行监测。

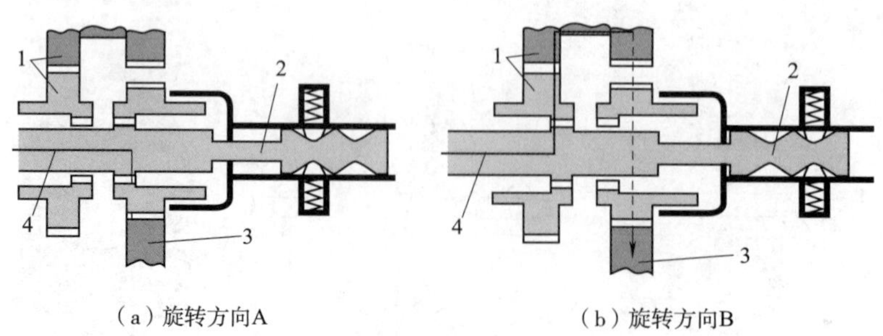

（a）旋转方向A　　（b）旋转方向B

图 2-109　换向装置

1—啮合齿轮；2—换向油缸及滑动轴；3—输出轴齿轮；4—动力传输路径

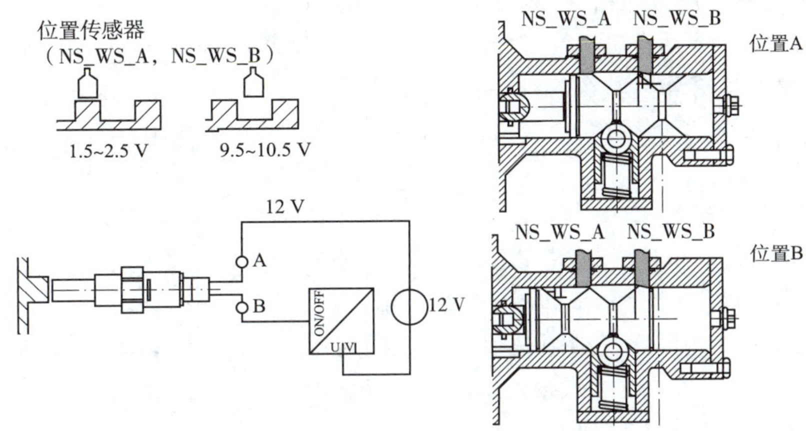

图 2-110　换向控制位置

(五)液力传动箱的操作

1. 液力传动箱操作前的准备

(1)投入使用前的检查

启动发动机之前应对液力传动箱进行全面检查,确认传动箱传动油的油量符合规定,正常量为 75 L,传动油无乳化、变质现象,连接电缆良好,操作屏显示状态正常。当发现异常时应及时采取措施,在故障未处理之前,应避免液力传动装置运行。

检查油位时应在平坦轨道上进行。不得在发动机长时间停机后、运行中及车辆行进中直接查看油位。

(2)第一次加油的油位检查方法

①打开注油口锁盖。

②从注油口注入过滤后的传动油 75 L。油位高于油位视窗玻璃最高位置若干厘米。加注前应对传动油进行过滤,过滤标准应符合 ISO 4406:2017 标准,将传动油过滤到 17/15/11 级纯度。

③盖上注油口锁盖。

④启动 VTDC 传动控制器。

⑤启动柴油发动机并以空载转速运行大约 3 min。使用传动油填充液力传动箱循环、外部管道和热交换器。

⑥停止发动机。

⑦在发动机停机后的 2 min 内通过油位视窗检查油位。

⑧从注油口注入过滤后的传动油,直到到达油位视窗的最高液位。注油口及油位视窗如图 2-111 所示。

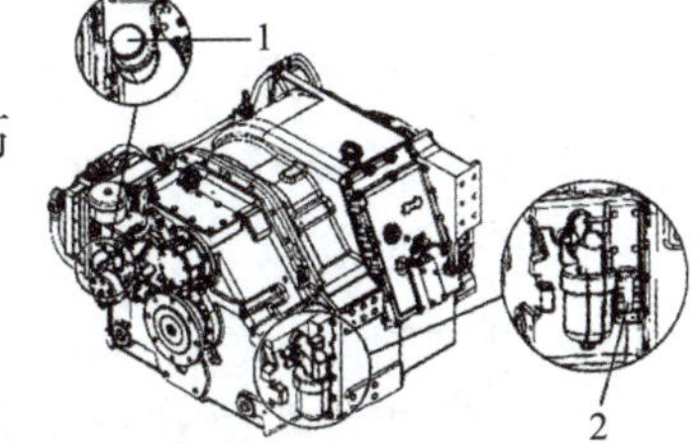

图 2-111　注油口和油位视窗

1—注油口;2—油位视窗

2. 液力传动箱的操作

(1)启动的前提条件

液力传动箱启动时应处于停车状态,且处于空载工况,没有牵引或制动指令。

(2)启动及运行

启动发动机后,注意观察 VTDC 控制 DMI 显示情况,确认系统工作正常后,操作换向控制开关，发出所需移动的方向指令（A或B方向），再操作控制手柄发出牵引指令充油指令（牵引和使能信号），即使液力传动箱处于"牵引模式"。传动箱必须选择和连接到某一个旋转方向。此时没有发现车轮滑移现象（车控系统没有发出快速脱离信号），液力传动箱得到安全牵引信号，其牵引控制程序才会启动。

"使能信号"和"CAN：牵引"是安全信号，VTIC可以打开控制阀并发出牵引信号（仅在以上两个信号处于激活状态时）。液力传动指令示意如图2-112所示。

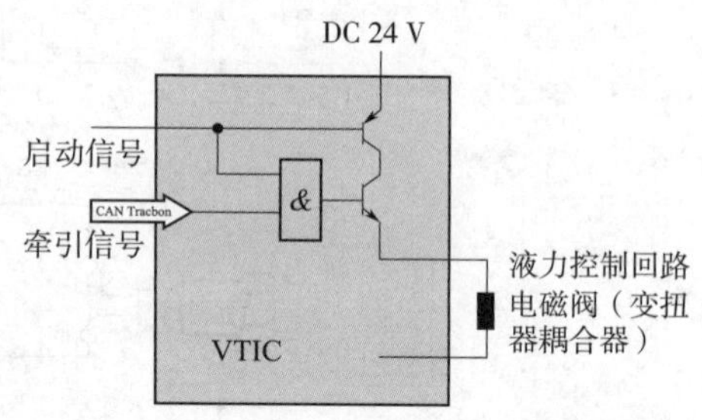

图2-112 液力传动指令示意

"使能信号"和"牵引信号"必须是独立的且同时存在的信号。VTIC每4 000 ms会发出一次检测信号。液力传动指令脉冲信号如图2-113所示。

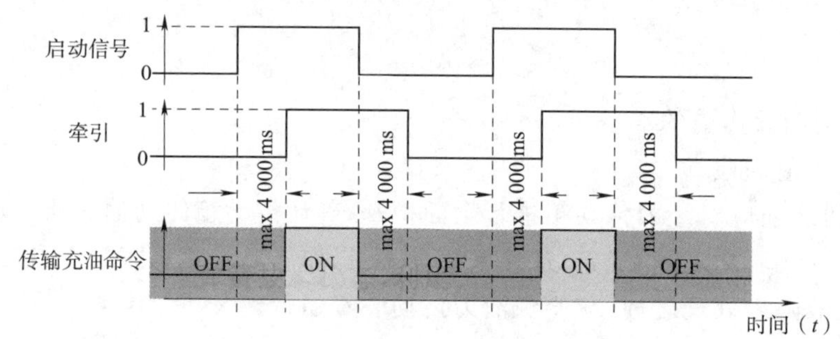

图2-113 液力传动指令脉冲信号

当充油指令取消，变扭器或耦合器工作状态下没有得到正确的牵引信号，液力传动箱开始排油。

（3）工作模式（惰性模式、怠速模式）

在"惰性模式"状态下，液力传动箱处于排油状态，排除传动箱的循环传动油。

（4）工作工况切换

当工作工况由工作模式（惰性模式）切换到牵引模式，下达牵引指令，液力传动箱自动打开，根据车辆的行驶速度，液力传动箱自动给正确的循环充油，当发生车辆打滑时会自动干预，快速降低牵引力，同时向上换挡机构被锁止，限制液力传动箱切换到高速挡。

当取消牵引指令，液力传动箱由牵引模式到工作模式（惰性运行），液力传动箱排空传动油，发动机处于怠速状态。

当液力传动箱处于"工作模式"时，液力传动箱输入转速不大于1 500 r/min，且在1 500 r/min时连续运行不得超过2 min，运行速度不得超过车辆最高许可速度的50%。

（5）行驶模式

当接触网作业车准备反方向运行时，应进行换向操作。

VTIC和传动箱具备了换向的先决条件：没有牵引信号发出（"enable signal"＝0 and "Traction"＝0）；没有notch信号发出（手柄位信号＝0/中位）；传动箱输出端法兰不旋转（停车状态）；发动机转速低于1 100 r/min（惰转速度）。

此时下达行驶方向的操作指令如图2-114所示，液力传动箱"行驶模式"准备就绪。如果在切换到"行驶模式"之前已经下达了"牵引指令"，需要再一次重新下达"牵引指令"。

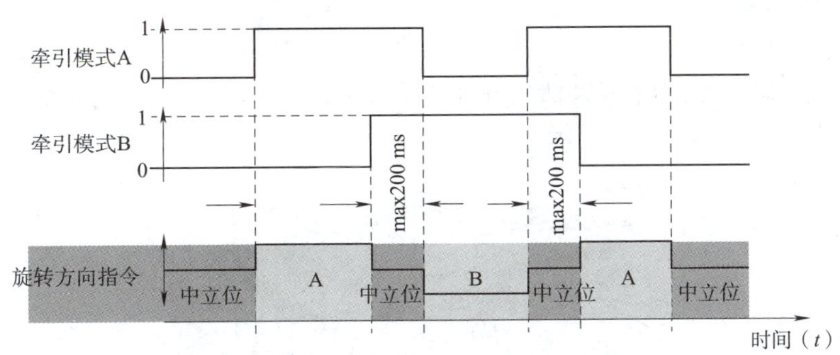

图 2-114　行驶模式指令

VTIC 每隔 200 ms 会发出一次检测信号，A 和 B 向信号不能被同时触发。

(6)反拖运行

反拖运行的速度不得大于用户手册规定的速度，过高的反拖速度或者逆设定方向反拖可能会对液力传动箱或整个驱动系统造成损坏。反拖之前也要确定液力传动箱的旋转方向与设定的行进方向是否一致。在反拖时必须打开 VTDC。

(六)液力传动箱的维护与保养

1. 液力传动箱维护等级

(1)液力传动箱的维护分类

液力传动箱维护分为日常维护和周期维护。

日常维护就是在每次使用前的检查，检查传动油的油位、油质、油量。液传油检查位置如图 2-115 所示。

周期性维护就是在车辆运行一定时间、里程后的保养与维护。

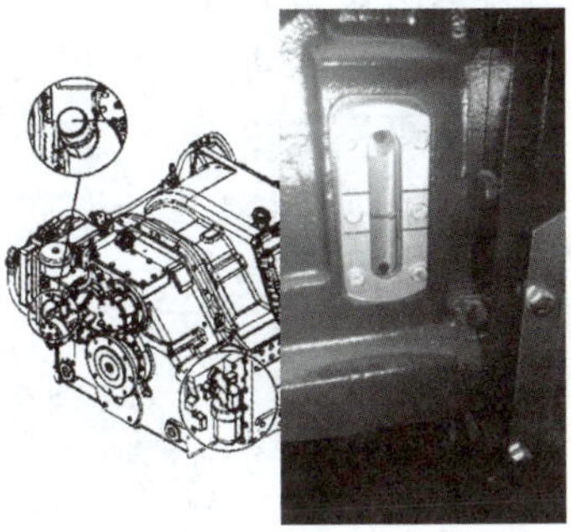

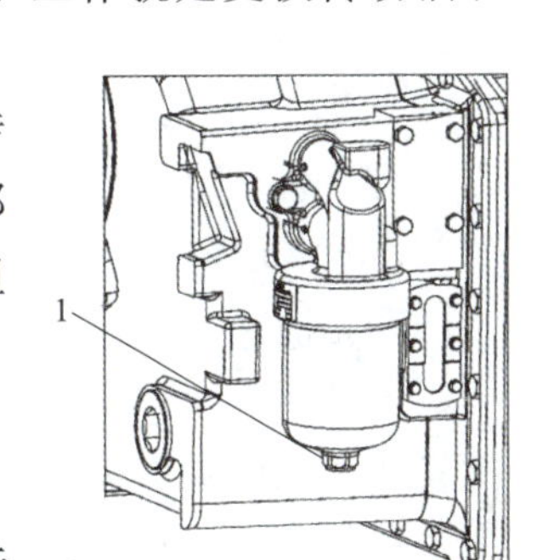

图 2-115　液传油检查位置

(2)液力传动箱周期性维护的分类

液力传动箱周期性维护分为三类：

①W1 级维护。在运行 20 000 km 或 500 h 后进行，主要的维护工作是更换传动油精滤芯。

②W2 级维护。在运行 300 000 km 或 5 000 h 后进行，主要的维护工作就是更换传动油和各滤清器，并观察传动箱外观。

③H 级维护。在运行 1 200 000 km 或 20 000 h 后进行，对液力传动箱进行全面大修，其工作内容包括清洁液力传动箱；拆卸并清洗部件；综合分析损坏与磨损；更换有缺陷部件；更换磨损部件；重新组装；带测试报告的负载测试以及功能测试；重新喷涂油漆。

2. 液力传动箱 W 级维护的操作

(1)W1 级维护过程

W1 级维护主要是更换精滤芯。车辆行驶 20 000 km 公里或运行 500 h 后，将精滤芯外壳拆下，扳手大小 27，更换内部滤芯，将滤芯盖重新装回并拧紧，用扳手将滤芯盖旋松 45°。传动箱精滤如图 2-116 所示。

图 2-116　传动箱精滤

1—精滤芯外壳

(2)W2 级维护过程

①更换传动油

放油。在工作温度范围内从放油阀排油;将热交换器和管路中残余的油排尽;关闭放油阀。传动箱油堵位置如图 2-117 所示。

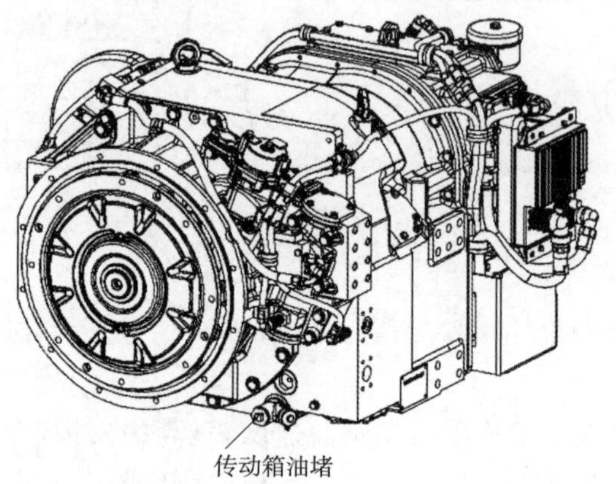

图 2-117　传动箱油堵位置

清洗。清洗传动箱时,热交换器和管路必须也要经过清洗。

先将传动箱中充一半的油量(新油);发动柴油机使其在惰转模式下运转 3 min;关闭发动机再次将传动油排出。

排出的传动油不可再次使用。

②更换滤芯

更换过滤器 1 中的滤芯,更换过滤器 1 的内部密封圈;更换过滤器 2 中的滤芯,更换过滤器 2 的内部密封圈;更换 3 中的精滤芯;更换 4 中的滤芯及 O 形圈。滤芯位置如图 2-118 所示。

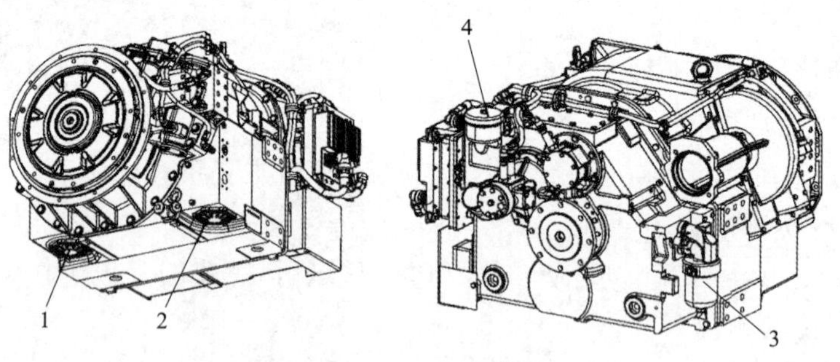

图 2-118　滤芯位置

1、2、3、4—过滤器

③充油。

工作 300 000 km 或 5 000 h 后,排油后充油。将过滤后的传动油注入传动箱;发动柴油机使其在惰转模式下运转 3 min;柴油机停转2 min 后观察油位,必要时需要再补给油量。

④传动箱的目测观察。每运行 300 000 km 后检查箱体污物、外部损伤、部件丢失(管线,连接口,防护盖等)。

(3)对传动油的品质要求

液力传动油不仅是传递动力的介质,而且还是液力元件冷却、润滑和变速箱的控制系统的工作油液。液力传动油的品质好坏,直接影响到液力传动的性能和可靠性。液力传动油的牌号为 SGL18，由德国 ADDINOL 公司生产，也可以采用液力传动箱使用保养说明书上推荐的其他牌号的液力传动油，但必须清洗干净，两种不同牌号的油不得混用。

二、分动箱

高速铁路接触网作业车采用齿轮式分动箱，其通过传动轴与发动机的自由端相联，作用是向作业车提供除牵引动力外的其他辅助设备的动力输出，如发电机、空气压缩机、液压泵等。

（一）分动齿轮箱结构特点

1. 分动箱的结构

分动箱整体为齿轮式结构，箱体内有四根轴，输入轴轴端用法兰与发动机的万向传动轴连接，发动机带动其转动，输出轴与发电机连接（选装），当电路控制拨叉拨动分动齿轮箱滑移套向输出轴方向移动时，二轴输出轴与输入轴分离，没有动力传递，将不会带动其所接的发电机工作。分动齿轮箱外部结构如图 2-119 所示。

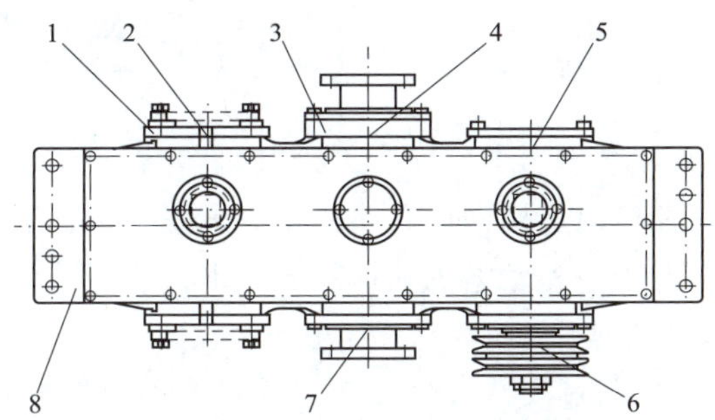

图 2-119　分动齿轮箱外部结构

1—油泵座；2——轴；3—轴承座；4—二轴输出轴；5—三轴；6—空压机皮带轮；7—二轴输入轴；8—箱体

2. 分动箱齿轮传动

发动机带动分动齿轮箱的输入轴转动，通过内部齿轮啮合带动一轴和三轴转动，接在一轴和三轴取力口的机构将一起转动，获得动力。分动齿轮箱内结构剖面如图 2-120 所示。

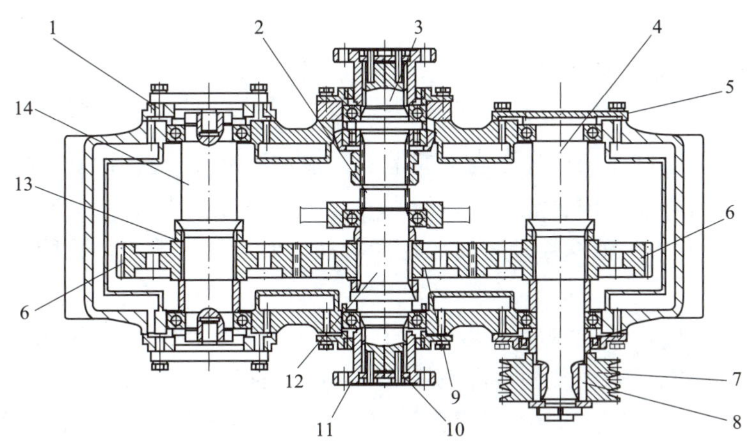

图 2-120　分动齿轮箱内结构剖面

1—油泵座；2—滑移套；3—二轴输出轴；4—三轴；5—端盖；6—齿轮 1；7—空压机皮带轮；8—C 形平键；9—齿轮 2；10—压板；11—法兰；12—二轴输入轴；13—隔套；14——轴

(二)分动齿轮箱发电机端的啮合与脱离

1. 分动齿轮箱发电机端的结构组成

分动箱发电机端的操作机构如图 2-121 所示,由换向气缸、行程开关、拨叉、锁定机构等组成。

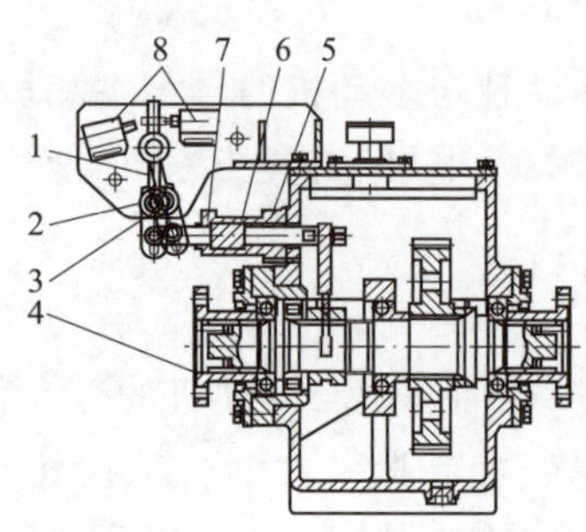

图 2-121　分动箱摘挂挡结构

1—应急手柄;2—锁定机构(摘挡);
3—锁定机构(挂挡);4—输入法兰;
5—B 口;6—气缸;7—A 口;8—行程开关

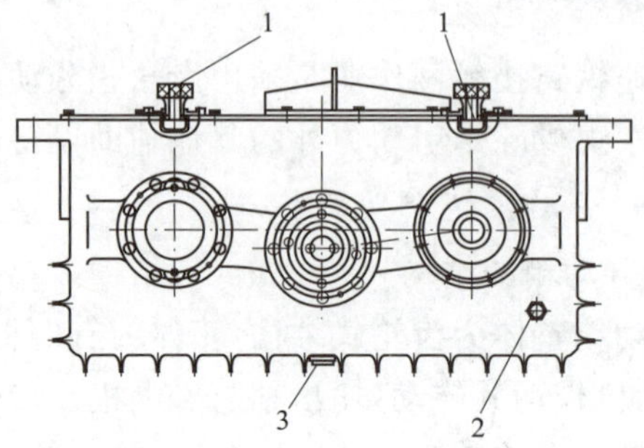

图 2-122　分动箱检查位置

1—润滑油加注口;
2—润滑油检查口;
3—润滑油排放口(油堵)

2. 分动齿轮箱发电机端的操作要求

(1)发电机端的啮合和脱离的切换操作必须在作业车停车状态下进行。

(2)分动箱的发电机输入法兰和发电机轴均处于静止状态下进行切换操作。

3. 分动齿轮箱发电机端的操作

发电机工作状态的切换是通过安装于分动箱上的双作用换挡气缸的操作实现,气缸的操作压力需保证在 600～800 kPa 压力范围之内。

换挡气缸内设置了压缩弹簧,当气缸处于摘挡工况时,压缩弹簧能使气缸保持在发电机的非工作位。同时,分动箱还设置有应急装置,当气动操作失效时,亦可通过手动操作实现摘挂挡及锁定。

分动箱上配置了气缸位置传感器用于指示发电机的工作状态(工作或非工作状态)。双作用气缸工作状态:A 口进气、B 口排气分动箱挂挡,发电机处于工作状态;B 口进气、A 口排气分动箱摘挡,发电机处于非工作状态。A、B 口均无气压时,压缩弹簧使气缸处于发电机非工作位置。

(三)分动齿轮箱的检查与保养

1. 首次使用检查

首次试机前必须通过加油口加注合格润滑油。加注润滑油及检查油位时需保证齿轮箱处于水平放置位置。润滑油油位与油位镜中线平齐。润滑油必须清洁而无任何污染。仅可使用推荐型号的润滑油,使用其他润滑油将极大地影响润滑效果和齿轮箱的性能。

2. 油位检查

润滑油位的检查可以通过油位镜检查。油位的例行检查至少保证每周一次,以及在长途行驶之前和长途行驶之后均需要对油位做必要检查。正确的油位位置是处于油位镜的中线处。检查油位应该是在车辆停止在水平路面上,油温处于常温时进行。在发现油位低于油位镜中线时需立即补充润滑油至中线位置。

3. 加注和更换润滑油

更换润滑油时请确保旧的润滑油通过分动箱底部泄油口彻底放尽。只可使用与原润滑油相同的新润滑油重新加注。使用混合的润滑油将极大地影响润滑效果和齿轮箱的性能。

4. 更换润滑油事项

(1)分动箱在首次安装运行 100 h 后必须进行第一次润滑油更换。以后每运行 600 h 之后或每 12 个月时(以先到者为准)更换一次润滑油。

(2)润滑油更换需在分动箱尚有余温时进行。润滑油通过箱体底部的泄油口放尽,为了加快放油的速度,可以通过打开加油口的方式加速放油过程。每次更换润滑油均需要清理泄油口丝堵、磁性塞上收纳的铁质碎屑。分动箱检查位置如图 2-122 所示。

(3)重要注意事项:分动箱允许最高工作温度为 95 ℃。在更换润滑油的整个过程中必须使用正确的设备防止烫伤。齿轮箱和润滑油的温度某些情况下有可能达到 100 ℃,必须确保安全工作。

5. 分动箱安装螺栓检查

对箱体的常规部件如安装支架,传动路线和动力装置以及连接螺栓等也要进行常规检查。如必要需重新预紧相关螺栓。扭紧力矩见表 2-5。

表 2-5　紧固螺栓扭紧力矩

螺纹规格	等级	预紧力矩(N・m)	备注说明
M8	8.8	14～18	螺栓与箱体连接
M10	8.8	29～39	
M12	8.8	49～64	
M10	8.8	44～58	螺栓与轴连接

注:扭紧力矩允许偏差±5%。

三、传动轴

(一)传动轴作用

传动轴主要用于传动发动机至各箱体的动力。本车采用了两种型号的传动轴,用于主传动和发电取力。传动轴的参数见表 2-6。

表 2-6　传动轴参数

安装部位	型号
液力传动箱——车轴齿轮箱	200.42
车轴齿轮箱——车轴齿轮箱	4—8
发动机——分动箱	EQ140
分动箱——发电机	EQ140

(二)传动轴的组成

传动轴为管状、开式结构,万向节传动轴能适应输入和输出轴间的角度和长度的不断变化,其主要组成有万向节主动叉、被动叉、十字轴、滚针轴承等。传动轴结构如图 2-123 所示。

(三)传动轴的保养

传动轴在使用过程中,为了避免传动轴受外力撞击变形而失去平衡,影响使用寿命,应注意检查传动轴的弯曲、变形和平衡情况,必要时予以校正。如发现损坏严重时,应及时更换传动轴总成。

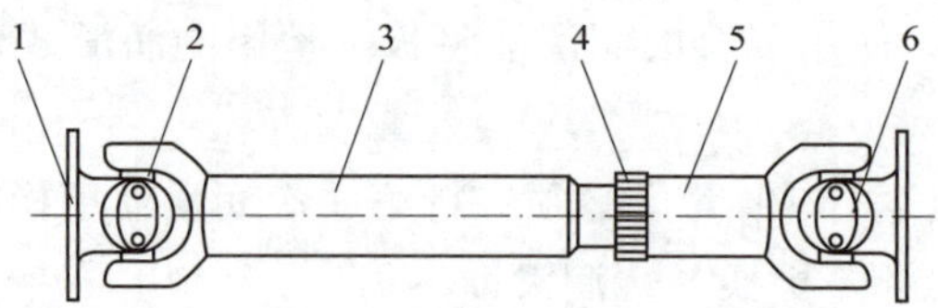

图 2-123 传动轴结构

1—突缘叉；2—十字节总成；3—花键轴总成；4—油封盖；5—套管叉；6—锁片

拆装传动轴时，应注意套管叉和花键轴的相对位置，必须保证套管叉与花键轴上的叉轭在一个平面内，传动轴在出厂前已做过动平衡试验，在套管上焊有平衡块，因此在拆装时要做好标记，原样装好，以免破坏传动轴的平衡。十字轴应能在轴承内自由转动，不应有卡滞现象。

传动轴每行驶 1 500 km 应对十字轴与滚针轴承、花键套与花键轴等摩擦副的润滑，加注、涂抹 3 号锂基润滑脂；同时要经常检查连接螺栓、保险垫片的状态是否正常以及传动轴的万向节、十字轴及花键轴的磨损情况。其中 200.42 型传动轴为免维护传动轴。

四、车轴齿轮箱

车轴齿轮箱是传动系统中最后的组成部分。它的作用是传递发动机动力，并通过齿轮改变力的传动方向，放大发动机的输出扭矩至车轴。

（一）车轴齿轮箱的结构

1. 车轴齿轮箱分类

车轴齿轮箱分为一级车轴齿轮箱（Ⅳ轴）和二级车轴齿轮箱（Ⅲ轴）。二级车轴齿轮箱（标识:0306 型）为双级减速，第一级是高速级传动；第二级是低速级传动。一级车轴齿轮箱（标识:0307 型）是低速级传动。二级车轴齿轮箱（0306 型）、一级车轴齿轮箱（0307 型）结构分别如图 2-124、图 2-125 所示。

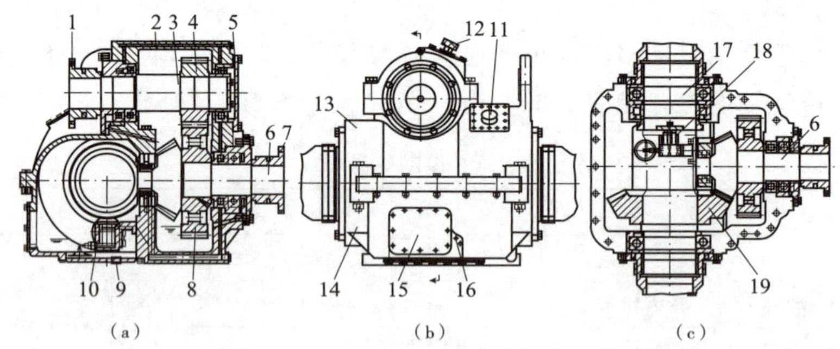

图 2-124 二级车轴齿轮箱（0306 型）结构

1—输入法兰；2—上箱体；3—第一轴；4—主动斜齿轮；5—端盖；6—齿轮轴；7—输出法兰；8—被动斜齿轮；9—齿轮；10—放油螺塞；11—下透气孔；12—上透气孔；13—中箱体；14—下箱体；15—检查孔；16—油位螺钉；17—车轴；18—油泵齿轮；19—螺旋锥齿轮

2. 车轴齿轮箱的结构

一级车轴齿轮箱（0307 型）箱体由上、下箱体组成，润滑油通过箱体上的润滑油道对滚动轴承润滑。上箱装有一个透气孔，可使箱体内与大气相通。打开上箱体上的透气孔盖可用以检查齿轮的啮合情况，打开下箱体上的检查孔盖可检修齿轮泵。下箱体检查孔旁有两个油位螺钉，用来检查润滑油油量。油底壳上设有放油螺塞，拧开后可以排放润滑油。车轴齿轮箱共

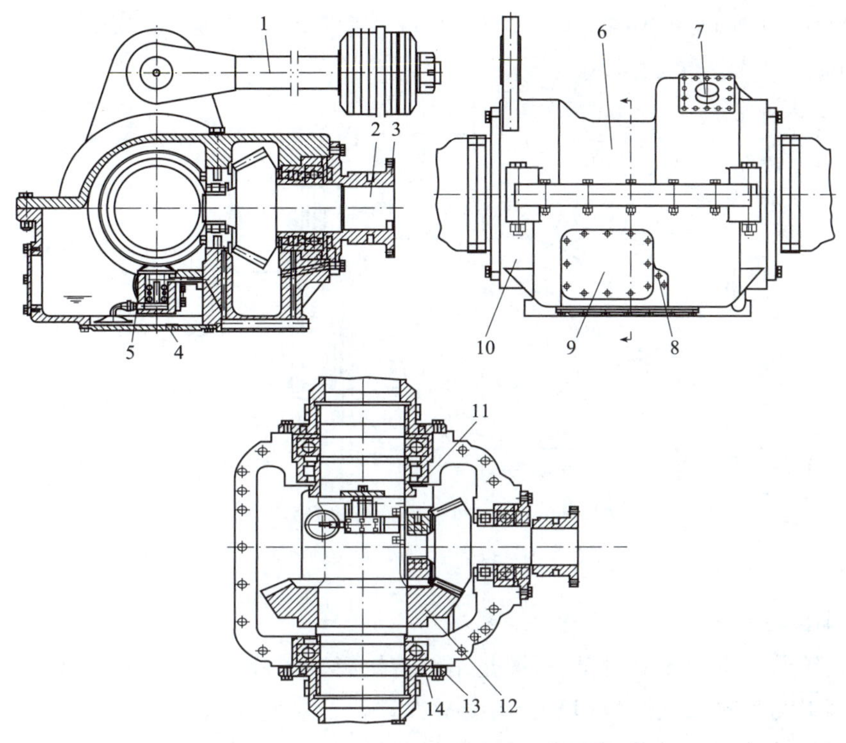

图 2-125　一级车轴齿轮箱(0307 型)结构

1—拉臂总成;2—齿轮轴;3—输入法兰;4—齿轮泵;5—放油螺塞;6—上箱体;7—透气孔;8—下箱体;9—检查孔;10—油位螺钉;11—油泵齿轮;12—螺旋锥齿轮;13—油封盖;14—挡油板

有两根轴,第一轴(输入轴)为螺旋齿轮轴,轴端安装有输入法兰,第二轴(输出轴)为车轴,车轴上装配有螺旋锥齿轮和油泵驱动齿轮,螺旋锥齿轮与第一轴即螺旋齿轮轴啮合,螺旋锥齿轮副所传递的扭矩驱动车轴进而驱动轮对,油泵驱动齿轮随车轴的转动而驱动齿轮泵为齿轮箱润滑供油。

二级车轴齿轮箱(0306 型)箱体由上、中、下三个箱体组成,润滑油通过箱体上的润滑油道对滚动轴承润滑。上箱体及中箱体各设有一个透气孔,可使箱体内与大气相通。打开上箱体上的透气孔盖可用以检查齿轮的啮合情况,打开下箱体上的检查孔盖可检修齿轮泵。下箱体检查孔旁有两个油位螺钉,用来检查润滑油油量。油底壳上设有放油螺塞,拧开后可以排放润滑油。车轴齿轮箱共有三根轴,第一轴(输入轴)上安装有输入法兰及小圆柱齿轮;第二轴(中间轴)为螺旋齿轮轴,外侧装配一个大圆柱齿轮,与第一轴上的小圆柱齿轮啮合,后端设置输出法兰;第三轴(输出轴)为车轴,车轴上装配有螺旋锥齿轮和油泵驱动齿轮,螺旋锥齿轮与第二轴即螺旋齿轮轴啮合,螺旋锥齿轮副所传递的扭矩驱动车轴进而驱动轮对,油泵驱动齿轮随车轴的转动而驱动齿轮泵为齿轮箱润滑供油。

(二)车轴齿轮箱的安装

接触网作业车动力传动系统部件的安装采取防松、防脱措施,保证了作业车运行和作业的安全性。

各车轴齿轮箱通过悬挂拉臂与转向架连接。拉臂轴线平行于钢轨,其一端与箱体拉臂耳座之间用关节轴承构成铰链连接;另一端通过多片橡胶金属缓冲垫用螺母紧固在转向架构架上,以适应可能出现的相对运行及吸收运行中的冲击负荷。车轴齿轮箱的安装如图 2-126 所示。

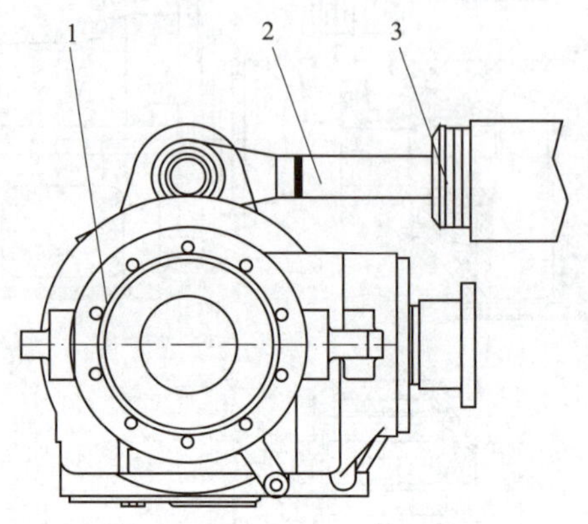

图 2-126 车轴齿轮箱的安装

1—车轴齿轮箱;2—撑杆;3—减振器

(三)车轴齿轮箱的油泵及润滑

车轴齿轮箱装配有齿轮润滑泵,可满足车轴齿轮箱在运行时对润滑的需要;车轴齿轮箱采用油泵强制润滑与齿轮飞溅润滑相结合的润滑方式。当本车低速运行时主要由齿轮泵提供润滑油强制润滑各轴承部位,保证润滑和带走热量;当作业车中、高速运行时,在油泵强制润滑的同时,啮合齿轮飞溅起来的润滑油对各润滑点起辅助润滑作用。

(四)车轴齿轮箱的保养

车轴齿轮箱内加注有重负荷齿轮润滑油,为了保证润滑的正常需要,应不定期检查车轴齿轮箱的清洁度,清洁度限值为 GB 11368 规定的客观评价值 P 级。

1. 走合期保养

新车走合期满后应换油一次,以后每运行 6 000 km 或使用半年(以先到为准)换油一次。润滑油更换需在车轴齿轮箱尚有余温时进行。润滑油通过箱体底部的泄油口放尽,为了加快放油的速度,可以通过打开观察盖的方式加速放油过程。

2. 车轴齿轮箱保养注意事项

(1)每次保养更换润滑油均需要清理泄油口丝堵、磁性塞上收纳的铁质碎屑。

(2)放尽后用柴油或煤油冲洗壳体及齿轮,清洗油底壳放掉清洗油后加入新油,加油时应过滤以保持润滑油的清洁。

(3)特别提示:0306 型车轴齿轮箱必须在上透气孔(标识:加油口)处加油,以保证高位腔油满后自流至低位腔。

(4)在更换润滑油的整个过程中必须使用正确的设备防止烫伤。齿轮箱和润滑油的温度某些情况下有可能达到 85 ℃,必须确保人身安全。

(5)保养所需润滑油牌号为 SAE85W/90APIGL-5 级车辆齿轮油。润滑油油量:以油位到上油位螺钉孔见油为准(或到油位镜中部为准)。0306 型车轴齿轮箱总容量约 20 L,0307 型车轴齿轮箱总容量约 18 L。

(五)车轴齿轮箱主要技术参数及调整

1. 车轴齿轮箱齿轮主要技术参数

为了方便对车轴齿轮箱各主要部位的间隙、行程检查和调整,有关参数见表 2-7。

表 2-7　主要部位间隙、行程

序号	部位	间隙及行程(mm)
1	输出轴迷宫密封部位的轴向间隙	2～3
2	输出轴迷宫密封部位的径向单侧间隙	1～1.5
3	输入轴迷宫密封部位的轴向间隙	2～3
4	输入轴迷宫密封部位的径向单侧间隙	1～1.5
5	锥齿轮啮合侧隙	0.3～0.5
6	齿轮泵齿轮啮合侧隙	0.15～0.3
7	输入(出)法兰与轴锥面配合的压装行程	17±1
8	被动齿轮与轴锥面配合的压装行程	11.75～15
9	主动齿轮与轴锥面配合的压装行程	14±1
10	圆柱齿轮啮合侧隙	0.2～0.45

不具备维修车轴齿轮箱能力的人员及未经培训的人员在不具备维修条件的情况下，应避免对齿轮间隙进行调整，须找制造厂家或专业修理厂联系维修、调整。

2. 车轴齿轮箱的调整方法

锥齿轮的调整(包含调整螺旋锥齿轮对的侧隙和锥顶的对中)是靠中间轴外侧和车轴两端的调整垫片厚度增减来完成的。

圆锥螺旋齿轮齿面正确的接触斑点为：接触斑点位于齿面中部，接触面积沿齿长方向大于55%，齿宽方向大于60%。根据齿上的接触斑点调整齿轮啮合侧隙的方法如图 2-127 所示。

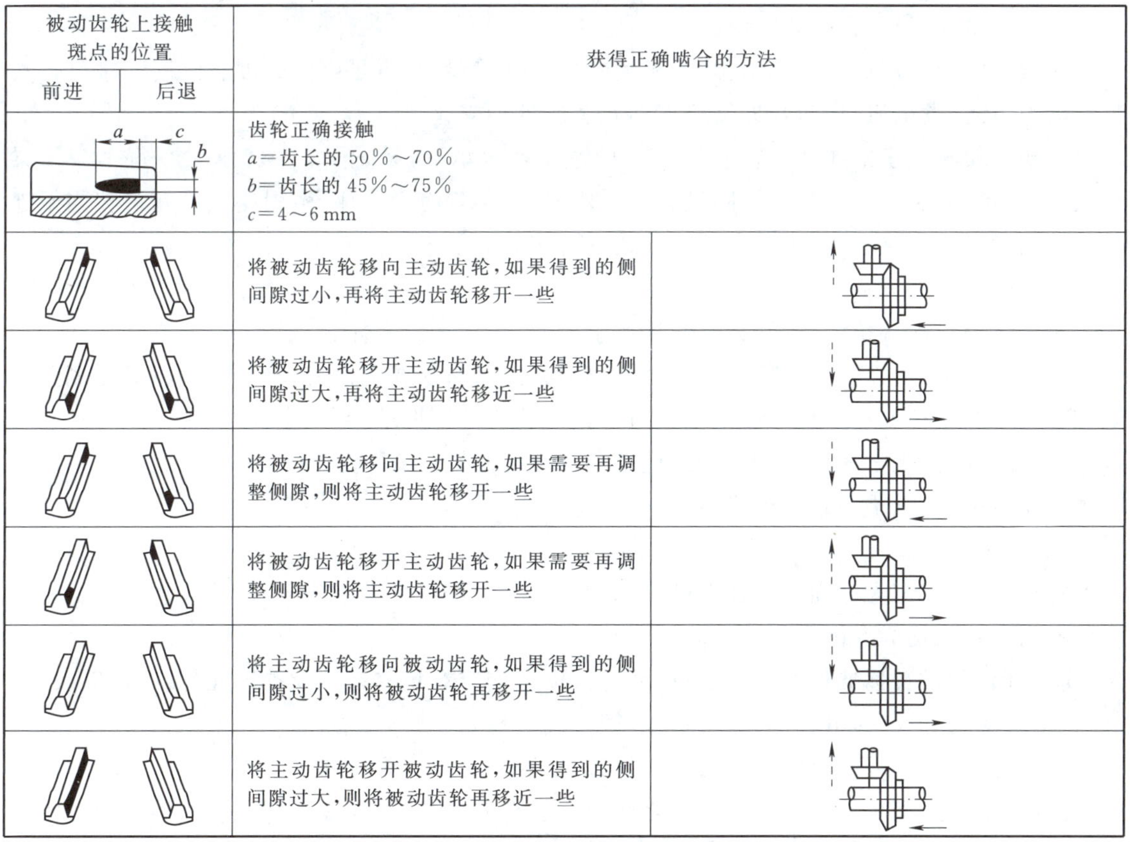

被动齿轮上接触斑点的位置		获得正确啮合的方法	
前进	后退		
		齿轮正确接触 a=齿长的50%～70% b=齿长的45%～75% c=4～6 mm	
		将被动齿轮移向主动齿轮，如果得到的侧间隙过小，再将主动齿轮移开一些	
		将被动齿轮移开主动齿轮，如果得到的侧间隙过大，再将主动齿轮移近一些	
		将被动齿轮移向主动齿轮，如果需要再调整侧隙，则将主动齿轮移开一些	
		将被动齿轮移开主动齿轮，如果需要再调整侧隙，则将主动齿轮移开一些	
		将主动齿轮移向被动齿轮，如果得到的侧间隙过小，则将被动齿轮再移开一些	
		将主动齿轮移开被动齿轮，如果得到的侧间隙过大，则将被动齿轮再移近一些	

图 2-127　根据齿上的接触斑点调整齿轮啮合侧隙的方法

圆柱齿轮接触面积沿齿长≥60%，齿高方向≥45%，接触斑点应趋向齿面中部。走合期间，经常注意检查车轴齿轮箱的温度，防止过热。车轴齿轮箱允许温升为50℃。

第三节　车体及走行系统

一、车体

车体是车辆上部设备安装的基本构架、乘务人员及作业人员的工作休息场所。

（一）车体结构

JW-4G型接触网作业车车体钢结构由车架、车棚等组成。钢结构主要构件采用Q345B低合金钢和耐候钢材料，车棚骨架采用冷弯型钢焊接结构，焊接后与车架形成框架承载式车体，具有足够的强度和能满足整车动力学性能要求的刚度，为了增加车内的保温性和密封性，车体内外壁之间采用整体聚氨酯发泡处理。为提高侧壁外表面的平整度，侧壁蒙皮采用涨拉工艺。

1. 车架

车架是由前、后端部牵引梁，左、右侧梁，两侧梁间的旁承梁，左、右中梁，边横梁及中横梁等部件组焊而成。它承载了上部设备的质量、走行系统的外力以及车辆牵引所产生的外力。

前、后端部牵引梁由端梁、端板、上牵引梁、下牵引梁、加强横梁等主要零件组成。通过牵引梁、侧梁、旁承梁、中梁与车架焊成一体以传递车辆纵向牵引力。牵引梁内设有前、后从板座，用以安装车钩，下部设有顶车垫板，以方便作业车脱线后利用液压复轨器的起复。

侧梁为型钢，设有脚踏和防滑踏梯。

中梁为钢板组焊成的箱形结构，是车辆的主要承载梁，具有足够的强度和刚度。中梁上安装有动力单元、发电机、横向减振器等部件安装的各种支座。

车架为使车辆坐落在2组转向架的8只橡胶堆旁承上，设置了4个旁承梁。每个旁承梁内设2个旁承座。旁承梁与侧梁间设有牵引座梁，下部焊有牵引座，牵引座上设有与转向架连接的挂板、吊装孔、架车座，用于车辆的吊装、检修和起复。

2. 车棚

车棚主要由前端壁、后端壁、侧壁、顶棚组成，与车架焊成一体。

前、后端壁由横柱、立柱、蒙皮组焊成；各柱均为型钢；前壁上设有玻璃孔和大灯孔；侧壁由上弦梁、立柱、横杆、蒙皮组焊成；上弦梁为薄钢板轧制的箱形结构。

立柱、横杆和蒙皮均采用耐候钢板；侧壁上开设有安装玻璃的孔。

顶棚由横梁、纵梁和蒙皮组成。

3. 司机室

司机室前、后窗为电加热风挡玻璃，并设有雨刮器；侧窗为中空玻璃，前后移动灵活。

室内天花板均为专门定制的玻璃钢，天花板上装有风扇、日光灯、空调器等设备。

室内前、后设有标准化的操作台；标准化操纵台安装有集成控制及操纵元件、CIR以及JZ-7G自动制动阀等设备，电控操控按钮及电锁。

室内地板采用多层结构，最底层为铁地板，铁地板上喷涂阻尼胶，铁地板上为双层木地板（经防腐和阻燃处理），铁地板和木地板之间填充复合硅酸盐板，起隔音、隔热、隔振作用。木地板表面粘贴客车用的整体阻燃地板革。

(二)牵引缓冲装置

1. 牵引装置结构

车辆牵引装置主要由车钩、尾销、尾框、从板、缓冲器、尾框托板、冲击座、车钩托梁、钩提杆等组成,牵引缓冲装置如图 2-128 所示。

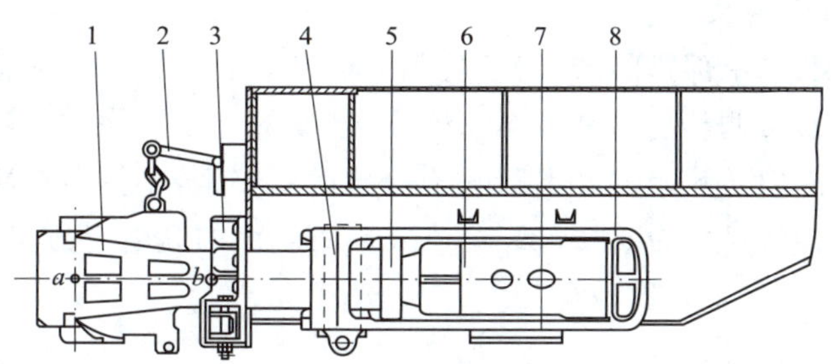

图 2-128　牵引缓冲装置

1—车钩总成;2—提钩装置;3—冲击座及车钩托梁;4—钩尾销;5—前从板;6—缓冲器;7—钩尾框托板;8—钩尾框

车钩与缓冲器设置在牵引梁内,尾销将车钩与尾框连成一体;车钩为 13B 型上作用车钩,材质为 C 级钢;缓冲器采用 ST 型,是一个吸能元件,当车辆受冲击时,可减少冲击作用力以缓和并衰减车辆间的冲击和振动。

2. 牵引装置的检查

在使用过程中,经常检查车钩及各连接螺栓是否紧固,车钩闭锁、开锁、全开的“三态”作用是否灵活、可靠,以及检查车钩的磨损情况和检查车钩高度。

(1)车钩“三态”

所谓车钩“三态”是指车钩处于闭锁位、开锁位和全开锁位的三种状态。

闭锁位是车钩完全处于连接的位置,此时车钩应具闭锁作用,保证列车运行时不会出现车钩分离。钩舌全部进入车钩头内部,两车钩舌相互抱合,钩锁铁以其自重落于钩舌尾与车钩内壁之间,同时锁销也滑入钩锁铁背的斜沟内,使锁销背面下方的突出部横落在车钩内后壁肩的突起部下端,起到锁止作用。

开锁位时,把车钩杆提起,锁销上升,车钩锁铁也被提起,脱离止跳位置,钩锁铁的脚保持在车钩后壁的中部,此时即使松开提钩杆,钩锁铁也不会落下,此时即使车钩未伸开,实际车钩已是开锁位置。

全开锁位是用力提起提钩杆,钩锁铁的顶部推动钩舌推铁的一端,使钩舌推铁的另一端踢出钩舌尾部,车钩完全放开。

(2)牵引装置的检查标准

①牵引装置各部无裂纹、弯曲及磨耗超限的情况。

②车钩“三态”作用良好。

③车钩安装高度 880 mm±10 mm,相邻车连挂后车钩中心高度差在 75 mm 以内。

④车钩的开度符合:闭锁状态时最大为 130 mm,全开状态时最大为 250 mm。

⑤车钩在闭锁状态时,钩提链的长度余量在 30～50 mm 范围内。

(3)牵引装置的保养

为保证牵引装置状态正常,应定期对钩销及锁闭机构进行润滑;检查车钩高度,可通过在钩尾框托板与中梁之间、钩尾框与钩尾框托板之间、车钩托梁与冲击座之间增减垫板，调整车钩高度；定期对牵引装置进行探伤，部位包括钩舌、钩舌销、钩尾销、钩尾框。

（三）排障器

在作业车两端均设有排障器，其目的就是在列车运行时及时清除线路上的异物，防止脱轨事故的发生，保证列车运行安全。

排障器为左、右围板，中部排障器，筋板及联结板组成的焊接结构。排障器上焊有调车踏板。排障器下部还设有可调整高度的小排障板，小排障板上设有橡胶扫石器。为使小排障板和扫石器既能顺利排除轨道障碍物又不影响车辆的运用安全，小排障板距轨面的高度应保持在 90～130 mm；扫石器的尺寸为 300 mm×200 mm，距轨面的高度应为 15～20 mm。因设有腰形孔，当踏面磨耗时可调整其高度。

二、转向架

（一）转向架结构

JW-4G 接触网作业车转向架为二轴通用型转向架，两转向架结构基本一致。Ⅰ位端为不带车轴齿轮箱的非动力转向架，如图 2-129 所示。Ⅱ位端为带车轴齿轮箱的动力转向架，如图 2-130 所示。非动力转向架还设有基础制动装置。

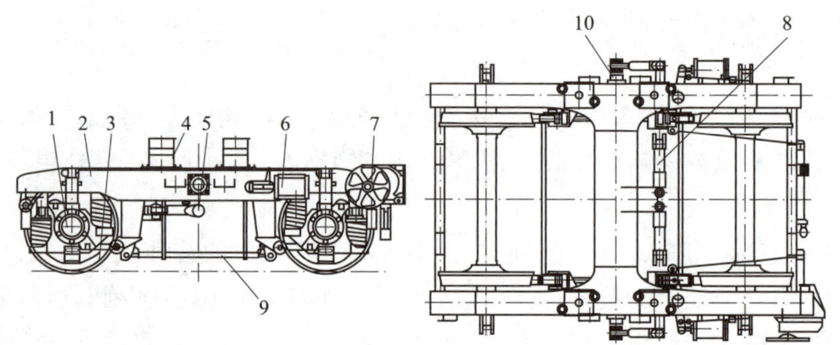

图 2-129 非动力转向架

1—车轴轴承箱；2—转向架构架；3—轮对；4—旁承；5—牵引杆装置；6—基础制动；7—手制动机；8—横向减振器；9—调整杆；10—车体侧挡

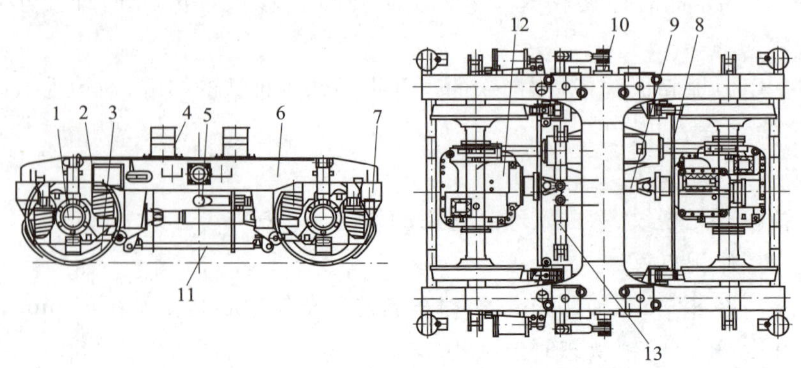

图 2-130 动力转向架

1—车轴轴承箱；2—基础制动；3—轮对；4—旁承；5—牵引杆装置；6—转向架构架；7—砂箱；8—拉臂总成；9—传动轴；10—车体侧挡；11—调整杆；12—车轴齿轮箱；13—横向减振器

1. 转向架的总体构成

转向架主要由构架、车轴轴承箱、轮对、旁承、牵引杆装置、基础制动装置、砂箱、手制动装置等部件组成。

作业车速度表传感器及接地装置装在轴箱端部，其布置如图 2-131 所示。

动力转向架四角各装有一个砂箱。每个砂箱储砂量为 20 kg，砂箱下部装有撒砂阀和撒砂管。

2. 转向架技术参数

转向架的主要技术参数

轴式	2-B
最高运行速度	120 km/h
轴距	2 400 mm
自重	5.3(8.2) t
轮径	840 mm
牵引点距轨面高度	580 mm
制动缸直径	6 英寸(约 152 mm)
制动倍率	7.92

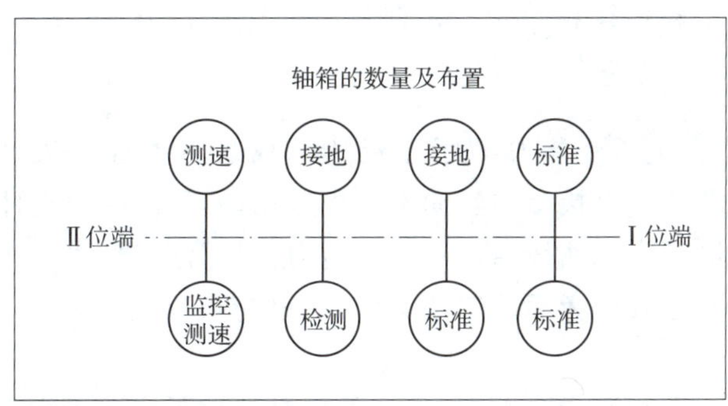

图 2-131　轴箱辅助设备分布

3. 转向架的作用

(1)转向架构架：转向架构架是转向架的骨架，它将转向架各零部件组成一个整体，用以承受和传递各种作用力和载荷。

(2)车轴轴承箱：车轴轴承箱是联系转向架构架和轮对的活动关节，并使轮对的滚动转化为构架、车体沿钢轨的平动。

(3)轮对：轮对沿着钢轨滚动，除向钢轨传递车辆重量，还通过轮轨间的黏着产生牵引力或制动力，并通过轮对的回转实现车辆在钢轨上的运行。

(4)基础制动装置：传递和放大制动缸的制动力，并使闸瓦或闸片压紧车轮或制动盘，对车辆进行制动。

(5)减振装置：设在转向架构架与轮对间、车架和转向架间的弹性悬挂装置(如旁承、轴箱弹簧、液压减振器)，其作用是缓和线路不平顺和轮对运动对车辆的冲击，从而保证车辆的运行平稳性。

(二)转向架构架

1. 转向架的结构构架

作业车转向架构架为箱形梁全焊接“日”字形封闭结构，主要由横梁、左右侧梁、前后端梁等组成。转向架构架起着固定并定位轮对的作用，同时承载转向架以上的重量。转向架构架如图 2-132 所示。

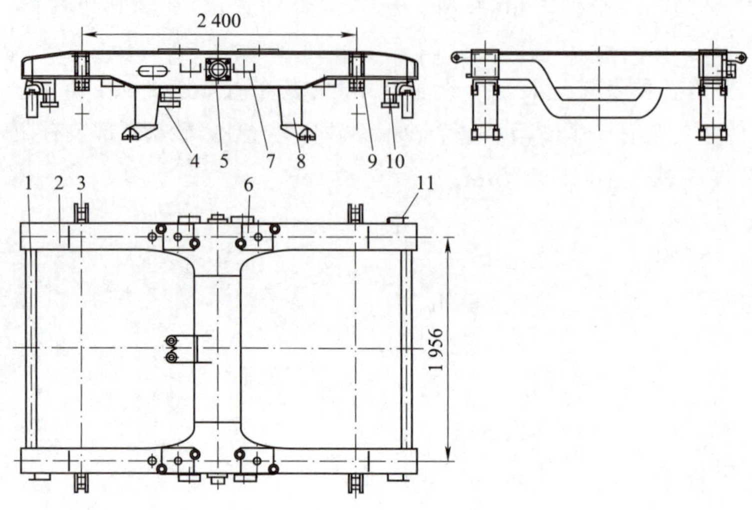

图 2-132 转向架构架(单位:mm)

1—端梁;2—侧梁;3—减振器座;4—拐臂座;5—车体侧挡;6—旁承座;
7—挂板座;8—拉杆座;9—轴箱侧挡座;10—拉杆弹簧座;11—铁鞋座

2. 构架的作用

横梁具有垂向抗弯强度承受能力,为主要受力承载梁,横梁上还安装有用以抑制车辆横向运动的液压减振器,使车体不直接参与转向架的蛇形运动,从而减小车体的水平惯性力和车轮对钢轨的横向冲击力,同时降低曲线通过时的侧压力,以保证车辆水平运行稳定性。

左、右侧梁上安装有橡胶堆旁承的安装支座,侧梁与横梁连接成一个整体,共同承担车辆簧上重量和各种载荷。

前后端梁是联系左、右侧梁的联系梁,主要作用是稳定转向架构架结构,减少构架运用过程中的不稳定性,提高其使用寿命。

转向架构架在侧梁两侧还设有安全连接装置,工作时钢板钩住挂板座,连接车架与转向架于一体,减少了捆绑环节,提高了吊装安全性和吊装效率。

两端梁为工字形截面,侧梁和横梁采用箱形梁结构,各板材均采用低合金钢 Q345B。

3. 构架的附属设备

构架侧梁底面焊有轴箱侧挡体,轴箱侧挡结构如图 2-133 所示。转向架构架侧梁侧面焊有车体侧挡,车体侧挡结构如图 2-134 所示。

轴向侧挡、车体侧挡的作用是减小车辆横向摆动。

4. 构架的日常检查

在实际运用过程中,要对构架进行定期检查,构架各焊缝应无裂纹,各座完好无损;检查构架侧梁、轴距、上下拉杆座间距、旁承平面度等主要尺寸,可以大体判断构架有无严重变形。当构架状态出现异常时,应根据具体情况,进行修复或报废。

(三)车轴轴承箱

作业车车轴轴承箱采用无导框弹性拉杆定位方式,采用内外金属圆簧并联组合。轴头除装配整车速度传感器和运行监控测速传感器外,每个转向架轴头上还设置了接地保护装置,以保证该车的作业安全和用电安全。

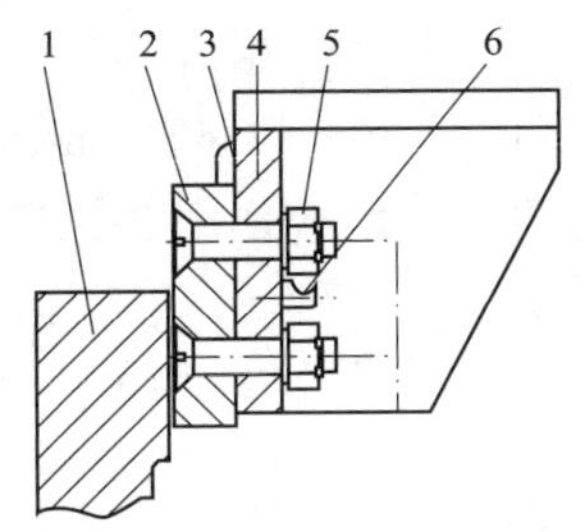

图 2-133　轴箱侧挡结构

1—止挡；2—磨耗板；3—调整垫；4—侧挡座；5—螺栓；6—油杯

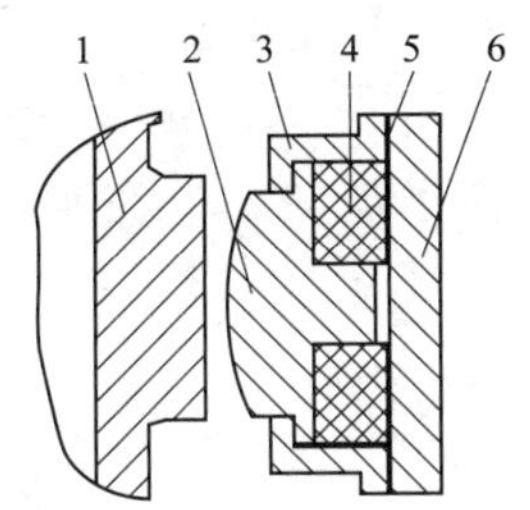

图 2-134　车体侧挡结构

1—牵引座；2—侧挡体；3—侧挡座；4—缓冲垫；5—调整垫；6—座板

1. 车轴轴承箱的结构

车轴轴承箱是由轴箱体、滚动轴承、一系弹簧、轴箱拉杆、端盖、后盖等组成，结构如图 2-135 所示。

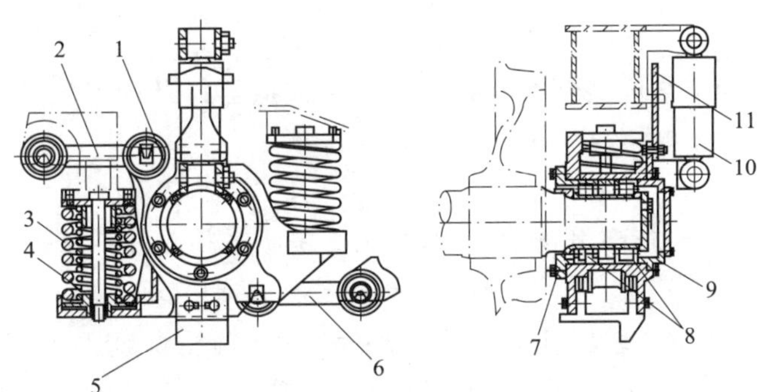

图 2-135　车轴轴承箱结构

1—轴箱体；2—轴箱上拉杆；3—外圆弹簧；4—内圆弹簧；5—防倾覆装置；6—轴箱下拉杆；7—后盖；8—轴承；9—前盖；10—液压减振器；11—起吊挂板

2. 车轴轴承箱的特点

(1)设有起吊挂板

在构架与车体之间、构架与轴箱轮对之间均设有安全连接装置，在车辆吊装或起复时无需捆扎。如图 2-136 所示。

在转向架的吊板挂钩上增加起复用垫块，可减少轴箱弹簧的伸长，从而缩短复轨器的行程，提高起复效率。

(2)设有防倾覆装置

车轴轴承箱箱体底部增设了车辆防倾覆装置，用以防止车辆脱线掉道后发生整车倾覆侧翻。防倾覆装置结构为螺栓连接件，防倾覆装置位置示意如图 2-137 所示。

图 2-136　起复安全连接装置

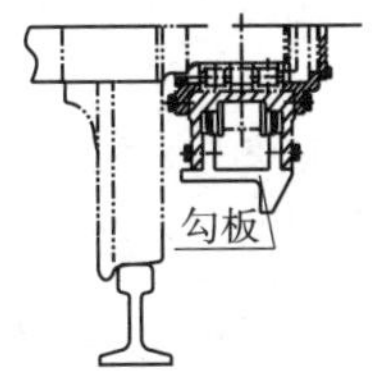

车辆正常行车状态

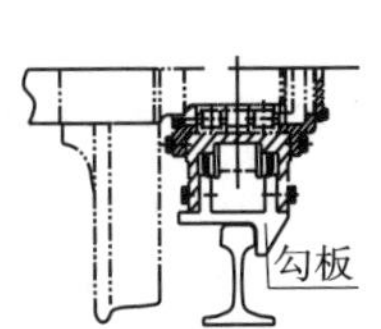

车辆脱线掉道状态

图 2-137　防倾覆装置位置示意

(3)设有轮对镟修装置安装接口

为方便整车进行不落轮镟修,每个车轴轴承箱箱体下部外侧增设了轮对镟修装置安装接口,用以装配轮对固定支架,方便镟修车轮。镟修装置安装接口结构如图 2-138 所示。

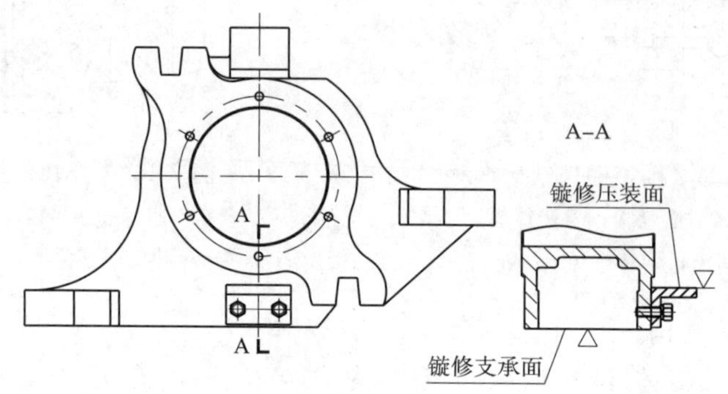

图 2-138　镟修装置安装接口

(4)采用一系减振

车轴轴承箱与转向架之间装配有一系垂向液压减振器以及弹簧装置,有效地缓和线路对车辆弹簧上部质量的冲击。

3. 车轴轴箱的检查

(1)在运用中要经常检查弹簧技术状态,利用锤击听音检查此弹簧是否落实或有无断裂现象,发现异常必须及时处理。

(2)在运行中停车时,注意及时检查轴箱外表温度,轴箱温度不得超过(0.6×环境温度+50)℃。如温度太高或局部温度过高,应打开轴箱端盖,检查润滑油质、油量、滚动轴承、轴承支架的状态,根据不同情况判明原因后及时处理。要避免水、砂及其他脏物混入轴箱,保证其寿命。

(3)在运用过程中应经常要检查有无泄漏、失效现象和紧固情况,发现后及时处理。液压减振器在运行中应有明显温升。

(4)新车走合期间,应经常注意检查车轴轴承箱的温度,防止过热。

检修中安全注意事项:

在车上施行电焊作业时,应避免电流通过轴承,在作业处所附近连接地线,防止电流从轴承的滚子与滚道通过形成烧伤,造成轴承损坏或“热轴”。

4. 车轴轴承箱拉杆

(1)轴箱拉杆的作用

轴箱拉杆具有传递牵引动力的作用,在轮对与转向架之间进行动力传递;由于拉杆具有一定横向刚度,减少了车辆运行时的摇晃和轮缘磨损;轴箱与车架的弹性联系,缓和了冲击,提高了运行的平稳性;不影响一系弹簧的减振作用。

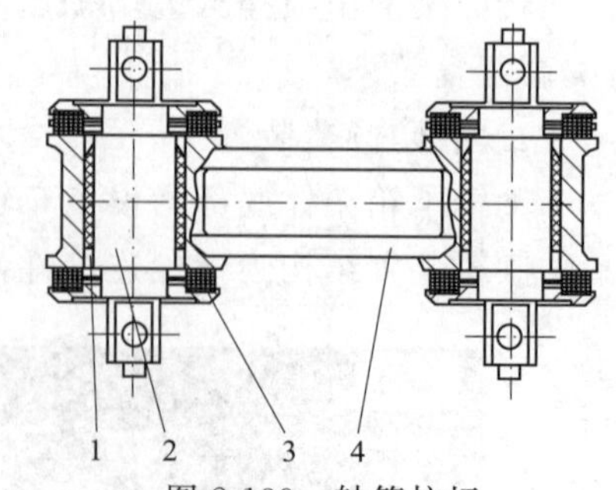

图 2-139　轴箱拉杆

1—橡胶套;2—芯轴;3—橡胶垫;4—拉杆体

(2)轴箱拉杆的结构及特点

轴箱拉杆由拉杆体、橡胶套、芯轴等组成,如图 2-139 所示。轴箱拉杆两端销轴上有橡胶套,橡胶套与销轴硫化在一起,在专用的工装上压装在拉杆体内,销子两端有橡胶垫。

拉杆定位是在轴箱体的前后两侧加工有高低不同的轴箱耳,通过橡胶合金关节拉杆与车架延伸出的定位底座相连接，轴箱依靠连杆内的橡胶关节的径向、轴向以及扭转的弹性变形实现各方面的相对位移，形成轴箱与车架的弹性联系。

两个高低不平的轴箱拉杆称为双扭动式拉杆机构，它能够满足轴箱垂向位移的需要；拉杆式轴箱具有没有磨耗件、不需要润滑，减少了保养工作量等优点。

（四）轮对

JW-4G 型作业车采用两个被动轮对与两个驱动轮对的组合方式。车轮直径 840 mm 整体铸钢轮，踏面采用 LM 磨耗型踏面，车轮与车轴采用注油压装过盈装配，驱动轮对满足 TB/T 1463 相关要求，被动轮对满足 TB/T 2202 相关要求。

轮对结构如图 2-140 所示。

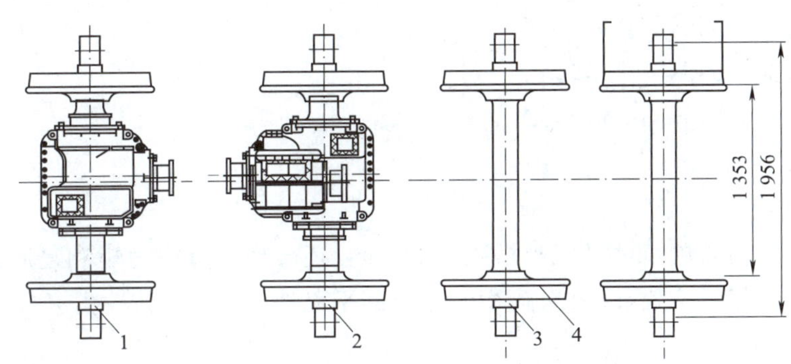

图 2-140　轮对结构(单位:mm)

1—驱动轴一；2—驱动轴二；3—被动轮轴；4—车轮

1. 新造轮对的主要技术参数

对于新造接触网作业车出厂时轮对须达到以下技术标准：

(1)轮对组装应满足 TB/T 1463 及 TB/T 2202 的相关技术要求。

(2)同一轴两车轮直径差不大于 1 mm。

(3)同一轮对，车轮内侧面三处轮对内侧距离之差不得超过3 mm(运用状态下)。

2. 轮对的使用保养

在运用期间，应严格检查轮对状态，要求踏面无剥离，轮缘无裂纹、弛缓标记无错位现象，并严格按国铁集团有关接触网作业车轮对探伤的规定，定期进行探伤。

(1)当车轮直径超过下述规定值时应加工处理：

①同一车轮相互垂直的直径差大于 0.5 mm 或者同一轮对两车轮直径差未经镟修大于 3 mm 的需施行镟修，经镟修后同一轮对两车轮直径差不大于 1 mm，同一车轮相互垂直的直径差不大于 0.5 mm。

②车轮踏面擦伤或局部下凹不超过 1 mm。

③踏面剥离的长度(同一车轮)，一处时不大于 40 mm，两处时每处不大于 30 mm。

(2)测量工艺要求：

①沿圆周方向测量。

②两端宽度不足 10 mm 的不计算在内。

③长条状剥离其最宽处不足 20 mm 者可不计算。

④两块剥离边缘相距小于 75 mm 时，每处长不得超过 35 mm。

⑤多处小于 35 mm 的剥离，其连续剥离总长度不得超过 350 mm。

⑥剥离前期未脱落部分可暂时不计算在内。

⑦没有其他缺陷，如轮对擦伤、局部凹下。

(3)车轮磨损后，轮辋厚度小于 23 mm 需更换，轮缘厚度小于23 mm 需镟修。

对于长期在曲线频繁运行的接触网作业车应注意检查轮缘磨损情况，必要时调换运行方向。

(五)旁承性能特点

作业车车体与转向架间的减振采用四点支承的橡胶堆旁承，安装在转向架构架上平面靠近转向架横向中心线的四个点，传递车体上部的静载荷和动载荷以及车体与转向架的横向载荷。由于橡胶层具有很小的阻尼特性，为抑制车辆在直线上运行的横向振动和蛇行运动，在旁承装置中还设置了两个横向油压减振。

1. 旁承的性能技术参数

垂向验证载荷：60 kN

垂向额定载荷：40 kN

自由高度：(276±1.5) mm

挠度：(14±1.5) mm

2. 旁承结构特点

橡胶堆旁承结构简单，重量轻，吸振隔音好，而且还会产生复原力矩和复原力，能较好恢复转向架与车体间的相对位置，改善车辆横向运行的平稳性。

3. 旁承的检查

橡胶堆旁承由橡胶与金属板胶合组成，其黏接面(不包括橡胶堆金属板外缘的保护胶层部分)不允许有剥离现象。橡胶表面要求光滑、平整，橡胶与金属板黏接的 1/5 橡胶层厚度尺寸范围内不允许有裂纹、裂口、缺胶、气泡和海绵状存在。

橡胶堆旁承应避免与热源、油类、碱类、酸类及各类有机溶剂接触或接近。

(六)牵引杆装置

牵引杆装置用来传递转向架与车架之间的牵引力，并使转向架能相对于车体转动和横向移动。牵引杆装置主要由牵引杆、拐臂、连接杆、球面关节轴承、牵引销、拐臂销等组成，如图 2-141 所示。

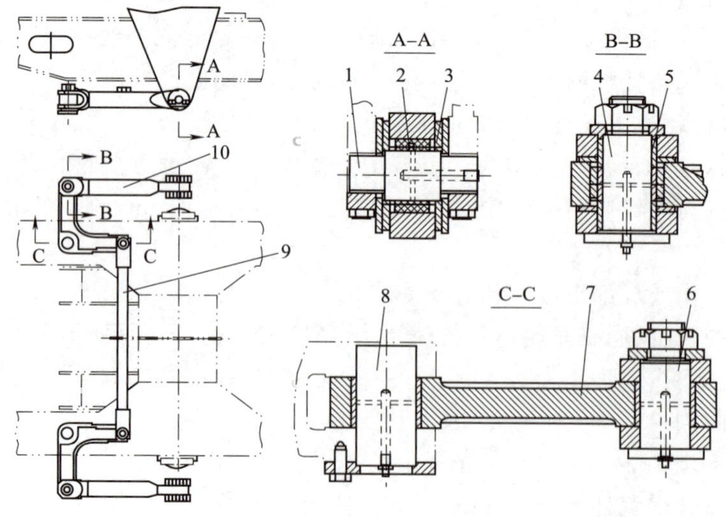

图 2-141 牵引杆装置

1—牵引杆销；2—关节轴承；3—橡胶垫；4—牵引销；5—轴套；6—连接杆销；7—拐臂；8—拐臂销；9—连接杆；10—牵引杆

为了适应作业车与转向架之间的高度变化，在牵引杆与拐臂和车体连接处，均采用球形关节轴承。

在运用过程中，应经常对有关零部件进行外观检查，检查牵引装置各销的连接状态良好，托板紧固牢靠。

第四节　制动系统

接触网作业车制动系统的作用就是降低接触网作业车运行速度、停止车辆并使其保持在原位，准确地控制运行速度，保证行车安全。

作业车的制动系统狭义上讲是将空气制动系统与手制动装置合并，安装于基础制动之上，通过基础制动系统完成制动过程。

接触网作业车制动系统主要由空气制动系统、基础制动系统、撒砂装置、手制动装置、手动紧急制动阀等组成。

一、空气制动系统的组成

空气制动系统是接触网作业车的重要组成部分，它通过制动系统空气压力的变化控制，实现对车辆制动的控制，使车辆运行状态发生变化，产生制动、保压和缓解。

（一）空气制动系统的组成

空气制动系统由空气压缩机、JZ-7G 型空气制动机、空气净化及辅助装置、辅助制动装置等组成。它是车辆制动系统的重要组成部分，其作用就是以压缩空气为动力，通过各机构联动，实现车辆制动控制。制动系统原理如图 2-142 所示。

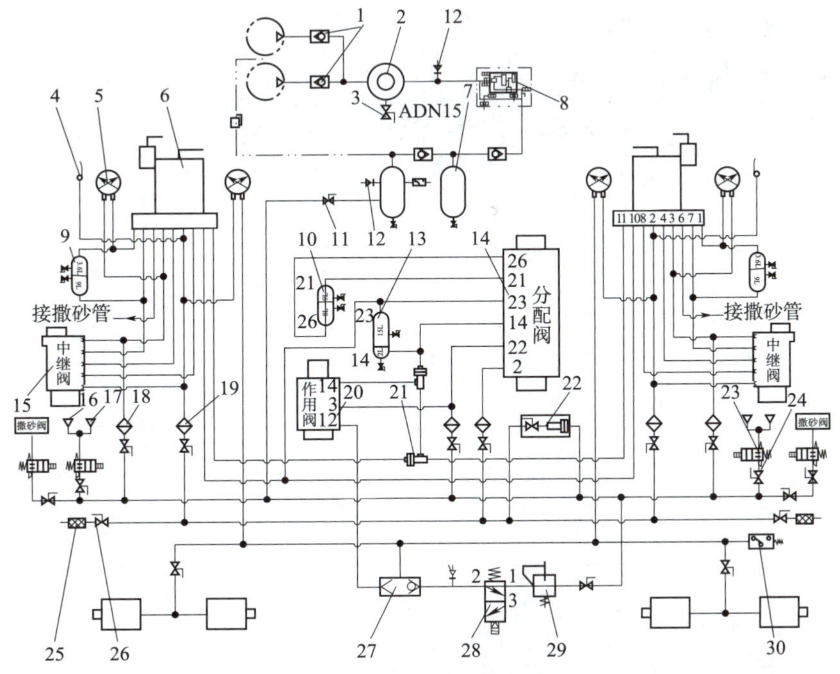

图 2-142　制动系统原理

1—单向阀；2—油水分离器；3—截断塞门；4—紧急制动阀；5—双针压力表；6—JZ-7G 型制动阀；7—总风缸；8—空气干燥器；9—均衡过充风缸；10—紧急降压风缸；11—截断塞门；12—安全阀；13—工作作用风缸；14—分配阀；15—中继阀；16—高音喇叭总成；17—低音喇叭总成；18、19—管道滤清器；20—作用阀；21—变向阀；22—滤尘止回阀；23—喇叭控制阀；24—截断塞门；25—制动软管；26—半球芯折角塞门；27—梭阀；28—两位三通电控换向阀；29—减压阀；30—压力开关

(二)空气压缩机

空气压缩机由发动机前端(自由端)辅助齿轮箱上的带轮通过皮带驱动。另一路空压机为发动机自带,两者并联工作。

1. 空气压缩机结构

空气压缩机俗称风泵,用于产生压缩空气,供列车制动使用,通过发动机前端辅助齿轮箱皮带轮,经过B型皮带传动空气压缩机旋转。空气压缩机的种类很多,作业车目前配置的为HW-90L型空气压缩机,其结构如图2-143所示。

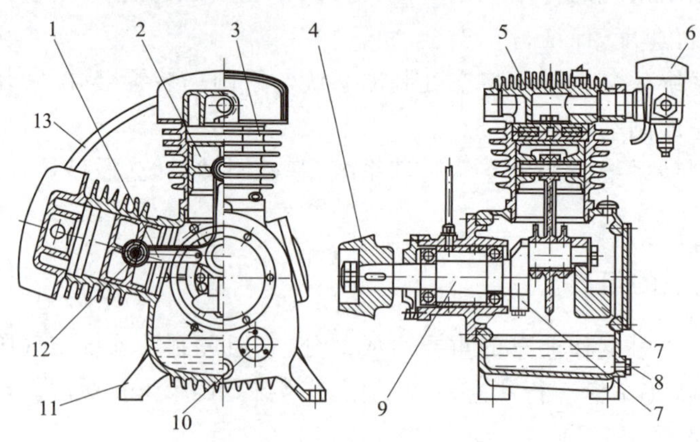

图2-143 空气压缩机结构

1—连杆;2—活塞;3—气缸;4—皮带风扇轮;5—气缸盖;6—减荷阀总成;7—平衡铁;8—放油孔塞;9—曲轴;10—油标视窗;11—机体;12—活塞销;13—排气管总成

2. 空气压缩机的主要技术参数

作业车所采用的均为单级、风冷、往复活塞式空气压缩机,其主要技术指标见表2-8。

表2-8 空气压缩机主要技术指标

序号	设备技术指标名称	单位	指标值
1	型号	—	HW-09L
2	型式	—	单级三缸风冷
3	额定转速	r/min	1 200
4	额定排气压力	kPa	800
5	额定排气量	m^3/min	1.08
6	配套功率	kW	10
7	冷却方式	—	风冷
8	发动机自带空压机排量	m^3/min	0.63

(三)空气净化及辅助装置

1. 空气净化装置的组成

空气净化装置主要由油水分离器、空气干燥器等组成,主要用于空压机排出的压缩空气净化,以保证制动系统各阀件用风的清洁,避免各制动阀件出现机械故障。

空气压缩机产生的压力空气,经油水分离器初步去除大部分的水分、油污、机械杂质后进入空气干燥器，进一步净化后储存于总风缸。

2. 油水分离器

油水分离器采用旋风式油水分离器。水分、油污、机械杂质随着压缩空气进入油水分离器，在其内部的旋转风道引导下，由于离心力作用而甩出后下沉到油水分离器底部，其底部安装有排水塞门，每次打风作业完毕后，须打开排水塞门以排出污水和杂质。油水分离器结构如图 2-144 所示。

3. 空气干燥器

作业车空气干燥器由阀集板、干燥筒、加热管以及电磁阀等组成，结构如图 2-145 所示。

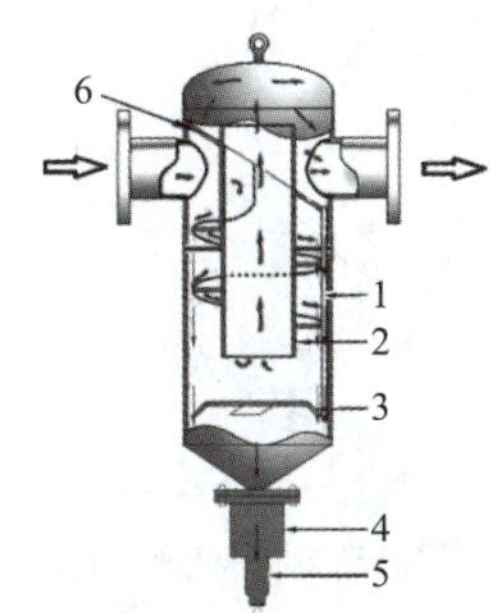

图 2-144　油水分离器结构

1—导液管；2—旋流换向管；3—分液板；
4—集液过滤器；5—放水阀；6—换向板

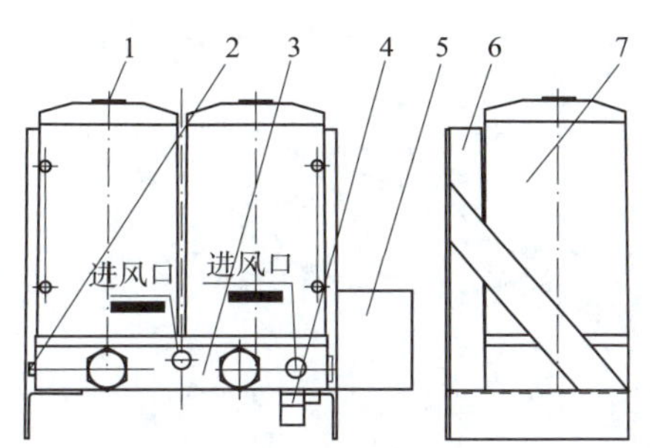

图 2-145　空气干燥器结构

1—固定螺栓；2—加热管；3—阀集板总成；4—电磁阀；
5—电气控制箱；6—安装架；7—干燥筒总成

空气干燥器采用双塔连续吸附式，其有关技术参数如下：

空气处理量：0.8～1.8 m^3/min

最高工作压力：1 MPa

吸附剂：分子筛

再生方式：无热、常压

再生耗气率：<15%

处理空气的相对湿度：≤35%

为保证空气制动机用风的清洁，应在出乘前检查空气干燥器，保证其处于正常工作状态。在特殊情况下，当空气干燥器发生故障时，需要按其进出口风路上旁通塞门标识，将空气干燥器隔离，以保证此时压缩空气的正常供给。车辆回库后，须对整车油水分离器、总风缸、各小风缸等进行排水操作，并联系进行维修。

4. 其他辅助装置

JW-4G 型作业车设有两个串联的 250 L 总风缸，两个总风缸安装在Ⅱ位转向架Ⅲ轴上方。在总风缸出风处装有安全阀，其调整压力为 850～900 kPa，当总风缸空气压力超过此压力时，安全阀自动打开泄压，并发出响声以报警。此时应立即检查空气压缩机的卸荷阀及卸荷回路，使其恢复正常工作状态。

（四）JZ-7G 型空气制动机

1. JZ-7G 型空气制动机的组成

JZ-7G 型空气制动机主要由自动制动阀（大闸）、单独制动阀（小闸）、中继闸、分配阀、作用阀等组成。

2. JZ-7G 型空气制动机的特点

JZ-7G 与 JZ-7 型空气制动机的主要区别是自动制动阀、单独制动阀手柄位置加以改进，阀体部分均可以安装在操作台台面下，台面上仅有两阀的手柄以供操作。

3. JZ-7G 型空气制动机各阀的作用

(1)自动制动阀：用来操纵全列车的制动及缓解，它有 7 个作用位置，如图 2-146 所示。

(2)单独制动阀：只操纵本车的制动及缓解，它有 3 个作用位置，如图 2-147 所示。

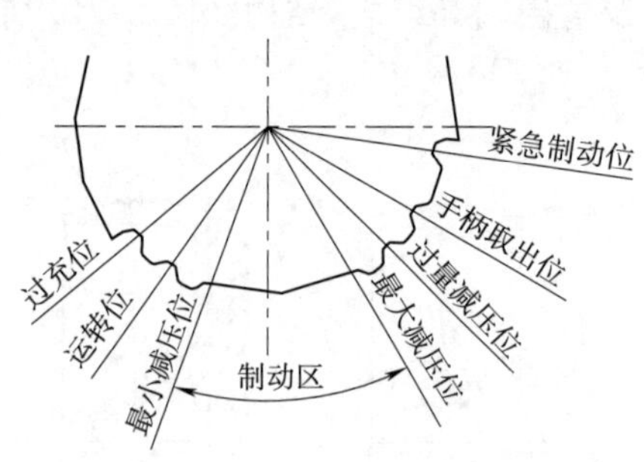

图 2-146 自动制动阀手柄作用位置

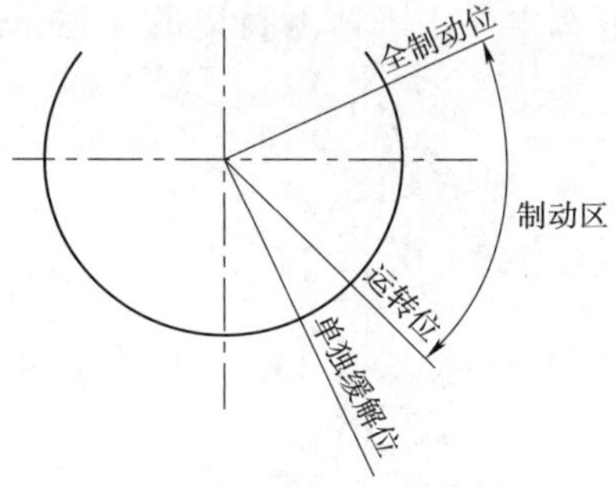

图 2-147 单独制动阀手柄作用位置

(3)中继阀：它受自动制动阀的控制，直接操纵列车管空气压力变化，从而完成整个列车的制动、保压和缓解。

(4)分配阀：它是根据列车管压力的变化而动作，控制作用阀的供风和排风，以使作业车得到制动和缓解。

4. JZ-7G 型制动机中各阀的控制关系

(1)自动制动阀→均衡风缸→中继阀→列车管空气压力变化→车辆制动机

└→机车分配阀→作用阀→制动缸

(2)单独制动→作用阀→制动缸

(3)手动紧急制动→列车管空气压力骤降至 0→车辆制动机

└→机车分配阀→作用阀→制动缸

5. JZ-7G 型制动机的控制过程

(1)自动制动作用

自动制动作用是单独制动阀在运转位，自动制动阀手柄在各位的综合作用。

①过充位：该位置是列车初充气和再充气缓解列车制动时所设的位置，该位的作用如下：

a. 自动制动阀：调整阀向均衡风缸、调整膜板右侧充气，充至定压后，自动保压，重联柱塞沟通均衡风缸和中均管，缓解柱塞将遮断阀管与大气连通，并将总风缸与过充管和过充风缸连通。

b. 中继阀：由于中均管压力升高，顶开供气阀，总风缸向列车管迅速充气，此外，过充压力的作用，使列车管的充气压力比规定压力高 30～40 kPa，而后中继阀处于保压状态。

c. 分配阀：列车管向工作风缸、降压风缸、紧急风缸及各气室充气，最终均充至比规定压力高 30～40 kPa，同时作用风缸的风压排向大气。

d. 作用阀：由于作用风缸的空气已排出，作用阀缓解，制动缸压力排向大气，机车缓解。

②运转位：该位置是列车缓解再充气和运转时所设位置，该位的作用通路与过充位基本相

同，不同的是：

a. 自动制动阀：缓解柱塞将总风缸和过充管及过充风缸的通路切断，过充压力由过充风缸的小孔排掉。

b. 中继阀：过充柱塞的压力逐渐降低，中继阀膜板带动顶杆，打开排气阀，逐渐消除列车管内的过充压力。

c. 分配阀的工作风缸、降压风缸的过充压力经副阀逆流到列车管逐渐消失，紧急风缸的过充压力经紧急阀逆流到列车管逐渐消失。

③常用制动区：常用制动区，设有最小及最大减压位，自动制动阀手柄在制动区的不同位置，列车管的减压量则不同。

a. 自动制动阀：调整阀将均衡风缸、调整膜板右侧和中继阀中均室的压力排向大气，压力排出多少视手柄停留的位置而异，其最小减压量为 50 kPa，缓解柱塞将总风缸与遮断阀管连通，从而关闭总风遮断阀。

b. 中继阀：由于膜板左侧中均室压力降低，排气阀开启，列车管压迅速排向大气，直至列车管与中均室等压后便处于保压状态。

c. 分配阀：由于列车管压力降低，副阀活塞发生移动，首先将列车管和局减室连通，产生局减作用，同时切断了工作风缸与降压风缸的通路，连通了降压风缸经保持阀排向大气的通路，待降压风缸降至与列车管等压时，活塞再移至保压位。主阀膜板活塞由于列车管的降压而迅速上移，待作用室、列车管和工作风缸三者压力平稳时，主阀便处于保压状态。充气阀在作用风缸压力达 24 kPa 时，活塞动作，关闭局减室排向大气的通路。常用限压阀达规定压力时切断总风缸向作用风缸的充气之路。

d. 作用阀：由于作用风缸的压力，使作用钩具上移，空心阀杆顶开供气阀，总风向制动缸充气，使机车发生制动。

④过量减压位：该位置的作用与常用全制动区基本相同，区别是常用制动区的最大减压量为 170～190 kPa，而该位的减压量为 240～260 kPa。

⑤手柄取出位：该位置是为重联机车、无动力回送机车及本务机车非操纵端而设置的位置。

a. 自动制动阀：均衡风缸的减压量为 250 kPa，重联柱塞阀将中均管和均衡风缸的通路切断，同时连通中均管与列车管的通路。

b. 中继阀：由于重联柱塞将中均管和列车管连通，中继阀处于自锁状态，失去了对列车的控制能力。

⑥紧急制动位：该位置是操纵列车紧急停车所使用的位置，自动制动阀手柄在此位时单机列车管压力应在 3 s 内排零。

a. 自动制动阀：调整阀保持均衡风缸减压量为 250 kPa，重联柱塞将总风与撒砂管连通，中均管通列车管。

b. 中继阀与取把位相同，处于自锁状态。

c. 分配阀：由于列车管压力迅速下降，主、副阀膜板鞲鞴迅速移到制动位，副阀柱塞切断了工作风缸与降压风缸的通路，同时降压风缸经保持阀排向大气，主阀空心杆顶开供气阀，总风先经常用限压阀，后经紧急限压阀向作用风缸充气，其最高压力为 420～450 kPa。

(2)单独制动作用

单独制动作用系自动制动阀手柄在运转位，单独制动阀手柄在制动区的作用及自动制动阀手柄在制动区,单独制动阀手柄在单缓位时的作用。

①自动制动阀手柄在运转位,单独制动阀手柄在制动区,此时单独制动阀调整阀处于制动位,总风经调整阀向作用管充气,并经变向阀进入作用阀膜板下方,作用阀进入制动位,制动缸所得压力的高低,视单独制动阀手柄所在位置而定,其最高压力为 300 kPa。

单独制动阀手柄在制动区阶段右移,机车则阶段制动,阶段左移可得到阶段缓解。

②自动制动阀手柄在制动区,单独制动阀手柄在单独缓解位,此位置用于调节列车制动时的运行速度,车辆制动,机车缓解。

手柄移至此位时,单缓柱塞将工作风缸的压力空气排向大气,分配阀的主阀进入缓解位,作用风缸的压力空气排向大气,同时作用阀也将制动缸的压力空气排向大气,机车缓解的程度视单独制动阀手柄置单缓位的时间长短而异,自动制动阀手柄在常用制动区及紧急制动位时,机车制动缸的压力均可缓解到零。

6. 制动机操纵原则

(1)运行前必须认真检查制动机各部位是否良好,并充分试闸,确认制动机性能良好时,方可运行。

(2)列车运行途中,尽量减少不必要的制动,以减少闸瓦的磨损,延长使用寿命。

(3)制动或减速时,保持较均匀地减速,以避免和减少列车冲击,达到平稳操纵的目的。

(4)两端操作台均设置有手动紧急制动阀,不必要的情况下,绝不使用紧急制动,以减少轮瓦的急剧磨损和对车辆造成的冲击。

(5)雨雪天气下,常用制动操作应限制制动缸最高压力 260 kPa。非紧急情况不得使用紧急制动,使用紧急制动时必须辅助撒砂。

(6)实施紧急制动后,应对制动缸、基础制动装置、车钩等进行全面检查,经贯通制动试验确认无损,方可运行。

7. 操作要求

(1)制动机只允许本务司机一人操纵。

(2)制动机只配备单独制动阀手柄、自动制动阀手柄各一个。整列运行操纵时,应将补机操纵端的两个阀手柄置于手柄取出位,并将取出手柄置于操纵端,确保行车安全。

(3)无论是担当本务机还是重联补机,客货车转换阀均置于“货车位”。

(4)自动制动阀可操纵全列车的制动和缓解,而单独制动阀只操纵本车的制动和缓解。

(5)本务司机应熟知制动机性能,并能检修、排除故障。

8. 手动紧急制动阀操作要求

按照《铁路技术管理规程》相关要求,结合作业车实际运用情况,发现下列危及行车和人身安全情形时,应使用手动紧急制动阀停车:

(1)车辆燃轴或重要部件损坏。

(2)列车发生火灾。

(3)有人从列车上坠落或线路内有人死伤。

(4)能判明司机不顾停车信号,列车继续运行。

(5)列车无任何信号指示,进入不应进入的地段或车站。

(6)其他危及行车和人身安全必须紧急停车时。

(7)当作业车作为牵引车辆,制动失灵时。

紧急制动阀位置设有醒目的提示标识,使用车辆紧急制动阀时,不必先行破封,立即将紧急制动阀手柄向全开位置拉动，直到全开为止，中途不得停顿和关闭；遇弹簧手柄时，在列车完全停车以前，不得松手；在长大下坡道上，必须先看压力表，如压力表指针已由定压下降100 kPa 时，不得再行使用紧急制动阀(遇折角塞门关闭时除外)。

在列车管异常排风(紧急制动)时，制动手柄不得置于运转位和过充位。

9. 制动运用中注意事项

(1)自动制动阀在过充位无机车保持制动作用。当操纵上需要这一性能时，可使用单独制动阀单独制动本车。

(2)自动制动阀手柄在过充位时的过充量是受限的(高于列车管定压 29.4～39.2 kPa)，且手柄回到运转位后能自动消除列车管的过充压力，无过量供给隐患。

(3)自动制动阀和单独制动阀均为自动保压式，无中立位，所以在制动或追加减压时，不必像其他型制动机那样，在制动位和中立位之间往复移动。

(4)在运行中，不会发生自然制动现象，因此不需经常推动单独制动阀手柄至单独缓解。

(5)在运行中，若自动制动阀减压制动后需要单独缓解时，只需把单独制动阀手柄推至单独缓解位，制动缸压力就会下降。

(6)在牵引作业时，司机为了使本车制动缸压力小一些，并希望本车制动上闸时间稍晚些，可使用单独制动阀的单缓位，把工作风缸的压力空气排一些到大气，然后把自动制动阀推向制动区进行制动。

(7)本车运行之前，司乘人员首先应根据其运行性质，对制动机作适当处理。

①担当本务机时

自动制动阀手柄和单独制动阀手柄应置于运转位。无动力装置截断塞门位于蓄电池箱与消音器之间，有标牌指示，此时应处于断开状态。

②无动力回送时

自动制动阀手柄置于取出位并取出手柄；单独制动阀手柄置于运转位并取出手柄，客、货车转换阀均置于“货车位”，无动力装置截断塞门此时应处于开放状态，同时将分配阀上的常用限压阀限制压力调整为 245 kPa。当本车由无动力回送改本务机时，应将常用限压阀的压力恢复至 340～360 kPa。

③常用限压阀压力的调整

分配阀结构如图 2-148 所示，常用限压阀结构如图 2-149 所示。

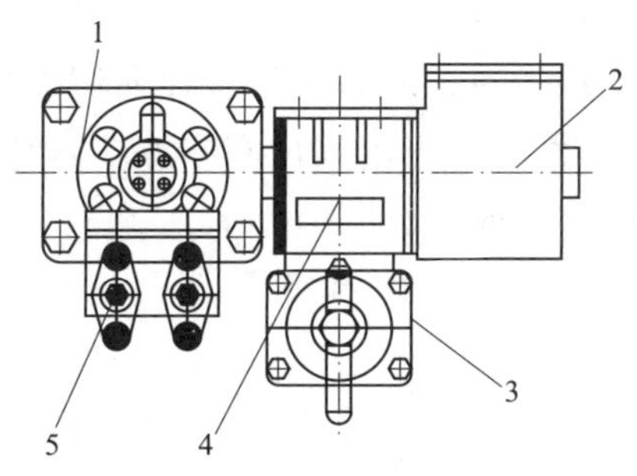

图 2-148　分配阀结构

1—主阀部；2—副阀部；3—紧急部；4—中间体；5—常用限压阀

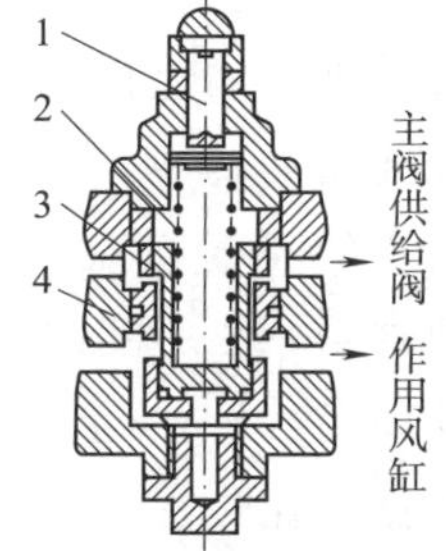

图 2-149　常用限压阀结构

1—调整螺钉；2—限压弹簧；3—限压阀；4—阀套

出厂时常用限压阀调定压力为 340～360 kPa，以供该车作本务机时使用。无动力回送时，应将常用限压阀的压力调小。

调整方法：按逆时针方向旋转调整螺钉2～3圈，然后用自动制动阀施行一次常用全制动，观察压力表制动缸指针的压力，直到制动缸压力为245 kPa时再用锁紧螺母锁定螺钉。

(8)JZ-7型制动机全部采用橡胶膜板、O形密封圈及止回阀等密封结构，并且有严格的技术要求。这些零件均不能沾柴油、汽油或其他油类。在清洗阀件或零件后，一定要及时用压力空气清扫干净。组装时，O形密封圈上要涂一些工业用凡士林作为润滑剂。

10. 空气管路系统的维护保养

(1)检查空气压缩机的油位符合要求，润滑油油位按说明书要求进行检查及添加、更换。

(2)检查空气压缩机皮带技术状态，有无皲裂、开胶；张力符合技术要求；检查涨轮、压轮润滑状态，必要时进行润滑。

(3)检查各部分的压力符合规定值，具体部位及调整方法见表2-9。

表2-9 空气制动压力调整限值

序号	项目	单位	压力调整限值	调整部位
1	总风缸压力	kPa	700～800	压力调节阀
2	列车管及均衡风缸压力	kPa	500	自动制动阀上的调压阀
3	单独制动阀全制动位时，制动缸压力	kPa	300	单独制动阀上的调压阀
4	自动制动阀最大减压位时，制缸压力	kPa	340～360	常用限压阀
5	自动制动阀紧急制动时，制动缸压力	kPa	420	紧急限压阀

(4)检查管路中各阀、塞门、接头无泄漏现象。

(5)检查管路中各阀、塞门处在正确的工作位置。

(6)打开各排水塞门，放水、放油。

(7)检查自动制动阀、单独制动阀各手柄位置下制动、缓解等作用良好。

(8)检查手动紧急制动阀的操作手柄的铅封完好无损，无漏风现象。

(五)辅助制动装置

高速铁路接触网作业车设有辅助制动装置，即旁路制动装置。

1. 旁路制动的组成

旁路制动由梭阀，电磁换向阀，调压阀组成。

2. 旁路制动的工作原理

其作用原理是通过操纵电磁换向阀的得失电，控制气动系统高压风直接向制动缸充气或制动缸排气通路的转换，实现制动与缓解作用，其制动力的大小由调压阀来调节，但为了保证基础制动装置的强度，其值为340 kPa。梭阀在功能上起“或”门的作用，其两端工作口一端接分配阀制动缸管，另一端接辅助制动系统电磁换向阀工作口，任一端有压缩空气输入时，便将梭阀阀芯推向另一端，将另一端的通路堵死。

辅助制动按钮设在上平台控制面板和Ⅰ位操作台面板上。紧急情况下，按下此按钮，车辆制动，再按一次，车辆缓解。

(六)风笛装置

作业车前后端均装有高低音喇叭各1个，利用操纵台处的喇叭开关进行控制。按下喇叭开关，总风管压力空气供给风喇叭，喇叭膜片发生共振而产生高低音鸣笛。

二、基础制动装置

基础制动装置是车辆制动系统的主要组成部分,空气制动、手制动都是通过基础制动实现的,是满足车辆制动要求及确保行车安全的重要装置。

基础制动是由相关制动杆件共同组成的力的放大机构。制动缸活塞杆产生的制动推力经基础制动的杆件放大后,作用到车轮踏面上,产生一个摩擦力矩,也叫制动力矩,再通过闸瓦产生制动摩擦力,使作业车减速或停车。

(一)基础制动的组成

基础制动由制动缸、制动梁、制动连杆、制动活塞、闸瓦、闸瓦托以及制动梁吊挂件、闸瓦平衡弹簧组件等组成。结构如图 2-150 所示。

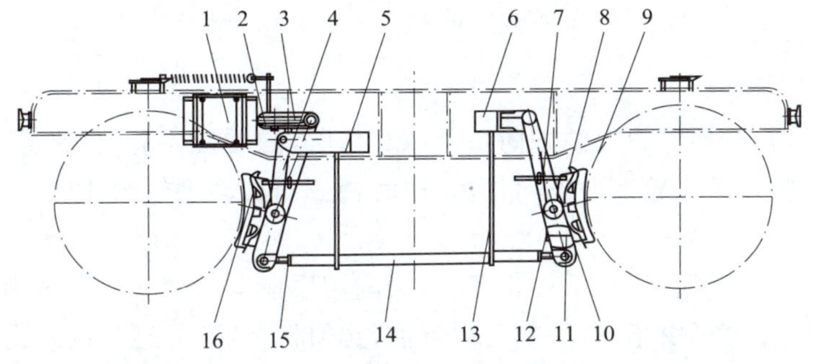

图 2-150 基础制动结构

1—制动缸;2—制动活塞;3—制动连杆;4—吊板;5—前座体;6—后座体;7—制动杠杆;8—闸瓦托;9—闸瓦;10—闸瓦平衡螺栓;11—闸瓦平衡弹簧;12—闸瓦平衡螺母;13—安全吊钩;14—调整套;15—调整锁母;16—闸瓦钎

基础制动装置将制动缸活塞的推力经制动系统的杠杆放大后传给闸瓦压紧轮箍,通过轮轨的黏着产生制动作用。高速铁路接触网作业车采用低摩合成闸瓦。基础制动采用单侧制动,每一个轮对有两块闸瓦,安装在左右车轮内侧,整车共 8 块闸瓦。

(二)基础制动装置的检查保养

由于闸瓦经常磨损需要定期检查,调整闸瓦间隙。

1. 基础制动装置的调整

调整时松开锁紧螺母,转动调整套,使闸瓦接近车轮踏面,保持适当闸瓦间隙,通过转动闸瓦平衡螺母压缩平衡弹簧,可调整闸瓦上下间隙,使轮瓦接触均匀;调整闸瓦间隙时,制动缸的活塞行程应为 70～120 mm。

2. 在运用过程中的检查

(1)制动缸行程不超过 70～120 mm 范围。

(2)当闸瓦厚度小于 14 mm 或有裂纹时,应及时更换。

(3)转动调整螺母,调整闸瓦托的仰角,应使闸瓦上下间隙均匀,防止闸瓦产生上下偏磨。

(4)检查横向连接拉杆,必要时调整,防止闸瓦偏磨。

三、手制动装置

手制动装置是指以人力为产生制动的原动力,通过机械传动装置、基础制动装置,在车辆轮对踏面上产生制动作用，实现车辆的驻车制动。

高速铁路接触网作业车辆的手制动装置是一种齿轮式自锁手制动装置。

（一）手制动装置组成

手制动装置由 NSW 型手制动机、链条、滑轮、钢丝绳等组成，如图 2-151 所示。

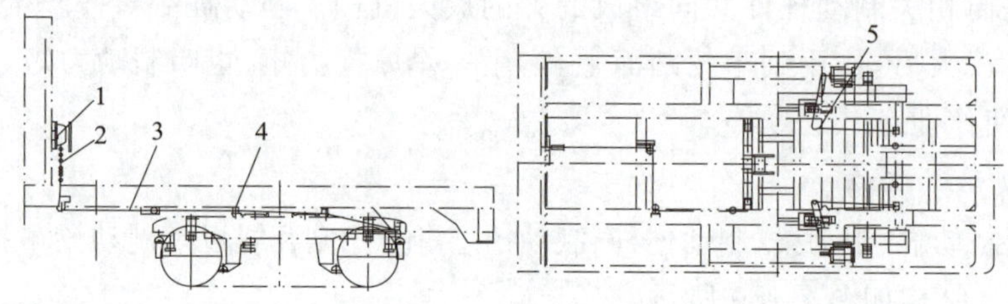

图 2-151 手制动装置

1—NSW 型手制动机；2—链条；3—钢丝绳；4—滑轮；5—吊环

（二）手制动的实施

在施行手制动时，按照手轮上的方向指示，顺时针方向转动手轮，使链条产生并保持制动拉力；手制动缓解时，按照手轮上的方向指示，逆时针方向转动手轮约 40°（或突加冲击力），手制动机即可缓解。

在施行手制动前，车辆首先必须停止运行；当利用手制动装置进行调车作业时，应在手制动操作结束后，才能分解牵引车辆；手制动缓解前，必须将车辆连挂妥当，并施加空气制动防溜后，才能缓解手制动。

注意：长时间使用手制动机进行防溜时，应同时设置铁鞋防溜。

四、撒砂装置

撒砂装置是为了提高接触网作业车轮踏面与钢轨轨面黏着力、防止车辆轮对空转和在紧急制动时车轮滑行而设置的，当列车启动、爬坡困难时使用。

（一）撒砂装置的结构

撒砂装置由撒砂开关、控制管路、砂箱、撒砂管等组成，如图 2-152 所示。

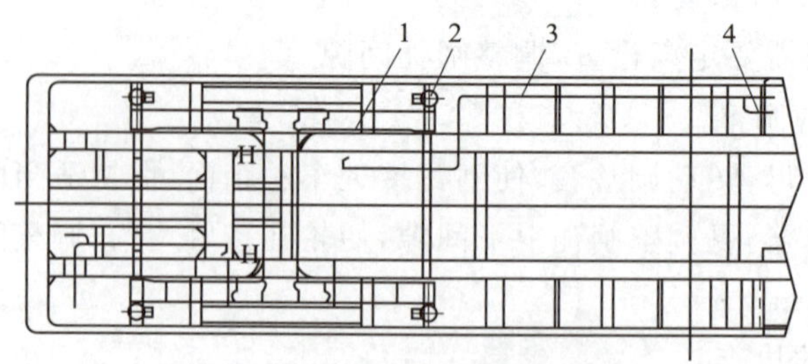

图 2-152 撒砂装置安装示意

1—砂箱；2—控制管路；3—撒砂管；4—撒砂电控阀

（二）撒砂装置的使用

撒砂开关装在操纵台主司机位左侧，操作方式为脚踏电控式。砂箱共 4 个，2 个安装在 3 轴、4 轴左侧轮的前面，另 2 个安装在 3 轴、4 轴右侧轮的后面，在Ⅰ位端操纵时前面撒砂；在Ⅱ位端操纵时后面撒砂。撒砂管安装在轨面中部，距轨面高 50 mm。

使用砂子要干燥，粒度不大于 2.5 mm，石英含量不小于 75%。

第五节　液压系统与作业机构

一、液压系统

液压系统是接触网作业车作业机构以及散热系统的动力来源，它分别为随车起重机、作业平台、立柱调平装置、平衡支腿以及冷却装置提供动力。其中随车起重机油路、作业平台共用一套作业液压系统，立柱调平装置和支腿共用一套液压系统，冷却装置为单独的两套冷却液压系统。液压系统原理如图 2-153 所示，其中零部件上所标注数字的含义在图下方说明，前位数字“.”后的数字表示该部件的使用次数。

（一）液压系统的组成

液压系统主要由动力元件（液压泵）、执行元件（液压马达或液压缸）、控制元件（液压控制阀）、辅助元件（如管道、蓄能器等）和工作介质（液压油）等组成。

液压系统通过液压泵产生高压油流，通过液压阀控制各操纵结构的执行元件，完成机构的相关动作。

（二）液压系统的结构

高速铁路接触网作业车液压系统由 3 个双联齿油泵组成，其中一个双联齿轮泵排量 23 mL/r为作业液压系统提供动力，支腿和立柱调平装置动力由双联泵中排量为 5 mL/r 泵提供，冷却回路由双联齿轮泵每联排量为 38 mL/r 的油泵为提供油源。两双联齿轮泵分别安装在齿轮箱两端，连接方式为常啮合。

1. 液压油泵

液压油泵依靠容积变化原理来工作，所以一般也称为容积液压泵。液压泵按照内部结构不同可分为齿轮油泵、叶片泵和柱塞泵；按照流量调节形式可分为定量油泵和变量油泵。

(1)齿轮油泵

齿轮泵是最常见的一种液压油泵，它通过两个啮合的齿轮的转动使得液体进行运动。齿轮油泵有内啮合和外啮合式，主要由泵体、端盖、轴、主动齿轮、被动齿轮、端盖等组成，结构如图 2-154 所示。

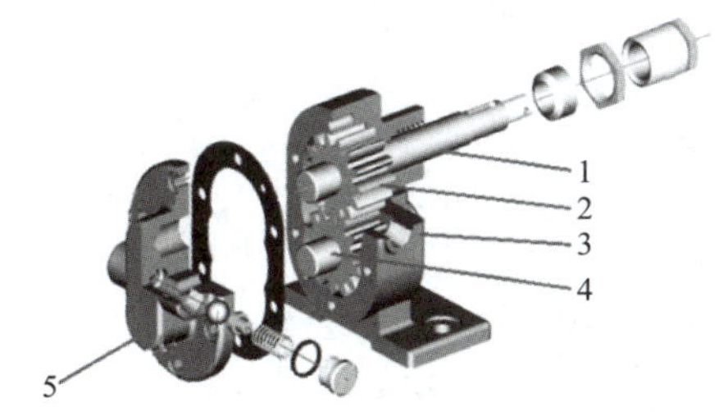

图 2-154　齿轮油泵结构

1—轴；2—主动齿轮；3—泵体；4—被动齿轮；5—端盖

(2)轴向柱塞油泵

轴向柱塞泵和轴向柱塞马达是可逆的，轴向柱塞马达的工作原理为配油盘和斜盘固定不动，马达轴与缸体相连接一起旋转。轴向柱塞泵构造如图 2-155 所示。当压力油经配油盘的窗口进入缸体的柱塞孔时，柱塞在压力油作用下外伸，紧贴斜盘对柱塞产生一个法线方向反

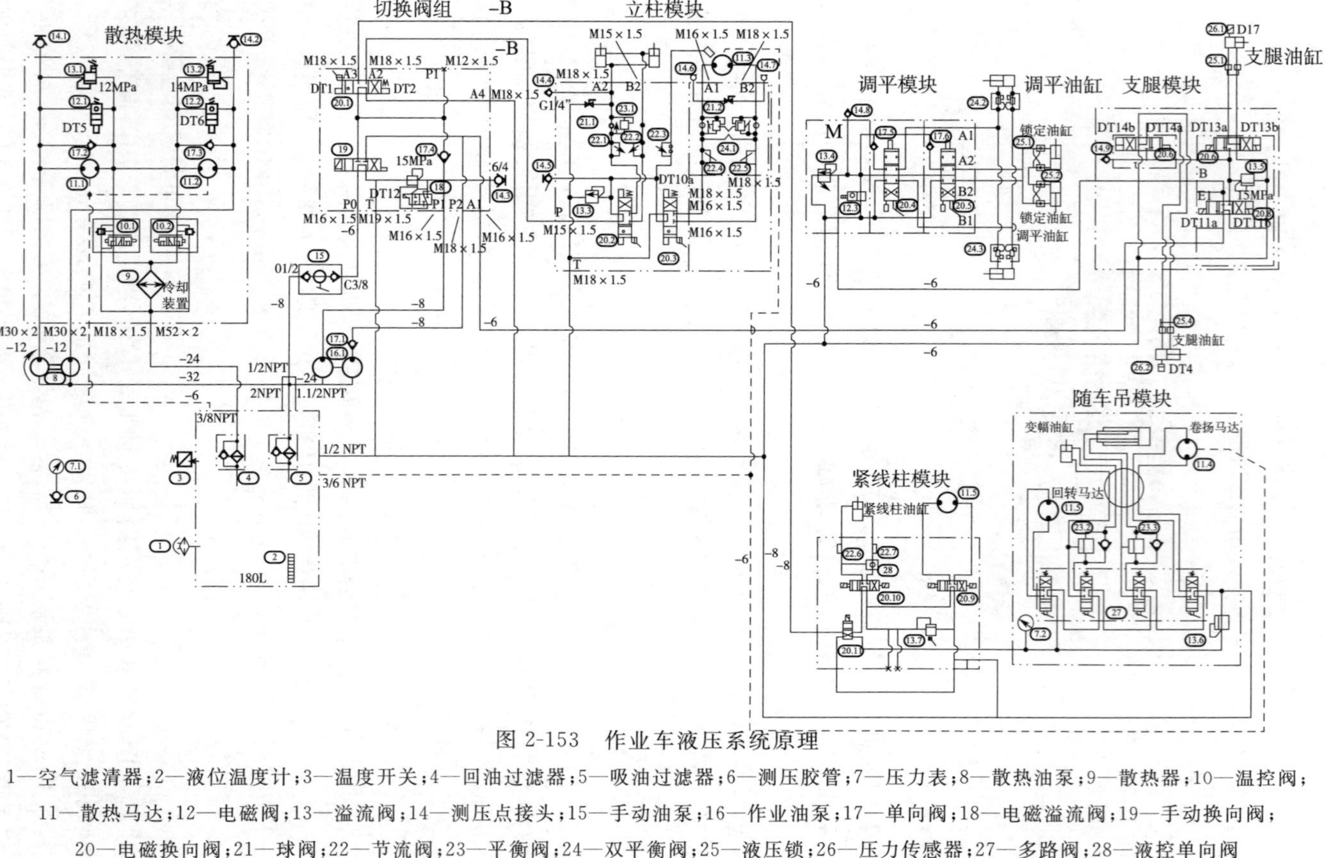

图 2-153　作业车液压系统原理

1—空气滤清器；2—液位温度计；3—温度开关；4—回油过滤器；5—吸油过滤器；6—测压胶管；7—压力表；8—散热油泵；9—散热器；10—温控阀；11—散热马达；12—电磁阀；13—溢流阀；14—测压点接头；15—手动油泵；16—作业油泵；17—单向阀；18—电磁溢流阀；19—手动换向阀；20—电磁换向阀；21—球阀；22—节流阀；23—平衡阀；24—双平衡阀；25—液压锁；26—压力传感器；27—多路阀；28—液控单向阀

力，此力可分解为轴向分力和垂直分力。垂直分力与柱塞上液压力相平衡，而轴向分力则使柱塞对缸体中心产生一个转矩，带动马达轴逆时针方向旋转。轴向柱塞马达产生的瞬时总转矩是脉动的。若改变马达压力油输入方向，则马达轴按顺时针方向旋转。斜盘倾角的改变即排量的变化，不仅影响马达的转矩，而且影响它的转速和转向。斜盘倾角越大，产生转矩越大，转速越低。

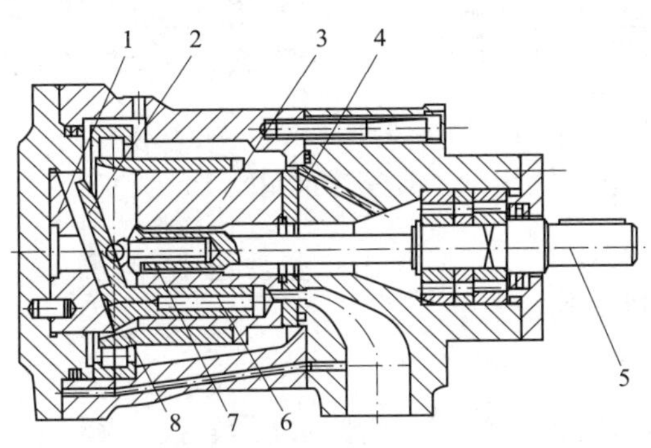

图 2-155　轴向柱塞泵构造

1—斜盘；2—回程盘；3—缸体；4—配油盘；5—输出轴；6—柱塞；7—弹簧；8—滑靴

2. 液压马达

液压马达是液压系统中的执行元件之一，它在一定流量的压力油推动下旋转，输出扭矩和转速，将液压能转换为机械能。液压马达按转速分为高速马达、低速马达；液压马达按结构分为齿轮马达、叶片马达、柱塞马达。

从能量转换的观点来看，液压泵与液压马达是可逆工作的液压元件，向任何一种液压泵输入工作液体，都可使其变成液压马达工况；反之，当液压马达的主轴由外力矩驱动旋转时，也可变为液压泵工况。

由于液压马达和液压泵的工作条件不同，对它们的性能要求也不一样，所以同类型的液压马达和液压泵之间仍存在许多差别。首先液压马达应能够正、反转，因而要求其内部结构对称；液压马达的转速范围需要足够大，特别对它的最低稳定转速有一定的要求。因此，它通常都采用滚动轴承或静压滑动轴承；其次液压马达由于在输入压力油条件下工作，因而不必具备自吸能力，但需要一定的初始密封性，才能提供必要的启动转矩。

由于存在着这些差别，使得液压马达和液压泵在结构上比较相似，但不能可逆工作。

(1)齿轮式液压马达

齿轮式液压马达的结构与齿轮式液压泵基本相同，齿轮式液压马达在结构上为了适应正反转要求，进出油口相等、具有对称性、有单独外泄油口将轴承部分的泄漏油引出壳体外；为了减少启动摩擦力矩，采用滚动轴承；为了减少转矩脉动，齿轮液压马达的齿数比泵的齿数要多。

齿轮马达具有体积小、重量轻、结构简单、工艺性好、对油液的污染不敏感、耐冲击和惯性小等优点。缺点有扭矩脉动较大、效率较低、启动扭矩较小(仅为额定扭矩的 60%～70%)和低速稳定性差等。

(2)叶片式液压马达

叶片式液压马达由叶片、单向球阀、阀座、壳体、输出轴等组成，结构如图 2-156 所示。

叶片式液压马达具有体积小、转动惯量小、动作灵敏、噪声低、寿命长等优点，可适用于换向频率较高的场合；但泄漏量较大、低速工作时不稳定。因此叶片式液压马达一般用于转速

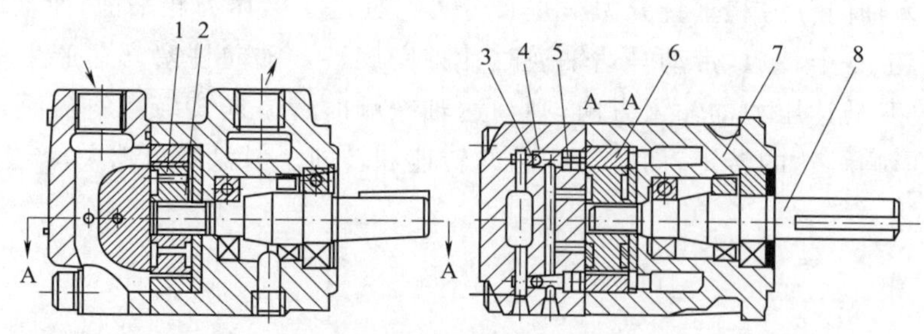

图 2-156　叶片式液压马达结构

1—销子；2—燕式弹簧；3、5—阀座；4—单向球阀；6—叶片；7—壳体；8—输出轴

高、转矩小和动作要求灵敏的场合。其惯性比柱塞马达小，但抗污染能力比齿轮马达差，且转速不能太高，一般在 200 r/min 以下工作。

3. 液压油缸

液压油缸是将输入的液压能转换为机械能的能量转换装置，也是液压系统的执行元件，对外做功和能量转换。液压油缸一般由活塞、活塞杆、缸体、密封圈和压盖等组成，单活塞杆式液压油缸结构剖面示意如图 2-157 所示。

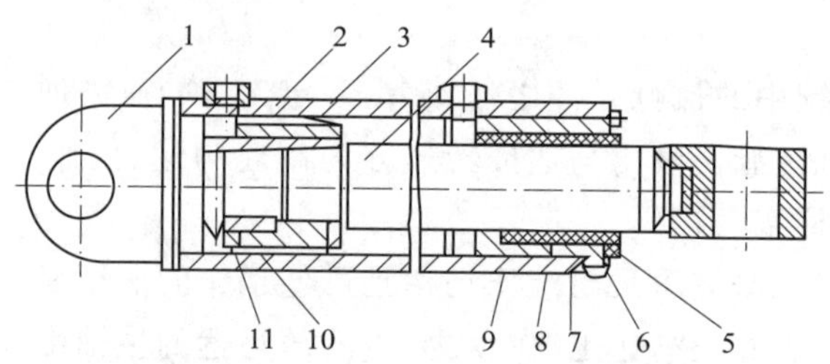

图 2-157　单活塞杆式液压油缸结构剖面示意

1—连接底座；2—缸体；3—活塞；4—活塞杆；5—螺母；6—端盖；
7、9—导向套；8—V 形密封圈；10—Y 形密封圈；11—支撑环

液压油缸按工作方式分为直线往复式液压缸、回转缸和组合缸。

(1)直线往复式液压缸按结构分为柱塞缸、活塞缸。活塞缸分为单活塞缸、双活塞缸和差动连接缸。

(2)回转缸分为单叶片缸、双叶片缸(此类缸很少用到)。

(3)组合缸分为增压缸、增力缸。

4. 液压控制阀

控制阀安装在液压泵和液压缸或者液压马达之间，在系统中不做功，只对执行元件起控制作用，控制液压系统中液流的方向、压力和流量，从而起到控制执行机构的运动方向、输出力和工作速度的作用。

(1)控制阀的分类

①按工作原理分为通断式控制阀、比例式控制阀、伺服式控制阀。

②按用途分为方向控制阀、压力控制阀、流量控制阀。

③按工作压力大小分为低压阀、中压阀、高压阀。

④按连接方式分为管式连接、板式连接、叠加式连接、插装式连接。

⑤按操作方式分为手动、电动、电液动、机动、气动。

(2)溢流阀

溢流阀在液压系统中的主要功用:当系统负载达到或者超过其限定压力时,阀芯开启,使其压力不再上升,开启回路排油卸压,对设备起到安全保护作用及保持油路系统的压力恒定。

常用溢流阀有直动型和先导型两种。直动型一般用于低压系统,先导型用于中、高压系统。

①直动型溢流阀

直动型溢流阀是依靠系统中的压力油直接作用在阀芯上与弹簧力等相平衡,以控制阀芯的启闭动作,分为球形阀和锥形阀,结构如图 2-158 所示。

直动型溢流阀的工作原理:溢流阀具有安全保护作用和调节液压回路压力作用,其功能如图 2-159 所示。当油压力升高,在阀芯下端所产生的作用力超过弹簧的压紧力。此时,阀芯上升,阀口被打开,将多余的油液排回油箱,阀芯上的阻尼孔用来对阀芯的动作产生阻尼,以提高阀的工作平衡性,调整螺帽或手柄可以改变弹簧的压紧力,这样也就调整了溢流阀进口处的油液压力。

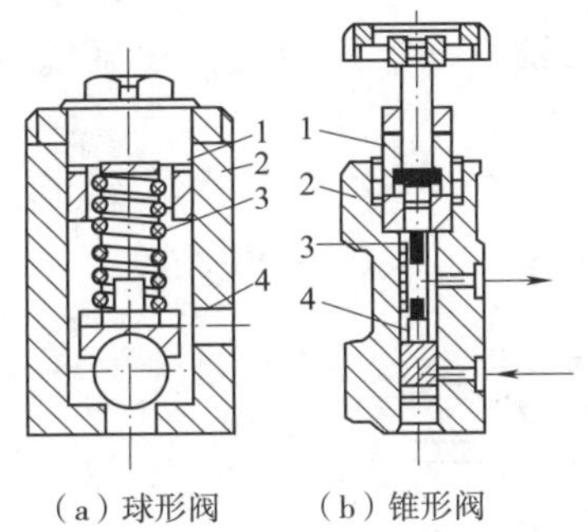

(a) 球形阀　(b) 锥形阀

图 2-158　直动型溢流阀结构

1—螺钉;2—阀体;3—弹簧;4—阀芯

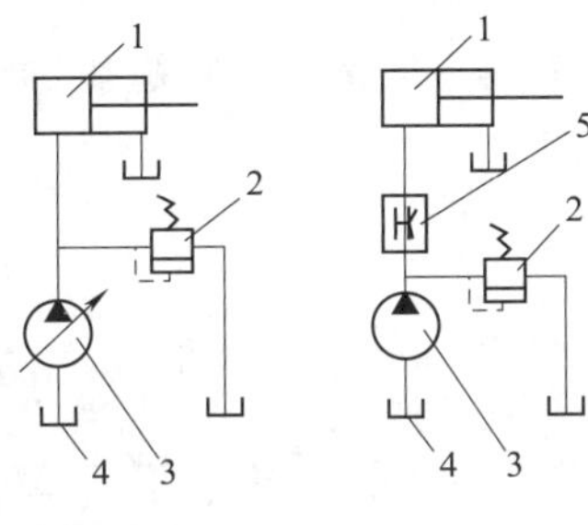

(a) 安全保护作用　(b) 调节作用

图 2-159　直动型溢流阀的功能

1—油缸;2—溢流阀;3—油泵;4—过滤网;5—节流阀

②先导型溢流阀

先导型溢流阀剖面如图 2-160 所示,原理如图 2-161 所示。先导型溢流阀的结构分为上下两部分,上部为先导部分,下部为主阀部分。油泵供出的压力油进过管路和阀组,进入主阀 A 口,作用于主阀芯下部,同时,油液经过阻尼孔 1,X 油道,阻尼孔 2,进入先导阀阀芯左侧,与先导阀弹簧平衡,经过阻尼孔 3 进入主阀芯上部。

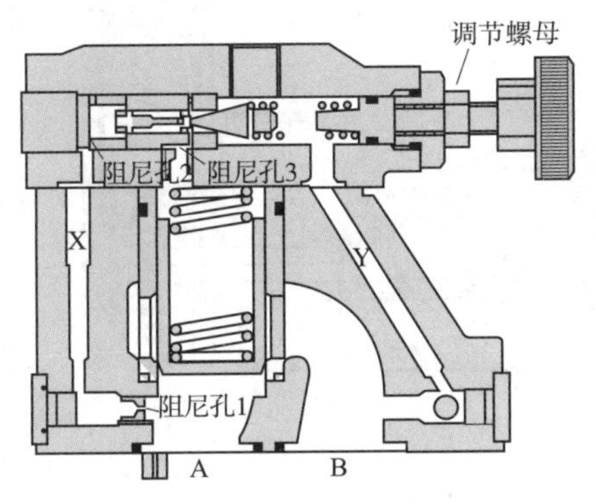

图 2-160　先导型溢流阀剖面

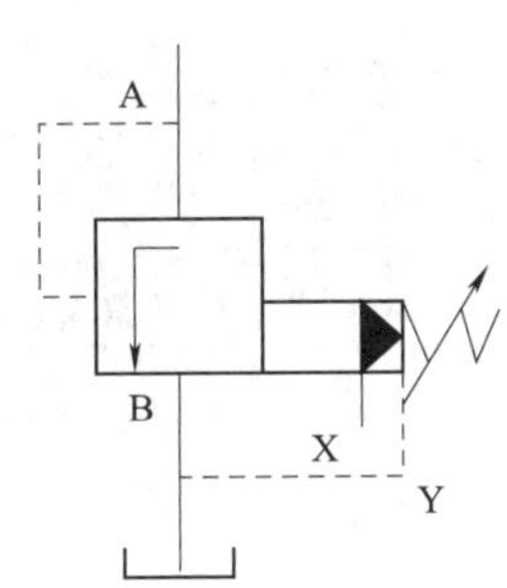

图 2-161　先导型溢流阀原理

先导型溢流阀工作原理:当系统压力偏低,系统压力油无法开启先导阀芯,先导阀芯闭合,同时主阀芯上下两腔压力近乎相等，溢流口关闭，A、B不通，主阀芯在弹簧的作用下，位于最下方；当系统压力升高，并大于先导阀芯弹簧的调定压力，先导阀芯被压力油打开，主阀芯上部的压力油经过先导锥阀芯Y油道，进入B腔，流回油箱。这时，由于X油道与A腔之间的阻尼孔作用，产生压降，所以主阀芯上部压力小于下部压力，主阀芯上移，A、B油道连通，实现溢流作用。当进入A腔的压力下降到低于先导阀芯弹簧的调定压力，先导阀芯关闭，压力油进入主阀芯上部，主阀芯压力恢复平衡，A、B油路关闭，停止溢流。松开调整螺母，可以调节先导阀芯弹簧压力，从而调整系统压力。

溢流阀压力调整时，首先松动调整螺母，顺时针旋转调节手柄，系统压力升高，逆时针旋转调节手柄，系统压力下降。需要注意的是，更换新的溢流阀时，必须将调节手柄完全松开，压力从最低点慢慢调大，防止溢流阀压力高于系统压力，造成液压元件损伤。

(3)平衡阀

平衡阀的作用是当换向机构停止操作时，所带负载因自重下落，防止机构出现失速现象，保证运动平稳。平衡阀按工作原理可分为直动型平衡阀和先导型平衡阀。

①直动型平衡阀

直动型平衡阀一般情况下可选由两个并联液控单向阀及一个液压油缸组成系统，剖面如图2-162所示。

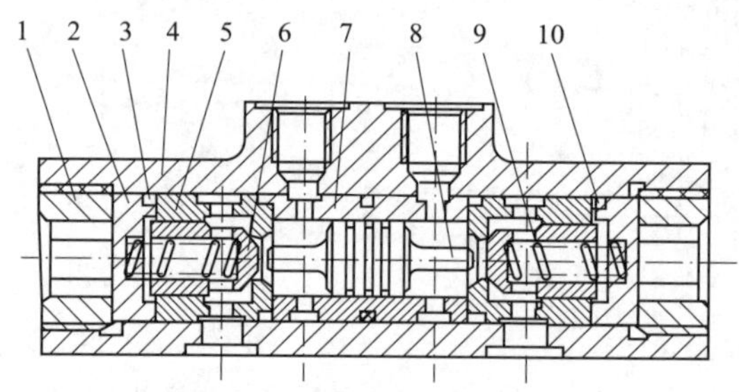

图2-162 直动型双向平衡阀剖面

1—螺堵；2—压盖；3、10—密封圈；4—阀体；5—阀座；6—滑阀；7—阀套；8—活塞；9—弹簧

②先导型平衡阀

单向节流式平衡阀属于先导型平衡阀，其结构如图2-163所示。

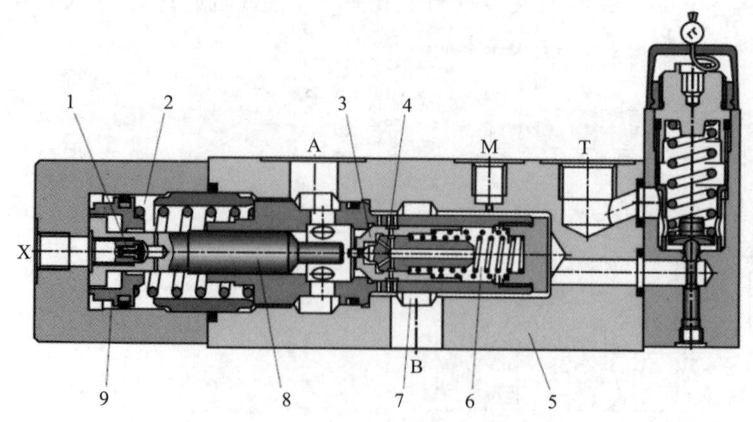

图2-163 先导型平衡阀剖面

1—先导阻尼孔；2、6—阀腔；3—主阀芯；4—先导阀；

5—阀体；7—负载侧；8—控制活塞；9—阻尼活塞

(4)单向阀

单向阀又称逆止阀,它控制油液只能沿着一个方向流动,不能反向流动,单向阀的安装位置不同,起到的作用也不同。

①安装在油泵的出油口,防止系统由于压力突然升高,造成油液倒流损坏油泵。

②安装在回油路作背压阀使用,以提高执行机构的运动平稳性,减少运动部件的爬行现象。

③安装在两个系统之间,起隔断作用,防止不必要的干扰。

④与减压阀、节流阀、顺序阀组合成单向减压阀、单向节流阀、单向顺序阀使用。

(5)滤油器

液压系统存在杂质时,会引起阀芯的磨损、划伤,破坏配合表面的精度;当杂质过大时,会使阀芯卡死,节流口和阻尼孔堵塞,造成元件动作失灵。滤油器可以过滤油液中的杂质,控制油液的污染。

滤油器根据安装位置分为吸油过滤器、回油过滤器、高压过滤器。吸油和回油过滤器一般为低压过滤器,滤芯一般可清洗后再使用;高压过滤器为高压,且滤芯精度较高,不得清洗后使用,必须更换。

(三)液压系统基本工作回路

1. 液压系统基本回路的构成

任何一个液压系统,都是由一些基本回路组成的,每一基本回路都具有一定的控制功能。所谓基本回路,就是由若干个液压元件组成,用来完成特定功能的油路结构。

几个基本回路组合在一起,可按一定要求对执行元件的运动方向、工作压力和运动速度进行控制,实现相应的工况、功能,完成液压系统所达到的工作目的。

根据控制功能不同,基本回路分为压力控制回路、速度控制回路和方向控制回路。

(1)压力控制回路

用压力控制阀来控制整个系统或局部范围压力的回路。

根据功能不同,压力控制回路可分为调压、减压、增压、卸压、保压、平衡和背压 7 种回路。在一个工作循环的某一段时间内,各支路均不需要新提供的液压能时,则考虑采用卸压回路;当某支路需要稳定的低于动力源的压力时,应考虑减压回路;当载荷变化较大时,应考虑多级压力控制回路;当有惯性较大的运动部件容易产生冲击时,应考虑缓冲或制动回路;在有升降运动部件的液压系统中,应考虑平衡回路等。

①调压回路。调压回路用于控制整个液压系统或系统局部支路油液压力,使之保持恒定或限制其最高值。

调压回路是每个液压系统必不可少的基本回路。当液压泵一直工作在系统的调定压力时,就要通过溢流阀来调节并稳定液压泵的工作压力。压力调定必须与载荷相适应,才能既满足主机要求又减少动力损耗。

调压回路用溢流阀来调定液压源的最高恒定压力。当压力大于溢流阀的设定压力时,溢流阀开口就加大,以降低液压泵的输出压力,维持系统压力基本恒定。

②减压回路。当泵的输出压力是高压而局部回路或支路要求低压时,可以采用减压回路。

减压回路多用于工件的夹紧、导轨的润滑及系统的控制油路。减压支路的压力稳定在减压阀调定压力下的条件是支路负载压力大于或等于减压阀调定压力,先导阀开启、主阀阀口关小。为了使减压支路压力不受主油路压力的影响,在减压阀与液压缸之间应串联一个单向阀。

减压回路比较简单，一般就是在所需低压的支路上串接减压阀。采用减压回路虽能方便地获得某支路稳定的低压，但压力油经减压阀口时会产生压力损失。

③增压回路。用于系统中局部油路压力要求高于系统压力且流量又不大的场合。

采用增压回路，可使局部油路或某执行元件获得比工作压力高若干倍(2～7 倍)的压力，这样不仅易于选择液压泵，而且系统工作较可靠，噪声小。采用增压回路比选用高压大流量液压油源要经济得多。

增压回路中用来提高系统压力的主要元件是增压缸(增压器)，其增压比为增压器大小活塞的面积比。单作用增压器只能用于行程小、作业时间短的场合，对于增压行程长的场合应采用双作用增压器。双作用增压器必须配备四个单向阀，以隔断高低压油路。

④卸荷回路。在液压系统工作中，有时执行元件短时间停止工作，或者执行元件在某段工作时间内保持一定的作用力，而运动速度极慢，甚至停止运动。在这种情况下，不需要液压泵输出油液，或只需要很小流量的液压油，于是液压泵输出的压力油全部或绝大部分从溢流阀流回油箱，造成能量的无谓消耗，引起油液发热，使油液加快变质，而且还影响液压系统的性能及泵的寿命。为减少损失，应使泵在空载或很小输出功率的情况下运转，这就是液压泵的卸荷。卸荷回路是每个液压系统必不可少的回路。

液压泵的输出功率为其流量和压力的乘积，当两者任一近似为零，功率损耗即近似为零。因此液压泵的卸荷有流量卸荷和压力卸荷两种，前者主要是使用变量泵，使变量泵仅为补偿泄漏而以最小流量运转，此方法比较简单，但泵仍处在高压状态下运行，磨损比较严重；压力卸荷的方法是使泵在接近零压下运转。

⑤保压回路。保压回路的功用就是使某些液压系统在工作过程中保持一定的压力，例如在回路中采用蓄能器。最简单的保压回路是密封性能较好的液控单向阀回路，但是，阀类元件处的泄漏使得这种回路的保压时间不能维持太久。当保压性能要求较高时，需要采用补油办法弥补回路的泄漏。

⑥平衡回路。平衡回路的功用在于防止垂直或倾斜放置的液压缸和与之相连的工作部件因自重而自行下落，是具有重力负载的系统必须考虑的问题。若重力负载变化不大，可用单向顺序阀(内控外泄式)的平衡回路；若重力负载变化较大，为降低系统功率消耗，应采用远控平衡阀(结构独特的外控外泄式顺序阀，又称为限速锁)的平衡回路。若需要执行元件在行程中长时间停留在任一位置，则需要安装液控单向阀实现锁紧。

⑦背压回路。在液压系统中设有背压回路，用以提高执行机构的运动平稳性，减少运动部件的爬行现象。一般背压压力为 0.3～1.0 MPa。

(2)速度控制回路

通过控制介质的流量来控制执行元件运动速度的回路。按功能不同分为调速回路和同步回路。

①调速回路

用来控制单个执行元件的运动速度，可以用节流阀或调速阀来控制流量。节流阀控制液压泵进入液压缸的流量(多余流量通过溢流阀流回油箱)，从而控制液压缸的运动速度，这种形式称为节流调速。也可用改变液压泵输出流量来调速，称为容积调速。

②同步回路

控制两个或两个以上执行元件同步运行的回路。例如采用把两个执行元件刚性连接的方法，以保证同步；用节流阀或调速阀分别调节两个执行元件的流量使之相等，以保证同步；把液压缸的管路串联，以保证进入两液压缸的流量相同，从而使两液压缸同步。

(3)方向控制回路

在液压系统中，起着控制执行元件的启动、停止和换向作用的回路，称为方向控制回路。方向控制回路有换向回路和锁紧回路。

①换向回路

换向回路是用来变换执行元件运动方向的。运动部件的换向，一般可采用各种换向阀来实现。在容积调速的闭式回路中，也可以利用双向变量泵控制油液的流动方向来实现液压缸(或液压马达)的换向。

②锁紧回路

为了使工作部件能在任意位置上停留，以及在停止工作时防止在受力的情况下发生移动，可以采用锁紧回路。锁紧的原理就是将执行元件的进、回油路封闭。

(四)液压系统图例

液压系统原理图元件符号定义见表 2-10。

表 2-10　液压系统原理图元件符号定义

序号	名称	图形符号	序号	名称	图形符号
1	液压马达		14	三位六通电磁换向阀	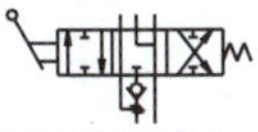
2	液压泵		15	吸油滤清器	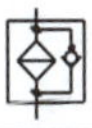
3	双联泵	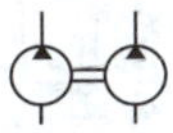	16	油缸	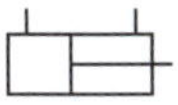
4	液压手泵		17	制动器油缸	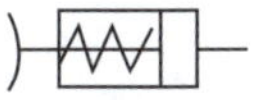
5	手动换向阀		18	球阀	
6	双向电磁换向阀		19	平衡阀	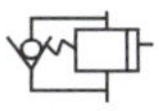
7	电磁换向阀		20	溢流阀	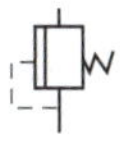
8	手动换向阀	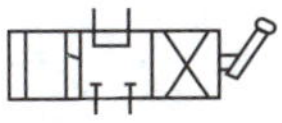	21	双向节流阀	
9	液控单向阀		22	单向节流阀	
10	单向阀		23	抗震压力表	
11	回油滤清器	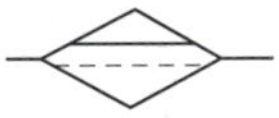	24	单向阻尼阀	
12	双向平衡阀	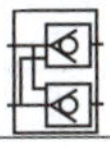	25	梭阀	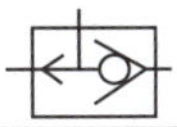
13	三位四通电磁换向阀		26	直流应急泵	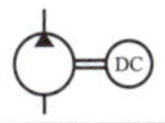 DC

二、液压作业机构

液压作业机构包括作业平台、随车起重机、紧线柱等，其主要就是为接触网作业提供作业平台及辅助设备，确保作业安全。

(一)作业平台

作业平台是作业车的主要作业机构，高速铁路作业车采用的是自动调平的全液压升降回转平台。

1. 作业平台的主要结构

高速铁路作业车自动调平作业平台机构主要包括立柱及升降机构、调平装置、回转驱动装置、平台等。

(1)立柱为箱型焊接结构，具有较高的承载能力；调平装置设有机械和液压双重锁定。平台上设照明灯和探照灯，保证在夜间和隧道内作业有足够的照明；平台上还设有在检修时测量接触导线的拉出值的简易标尺及电动工具接口，预留气动、液压工具接口。回转升降作业平台结构如图 2-164 所示。

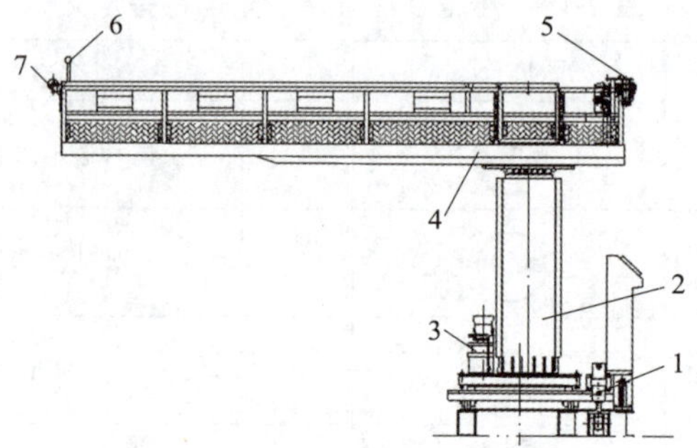

图 2-164 回转升降作业平台结构

1—调平机构；2—立柱及升降机构；3—回转驱动装置；
4—作业平台；5—拨线装置；6—导线支撑装置

回转升降作业平台技术参数见表 2-11。

表 2-11 回转升降作业平台技术参数

序号	设备名称	单位	规格
1	平台外形尺寸(长×宽)	mm	5 500×1 750
2	最大起升高度(平台地板面距轨面)	mm	7 100
3	作业半径	mm	4 500
4	最大调平外轨超高	mm	180
5	平台回转中心承载	kg	1 000
6	平台最远端承载	kg	300
7	平台回转角度	°	±120
8	导线支撑装置长度	mm	ϕ70×1 220
9	导线拨线范围	mm	±600
10	栏杆高度	mm	1 100(可折叠)

(2)作业平台升降及回转液压回路

①作业平台升降及回转液压控制回路如图 2-165 所示，零部件上所标注数字的含义在图

下方说明,前位数字“.”后的数字表示该部件的使用次数。

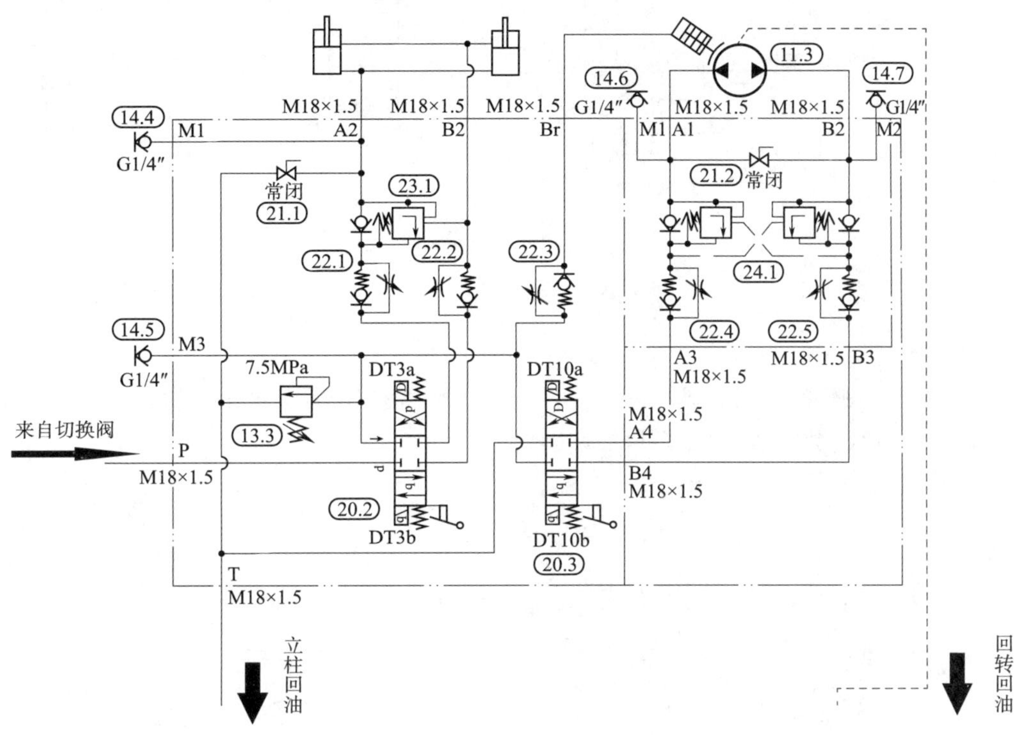

图 2-165　作业平台升降及回转回路

11—散热马达;13—溢流阀;14—测压点接头;20—电磁换向阀;21—球阀;22—节流阀;23—平衡阀;24—双平衡阀

②平台立柱结构。立柱为三节套筒同步伸缩式结构,通过油缸、钢丝绳带动套筒升降。

立柱升降时,其接触表面将发生磨损,因此要经常检查磨耗板与套筒接触面之间的间隙,及时补充润滑脂,当单侧间隙大于 1 mm 时,应增加磨耗板厚度(在非摩擦面加垫片)或更换磨耗板,使立柱间隙恢复至 0.4～0.6 mm。经常检查链条的松紧度,当发现松弛时,可调节中间的调整套使之张紧。

③升降回转平台液压回路。由油泵(16)和手动油泵(15)出来的工作油经电磁换向阀(20.1)右位进入电磁换向阀(20.2)和电磁换向阀(20.3),平台油缸升降由电磁换向阀(20.2)控制,平台回转由电磁换向阀(20.3)控制。升降油缸无杆腔端设置有单向平衡阀(23.1),以保持升降动作平稳和停止状态不失控。回转马达进出油路上设置有双向平衡阀(24.1),防止车辆在外轨超高位置作业时平台回转失速。制动器油缸回路上设有单向节流阀(22.3),节流阀开度已设好,一般不必再动。单向节流阀的作用是使制动缸缓慢松开快速制动,保证作业安全。

为了避免制动油缸承受过高压力,将回转油路上溢流阀(10.2)设定压力为 7.5 MPa,系统主溢流阀(10.1)设定压力为 12 MPa。

作业平台的升降和旋转,可由平台上和平台下工作人员分别操作,应有互锁和转换装置。升降、回转速度须符合规范要求。

2. 立柱调平装置

(1)调平装置结构

调平装置主要由底架、上架、调平油缸、机械锁定装置、控制系统总成组成,结构如图 2-166 所示。

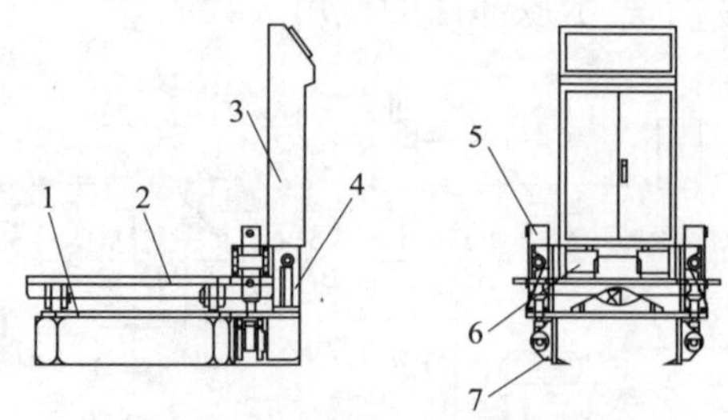

图 2-166　调平装置结构

1—底架；2—上架；3—控制系统总成；4—锁紧立板；5—调平油缸；6—锁紧油缸；7—支承座

(2)调平装置液压回路

调平装置及支腿液压回路如图 2-167 所示，其中零部件上所标注数字的含义在图下方说明，前位数字“.”后的数字表示该部件的使用次数。

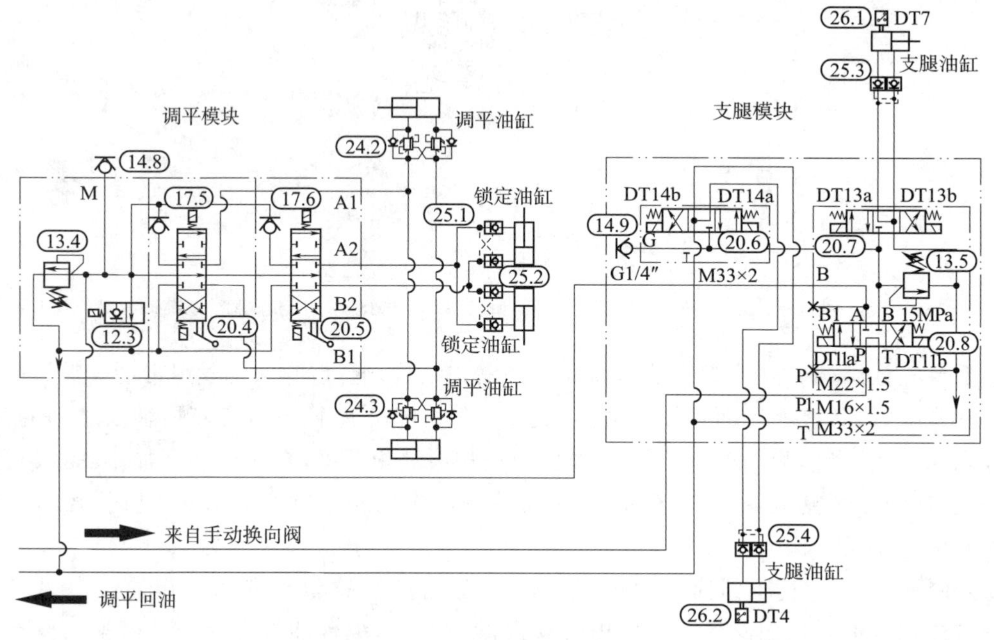

图 2-167　调平装置及支腿液压回路

12—电磁阀；13—溢流阀；14—测压点接头；17—单向阀；
20—电磁换向阀；24—双平衡阀；25—液压锁；26—压力传感器

(3)立柱调平装置回路工作过程。由油泵(16)和手动油泵(15)进入手动换向阀(19)的右位向支腿及调平装置供油，经电磁换向阀(20.8)，右路得电，液压油进入调平装置。立柱调平由两个调平油缸控制，电磁阀(20.4)控制调平油缸，电磁阀(20.5)控制锁定油缸；在油缸上设置有双向平衡阀(24.2、24.3)，当油路或电气出现故障能保证车架处在平稳状态。立柱调平锁定油缸上设置油双向液压锁(25.1、25.2)，能可靠将油缸锁定。

(4)立柱调平操纵安全注意事项：作业时首先将调平装置解锁，操纵主车阀件柜的立柱升降机构，平台处于中位并升高到一定高度后，确认在调平过程中不会与车棚顶的设备产生干涉，然后选择自动调平模式，立柱平台开始自动调平。调平完成后，作业人员就可以在平台上作业。作业完成后，操纵主车阀件柜的立柱升降机构，将平台旋转到中立位，再下降到一定高度后，选择调平装置内复位开关，调平装置开始复位。复位完成后，再将平台降下到初始位置。最后选择调平装置内锁定开关，将调平装置锁定。

3. 液压平衡支腿

在高速铁路小曲线地段外轨超高过大，为确保作业安全以及保持车架的稳定，消除轴箱弹簧和旁承橡胶堆的压缩振动，减小高空作业时平台的晃动带来的安全风险，在车辆Ⅰ端(后端)车架下部设有两个可垂直升降的平衡支腿，其位置对应钢轨正上方。支腿下部装有两个滚轮，可沿钢轨滚动。在高铁线路上当作业区段外轨超高超过 120 mm 的情况下，应使用支腿；在其他地段虽然外轨超高不大，但当平台作业人员过多时，也应使用支腿。使用支腿走行时，应将车速控制在 0～10 km/h 之间；当起重机吊重过大时，也应使用支腿。

(1)平衡支腿结构

平衡支腿主要由底架、导套、液压系统，机械锁定装置、控制系统组成，结构如图 2-168 所示。

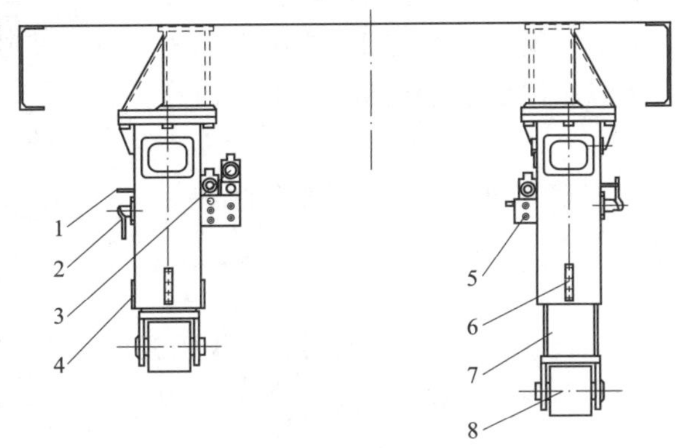

图 2-168　平衡支腿结构

1—传感器；2—机械锁定装置；3—操作机构；4—外导套；5—液压系统；6—管夹集成；7—内导套；8—滚轮

(2)平衡支腿液压回路

平衡支腿液压回路如图 2-167 右半部分所示。液压平衡支腿在作业时起支撑作用，使整车稳定安全。经电磁换向阀(20.8)，左路得电，液压油进入平衡支腿。出来的工作油进入电磁换向阀(20.6、20.7)，操纵换向阀，完成支腿油缸(26.1、26.2)的伸出和回缩。本车在使用作业机构前，首先操纵换向阀将支腿油缸伸出，油缸上装有双向液压锁(25.3、25.4)，其作用是防止吊重时支腿油缸缩回以及行驶过程中油缸活塞杆自由下落。每个手动换向阀上溢流阀设定压力为 15 MPa。

(3)平衡支腿的操作

①使用支腿前，旋转支腿两侧的锁定销，将机械锁定解除。支撑及调平装置液压回路如图 2-169 所示。

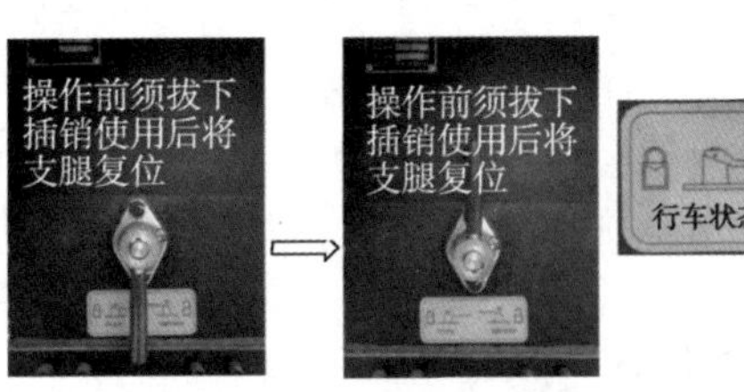

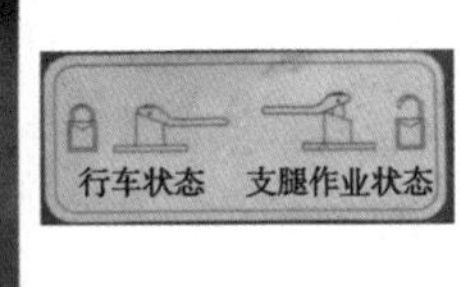

图 2-169　支撑及调平装置液压回路

②将下控箱的钥匙开关打到支腿位，后在车下操纵电磁阀开关，将支腿伸下。允许支腿滚轮与钢轨有间隙，最大间隙不大于 15 mm。当平台承载时，车辆一侧的载荷加大，此侧的轴箱弹簧压缩，支腿下降，滚轮就会接触钢轨，开始承载。

③当作业完毕后，需将支腿收起并锁定。

(4)平衡支腿安全使用注意事项

①左右支腿的位置位于钢轨正上方，支腿下部装有两个滚轮，可沿钢轨滚动，使用支腿走行时，应将车速控制在 0～8 km/h 之间。

②在 800 m 以下的曲线半径线路作业时，禁用支腿走行。

③禁止用支腿走行通过道岔。

4. 回转驱动装置

(1)回转驱动装置的结构。平台的回转是油马达驱动减速器，带动一个齿轮绕回转支承的大齿圈作行星运实现的，结构如图 2-170 所示。

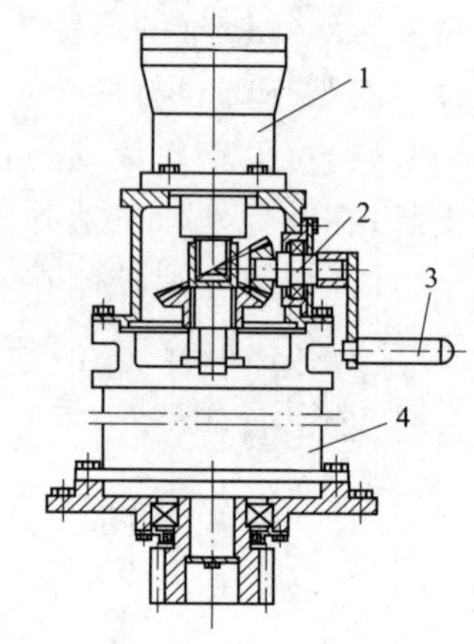

图 2-170　回转驱动装置结构

1—油马达；2—回转手动装置；3—摇把；4—减速机

在液压马达和减速器之间，设有一套手动回转机构。在作业过程中，若平台超出机车车辆限界情况下，液压系统出现故障而无法回位时，请立即使用该手动装置，使平台回转至中位。

(2)回转机构维护保养：在使用过程中，应经常向回转支承、轴承加注润滑脂，并在大齿圈上涂抹润滑脂。

5. 作业平台辅助机构

作业平台用螺栓与立柱连接在一起，平台地板为花纹钢板或花纹铝板，四周设有可翻转的安全护栏，护栏上安装有照明灯，供夜间或隧道内作业时使用。作业平台上设有拨线装置、导线支承装置、导线测量装置。

(1)拨线装置

①拨线装置的组成

拨线装置由吊架、活动支架、固定支架、丝杆、拨线柱、摇柄等组成，如图 2-171 所示。

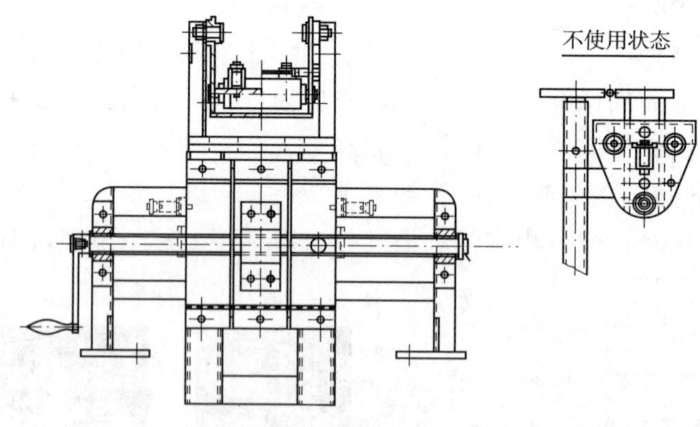

图 2-171　拨线装置结构

拨线装置的拨线范围为左右各 600 mm，安装在作业台后端，用于放线时引导承力索及导线，以及在调整导线时给导线拨出拉出值。

②拨线装置的使用注意事项

使用时，将拨线柱向上翻起，并用销轴与活动支架锁固好，再升起活动支架并锁定好，把导线或承力索放于拨线柱之间，扣好挡线杆，然后摇动手把，把导线或承力索拨到要求位置；使用完毕后，落下活动支架，翻下拨线柱并用插销固定好。

使用注意事项：使用完毕后一定要使拨线装置处于中间位，以防超限。

拨线装置维护保养：拨线柱和丝杆、丝母要保持良好的润滑状态，动作应灵活。

(2)导线支撑装置

该装置由支承卷筒、固定支架等组成，安装在作业平台前栏杆外侧，用于放线作业时支撑导线，如图2-172所示。

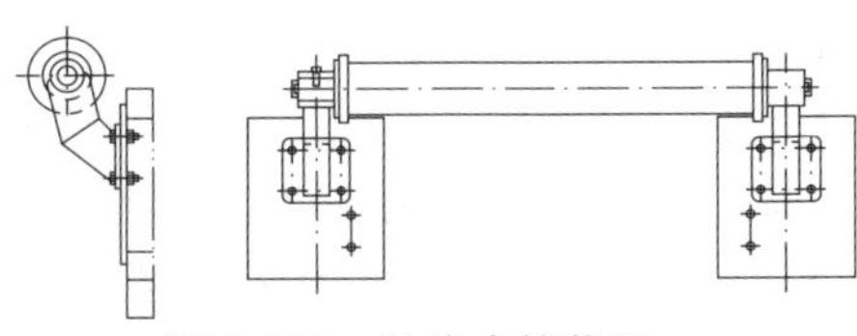

图2-172　导线支撑装置

在使用过程中，应定期给滚筒两端加润滑脂，使该机构活动支架升降灵活。

(3)导线测量装置

导线测量装置如图2-173所示，该装置不用时倒置，不占平台空间，使用时立起来，并用挂钩钩住栏杆。测量装置的滚筒侧安装有刻度尺，能测量接触导线的"之"字值。测量滚筒可在弹性撑杆的作用下随导线的高低上下运动，并始终保持与接触网接触。

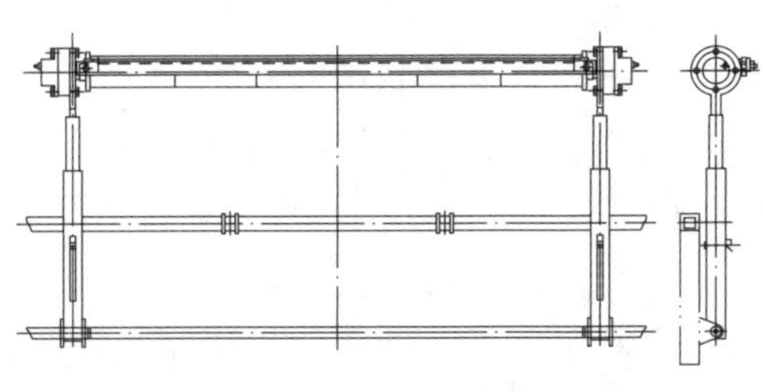

图2-173　导线测量装置

导线测量装置的维护和保养：经常保持弹性撑杆中立杆与立套之间的润滑；当滚筒磨损严重时应予以更换。

6. 升降回转作业平台的操纵

(1)作业平台操纵机构

作业车设有两套操纵机构，分别位于作业平台上面控制箱内，主要是为方便作业施工人员自己操纵，另一套设在平台下方调平控制柜内(金鹰重型工程机械有限公司集成，宝鸡中车时代工程机械有限公司为单独操纵盒)，主要作用是当上部操纵失灵时可以操纵使平台回位。上、下控制面板以及作业车驾驶室外，其操纵面板控制开关如图2-174、图2-175所示。

图2-174　上控制面板控制开关

图2-175　下控制面板控制开关

(2)升降回转作业平台操纵

上、下平台控制互锁由下控制箱(调平柜)机构作业开关完成。当机构作业开关置于中位时，上平台作业开关置“开”位，上平台控制起作用；当机构作业开关置于“平台”时，上平台作业开关置“关”位，下平台控制起作用。

①将调平柜内的下控制面板的机构作业开关置于中位，平台上控制面板的平台工作开关置于“开”位。

②根据作业需要，将平台上控制面板的区域选择开关置于全区域、左区域、右区域、中间区域；注意：平台允许作业区域优先满足司机室操作台上区域选择开关选择的区域，再按平台上区域选择开关选择的作业区域确认最终允许的作业区域（例如：如司机室内平台作业区域选择“左区域”，则平台上作业区域选择开关只能选择“左区域”或“中间区域”进行作业）。

③平台作业时请确认平台上报警指示灯无闪码报警，且司机室内显示屏上无平台相关报警信息，再进行正常作业。

④操作平台升降或旋转开关，控制平台相应动作。

⑤平台从复位状态升起 120 mm 以上才能进行旋转操作。

⑥当将平台上控制面板的工作开关置于“关”位，调平柜内下控制面板的机构作业开关置于“平台”位时，在下平台控制平台运行。

（3）平台低速走行操作

①将平台上控制箱的低匀速走行开关扳至“Ⅰ”“Ⅱ”“Ⅲ”“Ⅳ”，选择对应低匀速走行的速度分别为 3 km/h、5 km/h、7 km/h、10 km/h。

②操作平台上的作业走行开关，控制车辆走行方向。

7. 作业平台操纵安全注意事项

（1）必须先把作业平台升起，使前端定位装置离开车棚顶支承后，方可旋转。

（2）作业平台升降、回转时，严禁攀登梯子。

（3）作业完毕，必须先将平台回中位，将区域锁定钥匙开关置中位并拔出钥匙，再下降平台。

（4）当该车停在带电的电网下时，严禁作业平台升起，同时严禁作业平台上有人。

（5）作业平台不得超载，回转中心不大于 1 000 kg，前端不大于 300 kg。

（6）工作完毕，作业平台上、下所有开关必须置中位。

（7）当有 6 级以上大风或弯道作业且外轨超高 120 mm 及以上时，须使用支腿或抓轨器，使用抓轨器时不得作业走行。

（8）车辆运行前，拨线装置应回复到中立位（平台纵向中心）。

8. 作业平台的安全保护

（1）平台上升、回转均设有防水限位行程开关。操纵装置装有紧急开关，在平台升降回转失控情况下，可以迅速切断主油路使平台停止动作。

（2）设有应急手动泵，当主液压油路出现故障时，可使作业机构迅速恢复到行车状态。手动应急泵如图 2-176 所示。

（3）设有机械式手动平台回转装置，在平台回转机构液压系统出现故障时，可手动将平台复位。

（4）立柱升降液压回路设有截止阀，在立柱液压系统出现故障时能通过打开此截止阀使立柱依靠自重下降而迅速复位。液压应急截止阀如图 2-177 所示。

（5）电气控制系统设置有作业平台回转区域选择功能，可选择左侧作业或右侧作业，确保复线区段的作业安全。

图 2-176　手动应急泵

图 2-177　液压应急截止阀

(6)设置有旁路制动系统，在作业平台上可以进行制动。

(7)设有区域限位开关及联锁设备，可确保“V”形天窗作业时邻线来车的安全。

(二)随车起重机

随车起重机主要是向作业平台运送质量较重的零部件、作业工具，配合协助接触网网上安装作业。

作业车随车起重机为伸缩臂式液压起重机，安装于车辆Ⅰ端(后端)车架上部右侧，结构如图 2-178 所示。

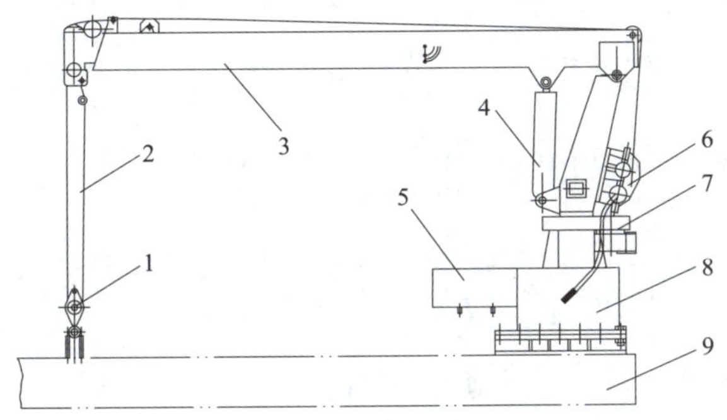

图 2-178　随车起重机结构

1—吊钩；2—起重钢丝绳；3—起重臂；4—变幅油缸；5—控制机构；6—卷扬机；7—回转机构；8—基座；9—车架

1. 随车起重机的结构

随车起重机由起重臂、变幅油缸、卷扬机、回转机构、基座、吊钩、控制机构等组成。

2. 随车起重机主要技术参数

随车起重机技术参数见表 2-12。

表 2-12　随车起重机技术参数

序号	项目名称	单位	规格名称
1	形式	—	全液压伸缩臂式
2	最大起重力矩	t·m	4.2
3	最大起重量	kg	2 000
4	最大工作幅度	mm	8 200
5	最大工作幅度时起重量	kg	250
6	最大起升高度(距轨面)	mm	10 200
7	起重臂最大仰角	°	75
8	回转角度	—	360°全回转

3. 随车起重机液压回路

随车起重机及紧线柱液压回路如图 2-179 所示，其中零部件上所标注数字的含义在图下方说明，前位数字“.”后的数字表示该部件的使用次数。

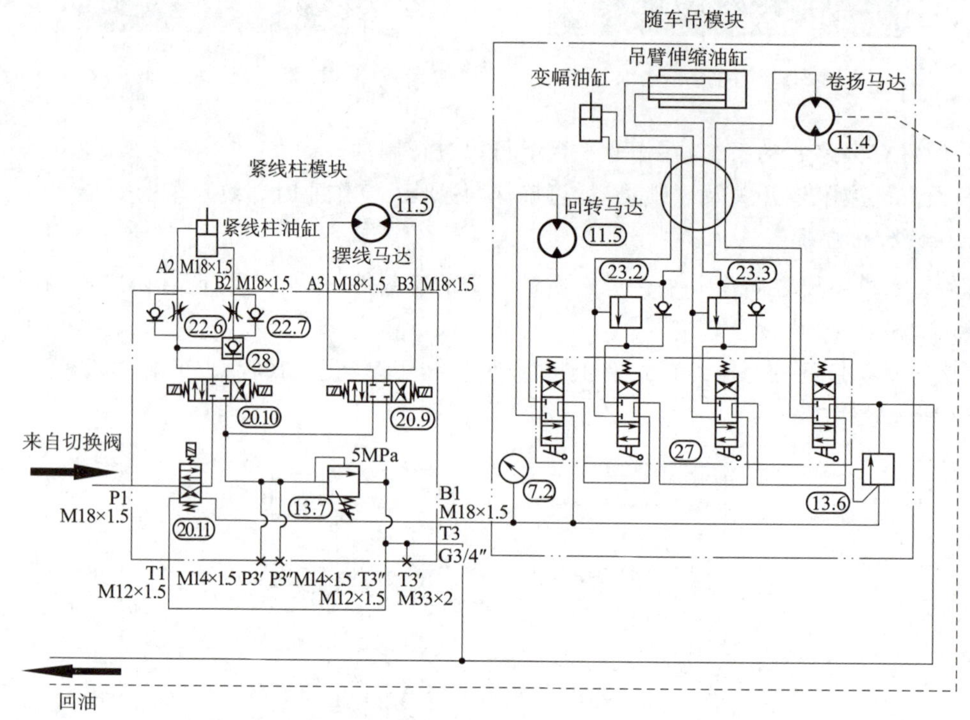

图 2-179 随车起重机及紧线柱液压回路

7—压力表；11—散热马达；13—溢流阀；20—电磁换向阀；22—节流阀；23—平衡阀；27—多路阀；28—液控单向阀

4. 随车起重机液压工作过程

液压油由作业液压泵(16)、手动液压泵(15)泵出，经电磁换向阀(20.1)左路得电，进入电磁阀(20.11)左路去往随车起重机。经多路阀(27)操控分别进入回转马达(11.5)、变幅油缸、起重臂伸缩油缸、卷扬马达(11.4)，油路中设置了平衡阀(23)、溢流阀(13.6)用以保障作业安全。

随车起重机的多路阀是由四片结构相同的三位四通手动换向阀组成。它们是四联阀，分别控制随车吊的变幅、伸缩臂、卷扬及回转的动作。

(三)紧线柱

紧线柱主要是用于接触网线索类放线用的作业机具，结构如图 2-180 所示。

(1)紧线柱组成

紧线柱机构主要由卷扬机构、支撑机构组成。卷扬机构包括液压马达、减速机、卷筒、牵引钢丝绳；支撑装置由内柱、外柱、油缸等组成。

(2)紧线柱液压回路

紧线柱液压回路如图 2-179 左半部所示。

液压油由作业液压泵(16)、手动液压泵(15)泵出，经电磁换向阀(20.1)左路得电，进入电磁阀(20.11)右路去往紧线柱。经电磁换向阀(20.10)分别去往紧线油缸、摆线马达(11.5)；电

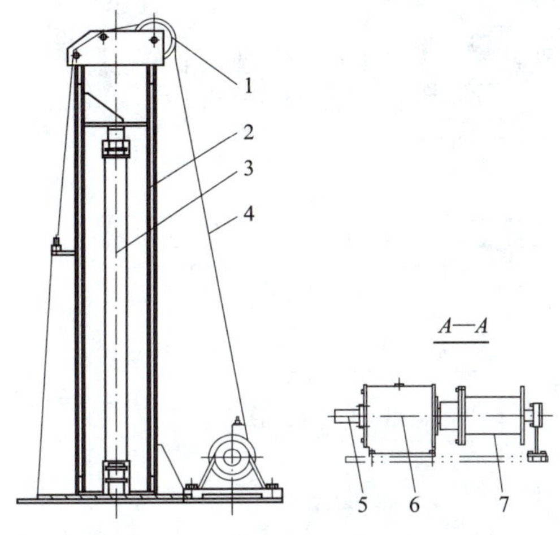

图 2-180　紧线柱结构

1—线轮；2—支撑臂；3—油缸；4—牵引钢丝绳；5—液压马达；6—减速机；7—卷筒

磁换向阀(20.10)同时控制紧线柱油缸，电磁换向阀(20.9)控制摆线马达(11.5)。

该回路设有溢流阀，其调定压力可保证紧线力。

三、冷却回路

(一)冷却回路的组成

冷却回路由液压油泵、散热器驱动马达、冷却装置及温控阀等组成。其液压回路如图 2-181 所示，其中零部件上所标注数字的含义在图下方说明，前位数字“.”后的数字表示该部件的使用次数。

(二)冷却回路工作过程

1. 冷却回路的工作过程

冷却装置采用液压马达(11.1)和(11.2)驱动，为发动机工作的水、气、液力传动油以及液压油散热装置提供动力，每台液压马达排量为 28 ml/r。由于停机后风扇惯性带动马达继续旋转，在每个马达的进口油口上并联一个单向阀(17.2、17.3)可防止马达吸空。

冷却系统压力通过溢流阀(13)来调整，水散热的回路溢流阀(13.2)压力调定为 14 MPa，压力可通过测压接头(14.2)测量。传动油回路溢流阀(13.1)压力调定为 12 MPa，压力可通过测压接头(14.1)测量。

2. 温控阀的控制机理

系统中的温度控制阀可以用来控制散热器马达是否满负荷工作，当温度达到 62 ℃以上时，温控阀全部开启液压油全部通过散热器驱动马达工作；否则，系统通过温控阀控制液压油不通过或部分通过驱动马达。通过温控阀的控制作用，保证发动机冷却液、液力传动箱传动油温度以及液压系统油温控制在适宜的温度。

3. 冷却系统技术参数的设定

发动机在额定转速机 2 100 r/min，水散热器风扇转速在 2 200～2 300 r/min，液力传动油散热器风扇转速在 1 700～1 800 r/min，散热系统设定最高压力不超过 16 MPa，此时系统压力以达到给定风扇转速的设定值为准。

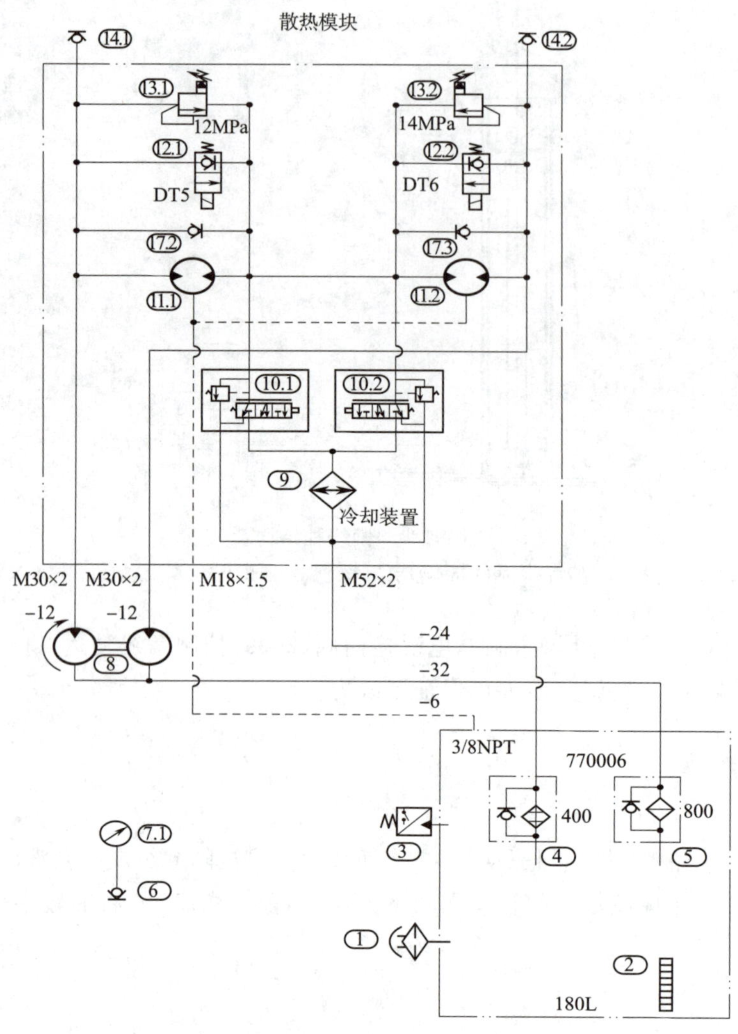

图 2-181 作业车冷却回路液压回路

1—空气滤清器；2—液位温度计；3—温度开关；4—回油过滤器；5—吸油过滤器；
6—测压胶管；7—压力表；8—散热油泵；9—散热器；10—温控阀；11—散热马达；
12—电磁阀；13—溢流阀；14—测压点接头；17—单向阀

四、液压系统部件的安装

(一)液压油箱的安装

1. 液压油箱的组成

液压油箱由空气滤清器、回油过滤器、吸油过滤器等组成，如图 2-182 所示。

液压油箱通过底座吊装在车架上，司机出乘要做好连接部位的检查，确保行车安全。

2. 液压油的保养

(1)在不同的地域和不同的季节，应根据根据保养手册的要求更换液压油。

(2)不同牌号的液压油不得混用。

(3)使用前，应检查液压油是否加满到指定油位范围，有无变质。

(4)液压油箱吸油过滤器具有自封性能，当吸油过滤器发出堵塞报警时，应及时更换滤芯，滤芯型号为：GE500126。

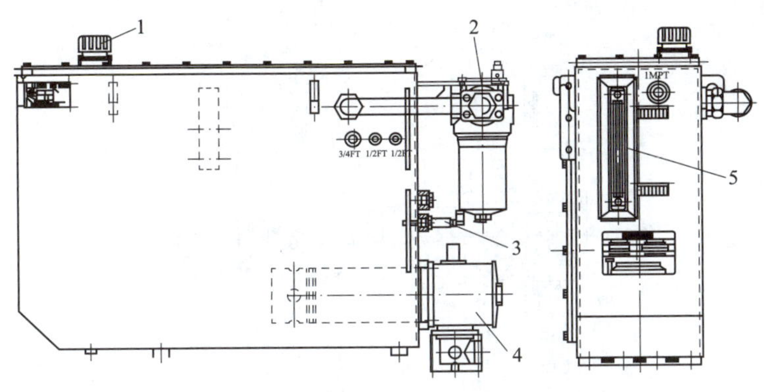

图 2-182　液压油箱

1—空气滤清器；2—回油过滤器；3—温度开关；4—吸油过滤器；5—液位液温计

(5)液压油箱回油过滤器为精滤器，堵塞会增加系统回流背压，影响作业性能，因此应定期拆洗或更换滤芯。如果发现有堵塞报警，应及时更换滤芯，滤芯型号为：GE700007。

(6)空气滤清器是保证液位变化时，油箱内外空气的顺利流通，也可以作为油箱的加油口使用。当发生堵塞时，应及时清洗或更换。

(7)检查温度开关技术状态，当液压油温达到预警值时，发出报警信号，应停止作业或进行保养。

(二)液压油泵的安装

高速铁路接触网作业车设有两个油泵，分别安装在分动箱上两个取力口，其中一个取力口不带离合器，安装散热油泵，其功能主要是给散热器散热马达供油；另一个取力口带有离合器，安装作业油泵。当离合器合上，分动箱即可为作业油泵提供动力源，给各作业机构供油。液压油泵如图 2-183 所示。

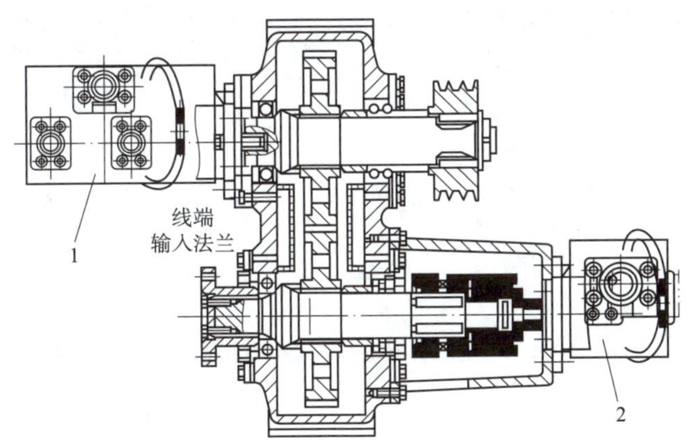

图 2-183　液压油泵

1—散热油泵；2—作业油泵

(三)换向阀组的安装

作业车车架中部安装有换向阀组，系统电磁溢流阀，手动换向阀和带手柄电磁换向阀，操纵带手柄电磁换向阀，可以实现升降回转平台液压回路和随车起重机液压回路(紧线柱液压回路)选择。该阀组上设置有系统压力测压点，可对液压系统压力进行测量。换向阀组如图 2-184 所示。

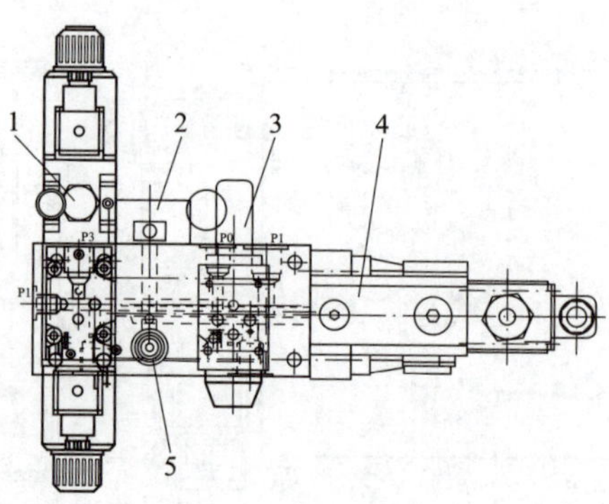

图 2-184　换向阀组

1—电磁换向阀；2—单向阀；3—手动换向阀；4—电磁溢流阀；5—测压点接头

（四）立柱阀组安装

升降平台的立柱下部安装有立柱阀组，操纵该阀组上带手柄的电磁换向阀，可对作业平台进行回转或升降操作，该阀组上设置有回转制动油路测压点，可对回转制动系统压力进行测量。立柱阀组如图 2-185、图 2-186 所示。

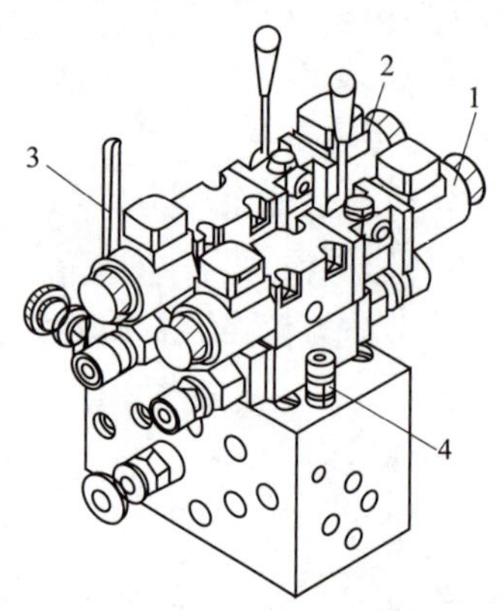

图 2-185　立柱阀组①

1—升降电磁阀；2—回转电磁阀；3—测压点接头；4—球阀

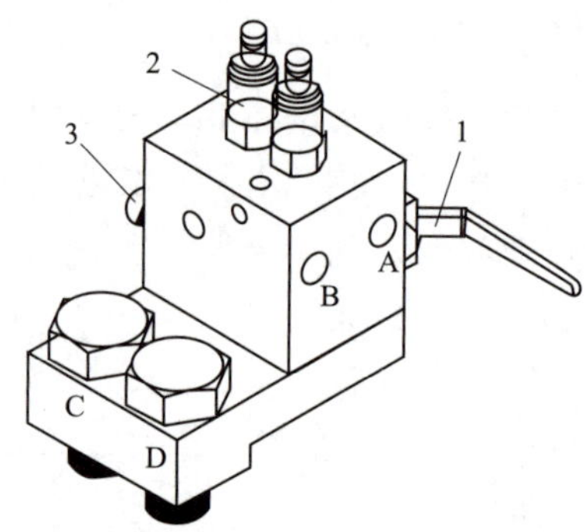

图 2-186　立柱阀组②

1—球阀；2—测压点接头；3—双平衡阀

（五）支腿阀组安装

左右平衡支腿上安装各安装有一个支腿阀组，操作电磁换向阀对应的按钮，可以实现支腿的升降动作。支腿阀组如图 2-187 所示。

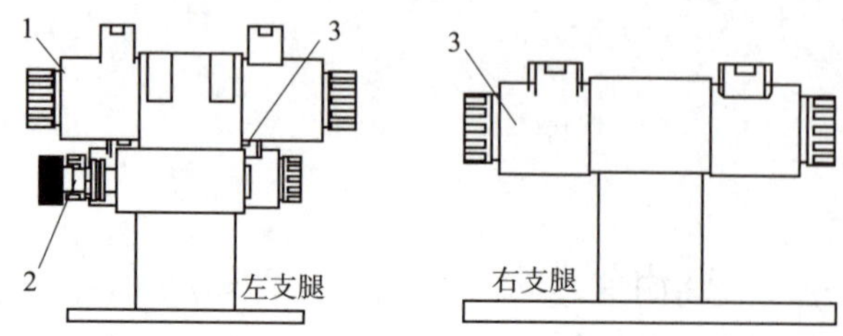

图 2-187　支腿阀组

1—电磁换向阀（M 机能）；2—溢流阀；3—电磁换向阀（Y 机能）

(六)随车起重机多路阀安装

随车起重机回转中心处安装有起重机回转伸缩控制多路阀。操纵该多路阀,可控制起重机主臂回转、吊臂变幅和伸缩,起重机系统压力可通过压力表实时显示读取。随车起重机多路阀如图 2-188 所示。

(七)紧线柱阀组安装

紧线柱安装座附近安装有紧线柱机构控制阀组,操作电磁换向阀对应的按钮,可以实现紧线柱机构升降或回转动作。紧线柱阀组如图 2-189 所示。

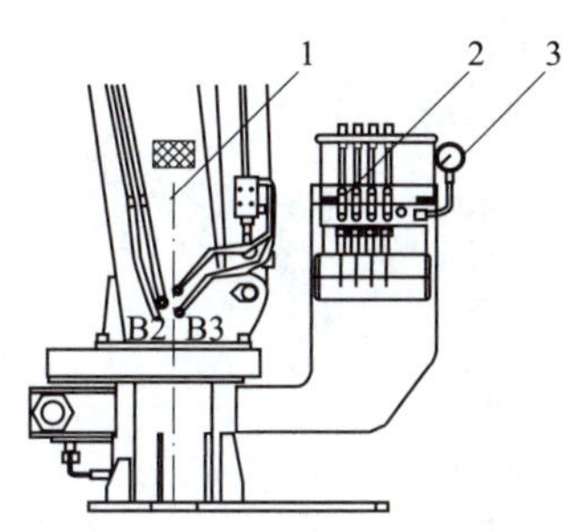

图 2-188　随车起重机多路阀

1—随车起重机主臂;
2—多路阀;3—压力表

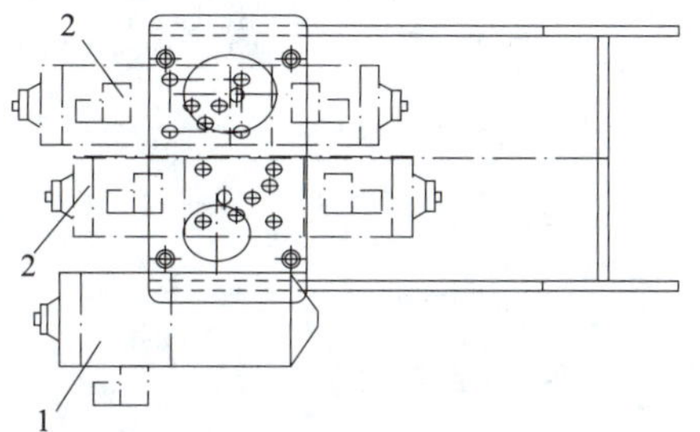

图 2-189　紧线柱阀组

1—二位三通电磁换向阀;
2—三位四通电磁换向阀

第六节　电气系统

电气系统是作业车的重要辅助系统,具有启动、控制、动力输出等多种功能。

一、电气系统的组成

电气系统分为直流系统和交流系统。

直流系统的主要作用就是为发动机启动、控制提供电能,同时保证车辆声、光、仪表以及辅助、控制设备的用电。

交流系统主要是为随车检测系统、电动工具、大功率照明、空调设备等提供用电。

(一)直流系统的组成

直流系统供电电压为 DC 24 V,主要由电源(包括本车蓄电池组和充电发电机)、柴油机启动调速控制、液力传动箱换向换挡控制、仪表监视、照明及刮水器等辅助装置组成。

1. 发动机控制回路

发动机直流控制回路包括电源、启动装置、发电机以及发动机控制模块,如图 2-190 所示。

2. 辅助及照明回路

辅助及照明回路包括室内外照明、表示灯、雨刮器以及电加热玻璃,如图 2-191 所示。

3. 主控模块电路

主控模块电路包括车辆各控制系统的初始输入端、信号源,如图 2-192 所示。

4. 液力传动箱控制电路

液力传动箱电路即为液力传动箱工况控制电路,如图 2-193 所示。

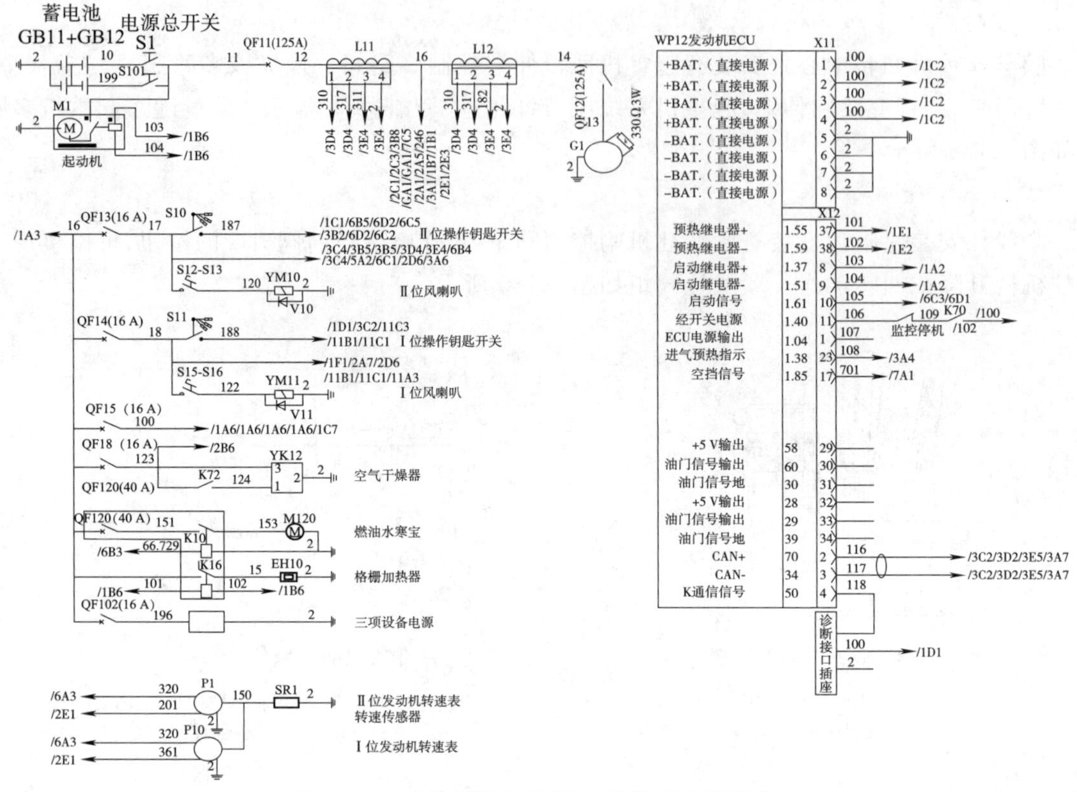

图 2-190 直流系统电路(发动机控制电路部分)

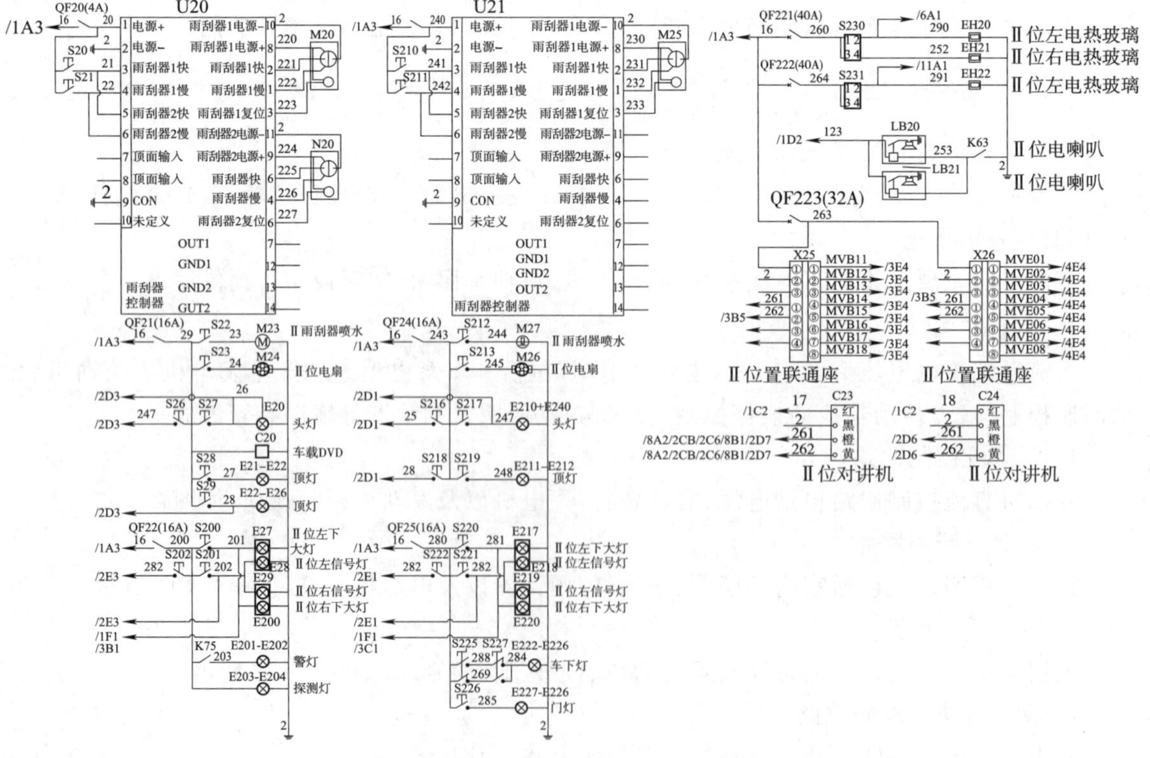

图 2-191 直流系统电路(辅助及照明电路部分)

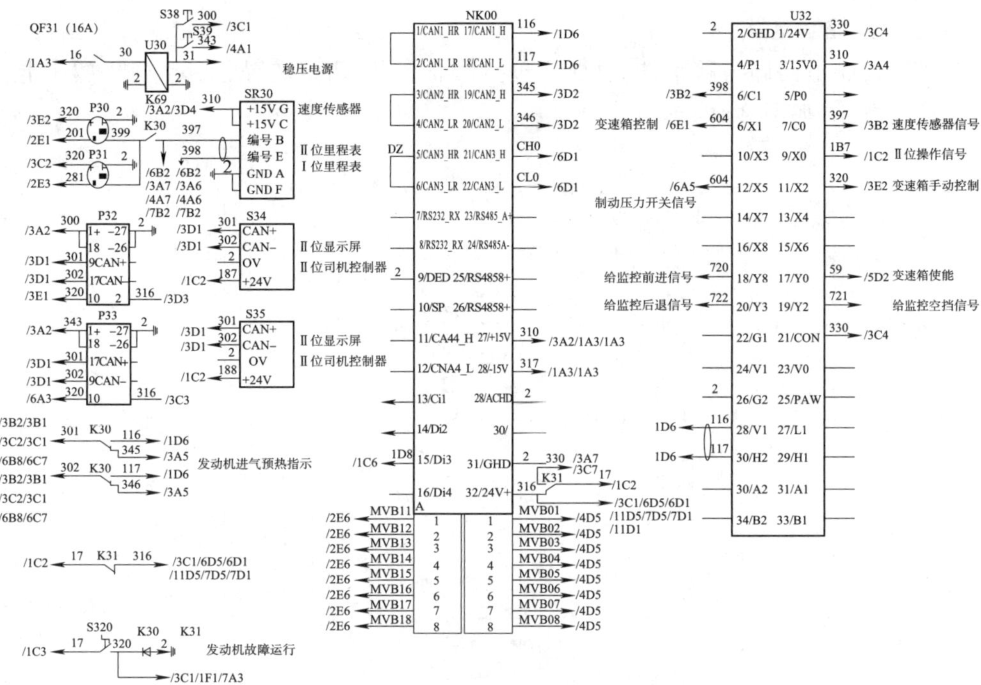

图 2-192　直流系统电路(主控模块电路部分)

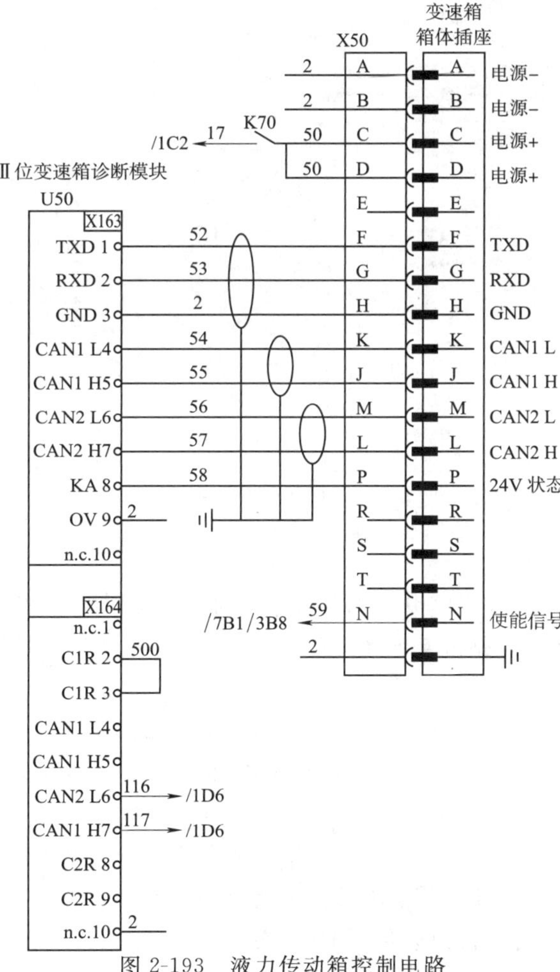

图 2-193　液力传动箱控制电路

5. 作业机具控制电路

作业机具控制电路即为随车作业机具，包括作业平台、调平装置、平衡支腿、低速走行以及旁路制动控制电路，如图 2-194 所示。

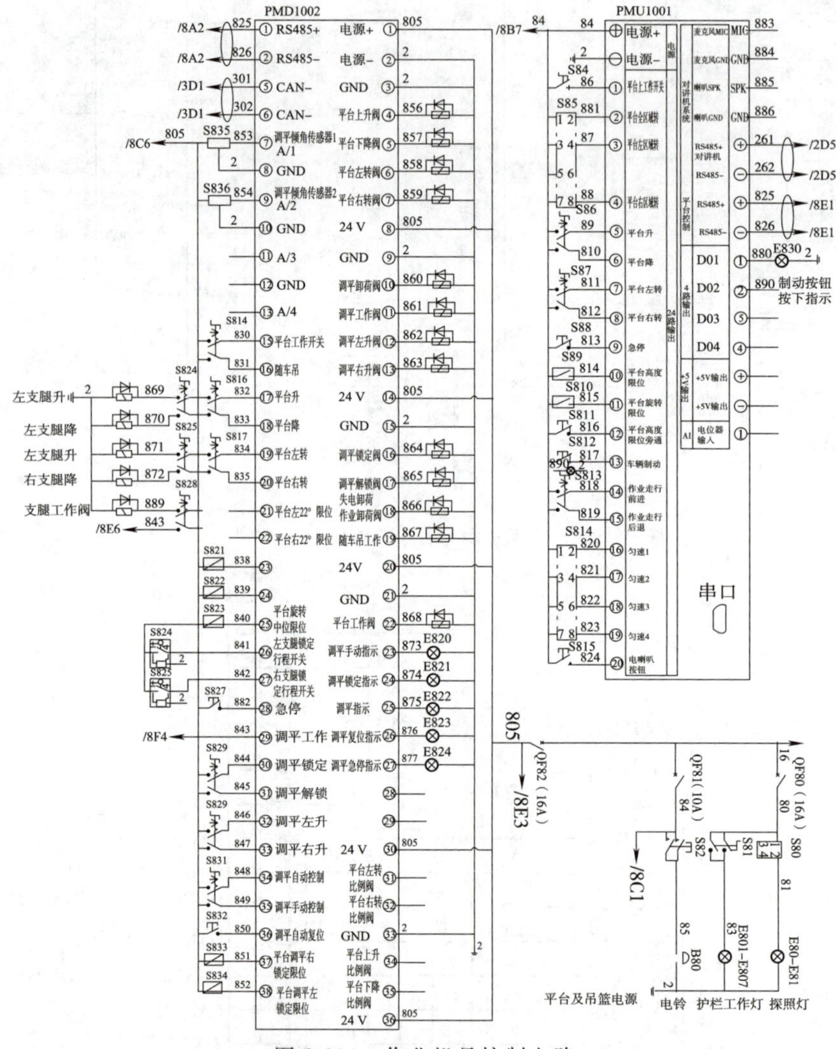

图 2-194 作业机具控制电路

（二）交流系统的组成

交流系统具有发电机输入和市电引入两套供电系统，使用时应注意防止两套系统的并联使用，其交流系统电路组成包括发电机组、市电引入配电箱、用电器等，结构原理如图 2-195 所示。

交流系统为三相四线，可同时提供三相交流 380 V 和 220 V 交流电，车上墙壁备有三相四线插座及单相插座，请按规定功率使用；制动系统电加热装置来自交流电路。

二、电源

作业车的电源也就是蓄电池，蓄电池采用阀控密封铅酸蓄电池，具有确保在振动使用下不渗漏电液、防爆、无酸雾逸出不腐蚀设备、大电流放电性能优越、自放电控制量最小、阻燃性和耐振动冲击性更好、使用寿命更长。

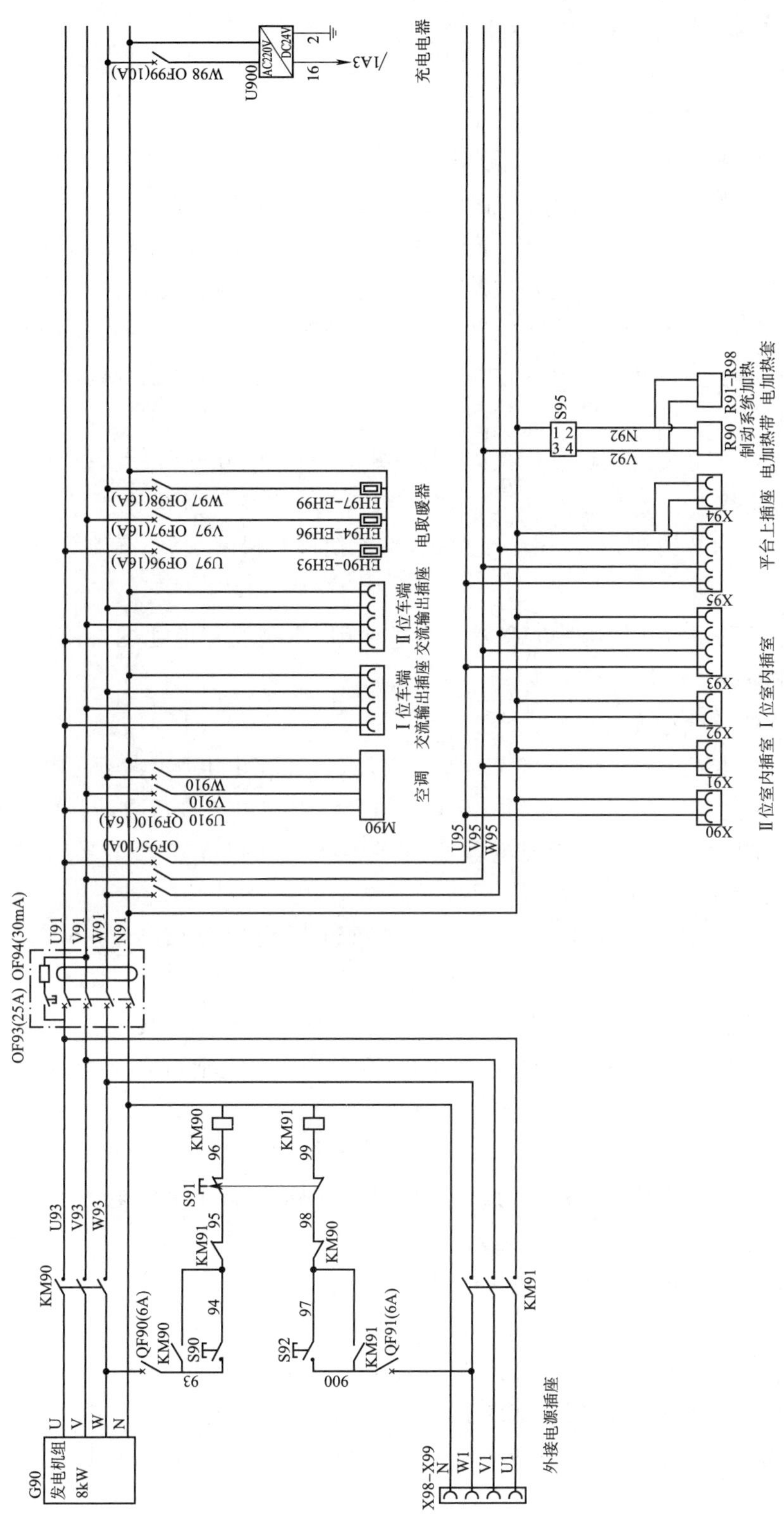

图 2-195　交流系统电路结构原理

(一)蓄电池的使用环境

1. 应尽量使蓄电池组各部位温差不超过 3 ℃;蓄电池应避免阳光直接照射,远离火源,不能置于大量放射性、红外线辐射、有机溶剂和腐蚀气体环境中。

2. 蓄电池箱内应有通风设施或有良好的通风条件,当外界环境温度过高或蓄电池过充时,以利于通风散热。

3. 蓄电池必须小心搬运,防止短路,严禁摔、砸、倒立、反接等现象。

4. 由于蓄电池组件电压较高,存在电击危险,因此在装卸导电连接片时,应使用绝缘工具,安装或搬运电池时要戴绝缘手套;蓄电池在搬运过程中,不能触动极柱和安全阀。

5. 脏污的连接片或不紧密的连接均可能引起蓄电池接触不良,所以要保持连接片在连接处的清洁,并拧紧连接片;拧紧螺母时扭矩不超过 15 N·m,使其不对端子产生扭曲应力。

6. 安装末端连接件和导通蓄电池系统前,应认真检查蓄电池系统的总电压和正、负极,以保证安装正确。

7. 蓄电池与充电装置或负载连接时,电路开关应位于"断开"位置,并保证连接正确;蓄电池的正极与充电装置的正极连接,蓄电池的负极与充电装置的负极连接。

8. 蓄电池应保持清洁,经常用湿布擦拭,不能使用有机溶剂(如汽油等)清洗外部。

(二)蓄电池的充电

充电条件是影响电池使用性能和寿命的重要因素,阀控蓄电池在使用过程中采用恒压限流的充电方式充电。

1. 蓄电池的环境温度

蓄电池的最佳使用温度为 25 ℃,其浮充电压、快速充电电压、均衡充电压都以 25 ℃为基准。如果温度未达到上述要求,可采用温度补偿方法对充电压进行自动补偿,温度补偿系数浮充电压为每单节－3 mV/℃、快速充电电压、均衡充电压为每单节－4 mV/℃。

2. 浮充充电电压

车辆用系列铅酸蓄电池在浮充状态下工作,正确设定浮充电压值确保蓄电池在运行中能 100%的充足电,满足用电需要。在车辆运用状态时蓄电池的浮充电压在 25 ℃时为 2.29 V/单节,限流 $0.15C_{10}$,环境温度高于或低于 25 ℃按每单节－3 mV/℃进行温度补偿(C_{10} 为蓄电池 10 h 率额定容量,A·h;目前作业车使用的为 NM200 系列阀控蓄电池,10 h 率额定容量 200 A·h,终止电压为 1.75 V)。

3. 快速充电电压

蓄电池在使用过程中由于频繁的放电或其他原因造成蓄电池充电不足。蓄电池长期充电不足将降低蓄电池的使用寿命。快速充电电压在 25 ℃时为 2.35 V 单节,限流 $0.20C_{10}$,环境温度高于或低于25 ℃按每单节－4 mV/℃进行温度补偿。

4. 均衡充电电压

蓄电池均衡充电即电源柜或地面充电。均衡充电电压在 25 ℃时为 2.35 V,限定电流 $0.1C_5$,充电时间 24 h,环境温度高于或低于 25 ℃按每单节－4 mV/℃进行温度补偿(C_5 为蓄电池 5 h 率额定容量,NM200 系列蓄电池 C_5 为 200 A·h,终止电压为 1.70 V)。

(三)蓄电池的维护

为确保蓄电池的正常使用,应对蓄电池进行正确的检查和维护。

1. 检查每只蓄电池的开路电压,如果开路电压低于 2.10 V/只,应对蓄电池进行均衡充电并检测蓄电池容量。

2. 检查蓄电池是否破裂、鼓胀、漏液；螺栓是否有松动的现象，若有松动须拧紧，扭矩不大于 15 N·m。

3. 对蓄电池补充蒸馏水，补充蒸馏水的方法：清洁电池外壳污物；将蓄电池称重，所称质量与电池标注原始质量的差值，即为蓄电池失水量；用专用工具逆时针旋开安全阀，将蓄电池所失水量用蒸馏水补充；用专用工具顺时针旋紧安全阀。

4. 检修照明时蓄电池避免过度放电，连续照明时间不超过 3 h，如仍需继续照明，必须先补充电。

5. 蓄电池放电后，应立即进行充电，以免放置时间过长使蓄电池极板硫酸盐化，影响蓄电池的容量与寿命。

三、启动机及发电机

(一)启动机

WP12 系列柴油机启动机为电磁控制、齿轮传动、以摩擦片式单向器传递扭矩的直流启动机，功率 5.4 kW。启动机电路如图 2-196 所示。

(二)发电机

WP12 系列柴油机发电机额定电压为 28 V，带有晶体管调节器。发电机在车上与蓄电池并联工作，工作时发电机自激磁。发电机原理如图 2-197 所示。

发电机在安装、接线时要注意：

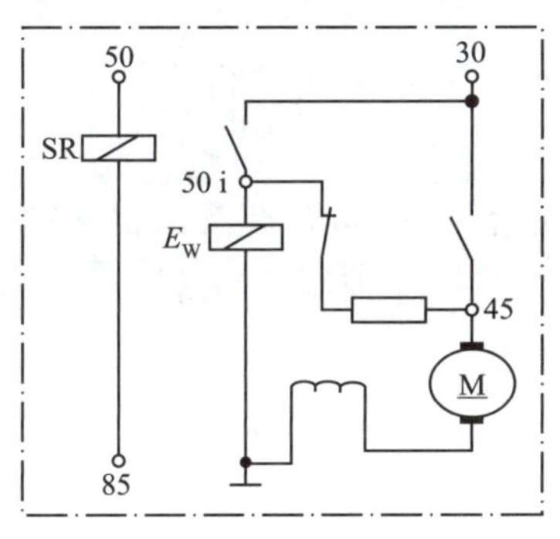

图 2-196　启动机电路

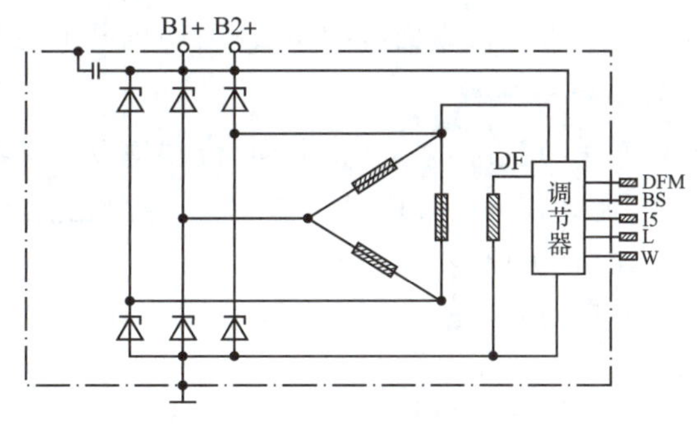

图 2-197　发电机原理

1. 必须充分冷却。
2. 必须防尘、防溅、防油。
3. 检查电机皮带的张紧力。
4. 只能与电压调节器和蓄电池连接运行。

四、辅助装置

辅助装置包括照明系统、各类仪表、加热装置、雨刮器、警示灯以及交流逆变器等，这些装置主要是为作业车的正常运用提供测量、监测以及其他功能性支持。

(一)照明系统

照明系统包括两端顶灯、两端前大灯、防护灯、顶棚灯、平台灯、门灯和仪表灯等。高铁的照明广泛采用节能型 LED 灯，照明开关则多选用按压式开关。

（二）仪表

仪表分为数字式、电磁式。数字式仪表可从综合显示器直接显示相应的数据，电磁式仪表则采用指针指示的方式。包括电流表、车速表、里程表、燃油油位表、机油压力表、水温表、机油温度表等。

（三）电加热装置

电加热装置包括电热玻璃和电加热套。电热玻璃控制开关布置在操作台柜门二面板上；在非常寒冷的地区，制动阀件加装电加热套，以防阀件被冻住失效，电加热套控制开关布置在Ⅰ位操作台柜门二上。

（四）传感器

传感器分布在发动机、液力传动箱、车轴箱等各部位，分为温度传感器、压力传感器、速度传感器等。速度传感器用于车速显示以及 GYK 控制；转速传感器用于显示柴油机、液力传动箱转速；压力传感器用于发动机、液力传动箱润滑油、液压回路压力显示及油路压力报警；温度传感器用于检测发热设备的温度，如发动机、液力传动箱、车轴箱等。

（五）雨刮器

雨刮器是接触网作业车不可缺少的安全行车装置，用于清除风挡玻璃上的雨、雪、尘土等，保证司机视线良好。安装位置位于两端风挡玻璃上部。

司机应定期对雨刮器刮片进行检查，发现磨损严重或损坏的应及时更换。

五、控制系统

控制系统包括操纵面板的布置、发动机电子控制单元（ECU）、液力传动箱控制等。

（一）操纵台布置

作业车Ⅰ（反方向）、Ⅱ（正方向）位端均设有标准化操纵台，上面布置有柴油机转速表、车速里程表、制动仪表、GYK 显示器、综合控制触摸液晶显示屏及操作控制按钮等。

1. Ⅰ端（反方向）操纵台

Ⅰ端（反方向）操纵台布置情况如图 2-198 所示。

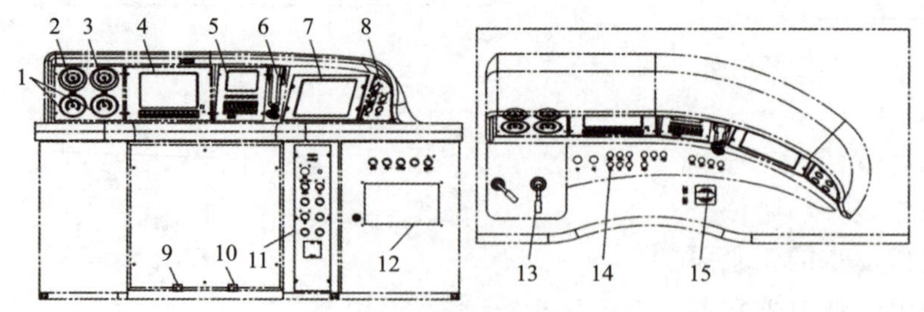

图 2-198　Ⅰ端操纵台布置情况

1—制动仪表；2—柴油机转速表；3—车速里程表；4—GYK 显示器；5—CIR；6—CIR 送话器；7—综合触摸显示屏；8—斜面仪表板；9—撒砂脚踏开关；10—风笛开关；11—柜门二电器；12—柜门三电器；13—JZ-7G 型制动机；14—台面板电器布置；15—司机控制器

2. Ⅰ端（反方向）操纵台仪表及按钮所实现的功能

（1）柴油机转速表：在车辆处于故障运行模式下显示柴油机的转速，车辆正常运行由液晶显示屏显示。

(2)车速里程表:在车辆处于故障运行模式下显示车辆的行驶速度,车辆正常运行由液晶显示屏显示。

(3)综合触摸显示屏:实时显示柴油机、液力传动箱和整车的各种运行参数,如柴油机转速、液力传动箱油温、车速、直流系统电压、直流系统电流、燃油箱油位等,可通过对话菜单进行翻页、查询。

(4)斜面仪表板

斜面仪表板包括本端操作开关、控制车选择开关、变速箱工作开关、蜂鸣器、发动机启停开关,如图 2-199 所示。

蜂鸣器在车辆出现相关重要报警信息时,会发出声光报警信号,提醒司机注意监视车辆运行状态。注意:当蜂鸣器声光报警在软开关界面按下“蜂鸣器报警切除”按钮,可切除报警,当有新的报警产生,蜂鸣器重新报警。

发动机启停开关有启动、熄火两个按钮,按下启动按钮发动机启动,按下熄火按钮发动机停止工作。注意:在应急走行模式下,熄火按钮无效,发动机熄火需要将应急走行模式开关置“中位”按下熄火按钮发动机停止工作;在应急走行模式下,熄火按钮无效,发动机熄火需要将应急走行模式开关置“中位”。

(5)Ⅰ端(反方向)柜门二电器布置

柜门二电器布置包括综合触摸显示屏数据采集 USB 接口、门灯开关、作业机构工况开关、应急电机开关、电热玻璃开关、警灯工作开关、平台工况选择开关。如图 2-200 所示。

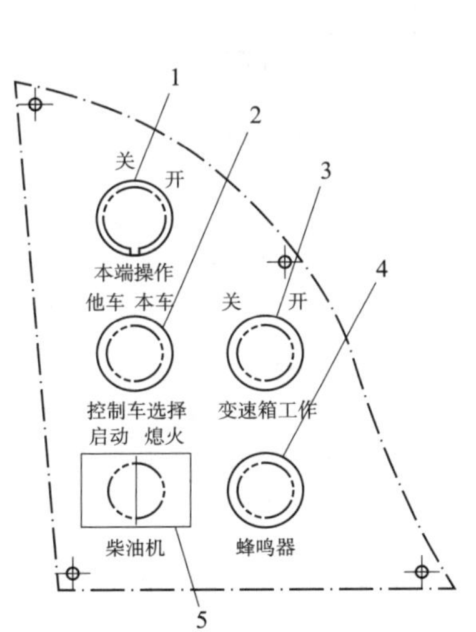

图 2-199　斜面仪表板

1—本端操作;2—控车选择;
3—变速箱工况;4—蜂鸣器;
5—发动机启停机开关

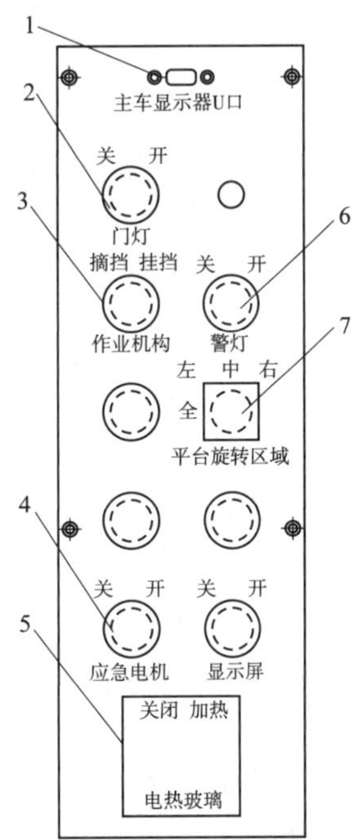

图 2-200　柜门二电器布置

1—显示屏数据采集 USB 接口;2—门灯开关;
3—作业机构工况;4—应急电机;5—电热玻璃;
6—警灯开关;7—平台工况选择

电热玻璃加热使用直流电，因此必须注意严禁在发动机未启动、充电机不发电的情况下长时间使用电热玻璃，以免蓄电池亏电，造成发动机启动困难。

(6) Ⅰ端(反方向)柜门三电器布置

柜门三布置的电器包括外接交流电源供电按钮、交流供电工况按钮、发电机组供电按钮、发电机组控制面板、断路器组，如图 2-201 所示。

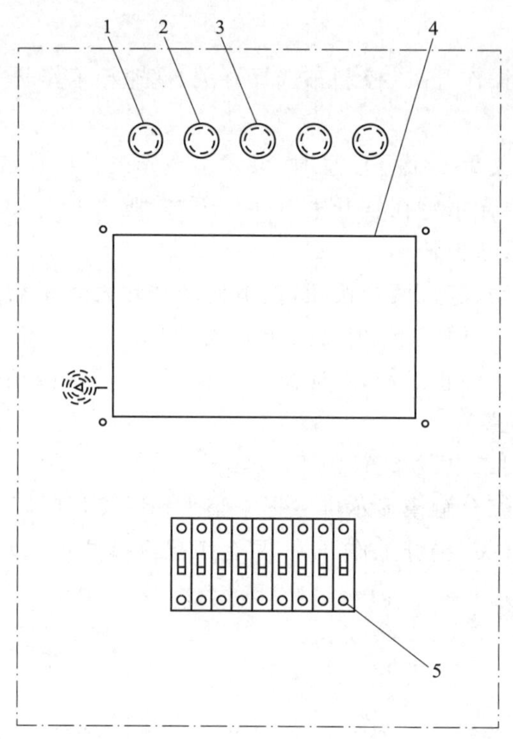

图 2-201 柜门三电器布置

1—外接电源；2—供电选择；3—发电机电源；4—发电机控制面板；5—断路器组

断路器安装在柜门背后，从左至右依次为 QF96、QF97、QF98、QF14(Ⅰ端开关输入、风喇叭)、QF25(Ⅰ端下大灯、门灯、车下灯)、QF24(Ⅰ端头灯、电扇、顶灯)、QF222(Ⅰ端电热玻璃)、QF82(调平装置)、QF80(平台工作照明灯)、QF81(电铃)、QF23(雨刮器)、QF1100(数字量输出模块)、QF1101(数字量输出模块)；断路器 QF96、QF97、QF98 为电取暖器控制开关，电取暖器的工作通过操作此三个断路器控制，其余为直流元件的保护断路器。

(7) Ⅰ端(反方向)台面板电器布置

Ⅰ端(反方向)台面板电器布置如图 2-202 所示，主要有车辆照明、雨刮器以及警惕按钮等。

辅助制动按钮。当按下此开关，辅助制动有效，再按一次制动取消。按下输入制动指令时，指示灯亮，制动指令取消，指示灯熄灭。

旁通开关。当总风缸压力开关或制动缸压力开关故障，总风压力正常时给出低报警信号或非制动状态下给出制动信号导致车辆无法走行时，按下此开关，30 s 内可解除走行联锁条件，旁通应急走行。旁通应急走行时需每隔 30 s 按一次旁通按钮，否则 30 s 后自动恢复成正常走行模式。

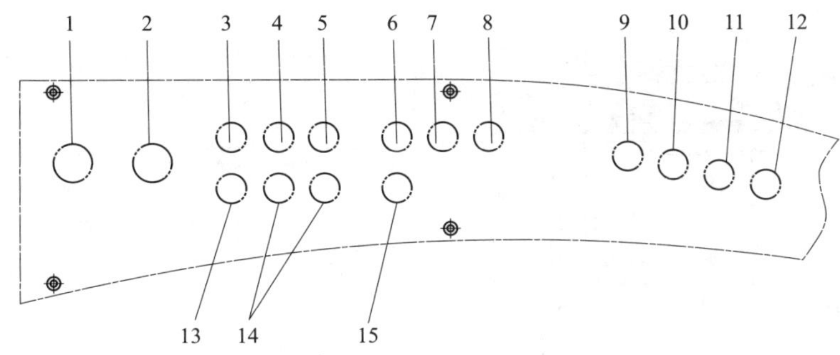

图 2-202　台面板电器布置

1—警惕按钮；2—警醒按钮；3、4、5—雨刮器按钮；6—喇叭按钮；7—电扇按钮；8—辅助制动；9—他端头灯；10—他端尾灯；11—本端头灯；12—本端尾灯；13—下大灯；14—顶灯；15—旁通开关

(8)司机控制器：控制柴油机的调速及液力传动箱的换向。司机控制器及接线如图 2-203 所示。

司机控制器分为电子输出和机械输出两种形式。电子输出时由中心抽头电位器，带前、中、后方向开关输出，内置电位器使用寿命达 500 万次；机械输出时操纵行程内摩擦定位，中位带机械锁，操纵时下压机械锁，操纵扭矩约 15 N。

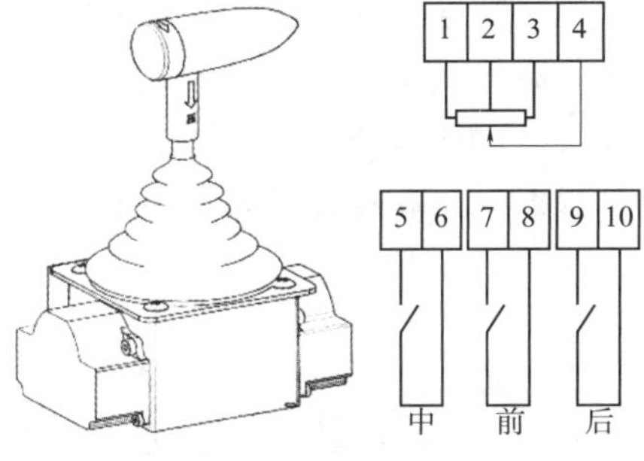

图 2-203　司机控制器及接线

当液力传动箱工作开关置“关”位时，将该手柄提起并向前推，柴油机转速逐渐上升直至达到最大转速；将该手柄提起并向后推，柴油机转速逐渐上升直至达到最大转速。当变速箱工作开关置“开”位时，将该手柄提起并向前推，柴油机转速逐渐上升，车辆向前行驶；将该手柄提起并向后推，柴油机转速逐渐上升，车辆向后行驶。

(9)Ⅰ端(反方向)操纵台柜内正面元件板元件布置

Ⅰ端(反方向)操纵台柜内正面元件板元件布置如图 2-204 所示。

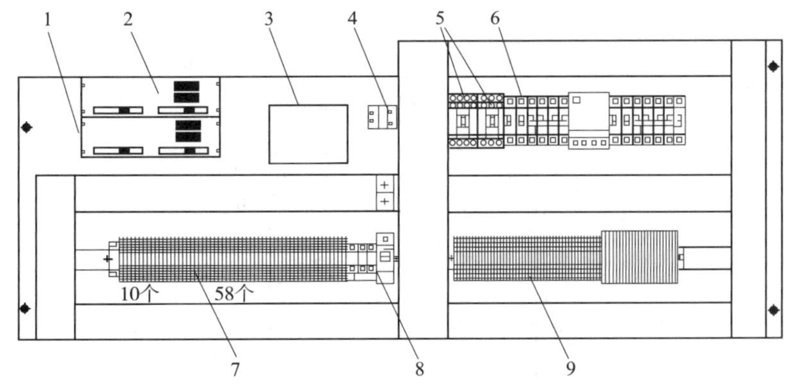

图 2-204　正面元件板元件布置

1—DI 模块；2—DO 模块；3—雨刮器模块；4—变送器；5—交流接触器；6、8—断路器；7、9—端子排

电量变送器。用于测量蓄电池输出电流；断路器组从左至右依次为 QF90、QF91、QF93、QF94、QF95、QF99、QF910、QF11 为蓄电池供电电源断路器。

3. Ⅱ端(正方向)操纵台布置情况

Ⅱ端(正方向)操纵台布置情况如图 2-205 所示。

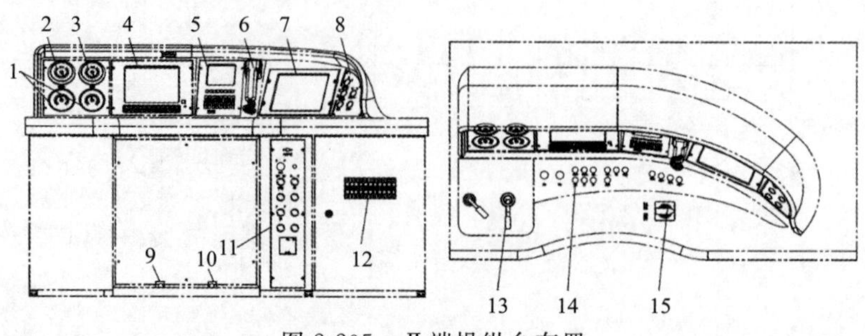

图 2-205 Ⅱ端操纵台布置

1—制动仪表;2—柴油机转速表;3—车速里程表;4—GYK 显示器;5—CIR;6—CIR 送话器;7—综合触摸显示屏;8—斜面仪表板;9—撒砂脚踏开关;10—风笛开关;11—柜门二电器;12—柜门三电器;13—JZ-7G 型制动机;14—台面板电器布置;15—司机控制器

4. Ⅱ端(正方向)操纵台仪表及按钮所实现的功能

Ⅱ端(正方向)操纵台仪表及按钮所实现的功能与Ⅱ端是相同的,所不同的就是两个柜门的电器布置。

(1)柜门二电器布置

柜门二电器布置如图 2-206 所示。

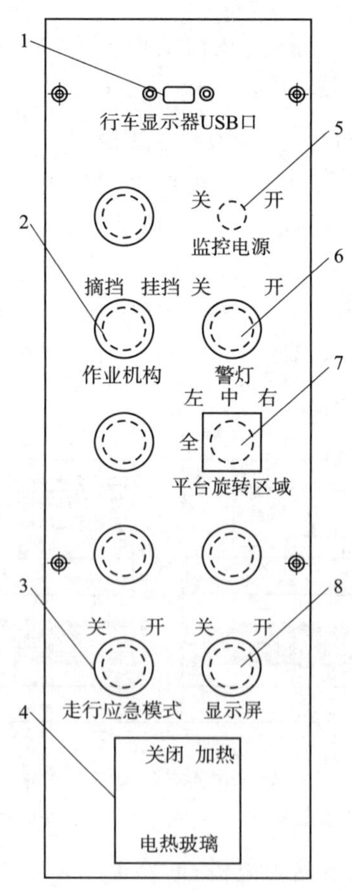

图 2-206 柜门二电器布置

1—数据采集 USB 接口;2—作业机构工况开关;3—走行应急开关;4—电热玻璃;5—监控电源;6—警灯开关;7—平台旋转区域选择;8—显示屏开关

(2)柜门三断路器组

断路器组安装在柜门背后。从左至右依次为:QF223(车端重联插座)、QF31(稳压电源)、QF18(空气干燥器、电喇叭)、QF13(Ⅱ端开关输入、风喇叭)、QF15(ECM 柴油机)、QF102(行车安全装备)、QF21(Ⅱ端电扇、头灯、顶灯、DVD)、QF22(Ⅱ端下大灯、警灯、探照灯)、QF221(Ⅱ端电热玻璃)、QF70(Ⅱ端数字量输出模块)、QF71(Ⅱ端数字量输出模块)、QF72(Ⅱ端数字量输出模块)、QF73(Ⅱ端数字量输出模块)、QF20(雨刮器)。

(3)Ⅱ端操作台柜内正面元件板元件布置

Ⅱ端操作台柜内正面元件板元件布置如图 2-207 所示。

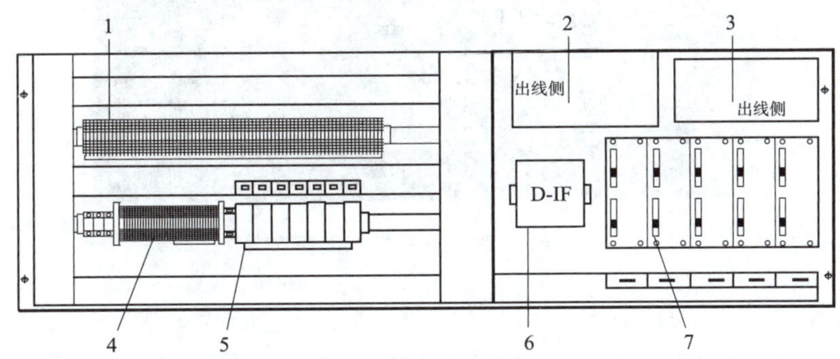

图 2-207　柜内正面元件板元件布置

1、4—端子排;2—稳压电源;3—手动换挡模块;
5—继电器组;6—模块组;7—液力传动箱控制模块

(二)平台上控制箱

平台上控制箱面板布置如图 2-208 所示。

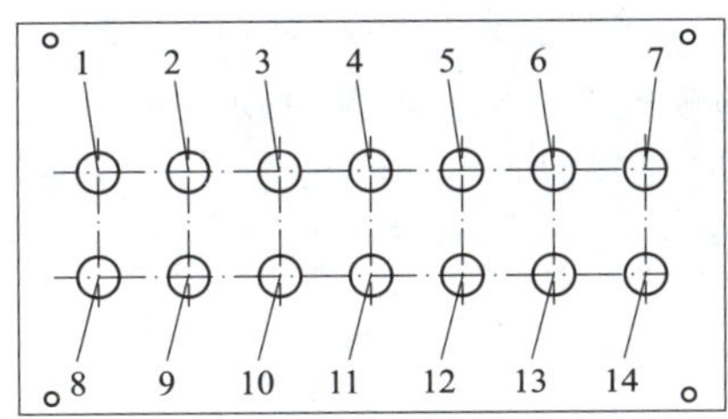

图 2-208　平台上控制台面板布置

1—平台电源开关;2、3、10—平台工况开关;4—报警指示灯;5—电铃;6—探照灯;
7—栏杆照明;8—急停按钮;9—旁通按钮;11—电喇叭;12—走行工况开关;
13—走行调速开关;14—辅助制动按钮

低速走行系统可在平台上控制车辆低速运行。走行工况开关用于作业平台上低速走行及方向的控制;作业走行调速开关可控制车辆低速走行,操作此开关选择Ⅰ挡、Ⅱ挡、Ⅲ挡、Ⅳ挡对应 3 km/h、5 km/h、7 km/h、10 km/h 的低匀速走行速度。

使用低速走行系统时,平台操作人员与司机妥善沟通,司机制动手柄置运转位,由平台操作人进行辅助制动操作。

(三)作业平台调平控制

1. 作业平台调平控制操作面板布置

为克服因外轨抬高造成的车体倾斜和平台倾斜,提升作业人员舒适度及安全性,作业车设有作业平台调平控制系统,其操作面板布置如图 2-209 所示。

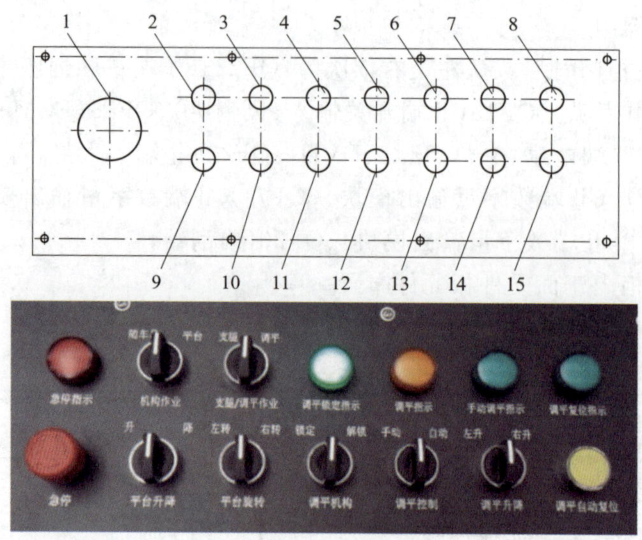

图 2-209 调平控制操作面板布置

1—压力表；2—急停指示灯；3—机构工况开关；4—调平、支腿作业选择；5—调平锁定指示；6—调平指示灯；7—手动调平指示；8—调平复位指示灯；9—急停按钮；10、11—平台工况开关；12—调平锁定解锁开关；13—调平控制模式选择；14—调平工况开关；15—调平自动复位

在调平控制柜内设有端子排，柜内小控制柜柜门上设有控制模块。

2. 作业平台调平控制操作实现的功能

机构工况开关，开关置“随车吊”位，平台和调平装置均不能工作；开关置“平台”位，可对平台进行操作。

调平锁定指示灯，当调平左右锁定均到位时，该灯亮；调平指示灯，当调平装置处于调平动作时，该灯亮；手动调平指示，当调平控制为手动模式时，该灯亮；调平复位指示灯，当平台处于水平状态，该灯亮。

当调平处于手动调平模式下时，左升、右升开关有效。

当调平控制开关处于中位，操作调平自动复位此开关可使平台自动调整到水平状态。

(四)发动机电子控制单元 ECU

WP12 系列发动机采用 BOSCH 的电子控制单元，是发动机的控制中心。具有稳定的系统处理能力；多层次的系统保护和纠错措施，提高发动机的可靠性和安全性；采用 CAN 和 K 总线可以实现与整车电控单元的自由通信，更人性化地实现整车故障诊断和报警处理，如图 2-210 所示。

发动机 ECU 安装在发动机上，主要连接 3 根线束：喷油器线束、传感器线束和整车控制线束，发动机 ECU、喷油器线束和传感器线束在发动机出厂时已安装完毕。

整车线束共 2 根线束，其中 10 孔插接件为电源线束，42 孔插接件为控制线束。原理图见整车原理图的发动机部分。

1. 电源线束

发动机 ECU 共用 2 种电源，一种为蓄电池供电，即车辆电源总开关打开后即得电，另一种为钥匙开关电源(受控电源)，即车辆电源总开关打开并且点火钥匙需要达到运转位。电源线束中的电源为蓄电池供电，其中 1、4 脚为正极，由蓄电池经保险后直接供电，5、8 脚为负极，直接搭铁，9、10 脚为备用。

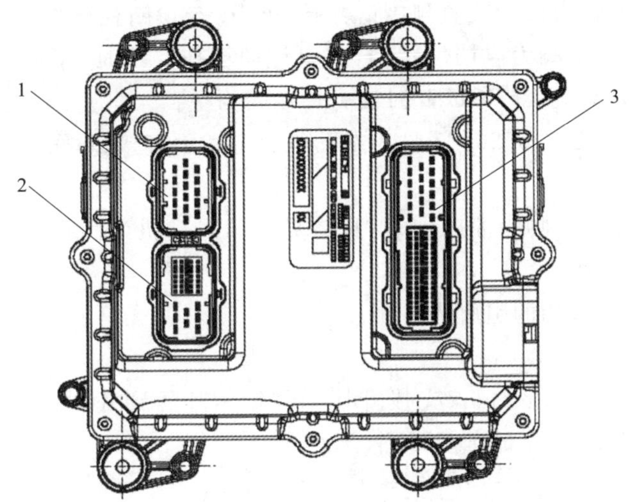

图 2-210　电子控制单元 ECU 外形及连接线束

1—喷油器线束;2—传感器线束;3—整车控制线束

2. 控制线束

(1)42 孔插接件 37、38 脚为预热继电器信号。发动机 ECU 根据发动机上的温度传感器感应环境温度,通过加热继电器自动控制进气加热器的工作(加热功率为 1.9 kW),以利于冷启动,进气加热时间已标定好,用户无需变动。整个加热过程为:打开点火钥匙,发动机 ECU 根据环境温度自动进行预加热,一般加热 1min 后,加热停止,此时可以启动发动机,启动完成后发动机 ECU 根据环境温度自动进行后加热,一般加热 2min,环境温度低于－10 ℃时进行后加热。

(2)42 孔插接件 8、9 脚为启动继电器信号。WP12 电喷式发动机与传统发动机启动方式不同,传统发动机为启动继电器直接控制启动电机,WP12 电喷式发动机为启动受发动机 ECU 控制,由 ECU 控制启动继电器。俗称启动受 ECU 控制,此做法的优势包括:

①空挡启动保护:只有传动系统断开(挂空挡)时才运行启动,避免了挂挡启动后车辆即运行的危险。注意:如果空挡信号出现故障,发动机将无法启动,此时把点火开关打到启动位 3 s 以上再启动,此时解除此保护。

②二次启动保护:当发动机已经启动且点火钥匙打到启动位(开关发卡等故障或误操作等情况)时,ECU 不输出该信号,以免损坏启动机的齿轮。

③长时间启动保护:如果发动机没有启动,而启动信号有效超过 12s 时,ECU 自动切断该信号输出,主要保护启动机、电瓶等。

④防盲啮合保护:当启动机带曲轴在 12 s 内没有达到 52 r/min 时,ECU 认为启动机与飞轮没有啮合,该信号断开。

⑤预热控制:进气加热在环境温度较低时自动进行,为保护蓄电池,此时禁止启动发动机,如果有启动信号,ECU 不输出该信号。

(3)42 孔插接件 10 脚为启动信号:前端操纵台点火开关的启动信号通过逻辑控制器互锁后给 ECU 启动指令,ECU 是否输出启动继电器信号由 ECU 自动判断。

(4)42 孔插接件 11 脚为控制电源:前端操纵台点火开关的运转信号通过逻辑控制器互锁后给 ECU 的控制电源。

(5)42 孔插接件 2、3 脚为 J1939 信号:J1939 通信线。

(6)42 孔插接件 4 脚为诊断及监测接口:用于 ECU 与诊断检测工具的数据通信。

(7)42 孔插接件 1、17 脚为空挡信号:当液力传动箱挂空挡时,车辆控制系统控制 KJ6 得电,接通 ECU 的 1、17 脚,通知 ECU 此时液力传动箱为空挡。

(8)42 孔插接件 15、23、25、26、27 脚为发动机状态指示灯接口,可以用来对发动机进行故障诊断。

(9)42 孔插接件 29、34 脚为油门信号:具体见本节发动机油门控制原理和本节液力传动箱自动换挡工作原理内容。

(10)42 孔插接件未说明的引脚为备用。

3. 插件维修注意事项

(1)将接插件从 ECU 取下时,首先拔开接插件锁紧片压到底,将接插件取出,如图 2-211 所示;注意不要左右晃动,以免折弯 ECU 针脚。

图 2-211 ECU 插件外形

(2)插接 ECU 线束插件时,将接插件摆正轻轻放入 ECU 插槽,将插接件压到底;合上锁紧片。

(3)注意不允许频繁插拔 ECU 接插件,以免影响 ECU 的信号连接。

(4)对 ECU 插拔时务必关闭 ECU 电源,不要用手触摸 ECU 的管脚。

(5)不要硬拉硬拽线束,当需要断开接插件时,要拿住插接器断开锁扣,不可拉电线,以防损坏。

(6)在进行 ECU 供电电源连接的时候,务必确认好电源的正负极以免烧坏电控单元。

4. 启动机使用注意事项

为确保启动机保证无故障运行,应注意:

(1)应做好启动机防护,避免溅入雨水、润滑油等。

(2)应避免高温,启动机壳体的许用温度不大于 100 ℃。

(3)如果驾驶员监控不到启动过程(例如发动机安装在车下或尾部),为保护启动机和防止打齿,必须安装启动继电器,启动继电器电流容量应大于 80 A,在柴油机开始正常运转后立即切断启动机电路;启动继电器的轴线应与地面平行,且垂直于车辆运行方向,以防由于振动和冲击等原因而使启动机意外啮合。

(五)液力传动箱控制

液力传动箱电气控制模块包括控制单元、诊断模块、诊断连接 RS-232、上载 VTIC 操作软件、CAN 诊断连接。

1. 控制单元

控制单元 VTIC.1 安装在液力传动箱上,其工作温度为 $-40\sim105$ ℃、电压范围是 0～32 V、工作电压范围是 16.8～32 V。控制单元接口面板接口如图 2-212 所示。

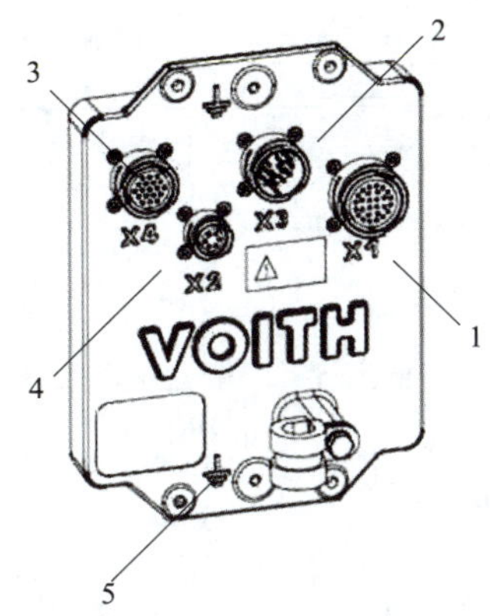

图 2-212　控制单元接口面板接口

1—X1 传感器接口；2—X3 车控接口(车控系统电缆)；
3—X4 控制阀接口；4—X2CAN-Bus 总线接口；5—接地螺钉

2. 诊断模块

诊断模块安装在车辆的电气柜中，工作环境温度为－40～70 ℃。RS232 诊断连接用于读取液力传动箱工作参数并从 VTIC 控制单元中获得诊断信息。CAN 诊断连接用于监控 CAN-Bus 数据。诊断模块如图 2-213 所示。

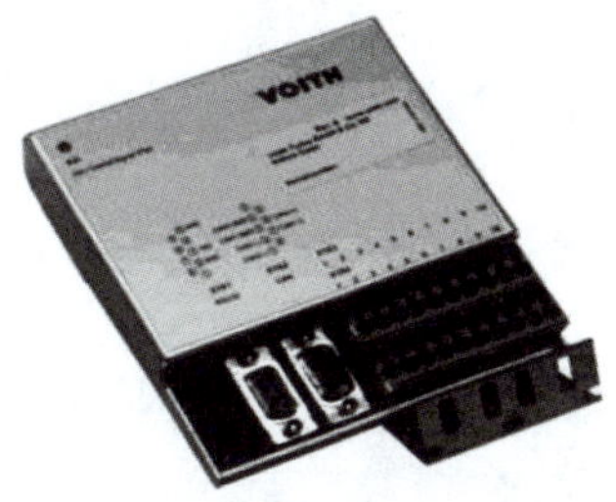

图 2-213　诊断模块

诊断模块通过故障灯状态显示，初步断定控制单元的故障信息，故障灯状态显示的故障信息见表 2-13。

表 2-13　诊断模块故障信息报文对照

项目	状态信号	功能状态
1	快闪(0.2 s)并长停顿(2 s)	功能正常
2	长闪(2 s)并快停顿(0.2 s)	功能错误
3	闪停交替等时长(1 s)	控制单元软件需要下载或更新，否则不适用
4	连续闪	控制模块功能失效

诊断模块接口面板如图 2-214 所示。

六、交流供电系统

交流供电系统主要包括车载发电机、空调器、电暖器等。

车载发电机是作业车不可缺少的随车设备之一，它为作业人员生活、工作提供充足的交流电源，同时也为供电工区检修作业用电动检修工具提供动力来源。

(一)发电机的使用与保养

发电机启动前要进行全面检查。启动前要对发电机的燃油、润滑油、冷却液进行全面检查，不足时应及时补充。检查启动电源连接线是否紧固，避免启动时烧损启动电源极柱或端子。

发电机要定期进行清洁保养，清除发电机污物；检查发电机电刷、滑环接触是否良好；检查启动蓄电池状态，清除极柱氧化物；根据季节变换、运行时间更换润滑油、燃油及滤清器，水冷

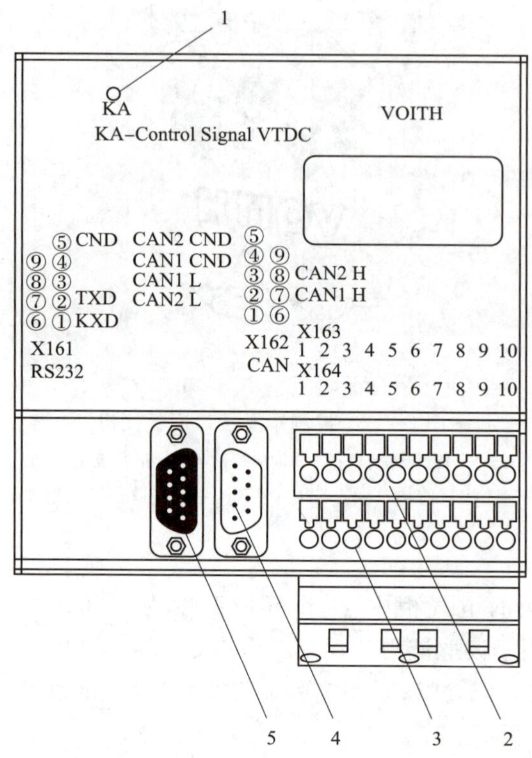

图 2-214 诊断模块接口面板

1—保险管；2、3—X163/X164VTIC 终端接口；

4—X162 诊断接口 CAN；5—X161 诊断接口 RS-232

发电机还要更换冷却液；长期停用时应将旧润滑油放出更换新油，断开启动蓄电池引线，做好防尘、防水。

(二)发电机使用安全注意事项

1. 发电机严禁带负荷启动。启动发电机前要检查所有的交流负荷开关是否断开，防止启动时启动困难或造成发电机、用电设备烧损。如果两次启动未成功应检查启动电源是否亏电、供油系统是否通畅，否则应进行修理。

2. 发电机运转稳定后方可投入负荷。发电机运行不稳定时，其输出的电压、电流均不稳定，极易造成发电机、用电设备烧损。使用调频发电机时，应在发电机启动后调整发电机的励磁系统，将交流输出频率调整至 50 Hz，将交流电压调整至相应输出电压。

3. 严禁超负荷使用发电机。用电设备使用前应核对用电设备的功率、接入位置，严禁插座、接线柱、发电机超负荷使用，以免引起火灾以及发电机、用电设备损坏。

4. 使用三相发电机时要注意各相间电器功率的平衡，避免偏载烧损发电机。

5. 作业车同时接有其他交流电源时，必须时刻注意禁止两路交流电源并联运行，防止发生意外。

复习思考题

1. JW-4G 型接触网检修作业车冷却系统由哪几部分组成？其作用是什么？

2. 潍柴 WP12 系列柴油机具有哪些特点？

3. 冷却系统中膨胀水箱有哪些作用?
4. WP12 系列柴油机润滑系统由哪几部分组成?
5. 简述 WP12 系列柴油机润滑系统有何作用。
6. WP12 系列柴油机燃油供给系统由哪几部分组成?
7. WP12 系列电控高压共轨柴油机有哪些特点?
8. 接触网作业车涡轮增压器的作用是什么?
9. 试述更换旋式燃油滤清器芯的步骤及粗滤器的排气步骤。
10. JW-4G 型接触网检修作业车传动系统由哪几部分组成? 其作用是什么?
11. T211re.4 液力传动箱由哪几部分组成?
12. 接触网作业车传动轴由哪几部分组成?
13. 接触网作业车车轴齿轮箱有哪些保养注意事项?
14. 简述 JW-4G 型接触网检修作业车转向架的作用。
15. JW-4G 型接触网检修作业车轴轴承箱有哪些特点?
16. 试述橡胶堆旁承的特点。
17. JZ-7G 型空气制动机由哪几部分组成?
18. JZ-7G 型制动机旁路制动由哪几部分组成? 其工作原理是什么?
19. 接触网作业车基础制动由哪几部分组成?
20. JW-4G 型接触网检修作业车液压系统由哪几部分组成? 有哪几种控制回路?
21. 接触网作业车直流电气系统的主要作用是什么?
22. 试述蓄电池正确的检查和维护保养方法。

第三章　车载安全装备

第一节　轨道车运行控制设备

一、GYK 的基本构成及原理

(一)GYK 的基本构成

轨道车运行控制设备(以下简称 GYK)由主机(含主控及记录模块、轨道电路信息读取器 TCR、BTM 通信模块、语音记录模块、接口模块、电源模块)、人机界面单元(DMI)、机车信号机和外部接口(主机与压力传感器、机车信号接收线圈、速度传感器、电磁阀、熄火装置、列调电台、轨道车工况、公用数据箱、BTM 设备的接口、无线调车监控设备的接口)等组成。其构成如图 3-1 所示。

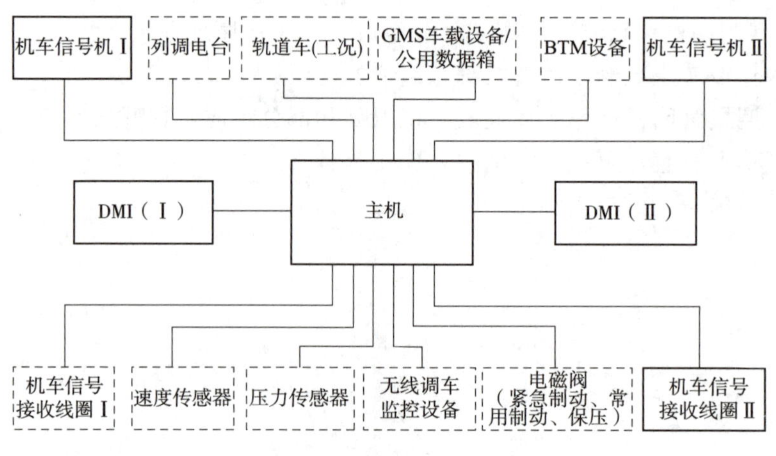

图 3-1　GYK 基本构成

1. 监控主机

主机插件顺序为:UPS 电源 8R、电源 8R、数字入出 6R、机车信号 6R、模拟入出 4R、主控记录 4R、语音记录 6R、BTM 通信 4R,前面板排列示意如图 3-2 所示、背面如图 3-3 所示。

主要功能:UPS 电源插件用于接触网作业车发动机启动时保证 GYK 正常工作;电源插件提供主机及外部传感器的电源;数字入出插件用于数字量输入和输出;机车信号插件实现轨道电路信息接收;模拟入出插件用于模拟量输入、输出;主控记录插件实现作业车的运行控制和数据记录功能;语音记录插件可对车机联控话音或 GYK 各种提示语音进行记录;BTM 通信插件实现与 BTM 设备间的数据通信,接收应答器信息。

2. 显示器

显示器用于实现人机对话,参数设定,数据转储,运行、控制曲线、信号、时钟等参数的显示。显示器由显示屏(DMI)、键盘、USB 插口等组成,如图 3-4 所示,背板如图 3-5 所示。

显示器采用 10.4 英寸 TFT 高亮度液晶显示屏,可实时显示作业车运行状态和相关数据,与监控主机通过双路 CAN 电缆相连,其电缆连接有规定的定义。

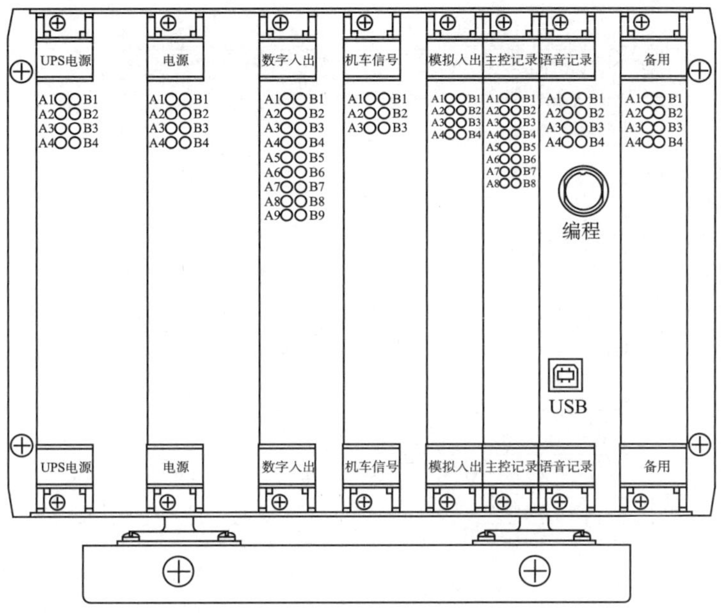

图 3-2　GYK 监控主机正面

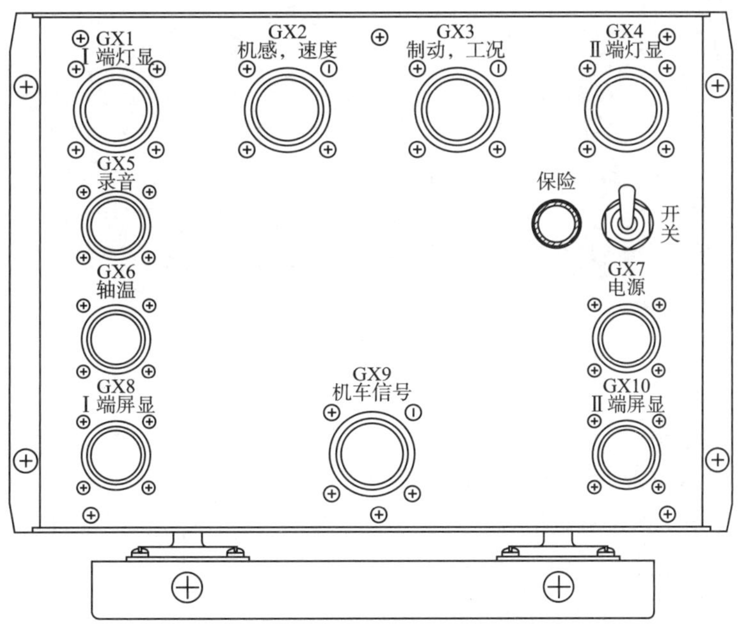

图 3-3　GYK 主机背板

3．机车信号

机车信号是列车运行控制系统的基础，是轨道车运行控制设备的“信号源”。机车信号是一种能够正确反应地面信号机显示状态的行车装置。机车信号由信号接收线圈、机车信号主机、接线盒、八显示机车信号灯等组成。

4．应答器信息接收单元

应答器信息接收单元是轨道车运行控制设备(GYK)的配套使用设备，简称 BTM，是接受

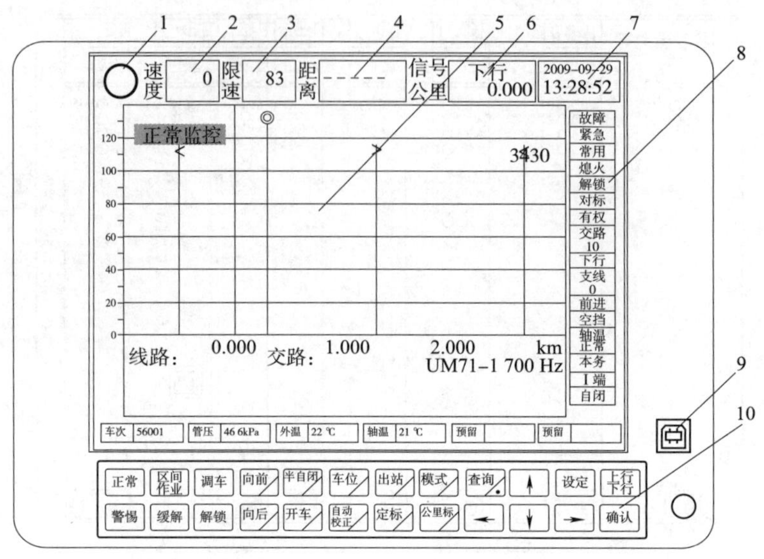

图 3-4 显示器面板

1—机车信号复示;2—实时速度;3—实时限制速度;4—信号机距离;5—模式曲线显示区;6—公里标;7—日期及时钟;8—运行状态显示;9—USB 接口;10—键盘

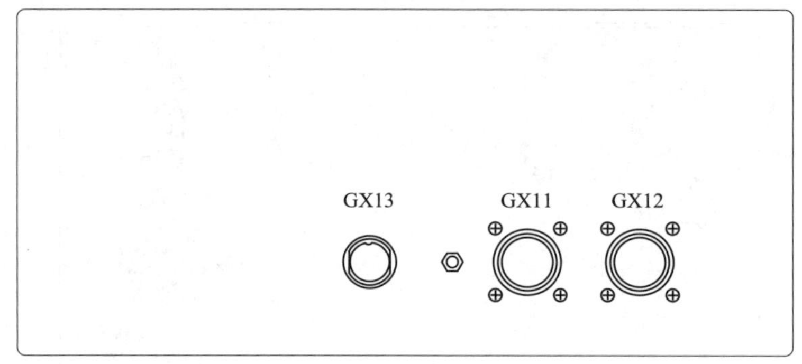

图 3-5 显示器背板

地面应答器的车载装置。BTM 由主机、车载天线两部分组成。BTM 通过车载天线将接收到的地面应答器信息传输给轨道车运行控制设备,如图 3-6 所示。每台 BTM 实现一路与轨道车运行控制处理设备的数据通信。

5. 轨道车运行控制设备远程维护监测系统

轨道车运行控制设备远程维护监测系统(简称 GMS)是轨道车运行控制设备(GYK)的配套使用设备,主要实现 GYK 基本数据远程升级、运行揭示远程载入、控制软件远程升级、运行记录数据远程下载和作业车运行状态信息实时监测等功能,是提高作业车运用安全和设备维护管理质量的重要设备。

轨道车运行控制设备
接口“B”
BTM主机
车载天线
接口“A”
地面应答器

图 3-6 BTM 系统构成

(1)GYK 基本数据升级

操作 GMS 用户终端,对 GYK 基本数据下发远程升级计划并按照提示进行“GYK 基本数据文件升级”。司机核对基本数据升级版本后，进行确认，完成升级。

(2)GYK 运行揭示载入

操作 GMS 用户终端，对 GYK 运行揭示下发远程载入计划并按照提示进行“GYK 运行揭示升级”，运行揭示升级完成后，司机查看 DMI 计划揭示界面，逐条核对运行揭示内容的正确性，完成载入。

(3)DMI 控制程序升级

操作 GMS 用户终端，对 DMI 控制程序下发远程升级计划并按照提示进行“DMI 控制程序升级”。司机核对 DMI 程序升级版本后，进行确认，完成升级。

(4)GYK 主控程序升级

操作 GMS 用户终端，对 GYK 主控程序下发远程升级计划并按照提示进行“GYK 主控程序文件升级”。司机核对 GYK 主控程序升级版本后，进行确认，完成升级。

(5)GMS 主控程序升级

操作 GMS 用户终端，对 GMS 主控程序下发远程升级计划并按照提示进行“GMS 主控程序升级”。司机核对 GMS 主控程序版本后，进行确认，完成升级。

(6)GYK 系统时钟校时

GMS 车载设备时钟依据 GPS/BDS 校时，GYK 设备每次开机时，GMS 车载设备会判断 GYK 系统时钟误差，当 GYK 系统时间误差大于 30 s 时，GYK 通过 GMS 车载设备同步校时。校时完成后，司机需确认 GYK 系统时钟是否正确。

(7)升级调取

进入“GMS 升级”调取界面，司机根据需要调取升级任务。

(二)轨道车运行控制系统的控制原理

GYK 根据数据、机车信号信息、应答器信息(安装 BTM 设备时)和前方目标距离，自动生成目标距离速度控制曲线，采用连续或分级速度控制方式，监控作业车安全运行。

当作业车速度达到控制模式曲线时，GYK 对作业车实施常用制动、熄火及紧急制动，防止“两冒一超”。

二、GYK 的基本功能

(一)轨道电路信息接收功能

能够正确接收和现实交流计数电码信息、移频电化码信息、微电子交流计数信息、UM71(ZPW-2000)、极频信息以及 UM2000、单轨条移频信息。

(二)应答器信息接收功能

实现与 BTM 的数据通信，接收 BTM 传输的地面应答器信息，包括里程信息、线路数据、轨道电路数据以及临时限速等信息。

(三)监控功能

根据作业车运行数据、机车信号信息和前方目标距离，自动生成目标距离模式曲线，采用分级速度控制方式，监控作业车运行安全。

1. 对机车信号信息、应答器信息进行限速控制，防止超速或越过关闭的信号机。
2. 防止运行速度超过线路允许速度。
3. 防止运行速度超过编组的最高构造速度。
4. 防止运行速度超过线路临时限制速度。

5. 防止高于规定的调车运行速度进行调车作业。

6. 防止高于规定的限制速度进行区间施工作业。

7. 防止溜逸。

8. 在关闭的通过信号机前停车后，允许以不超过规定的限制速度越过该信号机。

9. 遇特殊情况时，允许乘务人员按解锁键进行人工解锁。

10. 在站内侧线无码的状态下，防止越过关闭的出站信号机。

11. 监控正确进行支线转移和交路转移运行。

(四)警醒功能

在正常监控模式和区间作业模式，当速度大于 20 km/h 时，GYK 间隔 120 s 进行报警，要求司机按压手动按钮或脚踩踏板进行应答，否则实施紧急制动，以保障运行安全。

(五)数据记录功能

1. GYK 具有运行数据记录功能

实时记录日期、时间、公里标、机车信号信息、轨道车工况、运行状态、检修人员/司机操作、系统自检、揭示信息等内容。

2. 特定条件下记录的项目

(1)开机记录：日期、时间、车次号、线路代码、名称、司机号、副司机号、作业车车号、设备编号、轮径。

(2)关机记录：日期、时间；司乘人员输入的数据：司机号、副司机号、车次号、线路代码、计长、辆数、公里标、编组限速、本务/补机等。

(3)出入库自检记录：自检过程、自检结果、故障信息。

3. 运行过程中记录的信息

司机对 GYK 的操作信息；司机对参数的修改信息；设备制动过程记录；进入、退出调车作业的信息；进入、退出区间作业的信息；风压不足、溜逸、轴温报警信息、BTM 工作状态信息。

4. 当满足下列条件之一时，产生一条记录

运行速度变化 2 km/h 或速度下降到 0，GYK 限制速度变化 2 km/h，风压变化 20 kPa 或压力下降到 0，机车信号显示状态、绝缘节变化，轨道车工况(前进/后退、零位或空挡)变化，接收到应答器信息数据等，无上述条件发生时，运行 500 m 记录一次。

5. 数据记录的同时，记录以下项目

时间(时、分、秒)、地面公里标、运行速度、限制速度、机车信号显示状态、列车管风压、轨道车工况(前进/后退、零位或空挡)、车站站名。

6. 文件建立的条件

更改车次、更改司机号、更改车号、日期变化后重新开机。

7. 记录数据的转录

记录的数据能够采用转储器转录到地面计算机系统，通过地面分析软件进行统计、分析及打印。

8. 地面分析软件功能

能够实现全程记录分析、多重查询、曲线回放、司机报单、统计分析和网络化管理，具体内容如下：

全程记录数据分析列表、安全因素报表、司机报单报表；全程运行曲线图形显示、回放；历史数据查询；历史数据统计按时间、车号、司机信息统计安全因素数据；提供日统计、旬统计、月

统计、年统计以及任意时间范围内等多种统计方式;打印报表及曲线图形;建立数据库,提供网络化管理服务。

(六)语音记录功能

1. 记录车机联控语音,并记录相应的日期、时间、公里标等信息。

2. 记录方式:采用固态电子存储媒介;存储卡应采用卡式插拔结构,便于信息的长久存储和提取。

3. 存储卡支持在电脑上直接播放。支持 U 盘转储,电脑直接播放。

4. 启动方式:声信号启动和电信号启动两种方式可选。

5. 安全管理:具备对不同用户设置操作权限和密码的功能。

6. 操作功能:具备在 DMI 上监听、放音、查询等功能,且不影响正常录音。

(七)人机交互功能(人机对话)

1. 输入信息:具备参数输入及揭示信息输入,输入方式为按键手动输入和转储器输入。输入的信息:司机号 1、司机号 2、司机号、副司机号、车次号、线路代码、编组信息、公里标及增减趋势、编组限速、上下行等。揭示信息:临时限速、绿色许可证、路票、区间作业调度命令、线路里程断链等信息。

2. DMI 显示信息:日期和时间;机车信号信息;运行速度与限速;目标距离;作业车所在位置的公里标;监控模式和作业车制动状态;作业车驶过的不少于 1 km 以内的运行速度轨迹曲线;作业车当前位置至前方不少于 3 km 以内的模式限制速度曲线;前进/后退指示、上行/下行指示;线路名称、机车信号制式;列车管风压;轴温显示。

(八)DMI 具备转储器转储记录数据的功能和接口

GYK 与 GMS 车载设备连接后,能实现远程数据上传、下载功能。

(九)故障报警功能

1. GYK 在下列单元发生故障时,提示故障信息:数字入出单元、模拟入出单元、语音记录单元、DMI(与主机通信故障)、BTM 通信单元、BTM 设备。

2. 机车信号、速度信号故障,GYK 实施紧急制动。

3. GYK 在下列条件下,应发出故障报警,提醒司机切换隔离开关,并切断 GYK 电源。当报警时间达到 3 min 时,GYK 实施紧急制动。主控记录单元故障,制动系统故障,UPS 电源单元、电源单元故障。

三、GYK 的控制模式

(一)GYK 控制模式的分类

根据作业车运行和作业特点,轨道车运行控制系统(GYK)设置了 5 种控制模式,分别为:正常监控模式;调车控制模式;目视行车控制模式;区间作业控制模式;非正常行车模式。控制模式选择界面如图 3-7 所示。

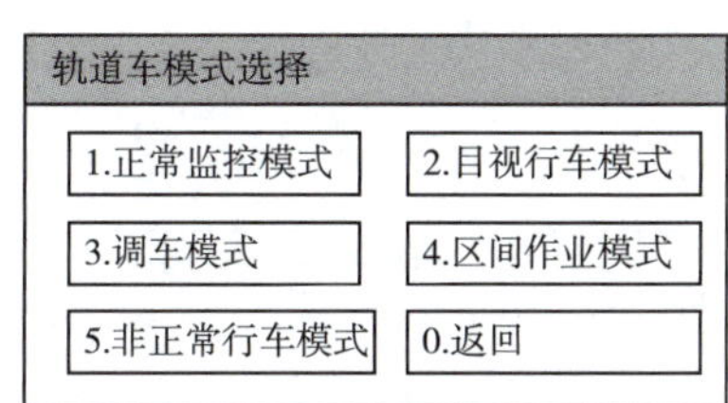

图 3-7　GYK 控制模式选择界面

接触网作业车控制模式具有补机状态功能,在各种模式下均可以进入补机状态。

非正常监控提速状态下,机车信号信息对应的允许速度见表 3-1。

表 3-1 非正常监控提速状态下,机车信号信息对应的速度

机车信号显示	机车信号信息名称	允许速度(km/h)
L	L5 码	80
L	L4 码	80
L	L3 码	80
L	L2 码	80
L	L 码	80
LU	LU 码	80
U	LU2 码	60
U	U 码	60
U2S	U2S 码	80
U2	U2 码	60
UU	UU 码	30/45
UUS	UUS 码	45
HUS	HUS 码	20
HU,H	HU 码,H 码	0
B	无码	80

注:上表中的 B 灯无码允许速度只适用于半自动闭塞区间。

(二)机车信号速度定义

根据中国国家铁路集团有限公司 TJ/DW 046—2017《轨道车运行控制设备暂行技术条件》的规定,对机车信号信息相对应的速度进行了明确规定,非正常监控提速状态下,机车信号信息对应的允许速度见表 3-1;正常监控提速状态下,机车信号信息对应的允许速度见表 3-2。

表 3-2 正常监控提速状态下,机车信号信息相对应的速度

机车信号显示	机车信号信息名称	允许速度(km/h)
L	L5 码	120
L	L4 码	120
L	L3 码	120
L	L2 码	120
L	L 码	120
LU	LU 码	80
U	LU2 码	60
U	U 码	60
U2S	U2S 码	80
U2	U2 码	60
UU	UU 码	30/45
UUS	UUS 码	45
HUS	HUS 码	20
HU,H	HU 码,H 码	0

注:1. 机车信号为双黄灯、交流计数黄灯且实际道岔限制速度小于 30 km/h 时,由人工控制。
2. UU 码允许速度默认为 30 km/h,当车站列车进路均为 45 km/h 以上道岔时,取 45 km/h。

（三）控制模式间的转换

各控制模式间可实现相互转换，转换方式见表 3-3。

表 3-3　控制模式间转换表

模式	正常监控模式	调车控制模式	目视行车控制模式	区间作业控制模式	非正常行车控制模式
正常监控模式	—	人工	人工	人工	人工
调车模式	人工	—	人工	人工	
目视行车模式	人工	人工	—	人工	
区间作业模式	人工	人工	人工	—	
非正常行车模式	自动	人工	人工	人工	—

各个模式之间相互独立，通过 DMI 面板“模式”键进入“轨道车模式选择”菜单，进行模式切换，进入一种控制模式的同时退出上一种控制模式，即同一时间只有一种控制模式有效，DMI 以文字形式显示该模式的名称。

（四）正常监控控制模式

正常监控模式用于作业车正常运行控制。GYK 根据机车信号信息、速度信息，以进入闭塞分区后 700 m 处为目标点，计算产生控制曲线。

作业车在高速铁路区段运行时，当轨道电路信号、应答器信息接收正常，且收到的应答器信息满足提速条件时，经司机操作确认，GYK 由正常监控模式进入正常监控提速状态，按机车信号、应答器信息进行控车的运行控制模式。

（五）调车模式

作业车调车作业时进入调车模式，如图 3-8 所示。

（六）目视行车控制模式

目视行车模式用于：

1. 正常监控遇停车信号（红黄灯、红灯、白灯）或信号突变，停车后，根据需要司机按【解锁】键转入正常监控模式（目视行车）。

2. 区间作业遇封闭的停车点，当作业车运行至距离闭口点小于 500 m 停车后，根据需要，司机按【解锁】键转入区间作业模式目视行车状态。

3. 机车信号故障时，停车后根据需要，通过司机操作转入目视行车模式。

（七）区间作业模式

区间作业分为 5 种状态：区间作业进入、区间作业返回、区间作业防碰、区间作业编组、5 km/h 连挂，操作界面如图 3-9 所示。

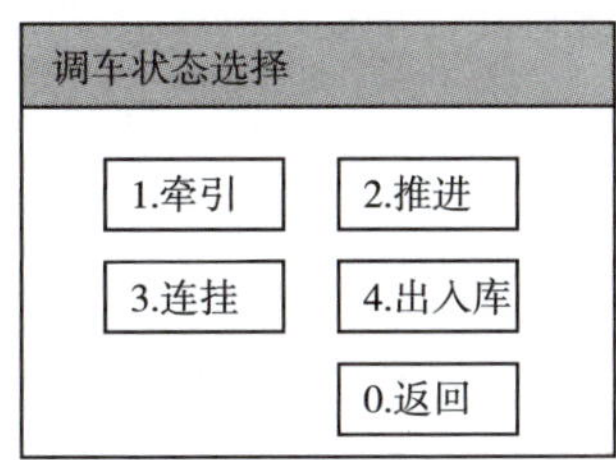

图 3-8　调车状态选择界面

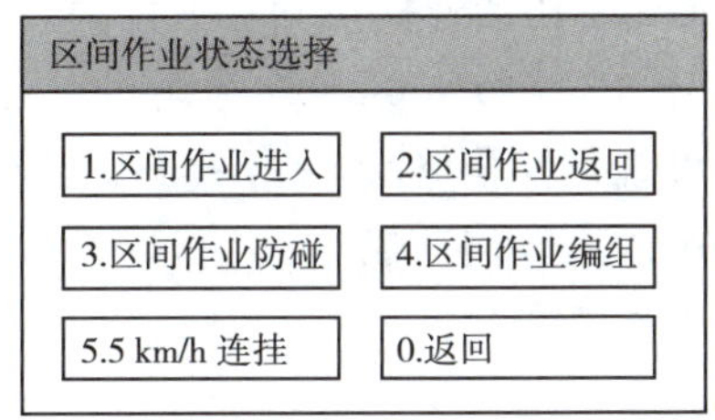

图 3-9　区间作业状态选择界面

1. 区间作业进入

区间作业进入是用于作业车进入封锁区间进行区间作业的控车模式，是在封锁区间轨道电路不发码、应答器信息不发送、GYK 接收不到机车信号和应答器信息情况下的运行模式。

作业车在进入封锁区间前的车站内停车，司机选择区间作业进入状态。

2. 区间作业返回

区间作业返回是用于作业车区间作业完毕返回车站的控车模式，是在封锁区间轨道电路不发码、应答器信息不发送、GYK 接收不到机车信号和应答器信息情况下的运行模式。

区间作业防碰是用于作业车在设定的作业起点和终点公里标范围内作业的控车模式。

3. 区间作业防碰

区间作业防碰是用于作业车在设定的作业起点和终点公里标范围内作业的控车模式。

4. 区间作业编组

区间作业编组是用于作业车区间作业完毕进行编组的控车模式。

5. 5 km/h 连挂

5 km/h 连挂是用于作业车进行车组连挂的控车模式。

6. 区间作业提速状态

区间作业提速状态用于作业车进入或返回有应答器配置的封锁区间。

区间作业提速状态具有两种状态：区间作业进入提速和区间作业返回提速。

(八)非正常行车模式

具有地面信号确认、路票行车、绿色许可证行车、引导进站、调度命令发车 5 种非正常行车状态，如图 3-10 所示。

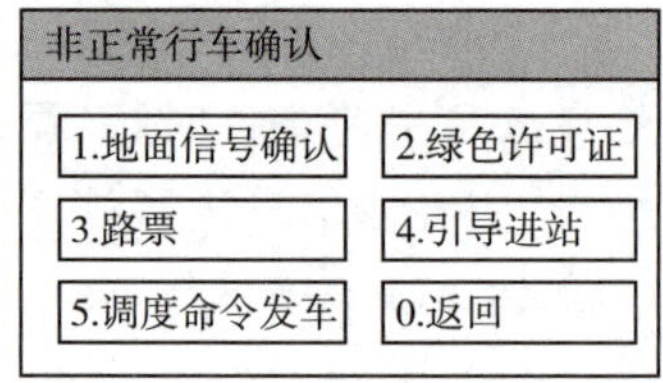

图 3-10 非正常行车选择界面

(九)补机状态

补机状态下，GYK 只记录，不控制。

第二节 机车综合无线通信装置

机车综合无线通信设备(简称 CIR)是基于 GSM-R 技术的车载设备，与 GSM-R 通信系统地面设备构成铁路专业通信网。CIR 具备语音与数字信号传输功能，并能实现语音与数字信号同时传输。

一、CIR 的特点

1. 集成化程度高，结构坚固，满足作业车的使用环境要求。
2. 具有 GSM-R 话音模块和数据模块，可用 GPRS 或 CSD 方式传输数据，传输可靠，话音质量高，误码率小，兼容 450 MHz 通用机车台的所有功能。
3. 采用可视化操作终端，便于操作。
4. 具有出入库检测功能。
5. 具有车次号接口。
6. 具有列车尾部风压检测功能。
7. 具有自动和手动转换工作模式的功能。
8. 具有录音接口。

9. 具有预留扩展数据接口，用于机车以后的扩展业务使用。

10. 具有软关机功能。在关机时，由 CIR 内部的电池供电，完成各类信息的存储、机车号功能号和车次号功能号的注销后才进行关机。

二、CIR 的基本构成

CIR 由主机、操作显示终端(MMI)、送受话器、打印机、扬声器、天线及各种连接电缆等组成(内置 LBJ 模块)，如图 3-11 所示。

图 3-11　CIR 组成设备

1—主机；2—显示器；3—扬声器；4—天线；5—打印机；6—送受话器

CIR 主机由电源单元、电池单元、高速数据单元、GSM-R 语音单元、GSM-R 数据单元、GPS 单元、记录单元、主控单元、450 MHz 机车电台单元、800 MHz 车载电台单元、数据接口单元组成，如图 3-12 所示。

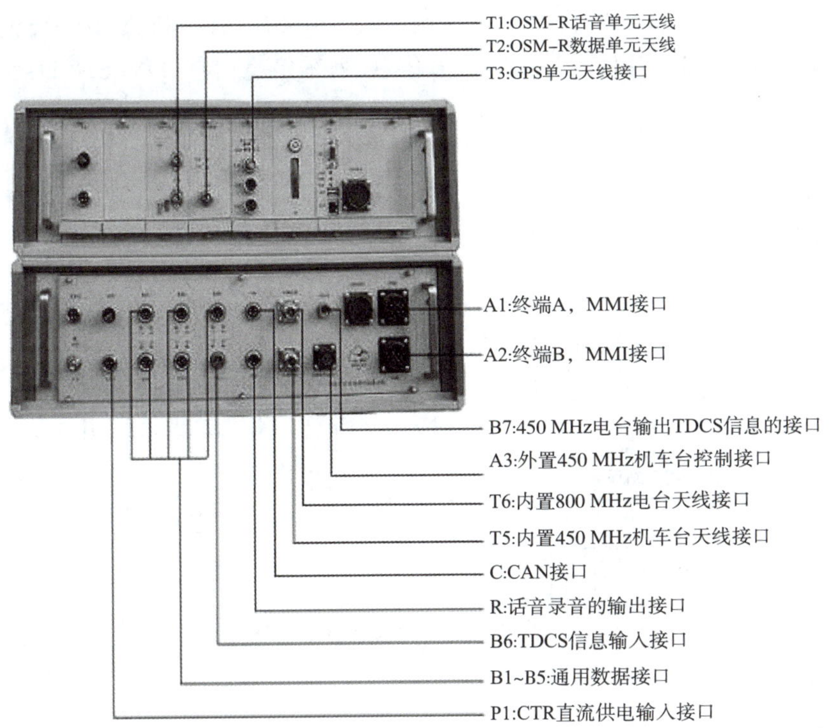

图 3-12　CIR 主机

三、高速铁路 CIR 的主要功能

(一)GSM-R 调度通信功能

GSM-R 调度通信可实现个呼、组呼(VGCS)、广播(VBS)、注册与注销。

(二)GSM-R 数据通信

GSM-R 的数据业务分为电路数据和 GPRS 两种传输方式。

电路数据方式实时性强,可实时传送数据信息,缺点是占用网络资源较大。

GPRS 方式占用网络资源少,但是 GPRS 方式延时比电路数据方式大,对实时性要求比较高的业务不适于用 GPRS 方式传输。

1. 无线车次号

(1)通信方式数据传输采用 GPRS 方式(UDP 协议),传递过程如图 3-13 所示。

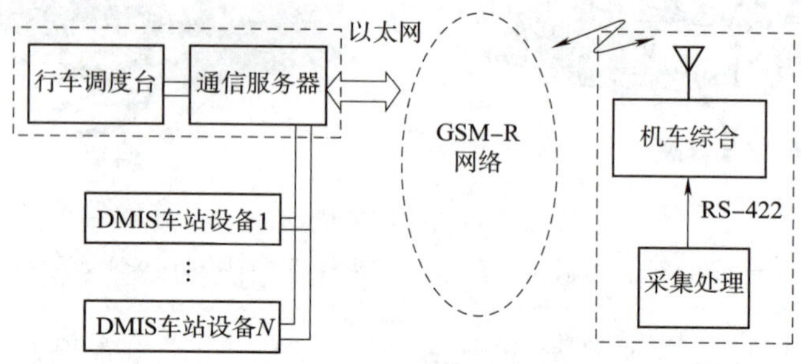

图 3-13 GSM-R 模式无线车次号系统构成

(2)系统功能可实现车次号传送的目的 IP 地址自动更新、车次号信息传送(列车进入新的闭塞分区、进站、出站,在非监控状态下速度由 0 变为 5 km/h,司机操作运行记录器开车键时)、列车停稳信息的传送、存储发送的车次号信息、列车停稳信息、DMIS/CTC 向采集处理装置查询车次号信息。

2. 调度命令

(1)通信方式

数据传输采用 GPRS 方式(UDP 协议),通信系统构成如图 3-14 所示。

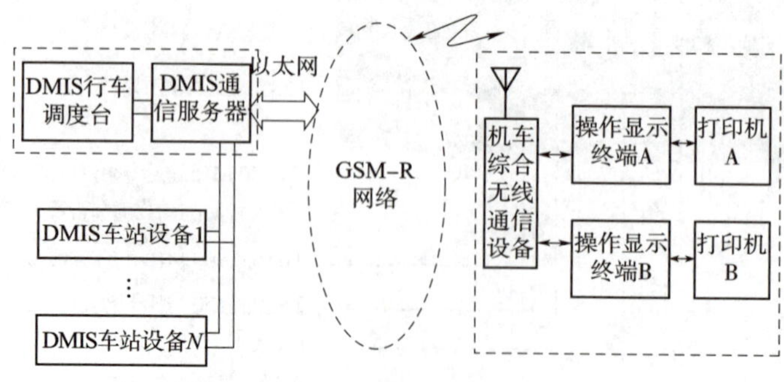

图 3-14 GSM-R 模式调度命令系统构成

(2)系统功能

调度命令系统可实现调度员向辖区内的运行列车发送调度命令等信息,在 CTC 区段发送行车凭证、调车作业通知单等信息;车站值班员向辖区内的运行列车发送行车凭证、调车作业通知单等信息；自动向辖区内的运行列车发送列车接车进路预告信息；机车设备向车站发送调车请求信息；机车设备向发送人终端发送自动确认和签收信息；TDCS设备和机车设备存储调度命令并记录操作过程；系统中各终端具有文字提示功能，机车设备还具有语音提示功能。

3. 尾部风压

(1)通信方式数据传输采用GPRS方式(UDP协议)，如图3-15所示。

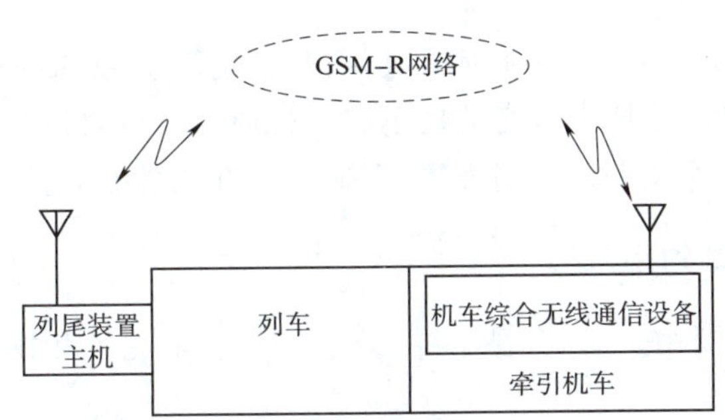

图3-15　GSM-R模式尾部风压系统构成

(2)系统功能

尾部风压系统可实现与列尾主机之间建立和拆除唯一对应关系；提供司机查询尾部风压的功能；接收并显示列尾主机发送的尾部风压数值；风压数值在规定时间内没有更新时，机车综合通信设备告警；具有控制列尾主机排风制动的功能；能接收列尾主机发送的电池欠压、主风管风压不正常告警信息，并进行声光告警；具有语音和数字显示的提示功能。

4. 调车监控信息传送

(1)通信方式采用点对点电路连接，如图3-16所示。

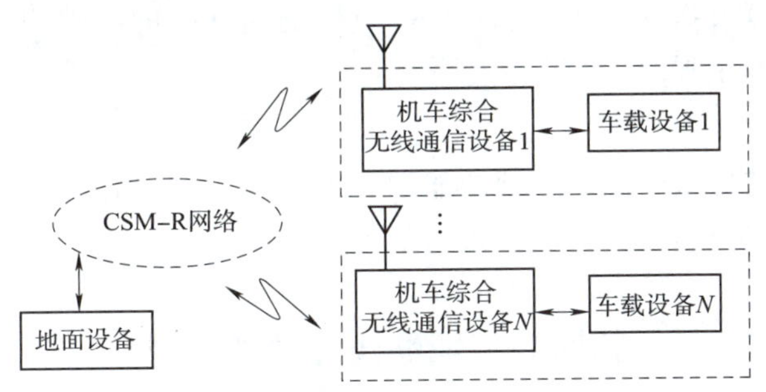

图3-16　GSM-R模式调车机车信号和监控信息传送系统构成

(2)系统功能

调车监控信息传送可以提供调车机车信号和监控信息传输通道；实现地面设备和多台车载设备间的数据传输；存储进入和退出调车模式的有关信息；多台调机同时作业时，地面设备使用连选功能，与每台车载设备分别建立电路连接。

(三)列车防护报警设备功能

列车防护报警设备(简称LBJ)具有发送、接收、解除列车防护报警信息的功能，还可以接收施工防护报警信息、道口报警信息等其他报警信息。

第三节 铁路数字移动通信系统

铁路数字移动通信系统(简称GSM-R手持终端)分为GPH和OPH。作业车配备的手持终端为OPH。

OPH支持调度通信业务,主要用于列车、车站、编组场、沿线区间及其他铁路作业区的各工种工作人员话音和数据通信。

机车综合无线通信设备(CIR)不能通话时,司机应立即使用GSM-R手持终端报告列车调度员(车站值班员)。如GSM-R手持终端也不能进行通话时,司机应在前方站停车报告;机车综合无线通信设备或GSM-R手持终端修复(更换)后,方准继续运行。

一、GSM-R手持终端的组成

GSM-R手持终端主要由主机(含显示屏、键盘、天线、麦克风和扬声器)、电池、充电器、外置耳机麦克风等组成。

二、GSM-R手持终端的功能

(一)支持基本业务功能

包括:呼叫处理、用户身份鉴权、用户与业务多优先级管理、紧急呼叫(包括公众紧急呼叫和铁路紧急呼叫)、短消息业务、信令信息的加密。

(二)支持移动性操作的功能

包括:位置登记、切换、漫游、呼叫重建。

(三)呼叫处理附加功能

包括:快速呼叫建立、业务的安全保密、支持DTMF信号传输、组呼静音和取消静音、接入矩阵、呼叫限制、不连续发送和接收、迟后进入(对于通话状态的终端,只支持铁路紧急呼叫的迟后进入)、单信道发起组呼(可选)。

(四)管理功能和其他功能

包括:GSM-R系统提供的网络管理功能和其他功能,应包括通话记录、话务统计、话务负荷监测和控制、系统维护和管理、直通模式通信(可选)。

第四节 辅助监控监测设备

辅助监控监测设备主要包括视频安全监控系统、轴温监测装置等。

一、视频安全监控系统

视频安全监控系统由车载设备、服务器、管理终端、通信链路、应用软件和外部接口等组成,依托通信链路,为作业车管理部门、使用部门和调度指挥中心提供远程维护监测基本和扩展功能。

(一)基本功能

1. 视频监控功能

车载设备利用摄像头可实时记录运行过程、作业过程以及抢险过程中的实时状况,同时将记录的视频信息保存至本地硬盘;车载设备利用无线网络将拍摄的视频信息实时传输至服务器，管理人员可通过管理终端实时对车辆运行及作业过程进行视频监控。当需要进行历史视频回访时，通过管理终端进入回放页面，可进行历史视频回放。

2. 语音对讲功能

系统集成语音对讲设备，可通过管理终端实现管理人员与司乘人员的实时对讲。

3. 视频客户端

视频客户端具有实时预览、录像回放等功能。

4. 数据传输业务客户端

数据传输业务客户端具有远程升级、数据回传、记录分析、配置管理和帮助中心等功能，业务管理客户端页面有用户权限访问功能。

(二)扩展功能

1. GYK 公用信息显示功能

车载端设备应能与随车安装的 GYK 设备匹配，通过连接来获取 GYK 的公用信息，可以在视频画面中叠加显示 GYK 的公用信息(如公里标、交路号、灯型、速度、限速、车次、车号等信息)，远程客户端实时预览车载端设备的视频时，视频画面中叠加显示 GYK 的公用信息与车载端所显示的信息完全一致。

2. 远程 GYK 揭示换装功能

当有新运行揭示数据需要更新时，可通过管理终端下达升级计划，升级计划经过审核、执行等操作后，通过无线网络传输给车载设备，车载设备接收到揭示数据后，传输给随车 GYK 设备，GYK 设备弹出换装提示窗口，司机确认后，实现对 GYK 设备揭示数据的换装。

3. 远程 GYK 运行记录回传功能

管理人员需要对 GYK 运行记录分析时，可通过管理终端，将车载设备运行记录回传至管理终端，回传完毕后，通过管理终端专用软件分析 GYK 的运行记录。

4. GYK 运行状态远程监测功能

车载设备通过与 GYK 设备的连接来获取 GYK 设备的工作状态，同时将 GYK 设备的工作状态利用无线网络传输至管理终端；当 GYK 设备工作状态出现异常时，管理终端同时会进行实时报警提醒。

5. 定位功能

车载设备在线的情况下，通过无线网络将作业车位置信息发送至服务器，通过管理终端查看车载设备发送的位置信息，定位车辆位置。

6. 车辆履历管理功能

管理人员可通过管理终端，查看已经录入系统的车辆履历信息，履历信息包括主要部件信息、走行公里及年检信息、检修记录、技术改造、试运行记录、配属动态记录及特别记录等信息。

7. 司机履历管理功能

司机履历管理中包括司机号、姓名、性别、单位、身份证号、年龄、文化程度、首次取证时间、驾驶证号、准驾类型、年度体检、参加年度培训、理论成绩等信息。

8. 预留功能

系统预留有指纹打卡、酒精检测、烟雾报警、出退乘答题、轴温状态监测以及司机室和作业平台的语音对讲等功能，可根据实际需求，通过扩展增加相应的设备来实现。

二、轴温监测装置

轴温监测装置是对作业车轴箱轴承温度、车辆运行速度和行驶里程进行监测、记录和报警的安全监控设备。

(一)轴温监测装置的构成

轴温监测装置的构成如图 3-17 所示。

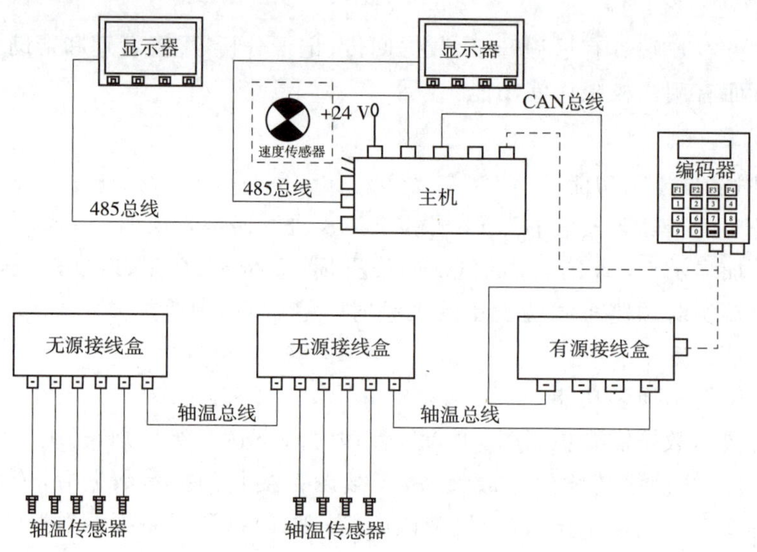

图 3-17　轴温监测装置构成

(二)轴温监测装置的基本功能

1. 轴温监测功能

(1)系统能实时监测车辆的各个轴位温度,清晰准确地显示每个传感器对应的车号、轴位和温度值,并具有记录、查询、转储和数据分析功能。

(2)可实现多车组合联网、多车多轴多点不同类型的轴温监测、显示和报警。

(3)每个轴位传感器能独立设置超温报警温度限值、温升报警温度限值和温度补偿值,适应各种不同监测点的需求。

2. 测速功能

(1)系统能实时接收速度传感器脉冲频率信号,结合轮径值准确计算车辆运行速度。

(2)轮径值可以通过编码器进行设置。

(3)系统具备车轮空转滑行的判别功能。

(4)系统可以设置车辆的构造速度,当车辆实际运行速度接近构造速度时,系统应提示并报警。

3. 报警提示功能

(1)轴温报警功能。当轴位温度或温升超过其报警设定值时,系统应发出持续的声光报警,直到该轴温低于报警设定值方解除。

(2)超速报警功能。当车辆运行速度超过设定的构造速度时,系统应发出持续的声光报警,直到运行速度低于构造速度方解除。

(3)预置里程事件提示功能。当车辆运行里程接近设定的预置事件里程时,系统应发出声光提示，直到人工解除提示。

(4)系统异常报警功能。当系统检测到轴温传感器脱落或短路等异常状态时，系统应发出声光报警，直到人工解除报警。

4. 记录功能

系统具有数据记录功能，可记录车辆运行速度、行驶里程、各轴位温度等信息。

复习思考题

1. GYK 有几种控制模式和基本功能?
2. GYK 的警醒功能是什么?
3. BTM 由哪几部分组成?
4. GMS 的功能是什么?
5. CIR 具有哪些功能?
6. CIR 的 GSM-R 调度通信功能都包括哪些内容?
7. LBJ 具有哪些功能?
8. GSM-R 手持终端有哪些功能?
9. 视频安全监控系统有哪些基本功能?
10. 轴温监测装置有几种基本功能?

第四章　接触网作业车管理

管理制度是安全生产的标准和规范，是实现安全生产的重要前提。因此，加强接触网作业车管理，对于确保人身、行车和设备安全至关重要。

第一节　驾驶人员管理

接触网作业车司机是铁路主要行车工种，从事接触网作业车司机岗位须取得 L1 或 L3 类《铁路机车车辆驾驶证》，并经运用单位岗位培训考试合格后方可上岗。在高速铁路区段值乘的接触网作业车司机，除须经培训并按规定取得相应上岗资格，持有《铁路机车车辆驾驶证》（L1、L3）和《高速铁路岗位培训合格证书（CRH）》外，还应满足以下要求。

一、基本素质要求

1. 文化程度：中职毕业。

2. 专业要求：机车车辆、机械或相关专业，或经 2 年专业培训合格。

3. 职业资格：轨道车司机中级工职业资格和自轮运转车辆驾驶证，操作轨道起重车时还应取得《中华人民共和国特种设备作业人员证》。

4. 工作经历：从事接触网作业车司机工作不少于 2 年，高速铁路运行跟车不少于 3 个月。

5. 身体要求：身体条件符合《铁路机车乘务员职业健康检查规范》，矫正视力 5.0 及以上，无夜盲症，心理健康，能够胜任本岗位工作。

6. 职业道德：遵章守纪、爱岗敬业、服从指挥、团结协作。

二、基本技能要求

1. 熟悉铁路行车安全规章和专业知识。

2. 能识别高速铁路行车信号、行车标志、线路标志，熟悉担当区段线路纵断面。

3. 能使用各种行车凭证，完成操纵本机运行、连挂及调车作业。

4. 能在限速运行或封闭作业时，根据线路的基本条件、接触网作业车的技术条件、接触网的作业因素，判定接触网作业车运行的安全可靠性。

5. 能熟练操控轨道车运行控制设备（GYK）。

6. 能熟练使用机车综合无线通信设备（CIR）、手持终端 GSM-R 与列车调度员（车站应急值守员）联控。

7. 掌握区间被迫停车的处理方法、防护用品的使用方法、行车防护的设置方法。

8. 熟练使用复轨器，根据接触网作业车结构掌握锁定转向架的方法，清楚复轨器使用安全注意事项。

9. 掌握接触网作业车的性能，依据线路情况驾驶接触网作业车，操纵接触网作业车作业平台、随车吊机、紧线装置、车载发电设备。

10. 掌握接触网作业车的发动机性能，能对发动机的运行状态做出判断，排除一般性故障。

11. 熟悉传动系统的组成结构，能排除一般故障。

12. 能进行接触网作业车的日常保养、定期保养、换季保养、走合期保养，合理选择润滑油、润滑脂的品牌、标号，完成自检自修项目内容。

13. 掌握制动系统的结构及试验方法，通过试验发现制动系统故障并排除；合理使用制动机，能根据列车运行速度对制动距离做出判断。

14. 清楚液压泵、溢流阀、电磁阀的安装位置，处理液压系统的应急故障。

15. 掌握吊机操作指挥手语信号，能操纵随车吊机。

16. 能判定轨道起重车作业时的作业环境、选定作业区域、确定起重方向、正确“支腿”，熟知“十不吊”内容。

17. 掌握接触网作业车电气控制电路的工作原理，判定故障原因，能排除突发故障。

18. 能使用各种工具、仪表及防护用品。

19. 能使用配置的各种灭火器。

三、工作质量要求

1. 严格执行《铁路技术管理规程》《电气化铁路有关人员电气安全规则》《车机联控作业》《铁路交通事故应急救援规则》《接触网作业车管理规则》《接触网安全工作规程》《高速铁路调度暂行规则》《轨道车运行控制设备技术规范》，以及高速铁路有关规章。

2. 出库前对运行控制设备(GYK)、机车综合无线通信设备(CIR)、手持终端 GSM-R 进行机能试验，确保性能良好。

3. 出库前对车辆进行检查，符合上线运行要求；运行中发现异常果断采取措施避免故障范围扩大；入库后进行检查、排污，做好防溜，完成 GYK 数据转储、传输。

4. 接触网作业车无跑、冒、滴、漏，车容车貌整洁。

5. 相关技术资料、台账登记及时、齐全。

6. 无责任事故、无违章违纪。

四、培训考核要求

1. 高速铁路接触网作业车司机须按规定参加岗前资格性培训，考试考核合格后方可上岗。

2. 在岗高速铁路接触网作业车司机每年须按规定参加适应性培训。培训内容根据岗位实际需要，以设备维护、施工标准，新技术、新设备、新规章、新工艺四新知识，应急故障处理方法等内容为主。

3. 高速铁路接触网作业车司机实行年度考核鉴定制度。每年由集团公司组织对在岗人员进行一次鉴定，鉴定不合格者不得驾驶接触网作业车。未参加鉴定者，吊销接触网作业车司机驾驶证。

第二节　行车安全管理

行车安全是作业车上线运行的基本要求，是安全生产的重中之重。本节主要介绍高铁作业车调车作业、封锁作业、起重作业等关键作业的行车和管理规定。

一、调车作业

1. 司机应熟悉站场线路、信号机位置等站场设施，熟知调车相关的规章制度和安全措施，作业前做好车辆各部的检查试验，确保状态良好。

2. 调车作业时，凭地面信号机的显示运行。调车作业中，正确及时地执行信号显示（作业指令）的要求，没有信号（指令）不准动车，信号（指令）不清立即停车。

3. 调车作业中通过每架信号机、每组道岔都要严格落实瞭望确认和呼唤应答制度，并认真确认脱轨器、车挡、停留车位置，运行中必须坚持双人瞭望确认，做到车动集中看，瞭望不间断，出入库、转线、穿越正线等作业时，实行副司机起立制度。

4. 调车联控不彻底、调车信号不清严禁动车。遇机车综合无线通信设备不能通话时，司机应立即使用 GSM-R 手持终端报告列车调度员（车站值班员），如 GSM-R 手持终端也不能进行通话时，司机应在前方站停车报告；机车综合无线通信设备或 GSM-R 手持终端修复（更换）后，方准继续运行。

5. 越出站界调车时，由列车调度员发布准许越出站界调车的调度命令后，方可进行。越出站界调车作业完毕，司机或调车指挥人应报告列车调度员（车站负责办理调车进路时为车站值班员或车务应急值守人员）。需在未设调车信号机的线路上调车作业时，根据需要可按越出站界调车作业办理，办理列车进路（进、出站信号机常态为灭灯时，应点灯），由列车调度员发布准许越出站界调车的调度命令，司机根据调度命令和进、出站信号机的显示进行调车作业。

6. 遇天气不良等情况，应适当降低速度，并加强联系和瞭望，防止误听误认。

7. 遇有钢轨锈蚀严重的分路不良区段，不得在道岔处随意停车。要加强与列车调度员（车站值班员）的联系，及时报告作业车位置，防止发生占用丢失。

二、封锁作业

在封锁区间进行作业时，进入区间的行车凭证为调度命令，接触网作业有关人员必须严格执行以下规定：

1. 向区间开行接触网作业车时，司机接到调度命令后，对调度命令内容进行核对，确认封锁范围、作业地点、开行车次及作业时间等，按规定车机联控，根据发车信号开车。

2. 区间分解作业车应按照依次解列的方式进行，后续作业车司机在确认运行方向前方车辆停留的确切地点后方可动车续行。接触网作业车不得越过封锁作业范围进行作业。

3. 在外轨超高大于 125 mm 的地段进行检修与施工作业时，严禁无调平功能的接触网作业车升降、旋转作业平台及使用随车吊进行吊装作业。

4. 车辆连挂地点应选择在瞭望条件好、线路平直的地点进行，如受条件限制瞭望不好时，被挂车辆必须派专人在来车方向前 100 m（各集团公司可根据实际情况规定防护距离）进行防护。连挂前，连挂车辆司机必须与被挂车辆司机联系，确认被挂车辆的准确停留位置，联系不彻底、停留车辆位置不清不准进行连挂；车辆没有连挂好，被挂车辆不得移动。车辆连挂完毕后，必须检查试验整列制动主管的贯通状态。

5. 在封锁区间作业完毕返回时，进站前必须进行车机联控，确认进站信号开放后方可进站（或按引导方式进站）。

6. 驻站联络员要密切监控接触网作业车进、出车站运行经路，在接到施工负责人作业结束的通知后，要确认所有作业车辆均返回站内线路停妥后，方可与车站办理消令手续。

三、起重作业

起重及装卸作业时，须指派胜任人员担任负责人或现场指挥，按规定进行起重及装卸作业，邻线有车通过时禁止旋转作业。具体吊装要求如下：

1. 吊装前，打好支腿并检查状态稳固，严禁侵入未封锁线路限界；检查吊具是否完好，确认被吊物的外形尺寸及质量，严禁超载、斜拉斜吊物品。

2. 捆绑挂钩必须牢固，位置正确，轻起轻落。

3. 起吊升高 100 mm 左右，应暂停起吊，检查捆绑情况确认稳妥后方可继续起吊。落下时对位轻放；起吊物需在空中移动时应高出地面物体 500 mm 以上。

4. 高层摘挂，应使用长杆挑钩，如须登高作业，应确认攀登物是否牢固，方可上下。

5. 支柱等长大物品在起吊前应挂上牵引绳(2 根)，防止吊物在空中转动。

6. 起吊时，吊臂和被吊物体下面严禁站人，严禁吊臂和被吊物体碰触接触网设备。转动时应密切观察吊机各部，防止侵线和碰撞。

7. 捆绑司索时，手必须放在吊绳与吊装物的外侧，防止起吊后挤伤。

8. 严禁起吊、转动同时进行。

四、长大坡道区段运行作业

1. 长大坡道区段运行作业应严格执行国铁集团、集团公司发布的有关行车规章制度。

2. 作业车在长大坡道区段运行作业时，应指派专业管理人员随车添乘指导。

3. 作业车需在区间距进站信号机不足 2 km 范围内配合作业时，应采取封闭车站和区间的方式申请天窗计划。

4. 遇机外临时停车时，进站信号未开放前，不得缓解车辆；信号开放后方可缓解、鸣笛动车，并时刻注意制动风缸(管)风压变化，确保车辆能够随时制动停车。

5. 作业车组长大坡道区段上线运行、作业时，本务司机应通过对讲机指挥补机司机同步操作，起停应平稳，适时使用制动机，严防超速行驶；坡道停车时，制动缸压力应不低于 200 kPa，防止列车溜逸。

6. 作业车长大坡道区段作业，多台编组作业需解列时，每组带牵引动力的作业车不少于两台，明确解列地点，原则上应避开桥隧、曲线等特殊地段；连挂作业时，须按“坡下车挂坡上车”的方式作业，以不超过 5 km/h 的速度平稳连挂，禁止顺坡连挂。

7. 作业车组在长大坡道区段上坡方向运行、作业时，须遵守以下要求：

(1)起步时，本补机同步操作，双机推挽运行，不准猛推油门强行起步，防止车轮空转擦伤踏面和钢轨面；根据速度、载重等情况适时加载动力，先加力再缓解制动机，防止向后溜逸。

(2)运行中，本补机司机要密切配合，遵循“先闯后爬、闯爬结合”的原则，注意观察仪表显示，防止空转、发动机过热现象。

(3)运行、作业时，遇线路上有人员或物品时，须距离人员或物品不少于 100 m 的位置停车，再以不超过 5 km/h 速度向前动车。

8. 作业车组在长大坡道区段下坡方向运行、作业时，须遵守以下要求：

(1)下坡运行最高速度不得超过 60 km/h，挂有无牵引动力的车辆时，运行速度最高不超过 40 km/h，所有连挂车辆列车管重联，采用间歇制动方式，不得关闭发动机，应持续打风，保持风压正常，掌握闸瓦温度变化情况，必要时停车凉闸。

(2)严防运行超速,适时使用制动机,一次制动减压量不小于100 kPa,速度低于 20 km/h 以下时方可缓解,不得使用小减压量制动、长时间制动或频繁制动,造成闸瓦过热、风缸充风不足,降低制动效能。

(3)运行、作业时,遇线路上有人员或物品时,须距离人员或物品不少于 300 m 的位置停车,再以不超过 5 km/h 的速度向前动车。

9. 接触网作业车除变更本、补机重联操作外,本、补机发动机禁止熄火。

10. 应急处置

(1)上坡运行时,司机须随时注意发动机各部状态,若发动机冷却水温≥96 ℃、液力油温≥110 ℃、发动机机油压力≥550 kPa,应立即停车检查处理,待恢复正常后再行动车,运行中随时注意各部状态。

(2)下坡运行时,应注意观察闸瓦有无变色过热现象。停车时应测量闸瓦温度,当温升超过 400 ℃时应拧紧该车辆及附挂车辆全部手制动机,并在两端放置防溜铁鞋进行凉闸,凉闸至 170 ℃以下时方可继续运行。如需更换闸瓦,立即组织更换。

(3)运行中,司机须随时注意观察车辆制动状态和各风表参数,如出现总风缸压力低于 500 kPa 时,立即采取制动停车措施,停车后查明原因并处理,待问题消除确认不影响行车后,方可继续运行。

(4)在制动过程中如发现制动力不足时,司机立即采取紧急制动措施,必要时采取手制动。停车后,拧紧手制动机和放置防溜铁鞋,确保不发生溜车现象。司机检查制动系统状态并进行处理,待问题消除确认不影响行车后,方可继续运行。

(5)列车在区间被迫停车不能继续运行时,司机应立即使用列车无线调度通信设备通知两端站(列车调度员),报告停车原因和停车位置,根据需要迅速请求救援。如遇自动制动机故障,列车司机应立即拧紧手制动机,以保证就地制动,并向车站值班员(列车调度员)报告,请求救援。对已请求救援的列车,不得再移动,从救援列车开来方面(不明时,从列车前后两方面),距离列车不小于 300 m 处防护。

五、防溜设施管理

(一)防溜防撞专用器材管理

1. 购买铁路防溜防撞专用器材前,应向单位所在地铁路公安处提出购买申请,提交购买单位的名称、地址、银行账户,以及购买的品种、数量和用途说明。

2. 需要购买铁路防溜防撞专用器材的,应向符合以下要求的生产厂商购买,即生产厂商须对其生产的所有铁路防溜防撞专用器材逐个进行厂商标识、打码编号,且保证编号具有唯一性和可追溯性,实行档案管理。不得购买和使用无厂商标识、打码编号的产品,不得采购在互联网上销售铁路防溜防撞专用器材的生产厂商的产品。

3. 投入生产现场使用的铁路防溜防撞专用器材,应建立专用台账,纳入交接班内容,实行清点登记。备用铁路防溜防撞专用器材应储存在专用仓库内,并指定专人管理、看护,严禁无关人员进入仓库内,并设置必要的安全防范设施。

4. 建立铁路防溜防撞专用器材专用仓库出入库检查、登记制度,发放铁路防溜防撞专用器材时,保管员、发放员、领取员应同时在场,核对数量和编号,签字确认,做到账目清楚,账物相符。应建立铁路防溜防撞专用器材流向登记“日清点、周核对、月检查”制度,保管员每日清点一次,分管安全负责人定期核对流向登记记录和库存情况,签字确认,存档备查。

5. 运输防溜防撞专用器材，应当指派专人监装监卸。使用铁路防溜防撞专用器材时，可根据需要采取铁链锁闭等措施予以防护，定时进行巡查，防止丢失被盗。销毁失效废弃的铁路防溜防撞专用器材，应当在铁路公安机关指派专人监督下进行。

6. 对铁路防溜防撞专用器材实行专项管理，生产、销售、购买、运输、存储、销毁铁路防溜防撞专用器材，所有环节均应登记，存档备查。发现铁路防溜防撞专用器材丢失、被盗、被抢，应当及时报告铁路公安机关。

（二）防溜铁鞋的技术要求

1. 一般要求

（1）铸钢防溜铁鞋表面应干净平整、不应有影响外观及使用的毛刺，与车轮和钢轨接触面不应有粘砂现象等。

（2）钢板防溜铁鞋焊接部位不应有虚焊、脱焊现象，边际不应有厉角。

（3）防溜铁鞋底板面干净平整，整体底面最高与最低差不应大于 1 mm。

（4）防溜铁鞋踏面与车轮踏面表面配合间隙不应大于 1 mm。

（5）车轮踏面密贴在防溜铁鞋踏面上的碾压点应在其鞋尖向后 45～50 mm 处。

（6）防溜铁鞋底面及尖部应平直与轨面密贴，尖部上翘量不超过 2 mm。

（7）防溜铁鞋表面应均匀涂抹油漆。

2. 使用要求

（1）防溜铁鞋应有防盗装置，锁闭、开启方便，防盗装置不应影响线路、车辆设备运行安全。

（2）防溜铁鞋应统一编号、固定存放、保证数量、质量良好。防溜铁鞋的保管、交接由指定人员负责，交接班时司机须对防溜铁鞋进行检查，做到“三清、三不交”，即：铁鞋位置清、铁鞋数量清、防溜措施清，铁鞋位置不清不交、数量不符不交、作业未完不交。

（3）现场设置的防溜器具存放箱，应根据现场实际作业需要，在不影响作业环境、不影响人身安全、不影响防溜器具技术状态且便于取送、便于管理的现场安全地点设置并加锁管理。

3. 停用条件

当防溜铁鞋出现以下任一情况时不应继续使用：

（1）立板发生歪曲变形、出现裂纹。

（2）底部扭曲不能与轨面密贴，尖部断裂，尖部宽度超出轨面宽度。

（3）焊接部位开焊、断裂。

（4）裙部有裂纹或变形。

（5）防盗装置失效或影响使用。

（6）其他影响正常使用的情况。

（三）防溜措施

1. 防溜作业由司机负责，动车前，司机须确认防溜措施撤除后方可动车。

2. 使用人力制动机防溜时，须确认手制动机棘轮防松卡顶卡到位，并作用良好；使用铁鞋防溜时，鞋尖应紧贴车轮踏面，牢靠固定；使用防溜枕木防溜时，应在距离停留车辆不大于 5 m 处放置。

3. 作业车在段管线停留时，车辆应连挂在一起，拧紧前后两端车辆的人力制动机，并以铁鞋牢靠固定，不能连挂时，应分组采取防溜措施。

4. 作业车在中间站停车会让时，必须实施保压制动，减压量应达到 100 kPa 以上，出站（进路）信号机开放后，方可缓解列车制动；停车超过 20 min 以上，开车前司机必须实施制动机简略试验，确认制动管贯通状态。

5. 作业车在区间停车时，若在不超过6‰坡度的线路上停机，司机应拧紧两端车辆的人力制动机，并以铁鞋牢靠固定；停在超过6‰坡度的线路上或人力制动机故障时，司机不得离开司机室，不得停机，并实施保压制动。

6. 摘解作业时，在停留作业车做好防溜后方可进行摘解；连挂作业时，被连挂作业车未做好防溜，不得连挂；作业完毕，按规定做好防溜。

7. 作业车配合作业时，司机要密切关注风压表的显示，发生缓解时，必须立即采取制动措施，防止作业车溜逸。

8. 多台作业车出入段（车站）移动、转线等作业，需要摘开作业车前，由本务司机通知补机司机实行作业车制动，前后作业车司机均实行单独制动阀制动，作业车制动缸压力不低于300 kPa。

9. 作业车在区间被迫停车后，如遇发动机故障停机时，应拧紧作业车及附挂车辆的全部人力制动机，并将铁鞋迅速安放在作业车前后两方面进行防溜。作业车发生坡停不能继续运行时，司机应立即采取制动措施，使作业车处于制动状态，并追加减压至100 kPa以上，防止作业车溜逸。

10. 作业车进行更换闸瓦等制动机维修作业，必须在采取防溜措施后方可进行。

11. 作业车在2.5‰以上的坡道上进行换端作业，严格遵守换端操纵程序和动车确认制度，换端操作必须在车辆停稳、实施最大有效减压量后方可进行。

六、轨道平车装载加固要求

货物装载与加固的基本要求是使货物均衡、稳定、合理地分布在轨道平车地板上，不超载、不偏载、不集重、不偏重，能经受列车运行中产生各种外力的作用，不致发生移动、滚动、倾覆、倒塌、坠落等情况。

1. 须指派装卸车负责人，指定专人负责防护。

2. 装卸长大物料时，只准平移，不得高抬翻转，严禁竖立，并应注意避开接触网立杆及接线。邻线来车时，须停止装卸作业。

3. 卸车时不得偏卸，卸下的物料不得侵入本线或邻线建筑限界。

4. 按载重和集重有关要求装载，不得偏载，不准超限。

5. 装载货物应稳固。未达到装载加固要求，不得动车。

6. 跨装长大物件应使用货物转向架。

七、防火、防爆安全措施

1. 接触网作业车必须按规定配齐灭火器具，定置存放、定期检查、更换，确保其作用良好。

2. 司机应熟知车上各种灭火器的性能和使用方法。

3. 车内禁止携带易燃、易爆物品，清洁车辆使用的棉丝、布条，应存放在有盖的储物桶（箱）中。

4. 接触网作业车内严禁使用明火，车内取暖应采用有安全装置的取暖设备，并固定牢固。严禁在车上使用电炉丝、石英管类取暖工具取暖、做饭；车内严禁吸烟。壁式电暖气严禁覆盖、遮挡。

5. 随车备用少量润滑油、润滑脂，要使用符合安全规定的容器，容器不得有渗漏、损坏等现象，容器附近不得有棉丝等杂物。

6. 随车携带的防护用品应单独定置存放，不得受压、冲击、接近热源。

7. 严禁不断电源擦拭发动机和用油刷洗刷启动机各部位。

8. 作业车电源和电气设备配电装置必须要保持连接良好，接线牢固，导线和线头无裸露、破损。

9. 电路和电气设备故障时，严禁用短路的办法判断和排除故障。

10. 车上保险丝、熔断器应符合规定容量，烧损时应查明原因、按标准更换。

11. 在作业车上进行熔焊作业时，应停止柴油机运转、断开电源，搭铁线与车架连接，并做好防护工作，熔焊后及时熄灭并清除焊渣、火种。

12. 车辆在运行中如发现冒烟等现象，应立即停车，准备好灭火器，方可打开机器罩。严禁车辆运行中打开机器罩。

13. 当使用车上灭火器不能扑灭火焰、有蔓延趋势时，司机应立即鸣示警报信号，选择停车地点，果断采取停机、停车措施，并关闭门窗，防止风助火势。

14. 接触网检修车列防火要求：

(1)检修车列全列禁止吸烟，禁止携带易燃、易爆物品，严禁使用明火作业或取暖，杜绝外来火源。

(2)严禁私自架设电线、线缆，防止短路故障发生，严禁使用不合规格的熔断器，熔断器不得用其他金属丝代替熔丝，各导线接线端子连接须牢固，导线绝缘老化或损坏时，须及时处理或更换。

(3)检修车列长期在外作业期间，随车备用适量的润滑油脂，应集中存放在具备防火功能的容器内，且存放的容器不得有渗漏、损坏等现象，容器附近不得有棉丝等杂物，周边应设有灭火器等消防器具。清洁车辆使用的棉丝、布条，应存放在有盖的金属质储桶(箱)中，不得随意遗弃，集中统一销毁。

(4)检修车列应配备烟雾报警设备、防毒面具、灭火毯、推车式 ABC 干粉灭火器等消防设备，所有消防设备须按规定进行定期检测，确保合格有效。

(5)在发电机启用、外电源接入、弓网取流接入等不同工况下，要实时监控消防动态，并定时定路线进行整列消防巡查。

八、冬季防寒安全措施

1. 每年 10 月前后对车辆进行冬季换季保养，适时添加冷却液，检查调整蓄电池电解液比重，更换冬季润滑油，根据气温变化，适时更换燃油。

2. 定期对司机进行技术业务培训考试，使其掌握车辆防寒工作的基本知识和部件冻结后的应急处理方法。

3. 冬季检查保养车辆时，应对走行部、基础制动装置、悬吊装置等易裂损部件进行重点检查，确认状态良好时方可运行。

4. 寒冷地区应对室外制动阀件和管路进行防寒包扎，防止阀件和管路冻结。

5. 冬季发动机启动前，应按规定进行预热，不得使用明火烘烤发动机油底壳和油箱、油管。

6. 冬季使用雨刮器刮雪时，应先清除雨刮器片上黏结的冰雪，防止雨刮器电机负荷过大而损坏。

7. 当气温低于－30 ℃时，应对蓄电池采取保温措施，以防冻裂。

8. 车辆回库后，应及时排除各风缸和油水分离器的积水和油污。

九、汛期行车安全措施

1. 作业车上线运行前，司机应根据当日的任务和天气情况，开好工前预想会，制订针对性的安全措施。

2. 司机要熟记防洪重点地段，并携带“汛期防洪重点地段一览表”，运行中按规定执行趟汇报和守机联控制度。

3. 司机要牢固树立“行车无小事”的意识，遇到以下情况时立即采取停车措施：

(1)遇有落石、倒树等障碍物危及行车安全时立即停车；

(2)遇到线路塌方、道床冲空等危及行车安全的突发情况时立即停车；

(3)遇洪水淹没线路时立即停车；

(4)遇异常晃动、颠簸时立即停车；

(5)遇暴风雨天气雨强度较大或前行情况不明时立即采取停车避险措施；

(6)接到车站停车命令时或遇设备单位巡检人员显示停车信号时立即停车；

(7)当线路障碍自动监测报警系统发生无线列调或报警灯报警时立即停车；

(8)接到机车综合无线通信设备呼叫停车时立即停车；

(9)遇信号机为红色灯光(灯光熄灭)时立即停车；

(10)Ⅰ级防洪地点前守机联控三次呼叫无应答时，司机应采取减速或停车措施；停车后向临近车站报告，同时继续进行守机联控，得到明确答复后方可按有关规定行车；大到暴雨时，司机根据调度命令按限速要求通过。

4. 暴风雨天气运行，司机要加强瞭望和联控，按规定执行“趟汇报”制度。时刻注意线路、桥梁、接触网状态，尤其是接近易倒树、塌方落石、线路下沉以及防洪地点前，更应提高警惕。当前方情况不明、影响瞭望不能保证行车安全、看到防护人员的防护信号时，要果断采取减速或停车措施，严禁臆测行车，严禁撞轧坍体后才实施紧急制动。司机接到车站减速、停车命令时，或遇设备单位巡检人员显示减速、停车信号时，要果断采取减速或停车措施，宁可错停，不可盲行，并将情况通知追踪列车、邻线列车及邻近车站。配备列车防护报警装置的作业车应首先使用列车防护报警装置进行防护。

5. 当洪水漫到路肩时，应按规定限速运行；遇有落石、倒树等障碍物危及行车安全时，司机应立即停车，排除障碍并确认安全无误后，方可继续运行。

6. 列车遇到线路塌方、道床冲空等危及行车安全的突发情况时，司机应立即停车，并通知追踪列车、邻线列车及邻近车站，根据现场情况采取应急性安全措施。

7. 在运行中遇有水害或其他突然变故被迫停车，如不立即退行将严重危及列车安全时，司机应立即鸣示警报信号(一长三短声)和退行信号(二长声)，并以(调度命令)规定速度退行，退行中须连续鸣示警报信号，并使用列车无线调度通信设备与后续列车两端站及车辆乘务员联系，退至安全地段停车。停车后立即按规定进行防护，并向列车调度员(两端站车站值班员)报告情况，听其指示。

8. 运行中发生晃车时，应立即采取减速措施并向列车调度员报告，同时将晃车里程记录于行车日志手册。后续列车根据调度员的通知在该地段限速运行。通过限速地段的列车，司机应认真瞭望，确认线路状态，通过限速地段后要立即报告列车调度员。

9. 遇汛期雨天行车、作业车被迫停车等非正常情况时，司机及时向列车调度员和相关部门反馈信息，并通报区间降雨情况及线路情况信息。

第三节　维护保养

接触网作业车的保养包括日常保养、定期保养、换季保养和走合期保养，下面以JW-4G型接触网作业车为例分别对这四类保养进行介绍。

一、日常保养

日常保养是在每天或出乘前后，以清洁、检查、调整、紧固、润滑为主要内容的预防性维护工作，确保车辆状态良好。

日常保养的主要项目有：

1. 清洁车身内外、车窗玻璃、电气设备和底盘各部。
2. 检查灯光、仪表、刮雨器、喇叭、撒砂器。
3. 检查水散热器、油箱及油管、水管、空气制动管路密封。
4. 检查冷却水、燃油、润滑油、蓄电池蒸馏水是否充足。
5. 检查车下各部位连接螺栓、连接销以及防松用的开口销、保险垫。
6. 检查传动轴的连接螺栓有无松脱。
7. 检查立柱内油缸有无泄漏，链条和钢丝绳有无断裂或座件有无裂纹。
8. 检查和调整发空气压缩机皮带的松紧度。
9. 检查轴箱弹簧。
10. 检查踏梯及门扶手，调车扶手和其他辅助扶手的紧固情况。
11. 检查手制动机的工作情况。
12. 检查闸瓦磨损情况，必要时调整闸瓦间隙。
13. 每次出车前检查液压油箱油量，管路是否有松动，启动发动机后，油泵、马达、管路等是否有异响。

二、定期保养

定期保养是按规定的间隔时间、里程、项目进行，以全面检查、调整、紧固、润滑和处理不正常状态为主要内容的周期性维护工作，除进行日常保养的内容外，应增加如下项目：

1. 清洁空气滤清器、空气压缩机滤清器；排除风缸、均衡风缸、油水分离器中的积水和油污。

清洁时，从空气滤清器中拆下空气滤芯，轻拍端面使灰尘落下，也可用压缩空气反吹（由内向外吹），不得吹破滤纸，不得用水和油清洗滤纸，不得用力拍打或敲打滤芯。绝不允许在没有空气滤清器或没有安装空气滤清器滤芯时使用发动机、空气压缩机，否则灰尘和杂质进入柴油机、空气压缩机会导致设备早期磨损。

2. 检查发动机、液力传动箱、分动箱、车轴齿轮箱及空气压缩机的润滑油，必要时添加或更换。

添加或更换润滑油应注意以下事项：

（1）发动机机油

①发动机在更换机油、机油滤清器后首次启动发动机时应做到：启动发动机运转几分钟后熄火，大约15 min待机油流回油底壳后，再检查一次机油油面，观察油面是否符合要求。机油

油平面高于最高油位标记和低于最低油位标记刻线时，都不要启动发动机，否则将对发动机造成一定的危害。

②发动机必须使用同一个牌号的机油，不同牌号或同牌号而不同产地的柴油机机油不能同时混合使用，否则可能因添加剂不同而引起化学反应，使油品变质失效而损坏发动机。

③要严格执行定期更换机油、换季必换油和换油同换机油滤清器的规定。

(2)液力传动油

①液力传动油的牌号为 SGL18，油量约 110 L。

②根据传动油的更换周期，在更换传动油的同时同步更换滤芯。另外根据滤芯的实际用状态，检查滤芯阻力指示器指针是否偏移至黄色区域，若移至黄色区域，则说明滤芯已经堵塞，此时也应该更换滤芯。

(3)分动齿轮箱润滑油

①润滑油的型号为 SAE 85W/90 API GL-5 齿轮油，约 11 L。

②更换润滑油时，润滑油需在热状态下，将分动齿轮箱底部放油螺堵松开，清除磁性螺堵上的杂质，彻底将润滑油放尽，然后用柴油或煤油冲洗，放掉冲洗油后，重新加注同型号的新润滑油。

③换油时，禁止用水清洗分动齿轮箱。

(4)车轴齿轮箱润滑油

①润滑油牌号为 SAE 85W/90 API GL-5 车辆齿轮油，0306 型车轴齿轮箱总容量约 20 L，0307 型车轴齿轮箱总容量约 18 L。

②润滑油更换需在车轴齿轮箱尚有余温时候进行。润滑油通过箱体底部的泄油口放尽，为了加快放油的速度，可以通过打开观察盖的方式加速放油过程。每次更换润滑油均需要清理泄油口丝堵、磁性塞上收纳的铁质碎屑。放尽后用柴油或煤油冲洗壳体及齿轮，清洗油底壳，放掉清洗油后加入新油，加油时应过滤，以保持润滑油的清洁。

③0306 型车轴齿轮箱必须在上透气孔（“加油口”标识）处加油，以保证高位腔油满后自流至低位腔。

(5)空气压缩机机油

①空气压缩机推荐采用空气压缩机油 L-DAB150，油量约为 3 L。

②如发现有乳化现象，应更换新油。

3. 检查各种皮带的磨损情况，必要时调整或更换，皮带更换必须同组一并更换，不允许新旧混用。

4. 检查发动机、液力传动箱、分动箱、车轴齿轮箱的悬挂支承及安装紧固螺栓。

5. 检查传动轴的万向节、十字轴及花键磨损情况。

6. 检查主车架、转向架构架有无裂纹和变形。

7. 检查油压减振器的安装紧固及工作情况。

8. 检查蓄电池的电解液比重。

9. 检查车钩的“三态”作用及车钩与车架连接的紧固螺栓。

10. 检查车钩高度、排障器高度，扫石器胶皮磨损严重时应及时更换。

11. 检查水散热器的散热效能，必要时清洗冷却系统。

(1)清洗溶液成分：苛性纳（火碱）750 g、煤油 150 g、水 10 L。

(2)清洗方法：将溶液过滤后加入冷却系统中，停留 10～12 h 后，启动发动机，以怠速运转

15～20 min，直到溶液开始有沸腾现象为止，然后放出溶液，再用清水冲洗 3 次。

12. 检查车轴齿轮箱悬挂装置和传动轴角度，必要时予以调整。

13. 检查车棚是否有锈蚀，油漆是否有脱落，必要时补漆。

14. 液压系统、传动箱附件等滤清器清洗，必要时更换液压油。

液压油更换注意事项：

(1)每次更换油液时应将原液压油全部放尽，并对油箱及整个系统，油箱吸、回油滤清器进行清洗。

(2)加油时，须用 120 目铜丝布滤网过滤后加入液压油箱。油液加完后液压系统应循环冲洗过滤，达到液压油清洁度不低于 NAS16389 级后才可以使用，否则会损坏液压系统中元件。

(3)未达到换油时间而液压油变质的，应予更换。

(4)当遇到吸、回油过滤器堵塞报警器发出堵塞报警信号时，应及时更换吸回油过滤器滤芯，检查油液洁度。

15. 检查调平装置、平台、立柱等结构件有无裂纹和变形。

16. 检查调平装置铰支座的焊缝有无裂纹，销轴磨损情况。

17. 检查平台立柱和回转支承等的紧固情况。

18. 检查立柱内拉杆、链条及钢丝绳有无其他异常情况，各支座焊缝是否有裂纹。

19. 检查回转齿轮的磨损情况。

20. 液压系统的滤清器清洗，必要时更换液压油。

21. 检查和调整各机构的行程开关至合适位置。

22. 及时消除所发现的其他故障及不正常现象。

三、换季保养

换季保养是季节温度、湿度变化时进行的季节性维护工作。结合定期保养，按规定用不同黏度的润滑油(夏季换用高黏度的润滑油，冬季换用低黏度的润滑油)，调整蓄电池的电解液比重，入夏前要清洗散热器及冷却系统，清除水垢；入冬前要对空气制动管路及制动阀件采取防寒措施，对发动机冷却系统采取防冻措施。

1. 燃油

柴油机所使用的燃油规格应符合规定。夏季应选用 0 号轻柴油，冬季则应根据地区气候条件不同，分别选用－10 号、－20 号或－35 号轻柴油。

2. 柴油机机油

选择机油的原则是：一是黏度适当；二是冬季和夏季不同，南方和北方的不同。冬季、北方选用黏度较小的机油；夏季、南方选择黏度较大的机油。JW-4G 型作业车发动机推荐使用潍柴专用机油，机油牌号必须在 CF-4 的以上，润滑油容量 36 L，每次换机油时要同时更换机油滤芯。

3. 冷却水

柴油机冷却用水必须清洁，水质硬度的酸碱度应适当。水质过软，对冷却系统侵袭过大；水质过硬，水中矿物质多而形成水垢，影响散热。酸碱度过强，会腐蚀水冷却系统零部件。在条件允许的情况下，一年四季都使用防冻液最佳。

4. 液力传动油

传动系统选用德国 VOITH 公司生产的 T211re. 4 型卧式液力传动箱，液力传动油的牌号为 SGL18，车用约 110 L，为德国 ADDINOL 公司生产，也可以采用液力传动箱使用保养说明书上推荐的其他牌号的液力传动油，液力传动油每使用 300 000 km 或 5 000 h 更换一次。

5. 液压油

液压传动系统采用抗磨液压油，当使用环境温度高于－5 ℃时，加装 L-HM46 号抗磨液压油；当使用环境温度在－35～－5 ℃时，加装 L-HV32 低凝抗磨液压油；当使用环境温度低于－35 ℃，加装 10 号航空液压油，不同牌号的液压油不得混用。

6. 空压机油

空压机推荐采用空气压缩机油 L-DAB150，油量约 3 L，油位应保持在油位镜中间。发现有乳化现象，应更换新油。

四、走合期保养

走合期保养是新造或大修接触网作业车在出厂初期行驶(2 500±500) km 进行的特定性维护工作。在走合期内，司机应加强保养，随时检查，及时消除不良现象。走合期满后，提前进行一次定期保养。

新车行驶 1 000 km 后须进行下列工作：

1. 清洗机油滤清器，清除空气滤清器内的污物。
2. 更换液传箱、分动箱、车轴齿轮箱润滑油。
3. 检查蓄电池电液密度和数量。
4. 检查各部螺栓、销钉、开口销有无松动或脱落。

复习思考题

1. 在高速铁路区段值乘的接触网作业车司机，对工作经历有哪些要求？
2. 防溜铁鞋出现哪些情况不应继续使用？
3. 高速铁路《铁路技术管理规程(高速铁路部分)》第 319 条对越出站界调车是如何规定的？
4. 如何更换车轴齿轮箱润滑油？
5. T211re. 4 型卧式液力传动箱的传动油多长时间更换一次？

第五章　高速铁路接触网作业车的操纵

第一节　高速铁路接触网作业车的基本要求

一、接触网作业车出库基本要求

1. 检查行车证件的有效性，列车无线调度通信设备、轨道车运行控制设备(GYK)检测合格证等是否超期。

2. 确认通信用品、信号用品、安全防护用品、检查修理工具等齐全、有效。

3. 接触网作业车司机严格按照《自轮运转特种设备乘务员一次乘务作业》，对接触网作业车技术状态进行检查。

4. 接触网作业车具有下列情况之一者，严禁上线运行：

(1)发动机无力或有异响，油压、冷却温度异常。

(2)传动不良、有异响，安全保护装置失效，液力传动系统温度或压力异常。

(3)发动机监测显示器显示影响行车信息。

(4)车轴发现裂纹，车轴齿轮箱、轴箱异响或温升超过规定。

(5)车轮发现裂纹，踏面碾堆、剥离、掉块、擦伤超限，轮辋或轮缘厚度不足 23 mm。

(6)轮对内侧距离超出(1 353±3) mm 的容许限度。

(7)轮轴弛缓线发生相对位移。

(8)车架任何部件发现横裂纹、弯曲，影响行车安全。

(9)空气制动或基础制动作用不良，安全保护装置失效。

(10)前后照明、雨刮器或风笛失效。

(11)车钩有裂纹，“三态”作用不良，车钩座、舌、销磨损超限。

(12)影响行车安全的走行、传动、制动部件外部螺栓松动、销子脱落、机件弯曲、裂纹或其他缺陷。

(13)作业机构锁定不良，影响行车安全。

(14)电务车载设备故障。

(15)行车安全用品不全或失效。

二、接触网作业车运行基本要求

1. 接触网作业车操纵要求“起动稳、加速快、精心操纵、停车准确，防止车列冲撞和断钩”，车辆平稳运行、安全正点。

2. 开车前由司机和副司机共同确认行车凭证、发车信号正确无误，确认仪表显示正常，且制动系统风压符合规定，具备动车条件，经后部瞭望确认安全无误后，方可起动列车。

3. 运行中，司机要精神集中，不间断瞭望，做到“彻底瞭望、确认信号、准确呼唤、手比眼看”，严格执行车机联控规定和呼唤应答标准。

4. 按规定速度行驶，严禁超速运行。

5. 运行过程中，随时观察各仪表指示状态，确保准确无误。

6. 注意作业车装载物加固情况，发现车辆出现异响、异味等异常情况时，须及时、妥善处理。

7. 进出站、通过限速区段时副司机要立岗，立岗位置为进站信号机前、站界标（接近减速标）前方 400 m 位置；接近限速地段前 2 km，司机、副司机要双人核对限速命令，并注意地面限速要求及减速地点标（限速开始、结束标志）。

第二节　接触网作业车运行操纵作业

一、作业车运行起动前检查

1. 检查确认作业机具状态符合要求。
2. 检查确认货物装载、加固符合规范。
3. 检查搭载及周围人员处于安全位置。

二、作业车发动机启机作业

1. 发动机启机前的准备

(1)润滑油的检查。车辆停在平坦轨面、启动发动机之前，拉出机油油尺，查看机油液面，当液面低于油尺的下刻线或高于油尺的上刻线时，禁止启动柴油机。机油液面应在油尺的上、下刻度线之间。机油尺的位置位于车辆下部，侧梁标识清晰。如图 5-1、图 5-2 所示。

图 5-1　油尺位置

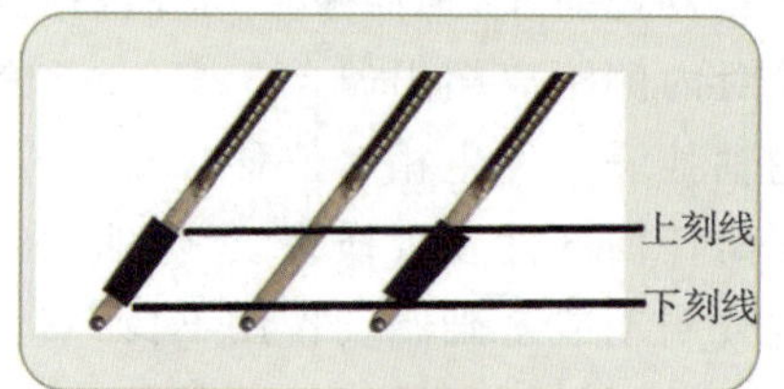

图 5-2　油尺油位刻度线

(2)冷却液面检查。通过膨胀水箱加入口开盖检查，膨胀水箱位于驾驶室中部地板下面，通过打开膨胀水箱上的加入口观察冷却液面，如冷却液不足时，加入冷却液。如图 5-3、图 5-4 所示。

图 5-3　膨胀水箱位置

图 5-4　膨胀水箱观察口

在打开带有卸压阀和排气按钮的加液口盖时，如果发动机处于热状态，要必须先按下排气按钮后再打开盖子。切忌在发动机处于较热状态时往里加入大量冷却液，因为冷热变化大而损害零件。加注冷却液时，应注意冷却液品牌、型号，不同型号、成分冷却液尽量避免加注。如果在非常情况下没有冷却液，允许缓缓加入温度不太低的冷水，从加液口加入冷却液至刻度线为止。事后须更换冷却液。启动发动机，在发动机运转情况下(1 000 r/min)继续添加冷却液直到液面稳定，最后盖上加液口盖。

(3)启机前非操纵端的处理。JZ-7 型制动机将单独制动阀和自动制动阀手柄置取出位取出；将司机控制器(油门)手柄置于起始位；将非操作端操纵台面及仪表板上的所有钥匙、开关置于零位(拔掉启动电锁钥匙)。

(4)启机前操纵端的处理。将单独制动阀自运转位和自动制动阀手柄自取出位安放手柄；把变速箱工作开关置于非工作位，操纵手柄置于中位；将紧急熄火按钮置于非作用位。

2. 发动机启机

(1)闭合电源总开关。顺时针旋转电源手柄 90°，总电源开关(在Ⅰ位端主司机椅左侧)接通。

(2)启动前面板检查。依次操作面板开关，检查并确认各电气设备状态，确认其工作状态良好并符合行车安全的要求，如图 5-5 所示。

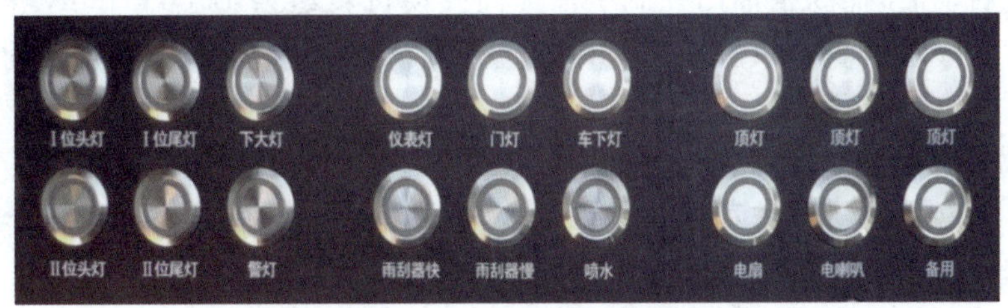

图 5-5　电气设备开关面板

(3)打开(右旋)Ⅰ/Ⅱ端操作台本端钥匙，此时车载显示屏点亮，如图 5-6 所示。

(4)右旋发动机启动钥匙至运行挡，确认预热指示灯点亮，显示屏显示发动机参数，如图 5-7 所示。

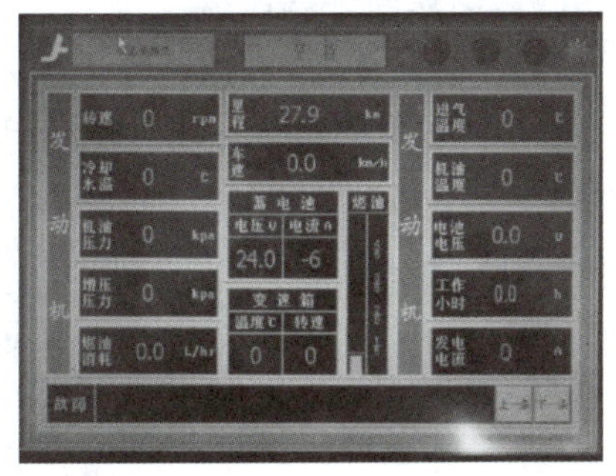

图 5-6　车载显示屏

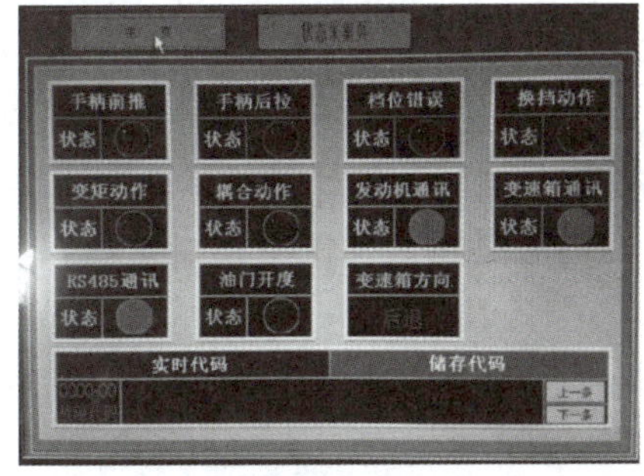

图 5-7　启机前车载液晶显示屏

(5)然后扭动点火钥匙进行启动，如 10 s 内不能启动，应松开重新进行第二次启动。每次启动间隙时间不少于 2 min，如连续 3 次仍无法启动，则应检查故障原因并进行排除。

(6)密切注意液晶显示屏上柴油机参数显示，柴油机启动后机油压力，机油在 350～550 kPa，机油压力应不小于 100 kPa，电池电压不低于 24 V，确认发动机、变速箱和 RS-485 通信正常，如图 5-8 所示。

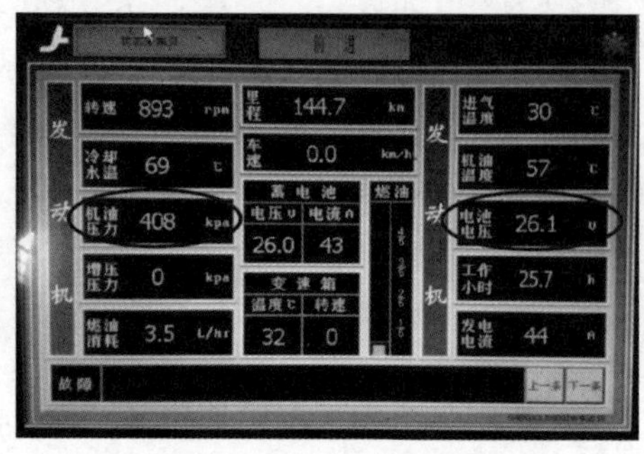

图 5-8 车载液晶显示屏

(7)待发动机机油压力符合要求之后，下压司机控制器手柄，前推或后拉提升发动机转速至 1 000 r/min 左右，最高不超过 1 500 r/min，检查发电机发电电压不低于 26 V，发电机充电电流表显示充电状态。

(8)保持发动机转速在 1 000 r/min 左右，检查电气系统各断路器、继电器及线路状态。

(9)发动机启动后，操纵手油门控制手柄提高发动机转速至 1 500 r/min，空压机开始向总风缸充风，此时在缓解位置总风缸风压应逐渐上升到 700～800 kPa，制动管和均衡风缸风压上升到 500 kPa。

(10)按规定进行 JZ-7 型制动机“五步闸”试验。

(11)松开手制动，进行一次列车管制动贯通试验。使用自动制动阀进行一次制动，检查制动系统是否正常工作再缓解，缓解时间不超过 35 s。

三、作业车启动、运行

1. 恢复司控器至中立位，右旋打开变速箱工作开关。

2. 起步前首先要按压(踏下)喇叭按钮(电磁阀)，警示随车人员及车辆周围作业人员。下压司机控制器并缓慢推向计划运行的方向，同时缓解空气制动，此时车辆缓慢起步。

3. 车辆起步后根据需要缓慢向运行方向推司机控制器以提高车速。

4. 需滑行时，可将司控器恢复到中立位，即可卸载动力输出。

5. 需减速或停车时，先将司控器恢复到中立位，然后使用空气制动降低车速或停车。长时间待避或停车时，关闭变速箱钥匙，并将发动机转速提高至 1 000 r/min 左右。

6. 减速后，需再次加速时，先将车辆缓解，然后根据需要向运行方向缓慢操作司控器以提高车速。

7. 调车作业运行时注意调车信号、调车复示信号、进路的确认，非集中调车区域，注意执行要道还道制度，注意道岔限速。

8. 发车时应进行车机联控、“四确认”(即书面凭证、进路信号、发车信号、发车表示器)，缓解列车，方可起动运行。

9. 起步时若牵引吨位较大，应首先进行压钩，以减少起动阻力；若轨面有冰、霜、水等造成轮对打滑时，应回拉司机控制器手柄，同时注意 GYK 报警动作；及时撒砂，防止损伤轨面及车轮踏面。

10. 作业车重联运行时，补机应按本务机要求推进或终止推进。

11. 改变运行方向工况必须在停车时进行。

12. 长大下坡道运行前适当时机进行制动贯通试验。

13. 运行中严禁关闭发动机、行车安全设备。

14. 作业车在区间被迫停车或侵入邻线，应按《铁路技术管理规程》规定设置行车防护。

15. 停车超过 20 min，动车前须进行制动简略试验。

四、作业车运行时 GYK 操作

1. 行车揭示输入操作

作业车运行出库前要按规定输入行车揭示命令，行车揭示数据分为人工揭示和计划揭示两种。

计划揭示包含临时限速命令、绿色许可证、路票、区间作业等，当遇计划揭示文件无法及时传送等特殊情况时，由司机人工输入运行揭示信息。

2. 控制模式选择

作业车运行时应选择正常监控模式、调车模式、目视行车模式、非正常行车模式 4 种控制模式。

作业车司机根据接触网作业车下一环节所进行的作业内容正确选择 GYK 控制模式。作业车模式选择界面如图 5-9 所示。

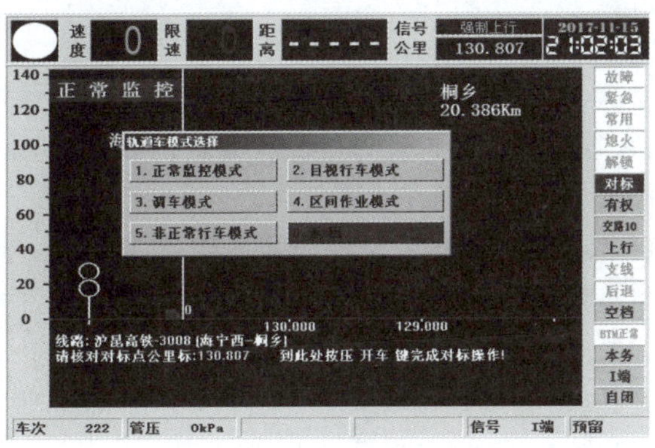

图 5-9　作业车模式选择界面

(1)调车模式

当作业车出库时，由专用线进入车站时，选择调车作业模式(出入库)，如图 5-10 所示；当继续调车作业时选择调车作业模式(牵引或推进)。

(2)正常监控模式

接触网作业车在区间正常运行时，使用正常监控模式。使用正常监控模式时，注意以下情况：

①信号突变控制

黄灯、双黄灯或高速铁路区段双黄闪灯变为红黄灯，灯变化时 100 m 或 5 s 内无绝缘节信号，按信号突变控制；100 m 且 5 s 内有绝缘节信号，按停车信号控制。

绿灯、绿黄灯变为红黄灯，按信号突变控制。

信号突变控制：GYK 发出“信号突变”语音报警，并弹出倒计时提示窗口。司机确认地面

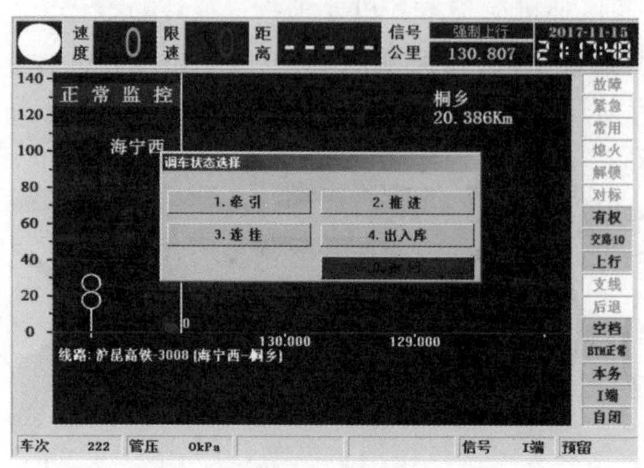

图 5-10　调车状态选择界面

信号机显示允许信号，在 7 s 内按【警惕】键解除信号突变报警和紧急停车控制，按停车信号控制。不按【警惕】键 7 s 后 GYK 紧急制动。

实际作业中发生信号突变，很多情形没有倒计时。

②临时限速区段控制

轨道车接近限速区段(临时限速比当前线路限速低时)，距施工点 1 000 m 时语音提示“距离限速区段 1 km，减速运行”，按 TSM 区控制。司机应提前控制接触网作业车按规定速度减速运行。

③溜逸控制

溜逸控制分为空挡溜逸、相位溜逸、管压溜逸，发出报警提示后司机应及时按压【警惕】键，解除报警提示，否则输出紧急制动。司机进行解除报警提示操作，应确认接触网作业车所处运行状态，避免盲目接触防溜控制，造成列车溜逸。

在高速铁路区段运行时，若 GYK 触发相位防溜报警后，GYK 设备将不接收应答器信息；司机若人工解除相位防溜报警，继续运行时，GYK 设备可以接收应答器数据。

④操作应答

在报警时间内，司机按压手动按钮或踩踏应答踏板，GYK 停止报警，重置报警计时器；持续按压手动按钮或踩踏应答踏板，不重置报警计时器。应答操作仅对轨道车操纵端(有权端)有效，非操纵端(无权端)无效。在报警时间内未得到应答信息，GYK 发出紧急制动指令。制动指令发出后须在停车后解除。

⑤正常监控提速状态

在高速铁路区段运行时，在 BTM 设备功能正常时可使用正常监控提速状态。当使用 BTM 提速状态运行至终到站时，应关注 GYK 与 BTM 状态，避免进站时出现应答器接收“空白”报文，产生紧急制动输出。

正常监控提速模式不能由模式界面选择，只能在接收到应答器信息并满足提速条件，并经司机确认后转入。

(3)非正常行车模式

非正常行车模式下具有地面信号确认、绿色许可证行车、路票行车、引导进站、调度命令发车 5 种非正常行车状态，如图 5-11 所示。

在停车状态时，按压【↑】键 2 s 或按压【模式/5】键选择“非正常行车模式”，按【确认】键，进

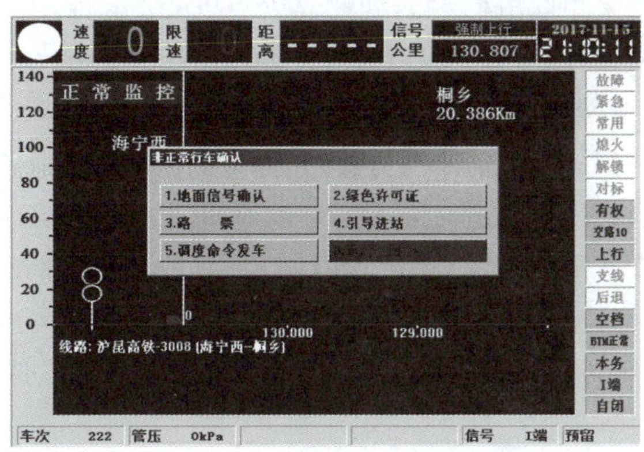

图 5-11　非正常行车选择界面

入“非正常行车确认”窗口，选择相应状态，按【确认】键，即可进入相应的状态。

(4)目视行车模式

目视行车模式是司机控车的固定限速模式。目视行车模式用于正常监控遇停车信号(红黄灯、红灯、白灯)或信号突变；机车信号故障时，停车后根据需要，通过司机操作，转入目视行车模式。

五、运行操纵注意事项

(一)启动注意事项

1. 车辆必须在 0 km/h 时操作起步。

2. 车辆起步时制动缸制动压力保持＜(260±10) kPa，推动司机控制器进行运行方向自动控制激活。

3. 车辆起步时发动机转速需调整至 800～1 100 r/min 之间。

4. 车辆起步后禁止向相反方向操作司控器。

(二)行驶过程中的注意事项

1. 确认液晶显示屏上显示均正常，方可行车。

2. 运行中不得打开车上任何作业装置的电源开关、液压开关。

3. 任何情况下，尽可能避免发动机长时间的怠速运转，严禁超额定转速运转。

4. 出现车轮打滑时应减速、撒砂。

5. 下坡时严禁熄火，严禁空挡溜放。

6. 行车时应经常观察各仪表读数是否正常。在柴油机冷却水温度达到 60 ℃，制动高压风达 500 kPa 以上时，方可起步以中速行驶。水温未达到 70 ℃时，不得高速行驶。仪表数值的变化不应超过规定的数值。当机油温度超过 95 ℃或水温超过 90 ℃时，应减小油门，若温度继续上升，应停车检查。

7. 机油温度的突然升高或降低，如果不是负荷的增加引起，应停机检查。

8. 运行中要注意发动机工作情况的变化，注意发动机的排气烟色，持续冒黑烟应认真检查，确认原因，发现异常声响要立即停机检查。

9. 列车运行中严禁非操作人员进入操纵台，多机连挂时补机司机与本务机密切保持信号联系，精神集中、动作敏捷，防止突发事件发生。

10. 在长大坡道上要采用“先闯后爬，闯爬结合”的方法运行，下坡运行严禁关机或空挡溜放。

(三)使用制动注意事项

1. 在施行制动的同时，应首先切断动力源，并将司机控制器手柄置于中立位。

2. 在大坡度下坡道行驶时，要适时掌握好制动时机，按要求进行制动试验。对长大坡道实施制动时，应注意制动减压情况，防止出现因制动压力不足造成闸瓦过热，危及列车运行安全。

3. 行车中遇到特别情况可以直接使用非常制动，使用非常制动时，中途不得停留和缓解，直至停车后，方可缓解。

4. 实施非常制动后，应检查车辆各部是否有部件损坏及影响行车安全的地方，如有必要须立即处理，并做好行车记录。

5. 制动后必须先缓解，使制动缸压力回零，才能起步。

六、接触网作业车发动机停机

1. 停车时，先把操纵手柄置于中位，操纵制动机停车，再将柴油机点火开关扳到“0”位。

2. 在关闭柴油机前，使柴油机先怠速运转 3～5 min，让润滑油和冷却液带走燃烧室、轴承和轴瓦等部位的热量，这能对柴油机增压器起到保护作用。

3. 将司控器回到中立位，关闭变速箱钥匙开关，关闭其他电气设备，关闭发动机启动开关，关闭本端操作开关，关闭总电源。

4. 如果柴油机突然停车，增压器温度可急剧上升，过热将会使轴承咬死和油封失效。

5. 停机注意事项：柴油机怠速运转时间不宜过长，在柴油机完全停下之前，绝对不能用钥匙开关重新打到运转位或启动位。

第三节　接触网作业车封闭作业时的操纵

一、接触网作业车封闭作业时 GYK 的操纵

高速铁路接触网作业在区间封闭作业时首先要取得调度命令并传达到每名司机。调度命令的取得分为两种方式：一是集控时由 CIR 接收、打印输出；二是站控时由车站值班员递交。

(一)区间作业模式

区间作业模式用于轨道车进入封锁区间进行区间作业的控车模式。区间作业模式具有区间作业进入、区间作业返回、区间作业防碰、区间作业编组、5 km/h 连挂 5 种状态，区间作业状态选择界面如图 5-12 所示。

1. 区间作业进入

在进入区间作业模式前，若轨道车位置与 GYK 设备中显示的位置存在误差时，应先按压【公里标/0】键进行对标，然后进入区间作业模式；如果存在支线跳转需要提前进行区间作业进路选择(3 s 之内按压【车位/3】+【自动校正/8】键)，然后再选择区间作业，进入区间作业后不允许进行支线选择操作。

区间作业进入用于轨道车进入封锁区间进行区间作业的控车模式。在停车状态下，按 DMI 面板【区间作业】键，DMI 弹出“区间作业状态选择”窗口，选择“区间作业进入”；或在停车

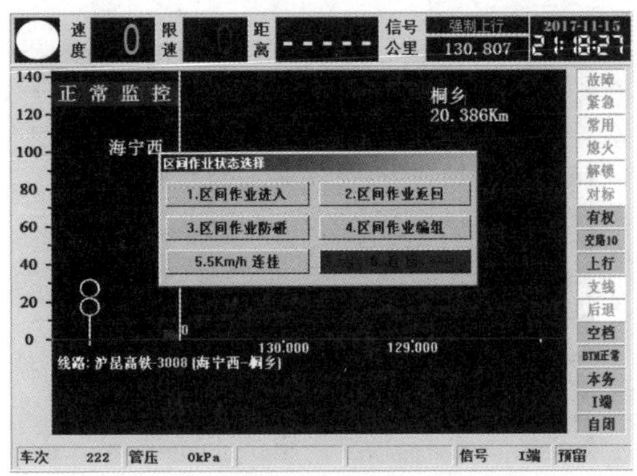

图 5-12　区间作业状态选择界面

状态下，按【模式/5】键，进入“轨道车模式选择”窗口，直接按压相应数字键或者移动方向键使光标到对应的“区间作业模式”，按【确认】键，此时弹出“区间作业状态选择”窗口，选择“区间作业进入”。

在“区间作业进入状态参数输入”窗口如图 5-13 所示，依次输入“调度命令号”“车次”“运行方向”“作业起点”“作业终点”“封锁区间限速”“作业区间限速”“对标公里标”，按【确认】键确定后进入区间作业进入，DMI 屏幕左上方显示“区间作业(进入)”。选择另外一种控制模式则退出该模式。

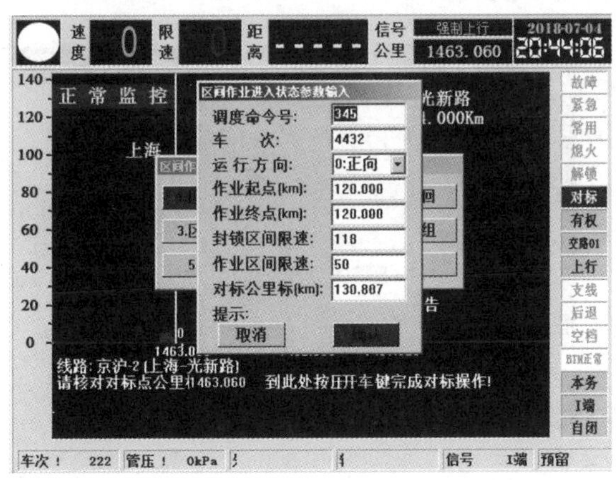

图 5-13　区间作业进入状态参数输入界面

2. 区间作业返回

区间作业返回用于轨道车区间作业完毕返回车站的控车模式。停车状态下，按 DMI 面板【区间作业】键，DMI 弹出“区间作业状态选择”窗口，选择“区间作业返回”。或停车状态下，按【模式/5】键，进入“轨道车模式选择”窗口，移动光标到“区间作业模式”，按【确认】键，此时弹出“区间作业状态选择”窗口，选择“区间作业返回”，DMI 弹出“区间作业返回状态参数输入”窗口，如图 5-14 所示。

在“区间作业返回状态参数输入”窗口，依次输入“返回车次”“运行方向”“当前公里标”“进站(或反向进站)公里标”“封锁区间限速”，按【确认】键确定后，进入区间作业返回，DMI 屏幕左上角显示“区间作业(返回)”，选择另外一种控制模式则退出该模式。

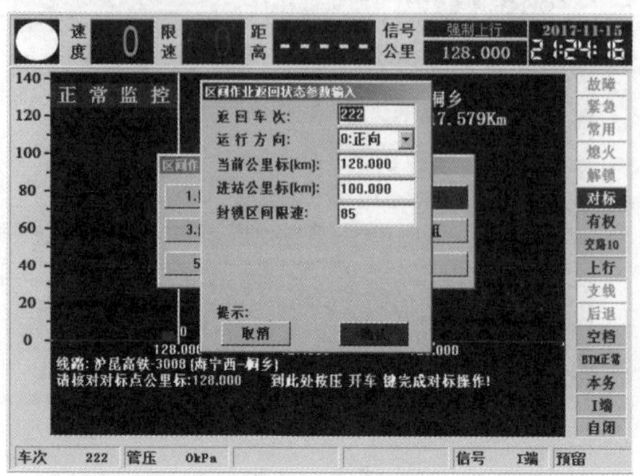

图 5-14　区间作业返回状态参数输入界面

作为补机的轨道车,若已进入区间作业返回状态,只要退出补机进入本务状态即可。

3. 区间作业防碰

区间作业防碰用于轨道车在设定的作业起点和终点公里标范围内作业的控车模式。

按 DMI 面板【区间作业】键,DMI 弹出“区间作业状态选择”窗口,选择“区间作业防碰”。或停车状态下,按【模式/5】键,进入“模式选择”窗口,移动光标到“区间作业模式”,按【确认】键,此时弹出“区间作业状态选择”窗口,选择“区间作业防碰”,DMI 弹出“区间作业防碰状态参数输入”窗口,如图 5-15 所示。

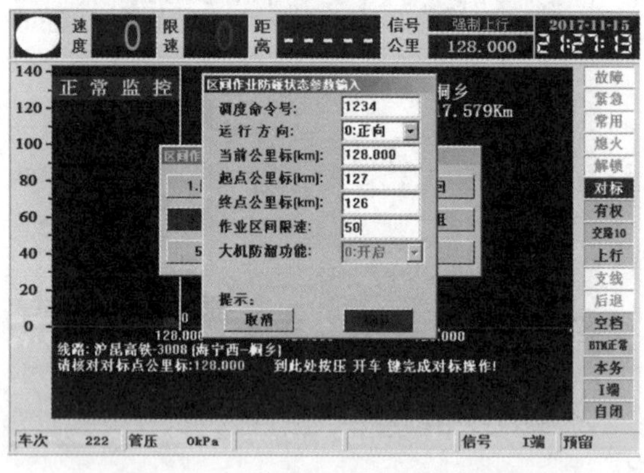

图 5-15　区间作业防碰状态参数输入界面

在“区间作业防碰状态参数输入”窗口,依次输入“调度命令号”“运行方向”“当前公里标”“起始公里标”“终点公里标”“区间作业限速”“大机防溜功能”,按【确认】键确定后,进入区间作业防碰,DMI 屏幕左上方显示“区间作业(防碰)”。取消区间作业防碰,停车后在“区间作业防碰状态参数输入”窗口中将“调度命令号”改为 0 即可,退出后进入正常监控。

4. 区间作业编组

区间作业编组用于轨道车区间作业完毕,进行车辆编组的控车模式。

按 DMI 面板【区间作业】键,DMI 弹出“区间作业状态选择”窗口,选择“区间作业编组”。或停车状态下,按【模式/5】键,进入“轨道车模式选择”窗口,移动光标到“区间作业模式”,按【确认】键,此时弹出“区间作业状态选择”窗口,选择“区间作业编组”,DMI 弹出“区间作业编组状态参数输入"窗口，如图 5-16 所示。

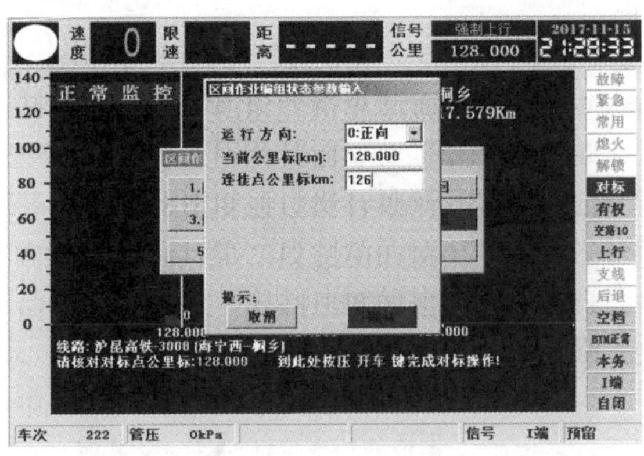

图 5-16　区间作业编组状态参数输入界面

在"区间作业编组状态参数输入"窗口，输入"运行方向""当前公里标""连挂点公里标"，按【确认】键后，进入区间作业编组，DMI 窗口左上角显示"区间作业(编组)"。选择另外一种控制模式则退出该模式。

注：当输入的相关公里标存在长链时，需要进行长链标识设置。如："连挂点公里标"存在长链，输入连挂点公里标后，当向下移动光标时，DMI 会自动弹出公里标重复选择窗口，需根据实际作业公里标进行选择。

进入区间作业进入、区间作业防碰、区间作业编组模式后，手动按压【车位/3】+【出站/4】键，DMI 弹出"区间作业是否反向运行"提示窗口，司机按压【确认】键进行数据运行方向的切换，当工况变化时 GYK 会自动切换数据运行方向。

5. 5 km/h 连挂

5 km/h 连挂用于轨道车进行车辆连挂的控车模式。

停车状态下，按 DMI 面板【区间作业】键，DMI 弹出"区间作业状态选择"窗口，选择"5 km/h 连挂"；或按【模式/5】键，进入"轨道车模式选择"窗口，移动光标到"区间作业模式"，按【确认】键，此时弹出"区间作业状态选择"窗口，选择"5 km/h 连挂"，按【确认】键，进入 5 km/h 连挂，DMI 窗口左上角显示"5 km/h 连挂"，选择另外一种控制模式则退出该模式。

6. 区间作业提速

区间作业提速状态用于轨道车进入或返回有应答器配置的封锁区间。

区间作业提速状态具有两种状态：区间作业进入提速和区间作业返回提速。

(1)区间作业进入提速

轨道车进入封锁区间作业时选择"区间作业进入"模式，当 GYK 收到应答器信息、具备提速条件时，由司机确认转入区间作业进入提速。

轨道车进入封锁区间作业时选择"区间作业进入"状态，GYK 以区间作业起点、作业终点为目标点，监控轨道车运行，当收到的应答器信息满足以下提速条件：轨道区段信息、线路限速信息、线路坡度信息，同时仅当前方为通过信号机时，DMI 界面弹出"允许提速"提示框并语音提示如图 5-17 所示，允许司机确认，司机选择"确认"后，DMI 转换成提速界面，GYK 进入提速状态，DMI 窗口左上角显示"区间作业进入(提速)"，如图 5-18 所示，DMI 距离窗口显示目标距离，按状态限速值监控轨道车运行，选择"取消"时，退出"允许提速"提示窗口，但在条件具备的前提下，可人工按压【车位/3】+【定标/9】键，调出“允许提速”提示窗口，可重新进行提速确认操作。

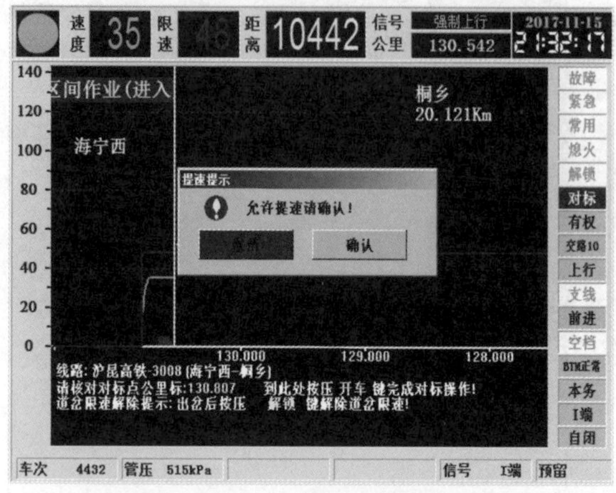

图 5-17　区间作业进入提速确认界面

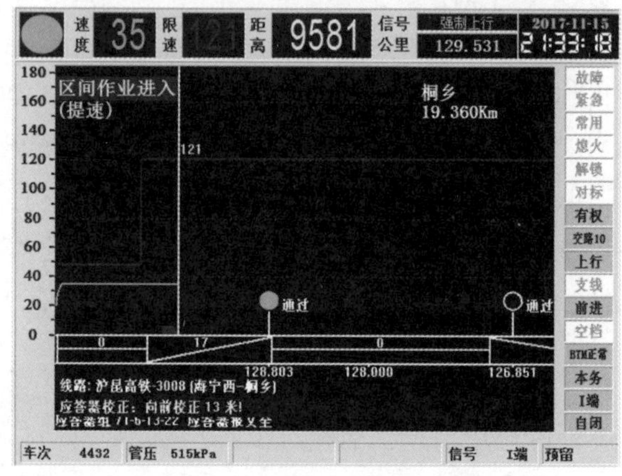

图 5-18　区间作业进入提速界面

提速状态退出。当应答器信息缺失、结束或 BTM 设备故障时，GYK 按常用制动曲线降速，速度降为 45 km/h 以下，退出提速状态，按区间作业进入运行。

正常停车后，若人工转入其他模式（或补机），也可退出该模式状态。

（2）区间作业返回提速

轨道车区间作业返回时，选择区间作业返回模式，当 GYK 收到应答器信息、具备提速条件时，由司机确认转入区间作业返回提速。

轨道车区间作业返回时，选择区间作业返回模式，GYK 以进站或反向进站信号机为目标点，监控轨道车运行，当收到的应答器信息满足以下提速条件：轨道区段信息、线路限速信息、线路坡度信息。同时仅当前方为通过信号机时，DMI 界面弹出“允许提速”提示框并语音提示，如图 5-19 所示，允许司机确认，司机选择“确认”后 DMI 转换成提速界面，GYK 进入提速状态，DMI 窗口左上角显示“区间作业返回（提速）”，如图 5-20 所示，DMI 距离窗口显示目标距离，按状态限速值监控轨道车运行，选择“取消”时，退出“允许提速”提示窗口，但在条件具备的前提下，可人工按压【车位/3】+【定标/9】键，调出“允许提速”提示窗口，可重新进行提速确认操作。

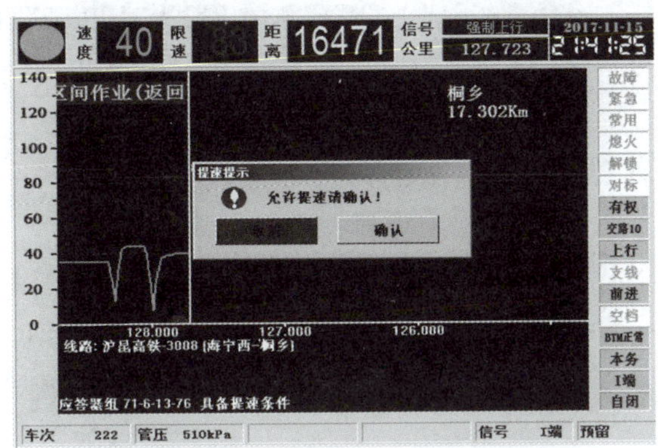

图 5-19　区间作业返回提速确认界面

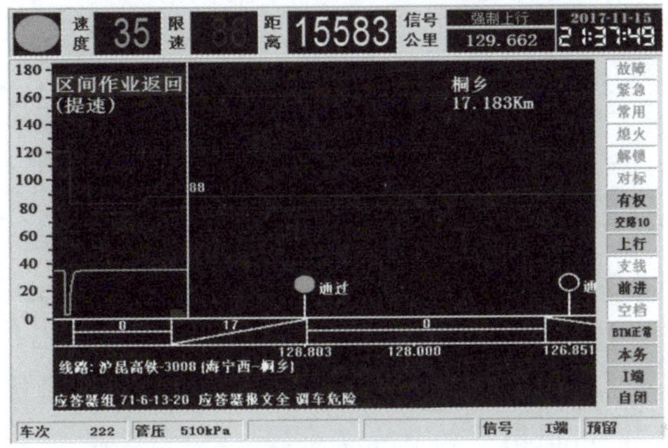

图 5-20　区间作业返回提速界面

提速状态退出。当应答器信息缺失、结束或 BTM 设备故障时，GYK 按常用制动曲线降速，速度降为 45 km/h 以下，退出提速状态，转入区间作业返回运行。

正常停车后，若人工转入其他模式(或补机)，也可退出该模式状态。

(二)补机状态

补机进入/退出。

在停车状态下，按压【设定】键，弹出“参数设定”窗口，在“本/补”项选择“补机”，按压【确认】键，进入补机状态。GYK 在补机状态时，DMI 只显示“补机”字样，如图 5-21 所示。

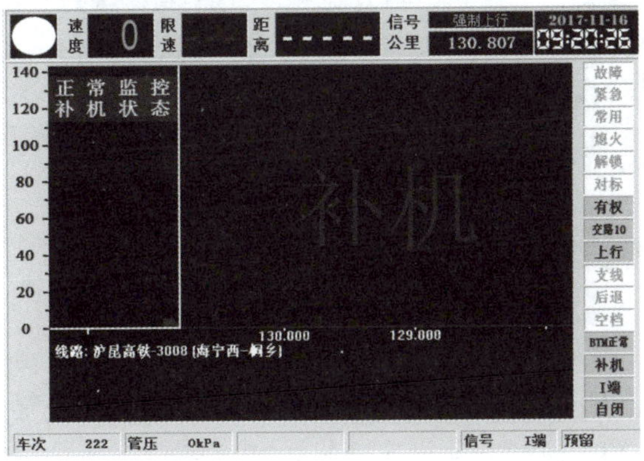

图 5-21　补机运行界面

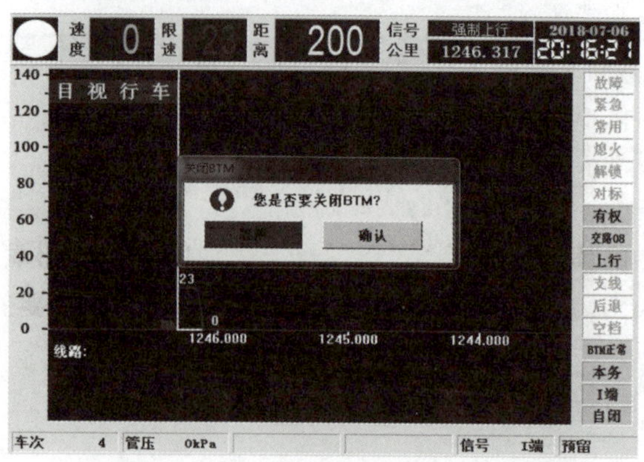

图 5-22　关闭 BTM 设备功放界面

需要退出补机状态时，在停车状态下，按压 DMI 面板【设定】键，弹出“参数设定”窗口。在“本/补”项，选择“本务”，按压【确认】键，即可退出补机状态。

注：在停车状态下，按压【设定】键 2 s，可快捷进行本补机转换操作。

补机状态下，GYK 只记录，不控制。

(三)BTM 节能操作

当装有 GYK 设备的车辆在普速线路上运行时，司机可以通过手动按压【车位/3】+【公里标/0】键，DMI 上会弹出“关闭 BTM”对话框，选择“确认”人工关闭 BTM 设备功放使之进入节能状态，如果需要退出手动节能状态，则重新按压【车位/3】+【公里标/0】键，DMI 弹出“打开 BTM”对话框，选择“确认”即可退出手动节能状态。

二、接触网作业车低匀速操纵

高铁接触网作业车设 3 km/h、5 km/h、7 km/h、10 km/h 四种低匀速工况。低匀速走行分为两种模式即司机控制模式和平台控制模式。

(一)司机控制模式

1. 恢复司控器至中立位，右旋打开变速箱工作开关，如图 5-23 所示。

2. 在显示屏软开关界面点击“低匀速模式软开关”，选择设定速度目标值，如图 5-24 所示。宝鸡中车时代为开关，如图 5-25 所示，选定低匀速走行速度目标值。

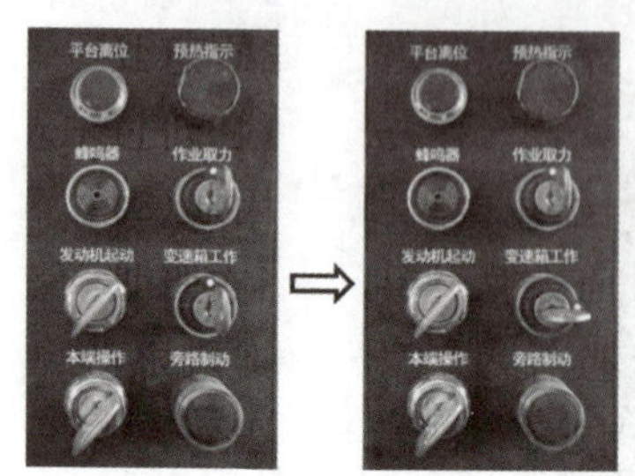

图 5-23　变速器开关

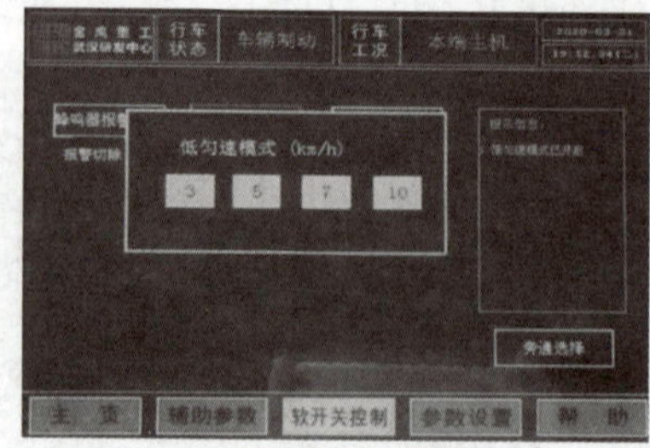

图 5-24　低匀速走行软开关界面

图 5-25　低匀速走行开关

3. 操作司控器控制车辆低匀速走行车辆。车辆起步后根据需要慢慢向同向推进司控器以提高车速(以实际运行需要控制发动机转速)。

4. 需减速或停车时，先将司控器恢复到中立位，然后使用空气制动降低车速或停车。

（二）平台控制模式

1. 使用平台控制模式时关闭变速箱工作开关，在显示屏软开关界面取消低匀速模式。

2. 作业挂挡开关置“挂挡”位，且平台上作业电源开关置“开”位，此时在司机室内无法通过显示屏软开关进行低匀速操作。

3. 将平台上控制箱作业走行调速开关可控制车辆低速走行。如图 5-26 所示。选择相应的低匀速运行挡位并将开关旋至相应位置。空挡：非作用位；匀速Ⅰ：3 km/h；匀速Ⅱ：5 km/h；匀速Ⅲ：7 km/h；匀速Ⅳ：10 km/h。

4. 根据运行方向选择走行工况开关置低速走行及相应方向，控制车辆走行。

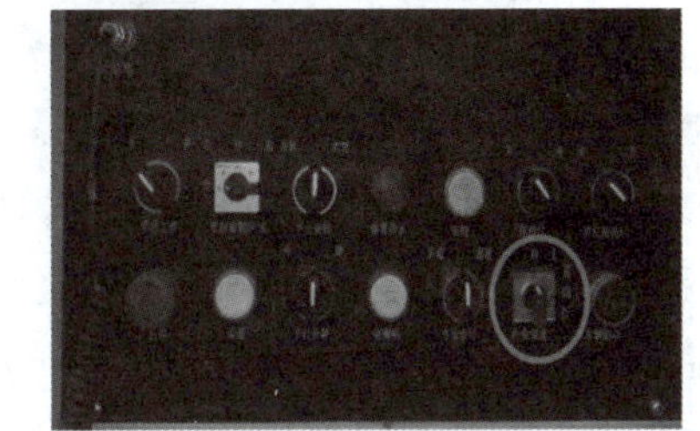

图 5-26 低匀速走行调速开关位置

（三）使用低匀速走行注意事项

1. 当车速大于 15 km/h，设定低匀速走行时，系统先控制车辆卸载，使车速降到 15 km/h 以下，再执行低匀速走行控制。

2. 长时间待避、停车、更换工况时，关闭变速箱钥匙（或按钮），关闭匀速开关至 0 位，并将发动机转速提高至 1 000 r/min 左右。

三、接触网作业车作业机构操纵作业

（一）接触网作业车作业平台操纵作业

1. 使用前的检查

（1）先检查平台状态并保证完好，各部限位、开关、紧固状态良好。

（2）检查液压油的油质及油量是否符合要求。

2. 关闭变速箱工作钥匙，恢复发动机至怠速，然后打开作业取力钥匙（或挂挡），并将发动机转速提升至 1 000～1 200 r/min。

3. 根据需要操作平台转换开关，平台上/平台下，如图 5-27 所示。

4. 根据需要操作平台工作区域限位开关，左半区-全区-右半区，如图 5-28 所示。

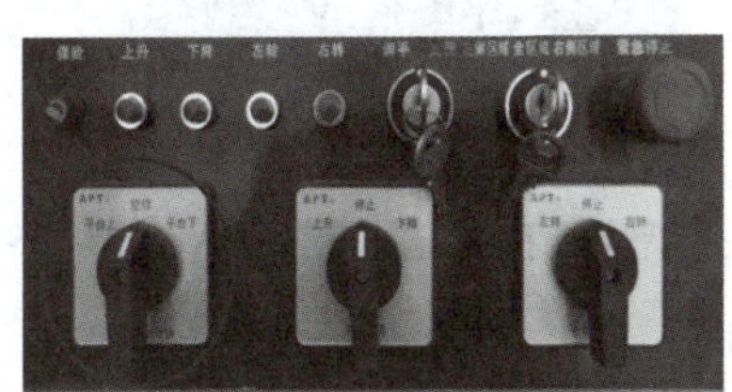

图 5-27 平台操作台控制选择示意

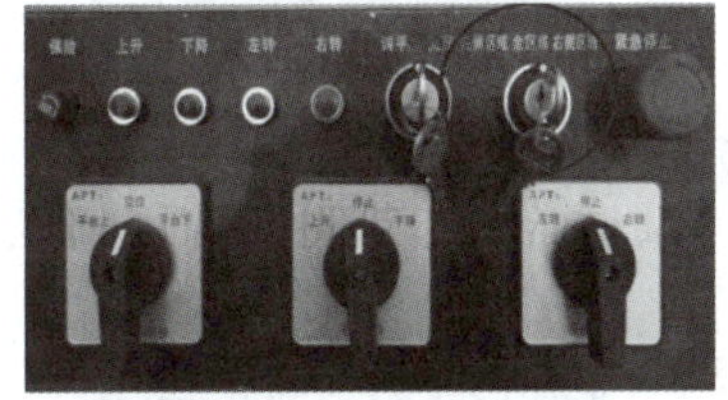

图 5-28 平台区域控制开关示意

5. 操作平台上升，最低高度保证平台离开下限位，此时平台离位指示灯点亮。

6. 根据作业需要操作旋转开关，最大不超过 120°。

7. 作业平台使用中如遇紧急情况，可迅速操作紧急停止，中断平台动作。

8. 作业结束后，操作旋转开关使平台回到中位。

9. 操作下降开关使平台回位。

10. 操作区域限制开关至全区域位，平台转换开关至空位，此时平台离位指示灯熄灭。

11. 将司控器回至中立位，使发动机转速恢复至（700±50）r/min，关闭作业取力钥匙（或摘挡）。

12. 作业平台操纵注意事项

(1)在操纵作业平台升降时，不得操纵作业平台回转，只能单一顺序操纵，且所有机构不得同时操纵两个及以上。

(2)接触网"V"停作业使用作业平台时，应根据作业平台旋转方向，同时将机械定位销锁定。

(3)在操纵作业平台升降时，严禁人员上下，以防被升降梯挤伤脚趾；在操纵作业平台下降时，必须将工作开关置关位，旋转区域选择开关置中位，再下降平台，不得强行下降。后将平台上、下所有开关复位，操纵台上的作业挂挡开关置摘挡位；在操纵作业平台动作时，要注意起升高度(6 800 mm)及回转角度(120°)，听到报警铃响，须立即停车或反向操纵。

(4)作业平台不得超载，回转中心不大于 1 000 kg，前端不大于 300 kg。当有 6 级以上大风或弯道作业且外轨超高 120 mm 及以上时，须使用调平装置、支腿或抓轨器，使用抓轨器时不得作业走行。

(5)当车辆停在带电的接触网下时，严禁作业机构升起，同时严禁作业机构上有人。

(6)立柱出现故障升起不能降落时，严禁人员攀登升降梯检修，防止立柱突降，被梯子挤伤。

(7)当平台门开启时，一定要注意人身安全，作业人员站立位置应距门有一定的安全距离，并系好安全带，防止人员从门口处跌落车下。

(8)作业完毕后，平台栏杆放下须用插锁锁定，禁止将插销插在放下的栏杆套上，以防超限；拨线装置使用完毕后一定要使拨线装置处于中间位，以防超限；各作业机构操纵完后必须复位，并关闭作业系统电源。

(二)接触网作业车平衡支腿操纵作业

1. 平衡支腿的操纵

(1)作业中要使用支腿时，先检查支腿状态并保证完好，如图 5-29、图 5-30 所示。

图 5-29　支腿

图 5-30　支腿手柄

(2)关闭变速箱工作钥匙，恢复发动机至怠速，然后打开作业取力钥匙(或挂挡)，并将发动机转速提升至 1 000～1 200 r/min。

(3)将支腿/调平工况操作转换开关至支腿位，如图 5-31 所示。

(4)顺/逆时针旋转支腿锁定销，使支腿锁定销至解锁位，如图 5-32 所示。

(5)操作支腿手动换向阀，使支腿上升/下落，支腿使用中只需支腿滚轮与钢轨面贴合即可，允许与钢轨之间有 0～15 mm 间隙，如图 5-33 所示。

图 5-31　支腿工况开关

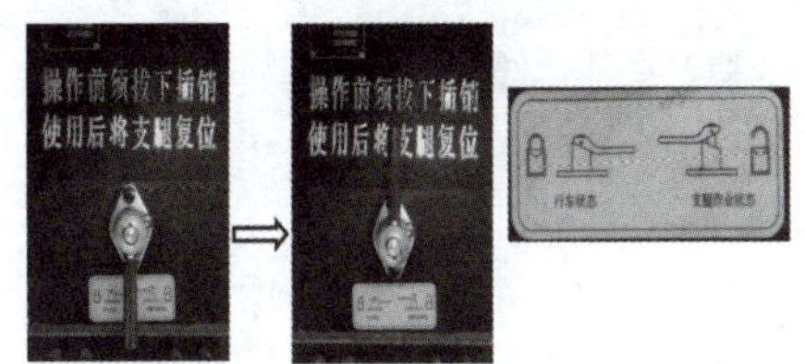

图 5-32　支腿锁销

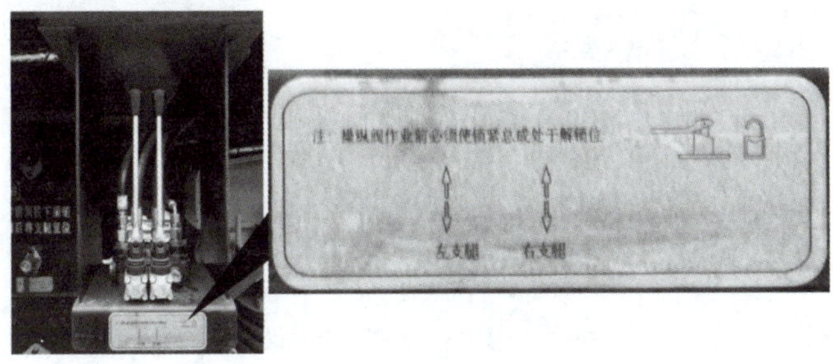

图 5-33　支腿操纵

(6)支腿使用完毕后，操作支腿手动换向阀，使支腿上升。

(7)顺/逆时针旋转支腿锁定销，恢复支腿锁定销至锁定位。

(8)操作支腿/调平开关至关闭位。

(9)平直道或曲线半径大于 800 m 的线路，允许车辆低速走行而不需收起支腿，速度控制在 0～8 km/h。小于 800 m 的曲线禁止使用支腿走行。

2. 平衡支腿使用注意事项

(1)支腿在平台工作、调平时使用，以保持车体的稳定。

(2)当曲线外轨超高大于 125 mm 的线路上作业时须使用支腿；当风速大于或等于 6 级(13.8 m/s)时，无论在平直道或曲线上须使用支腿。

(3)使用支腿前，一定要解除支腿机械锁定装置，使用后再重新锁定好。

(4)当曲线半径小于 800 m 时，禁止用支腿走行，以防脱离钢轨。

(三)接触网作业车平台调平操纵作业

1. 调平操作前的准备

(1)先检查自动调平系统状态并保证完好。

(2)关闭变速箱工作钥匙，然后打开作业取力钥匙，并将发动机转速提升至 1 000～1 200 r/min。

(3)操作支腿/调平开关至支腿位。解锁支腿，并操作支腿伸出，关闭钥匙开关。

(4)操作平台上升，最低高度保证平台离开下限位(约 120 mm 以上)，此时平台离位指示灯点亮。

(5)操作支腿/调平开关至调平位。

2. 调平的手动操作

打开总电源开关，电源指示灯点亮，如图 5-34 所示。

(1)右旋锁定/解锁开关，解除锁定油缸锁定作用，目视确认锁定油缸解锁状态，如图 5-35 所示。

图 5-34　平台调平电源操纵

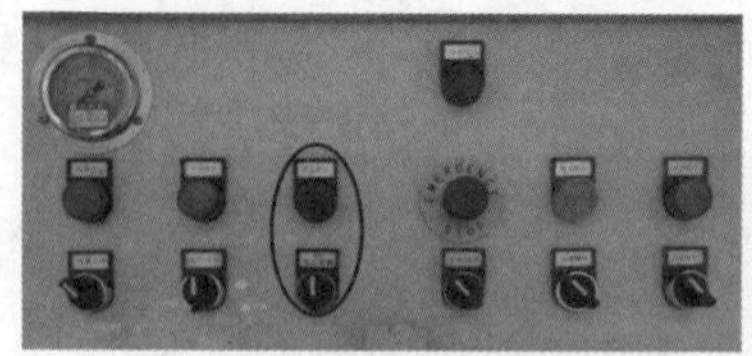
图 5-35　调平解除锁定操纵

(2)手动操作左升、右升开关,控制调平装置的升降,将平台调整到水平位。

3. 调平的自动操作

(1)将手动/自动开关旋至自动位。

(2)打开自动调平开关,此时平台可以自动调平,调平机构动作时输出警示音,自检完毕,如图 5-36 所示。

(3)调平开关置"自动"位后,系统将根据平台状态自动控制调平装置的升降,调平指示灯亮,直至将平台调整到平整位。

(4)保持低速走行状态,自动调平系统就可发挥作用(车速<10 km/h)。

(5)自动调平模式时,调平锁定解锁无效,调平自动复位无效。

4. 调平自动复位

(1)调平控制开关复位。

(2)调平自动复位开关打开(按钮按下),调平系统自动将平台调整到与车辆主车架平行状态,使调平装置处于复位状态,如图 5-37 所示。

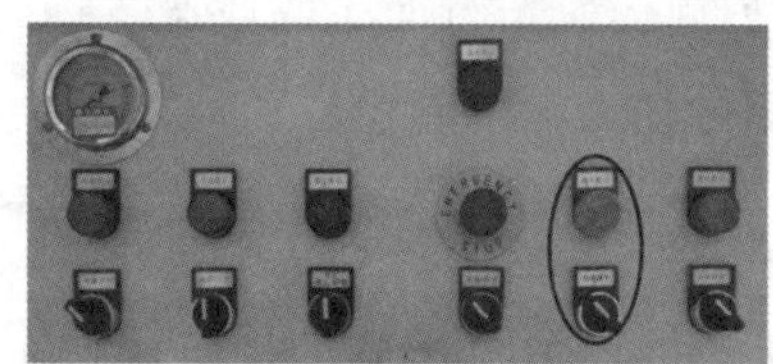
图 5-36　调平自动工况

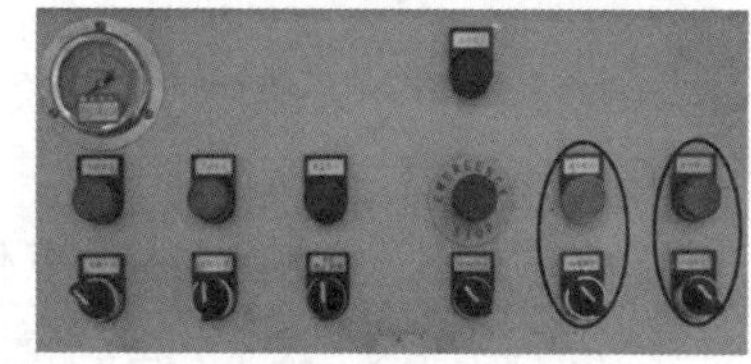
图 5-37　调平复位操纵

(3)平台复位后,调平复位指示灯亮,关闭复位开关。

(4)操作调平锁定解锁开关置"锁定"位,锁定调平装置,并目视确认锁定状态。

(5)左升/右升、锁定/解锁恢复关闭位,手动/自动恢复手动位,关闭电源开关。

(6)将司机控制器回至中立位,使发动机转速恢复至(700±50)r/min,关闭作业取力开关。

(7)紧急操纵。操作中遇紧急情况,迅速操作紧急停止开关中断所有液压动作,待故障排除后恢复紧急停止开关,如图 5-38 所示。

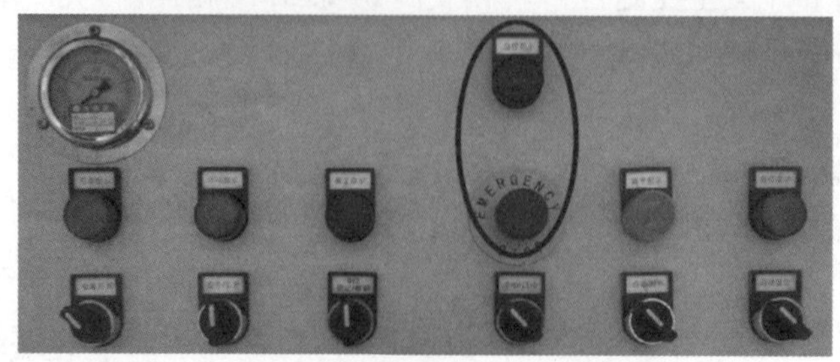

图 5-38　液压系统紧急停止按钮

5. 调平装置操纵注意事项

(1)用调平装置前,要解除油缸锁定,用后再重新锁定好。

(2)每次作业时,平台只有升高不小于 120 mm 后才能旋转和调平。

(四)接触网作业车随车吊机操纵作业

1. 随车吊机使用前的准备

(1)作业中要使用随车吊机时,先检查吊机状态并保证完好。

(2)切换换向阀至随机吊位,如图 5-39 所示。

2. 随车吊机的操纵

(1)关闭变速箱工作开关,然后打开作业取力开关,并将发动机转速提升至 1 000～1 200 r/min。

(2)操作随机吊手动换向阀控制相应动作,起钩/落钩、主臂伸/缩、主臂变幅、左旋/右旋,如图 5-40 所示。

图 5-39　随车吊机切换阀位置

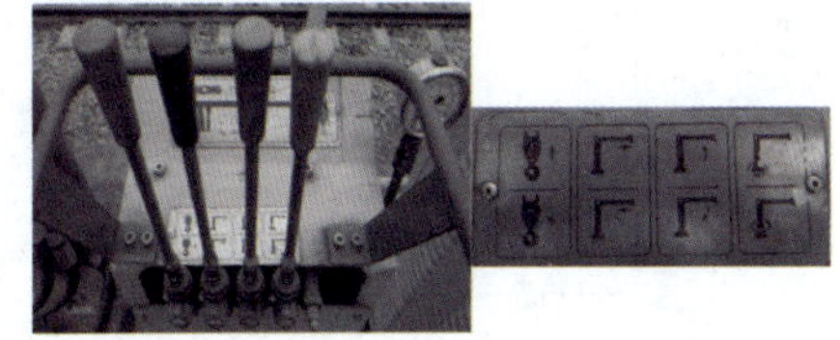

图 5-40　随车吊机控制阀工况操纵

(3)随车起重机恢复时,旋转吊臂至中位,缩回吊臂,调整变幅,用安全挂钩挂牢地板上的挂钩,防止车辆运行中吊臂摆动,影响行车安全。

(4)将司机控制器回至中立位,使发动机转速恢复至(700±50) r/min,关闭作业取力开关。

(5)恢复手动换向阀,锁紧液压阀柜柜门。

3. 操纵注意事项

(1)随车吊机的操纵必须经过操作培训方可使用和操纵;在载荷提升或吊机运转时,不允许离开控制台;未经操作人员允许不能进入吊机的操作范围。

(2)操作随车吊机时车架倾斜度不大于 1∶20(不大于 3°);环境温度应为:−25～55 ℃;风速不大于 6 级。

(3)必须先收起吊钩后,方可操纵回转手柄,将随车吊车转出原来位置;当使用回转时必须注意升降回转作业台的情况,原则上其他机构应恢复原位置。

(4)侵入限界的作业,必须有可靠的安全措施;邻线未封闭时,严禁跨线路作业。

(5)操纵随车吊机时,禁止两种机构同时动作,要缓起慢停,不得冲击或猛拉猛放,且吊重符合吊重曲线要求;严禁超载起吊重物,幅度为最大时,起重量 250 kg,幅度为最小时,起重量为 2 000 kg,最大仰角 75°,回转 360°;吊重货物时的索具夹角不宜太小或太大,角度最大不宜过 120°。

(6)操纵中应按起重机安全规程操作。

(7)当起重机起重的货物质量相当于或小于该幅度下最大起升质量的 2/3 时,允许伸缩臂回缩(使整个吊臂变短的状态方向),但不允许往外伸出;起重机起重的货物质量相当于或小于起重机最大幅度起升质量的 2/3 时,允许伸缩臂伸出(使整个吊臂变长的状态方向)或缩回。

(8)在移动车辆之前,随车吊机必须是完全缩回和锁定状态;使用完后,必须复位,并将吊钩挂在地板上设置的挂钩上。

（五）接触网作业车紧线柱操纵作业

1. 紧线柱使用前的检查

作业中要使用紧线柱时，检查紧线柱各部的技术状态并保证完好；紧线柱的电气控制箱设置在支撑柱的外柱侧面，通过操作开关可以实现紧线柱的拉紧←→放松、上升←→下降等动作，控制箱面板如图 5-41 所示。

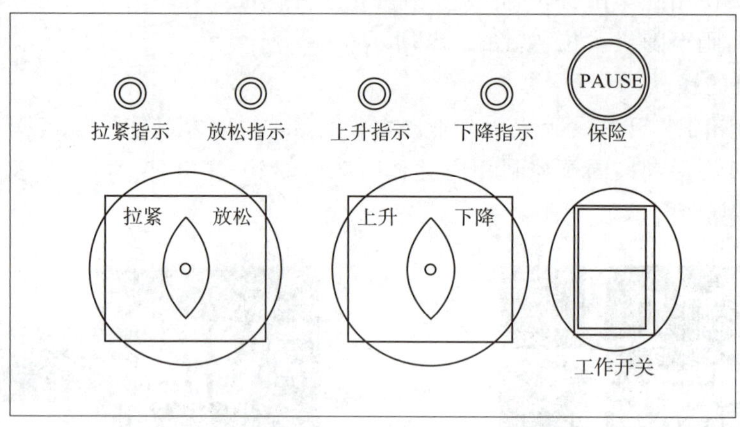

图 5-41　紧线柱操纵面板

2. 紧线柱的操纵

(1)切换换向阀至随机吊位，如图 5-42 所示。

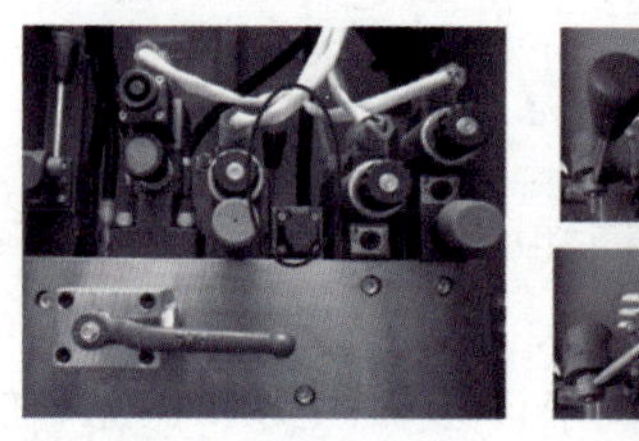

图 5-42　紧线柱换向阀投入

(2)关闭变速箱工作开关，然后打开作业取力开关，并将发动机转速提升至 1 000～1 200 r/min。

(3)闭合工作开关，根据需要选择操作紧线柱拉紧/放松、上升/下降旋钮开关。

(4)紧线柱恢复时，先操作上升/下降旋钮至下降位，待紧线柱内柱落稳后操作拉紧/放松旋钮至拉紧位，拉紧钢丝。

(5)将司机控制器回至中立位，使发动机转速恢复至(700±50) r/min，关闭作业取力开关。

(6)恢复手动换向阀，锁紧液压阀柜柜门。

3. 操纵紧线装置注意事项：

(1)在紧线前应把支撑臂升到所需要的高度，禁止在紧线时升降支撑臂。

(2)当操纵支撑臂或紧线机构时，不得操纵升降回转作业平台，如果要操纵平台，必须将支撑臂及紧线机构复位且将紧线装置控制箱内的开关回零位。

(3)紧线时应注意紧线力与紧线溢流阀的关系，紧线溢流阀严禁非操纵人员调节。

(4)当车停放在带电的电网下时，严禁升起支撑臂。

(5)不允许支撑臂和卷筒同时动作。

第四节　接触网作业车制动操纵作业

一、JZ-7 型空气制动机操纵原则

1. 运行前必须认真检查制动机各部位是否良好，并进行制动试验，确认制动机良好后方可运行。

2. 运行途中，尽量减少不必要的制动，以减少轮瓦的磨损，延长使用寿命。

3. 制动或减速时，保持较均匀地减速，以避免和减少车辆冲击，达到平稳操纵。

4. 不必要的情况下，绝不使用紧急制动，以减少轮瓦的急剧磨损。

5. 实施紧急制动后，应对制动缸、基础制动装置、车钩等进行认真检查，经制动试验确认无损，方可运行。

二、JZ-7 型空气制动机操作要求

1. 制动机只允许本务司机一人操纵。

2. 制动机只配备单独制动阀手柄、自动制动阀手柄各一个。

3. 无论是担当本务机还是重联补机，客货车转换阀均置于“货车位”。

4. 自动制动阀可操纵全列车的制动和缓解；而单独制动阀只操纵本车的制动和缓解。

5. 本务司机应熟知制动机性能，并能检修、排除故障，具有实际操纵经验。

三、检查前准备事项

1. 检查各管路连接是否正确。

2. 检查各塞门是否处于正确的位置。

3. 将非操纵端的自动制动阀手柄置于手柄取出位，单独制动阀手柄置于运转位，客货车转换阀均置于货车位。

4. 分配阀转换盖板置于一次缓解位置。

5. 检查空气压缩机工作是否正常。

6. 检查各管路是否漏泄。

四、JZ-7 型空气制动机机能检查项目与要求

(一)压力表指示值的检查

自动制动阀、单独制动阀手柄均置于运转位如图 5-43 所示，检查各压力表压力是否指示在规定压力值：总风缸为 750～900 kPa，均衡风缸为 500 kPa，列车管为 500 kPa，制动缸为零，如图 5-44 所示。

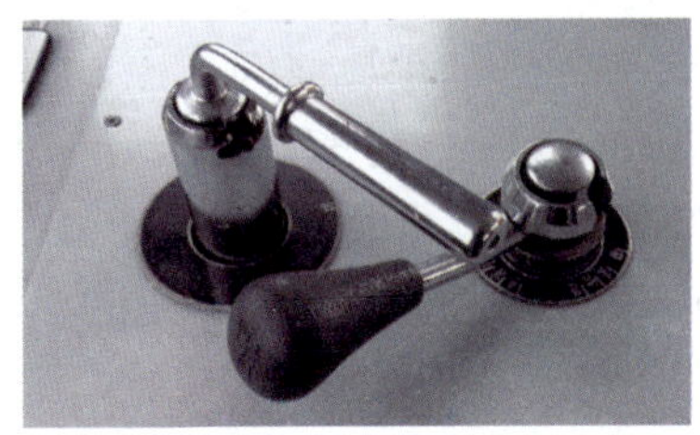

图 5-43　运用时制动机手柄位置

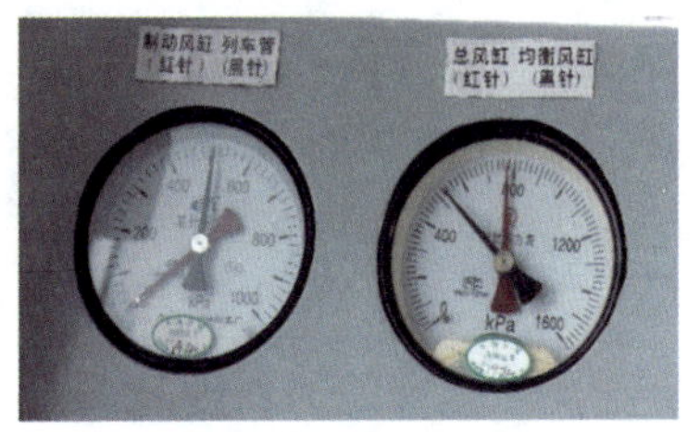

图 5-44　运用时仪表指示

（二）列车管漏泄量的检查

自动制动阀手柄由运转位移到最小减压位，均衡风缸、列车管减压 50 kPa，制动缸压力为 100～125 kPa，保压 1 min，列车管漏泄量不得超过 20 kPa，如图 5-45、图 5-46 所示。

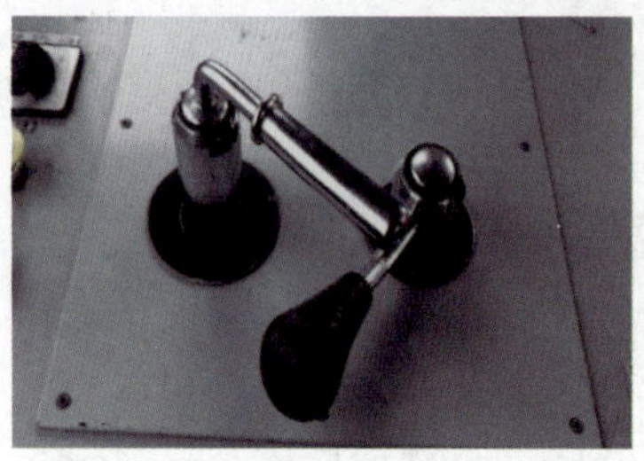

图 5-45　最小减压量位置

图 5-46　仪表最小减压量位置

（三）自动制动阀阶段制动作用的检查

自动制动阀手柄从最小减压位阶段移动到最大有效减压位（图 5-47、图 5-48），检查阶段制动是否稳定，减压量与制动缸压力的比例是否正确参考表 5-1。

图 5-47　最大减压量位置

图 5-48　仪表最大减压量位置

表 5-1　列车管减压量与制动缸压力

列车管减压量(kPa)	50	70	100	120	140	170
制动缸压力(kPa)	100～125	160～180	240～260	290～310	340～360	410～430

（四）自动制动阀制动后单独制动阀单独缓解作用的检查

自动制动阀手柄置于常用全制位（最大有效减压位）后，单独制动阀手柄移到单独缓解位，检查单独缓解作用是否良好；当制动缸压力下降到零时，手离开单独制动阀手柄，手柄应自动回到运转位，检查复原弹簧的复原作用是否良好。此时，充气阀尾部排气并伴有列车管压力下降，同时制动缸压力出现回升，这属于正常现象，但制动缸压力的回升量在 1 min 内不得超过 100 kPa。

（五）自动制动阀常用全制动作用的检查

列车管定压为 500 kPa 时，均衡风缸减压 140 kPa，均衡风缸排风时间为 5～7 s，列车管减压 140 kPa，制动缸压力在 6～7 s 的时间内上升到 340～360 kPa。列车管定压为 600 kPa 时，均衡风缸减压 170 kPa，均衡风缸排风时间为 6～7 s，列车管减压 170 kPa，制动缸压力在 7～9 s 的时间内上升到 410～430 kPa，如图 5-49、图 5-50 所示。

（六）自动制动阀缓解性能的检查

自动制动阀手柄从常用全制动位移回到运转位，制动缸压力由 350 kPa 或 420 kPa 下降到

35 kPa 的时间为 6～7 s 或 7～9 s，检查均衡风缸、列车管的空气压力是否恢复定压。

图 5-49　全制动检查减压量位置

图 5-50　仪表全制动检查减压量位置

（七）自动制动阀过量减压位作用的检查

自动制动阀手柄移到过量减压位，均衡风缸、列车管均应减压 240～260 kPa，制动缸压力为 340～360 kPa 或 410～430 kPa，常用限压阀作用良好，机车不应发生紧急制动，如图 5-51、图 5-52 所示。

图 5-51　过量减压量位置

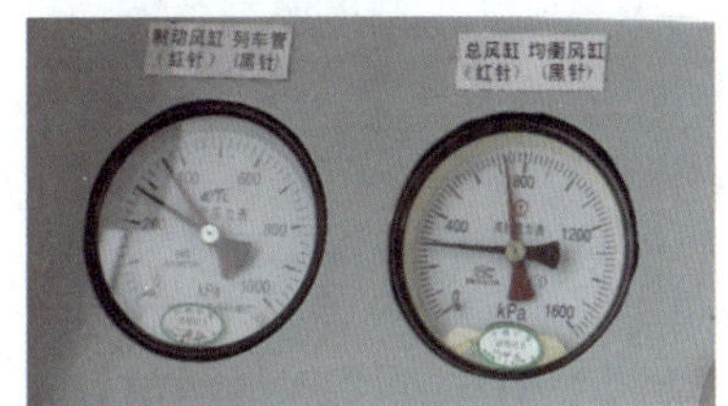

图 5-52　仪表过量减压量位置

（八）自动制动阀手柄取出位作用的检查

自动制动阀手柄由运转位直接移到手柄取出位，均衡风缸减压 240～260 kPa，中继阀自锁，列车管压力应保持不变，如图 5-53、图 5-54所示。

图 5-53　取柄位置

图 5-54　仪表取柄位置

（九）自动制动阀手柄过充作用的检查

自动制动阀手柄由手柄取出位移到过充位，均衡风缸压力为定压，列车管压力比均衡风缸压力高 30～40 kPa，过充风缸上 0.5 mm 小孔排气良好，自动制动阀手柄从过充位移回运转位，列车管的过充压力缓慢消除，机车不应产生自然制动，如图 5-55、图 5-56 所示。

（十）自动制动阀紧急制动作用的检查

自动制动阀手柄从运转位移到紧急制动位，列车管压力在 3 s 以内下降到零，制动缸的压力在 5～7 s 内上升为 420～450 kPa，同时均衡风缸减压 240～260 kPa，如图 5-57、图 5-58 所示。

图 5-55　过充位置

图 5-56　仪表过充位置

图 5-57　手柄紧急位置

图 5-58　仪表紧急位置

(十一)自动制动阀紧急制动后单独缓解作用的检查

自动制动阀手柄移到紧急制动位,将单独制动阀手柄移到单独缓解位,制动缸压力开始下降,并在 25～28 s 后下降到零,如图 5-59、图 5-60 所示。

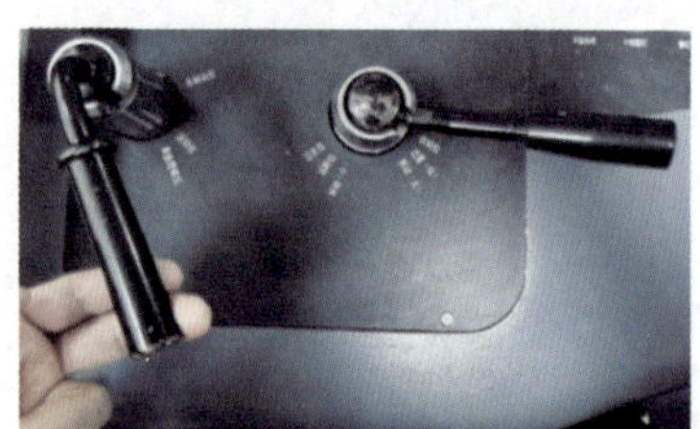
图 5-59　自动制动阀
紧急制动后单独缓解

图 5-60　仪表自动制动阀
紧急制动后单独缓解

(十二)单独制动阀单独制动作用的检查

自动制动阀手柄移回运转位,单独制动阀手柄从运转位阶段移动到全制动位,再从全制动位移回运转位,单独制动阀的阶段制动和阶段缓解应稳定。单独制动阀手柄从运转位直接移动到全制动位,制动缸压力应在 3 s 内上升到 280 kPa,单独制动阀手柄从全制动位移回运转位,制动缸压力应在 4 s 内从 300 kPa 下降到 35 kPa 以下,如图 5-61、图 5-62 所示。

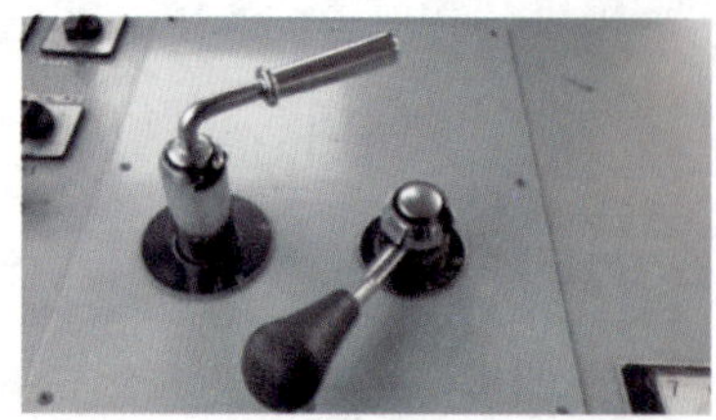
图 5-61　单独制动阀制动位置

图 5-62　单独制动阀制动仪表

五、JZ-7 型空气制动机运用中注意事项

1. 自动制动阀和单独制动阀均为自动保压式，无中立位，所以在制动或追加减压时，不必像其他型制动机那样，在制动位和中立位之间往复移动。

2. 在运行中，不会发生自然制动现象，因此不需经常推动单独制动阀手柄至单独缓解。

3. 在运行中，若自动制动阀减压制动后需要单独缓解时，只需把单独制动阀手柄推至单独缓解位，制动缸压力就下降。

4. 在牵引作业时，司机为了使本车制动缸压力小一些，并希望本车制动上闸时间稍晚，可使用单独制动阀的单缓位，把工作风缸的压力空气排一些到大气，然后把自动制动阀推向制动区进行制动。

5. 本车运行之前，司机首先应根据其运行性质，对制动机作适当处理。

(1)作本务机时

在操纵端，自动制动阀手柄和单独制动阀手柄均应置于运转位，在非操纵端自动制动阀手柄应置于手柄取出位，并取出手柄；单独制动阀手柄置于运转位，也必须取出手柄，以确保安全；无动力装置此时应处于断开状态。

(2)作无动力回送时

两操纵端的自动制动阀手柄均置于手柄取出位，单独制动阀手柄均置于运转位，客、货车转换阀均置于“货车位”，无动力装置塞门此时应处于开放状态。

6. JZ-7 型制动机全部采用橡胶膜板、O 形密封圈及止回阀等密封结构，并有严格的技术要求。这些零件均不能沾柴油、汽油或其他油类。

六、JZ-7 型空气制动机运行操作

1. 接触网作业车制动操作基本要求

施行常用制动时，应考虑列车速度、线路坡度、牵引辆数和吨数、车辆种类以及闸瓦压力等条件，保持列车均匀减速，防止列车冲动。进入停车线停车时，准确掌握制动时机、制动距离和减压量，应做到一次停妥，牵引列车时，不应使用单独制动阀制动停车，并遵守以下规定：

(1)初次减压量，不得小于 50 kPa。长大下坡道应适当增加初次减压量。

(2)追加减压一般不超过两次；一次追加减压量，不得超过初次减压量。

(3)累计减压量，不应超过最大有效减压量。

(4)单独制动阀缓解量，每次不得超过 30 kPa。

(5)减压时，自动制动阀排风未止不应追加、停车或缓解列车制动。

(6)作业车运行中，自动制动阀减压排风未止，不得缓解作业车制动。

(7)少量减压停车后，应追加减压至 100 kPa 及以上。

(8)停车超过 20 min 时，开车前应进行列车制动机简略试验。

(9)区间停车再开车后，应选择适当地点进行贯通试验。司机确认列车管排风结束、列车速度下降方可缓解，同时司机应注意风表压力及列车充、排风时间。

(10)施行紧急制动时，应迅速将自动制动阀手柄推向紧急制动位，并立即解除作业车牵引力。列车未停稳，严禁移动自动制动阀、单独制动阀手柄。

2. 进站停车操作

接触网作业车需经过限速的侧向道岔以及在站线长度较短而列车编组较长且站线呈下坡状态的车站停车时，必须在站外调速，采用两段制动法进入站内停车。接触网作业车进入停车

站为上坡、平道或站线长度足以容纳列车长度并具有一定的安全距离时，选择适当的制动地点、恰当的减压量，也可采用一段制动法进入站内停车。

(1)列车进站停车两段制动法

接触网作业车当施行第一段制动时应根据列车速度、列车编组状况、线路纵断面、列车制动力等具体情况，正确选择初次减压地点，减压量应掌握在 50～80 kPa 之间。根据线路两侧自然标记及列车降速情况，准确判断列车制动力的强弱，以便为第二段制动准确把握制动距离打好基础。如需追加减压时须提早进行，力争累计减压量不超过 100 kPa，并在进站信号机处或进站道岔外方将列车速度控制在限制或理想速度，其缓解时机必须保证列车首尾均不得超过规定的限制速度。

至第二段制动前，全列车副风缸压力应恢复定压，第二段制动应在常用最大有效减压量之前能安全停车。缓解时，应先将单独制动阀手柄移至制动区适当位置，待全列车基本缓解后再将单独制动阀手柄移回运转位，并充分利用自动制动阀手柄在过充位向列车管充气。

施行第二段制动时要适当提前减压或稍加大减压量，以抵消因闸瓦热、制动力降低而产生的影响。

(2)列车进站停车一段制动法

采用一段制动法进入站内停车时，司机应根据当时的列车速度、线路纵断面、站线有效长度、列车制动力等情况，找准初次减压地点，初次减压量可掌握在 50～80 kPa 范围内。施行常用制动时，是否需要降低机车制动力，应根据列车编组状态及在制动试验中列车所表现出的前拥后拽情况具体掌握，但机车制动缸压力须在 100 kPa 以上。

初次减压制动后，要选择两个以上的自然标记(站舍、站台头及其他永久性建筑物)，观察列车降速情况，然后根据列车降速情况和停车目标要求，适当追加减压。第一次追加减压，应在初次减压排气终止后 15 s 左右进行，第二次追加减压也应间隔 6 s 以上，每次追加减压量应以 20 kPa 左右为宜。以免间隔时间过短形成一次较大减压量制动而引起车辆制动机起急制现象或因追加减压量过大增加列车冲动。

接触网作业车必须施行制动保压停车，发车前列车管减压不足 100 kPa 时，应追加减压达 100 kPa 以上再缓解。

3. 判断接触网作业车制动力的强弱

通常采用经验对比的方法来判断列车制动力的强弱。判断列车制动力强弱特性时，在列车管较小减压量做出准确判断。一般采用“四固定一判断”的方法。即固定初次减压时的速度，固定初次减压地点，固定初次减压量，固定缓解时的速度与地点。

例如：列车以 70 km/h 的规定速度，在固定的初次减压地点，规定的初次减压量为 60 kPa，在固定的缓解地点，列车速度应降至40 km/h，若列车未到固定的缓解地点，速度就已降至应该缓解时的速度(40 km/h 假定速度)，列车制动力的特性可判为强性；若列车到达固定的缓解地点，不需要追加减压，列车即可降至固定缓解时的速度，列车制动力的特性可判为中性；当初次减压后列车降速不明显，如不施行适当地追加减压，列车即不能在到固定的缓解地点降至固定的缓解速度，列车制动力的特性可判为弱性。

掌握列车制动力的不同特性，可以为下次制动准确掌握制动地点和减压量提供依据，也是实现平稳操作的基础。

4. 施行制动时，确定减压量和掌握制动时机

接触网作业车应根据列车速度的高低、列车制动力的大小、制动距离的长短、线路纵断面和天气情况、牵引吨数、牵引辆数、车辆种类、编组情况等因素来确定适当的减压量和掌握正确

的制动时机。一般来说,减压量的大小随列车速度而变化,而制动时机要根据列车制动力的大小而掌握,才能实现稳、准停车。

5. 列车需要通过慢行处所时制动机的操作

根据列车速度、列车制动力和慢行地段线路纵断面状况,适时提前减压制动,使列车在接近慢行处所前降至准许速度,若慢行处所及其前方为平、上坡道,可在接近限速前缓解列车制动,使列车在缓解状态下并以允许的速度通过慢行处所;若慢行处所及其前方为下坡道,缓解时机要稍稍滞后,使列车在尽量不施行第二段制动的情况下通过慢行处所,必要时可用单独制动阀配合制动,使列车尾部仍能以稍低于限制速度的速度通过慢行处所。

列车在缓解状态中通过慢行处所,不仅可以减轻对钢轨的扭别现象,而且会使副风缸较快恢复规定压力,遇有特殊情况时可保证列车迅速停车。

6. 调车作业时制动机的操作

连接风管时,应先用自动制动阀制动,待速度降至足以用单独制动阀随意控制连挂速度时,再改用单独制动阀操作,以提高调车效率。推进连挂作业时,按十、五、三车距离掌握速度,牵引连挂作业时,最好在距被连挂车辆 1～2 m 处一度停车再进行连挂,以便使车钩在伸张状态下实现连挂,从而减小冲动。在鱼背形及下坡线路推进作业时要注意使用制动机,单独制动阀制动不得过急过大,以防抻钩。

7. 作业车防止滑行时制动机的操作方法

(1)按规定调整制动缸活塞行程符合标准。

(2)低速运行中施行制动时,不可一次减压过多,在制动过程中发现轨面不洁,有降低黏着力的可能性时,提前适量撒砂;因制动力过强,有发生滑行的可能时,可用单独制动阀适当缓解机车制动,但应注意防止冲动。

(3)单独制动阀制动时,不可使制动缸一次增压过多,特别是速度低或轨面不洁时。

(4)发现前方线路不洁,可能产生空转、滑行现象时,应适当降低速度,惰力运行通过;产生空转时,及时进行单独制动阀制动,消除空转现象,防止 GYK 控停的发生。

8. 冬季寒冷季节,制动机的操作

(1)运行中每个区间应将自动制动阀手柄移至过充位 1～2 s,再移回运转位,特别是在制动前的一段时间内更为必要。这样用以促使车辆三通阀或分配阀有所动作,增强灵敏度。待列车管恢复定压时,再施行制动,防止车辆制动机在常用制动时发生紧急制动作用。

(2)少量减压停车后,发车前应追加减压,使累计减压达 100 kPa 以上再缓解,防止车辆制动机缓解不良。

(3)接触网作业车到达站场摘挂作业时,应在作业车摘开后一度停车,戴好防尘堵,检查单独制动阀制动作用是否良好,防止意外事故发生。

第五节　接触网作业车连挂、解列作业

一、接触网作业车解列

(一)停车

根据接触网作业车出乘工作票所载明的停车地点,在防护员处停车,按接触网工作领导人的指示继续运行或解列;确定停车解列时首先进行保压制动,被摘解车辆也须使用单独制动阀进行保压制动。

(二)防护

解列前首先设置行车防护,昼间为展开的红色信号旗,夜间为红色灯光。

(三)解列

列车解列摘钩作业程序为"一关前、二关后、三摘风管、四提钩"。

1. 首先将关闭本务车列车管折角塞门,然后再关闭补机(或车辆)列车管折角塞门。

2. 打开两车列车管连接器。

3. 摘开列车管后,提起钩提杆(不能完全提起时需进行压钩)。

4. 摘车时副司机向司机显示向显示人反方向离去的信号,指挥本务机移动到10 m以外距离停车制动(昼间为拢起的红色信号旗直立平举,再用展开的黄色信号旗上下小动;夜间为黄色灯光上下小动),然后将列车管防尘堵安装至打开的列车管连接器上并进行固定。

5. 解列完成后,撤除防护,副司机返回车内。

(四)GYK数据输入

司机按照接触网作业车出乘工作票的作业范围,操纵GYK进入区间作业模式并输入相关作业区域GYK数据,按照指挥人的要求运行、作业。

二、接触网作业车连挂

作业车连挂前司机首先确认被挂车辆的具体位置、设置GYK数据。联系运行前方的作业车司机,通报作业车连挂信息。

连挂作业中严格执行连挂的作业程序,"一停、二检、三引、四挂、五试拉"。

1. 在距离被连挂车辆110 m处一度停车,被连挂司机显示停车信号(昼间为展开的红色信号旗时;夜间为红色灯光时)。

2. 被连挂车辆司机严格按"十、五、三"车距离显示信号,连挂司机按引导司机信号(指令)要求控制速度,其速度要求分别为17 km/h、12 km/h、7 km/h;接近被连挂车辆时,速度不得超过5 km/h。

3. 在距离被挂车辆10 m前、2 m处两度停车,连挂引导司机显示停车信号(昼间为展开的红色信号旗时;夜间为红色灯光时)。

4. 被连挂司机检查两端车钩状态,打开车钩至全开位,释放列车管,固定防尘堵。

5. 被连挂司机车钩状态检查完成确认后,被连挂司机向连挂司机显示连接信号并显示移动信号。

6. 当车钩连挂钩销自然锁销后,向连挂司机显示稍行离去信号,进行连挂后的试拉;试拉结束后连挂司机、被连挂司机均使用单独制动阀保压制动。

7. 设置行车防护,连接列车管,打开折角塞门(顺序与解列时相反),撤除行车防护。

8. 根据调度命令确定列车运行方向,按规定进行换端、改阀、制动贯通试验,设置GYK返回模式运行数据。

复习思考题

1. 在哪些情况下严禁接触网作业车上线运行?

2. 试述接触网作业车启动时有哪些注意事项。

3. 接触网作业车行驶过程中有哪些注意事项?

4. 试述接触网作业车使用制动时的注意事项。

5. 接触网作业车作业平台操纵有哪些注意事项?
6. 接触网作业车平衡支腿使用应注意哪些事项?
7. 简述接触网作业车随车吊机的操作注意事项。
8. 简述JZ-7型空气制动机操纵原则。
9. 接触网作业车制动操作有哪些基本要求?

第六章　接触网作业车故障应急处置

接触网作业车的故障根据车型和使用工况的不同，受外界因素和乘务人员素质的影响，故障现象多种多样，本章主要介绍 JW-4G 型接触网作业车常见故障的分析及处理方法。

第一节　柴油发动机的常见故障及处理方法

JW-4G 型接触网作业车采用潍柴动力生产的 WP12.480 型电喷水冷柴油发动机，额定功率为 353 kW。

一、柴油发动机故障排除原则及常用诊断方法

（一）故障排除原则

1. 柴油机出现故障时，采用先易后难逐一排除法。

2. 在未弄清楚问题前，不要轻易更换任何配件。

3. 在未弄清楚问题前，不要轻易清除故障信息提示。

（二）常用诊断方法

1. 观察法：通过观察柴油机的排烟等故障特征，判断故障情况。

2. 听诊法：根据柴油机异常声音，凭听觉判断故障部位性质及程度。

3. 断缸法：停止某缸工作，借以判断故障是否出现在该缸。断缸法一般是向怀疑出现故障的气缸停止供油，比较断缸前后发动机的状态变化，为进一步查找故障部位或原因缩小范围。

4. 比较法：对某些总成或零部件，采用更换的办法确定是否存在故障。

二、柴油发动机的常见故障及处理方法

（一）发动机不能启动

1. 启动机不工作

（1）原因：电瓶电压过低。

处理方法：可以用万用表的电压挡进行检查或用故障诊断仪读取实际值“电池电压”，电瓶电压过低时及时充电。

（2）原因：启动机继电器接线柱脏或接线不牢靠，如图 6-1 所示。

处理方法：若接线柱表面氧化物太多，及时对氧化物进行清除；若接线柱表面螺栓松动或断裂，根据实际情况对螺栓进行紧固或更换。

（3）原因：启动机烧坏如图 6-2 所示。

处理方法：用万用表检查启动机继电器是否正常，若继电器故障及时修复或更换。

（4）原因：点火开关及启动开关损坏。

处理方法：①将点火钥匙旋至 ON 挡，看仪表盘等是否亮，若判断为点火开关故障，及时进行修复或更换。②将点火钥匙旋至启动挡，检查启动机是否有动作（在其他原因排除的前提下），若判断为启动开关故障，及时进行修复或更换。

图 6-1　启动机接线

图 6-2　启动机

2. 轨压无法建立(启动机能正常工作,但无法启动)

(1)原因:油箱油位过低,如图 6-3 所示。

处理方法:油位过低时及时补充。

图 6-3　燃油系统

(2)原因:手油泵工作异常。

处理方法:用手压动手油泵看是否正常,若工作异常,及时查找原因。

(3)原因:低压或高压油路有空气(有时低压油路泄漏不明显,需要仔细检查)。

处理方法:主要排粗滤里面的空气。松开粗滤上的放气螺栓,用手压动粗滤器上的手压泵,直至放气螺栓处持续出油为止。低压油路空气排净后仍不能启动柴油机,则判断高压油路有空气,也需要排出高压油路的空气,松开某缸高压油管,用启动机带动柴油机运转直至高压油管持续出油为止。

(4)原因:高压油路有泄漏。

处理方法:检查情况一般较为明显,检查高压油管接头螺帽是否有松动,若松动立即拧紧。

(5)原因:油路不通畅、柴油滤清器堵塞。

处理方法:松开精滤出口螺栓,用启动机带动柴油机运转,看是否有柴油喷出或流出,若只有少量柴油流出,则可以判定滤芯堵塞,此时需要更换滤芯。

(6)原因:轨压传感器初始电压值未在 500 mV 左右,或设定轨压未在 30～50 MPa 范围内。

处理方法:检查轨压传感器初始电压值或重新设定轨压。

3. 原因:喷油器线束、传感器线束或整车线束接插件未插好、线束断路或短路。

处理方法:检查接插件的安装,用万用表(最好接“线路检查仪”)按照线路图的指针定义检查线路的通断。

4. 曲轴信号和凸轮轴信号丧失

柴油机上安装两个转速传感器，分别在飞轮壳和高压油泵外侧，功能分别为：曲轴位置传感器和判缸传感器。电控发动机的喷油正时取决于这两个传感器。出现柴油机不能启动的情况，两个信号全部丢失。

两个信号全部丢失可能的原因：

(1)传感器损坏，线束短路或断路。

(2)传感器固定不牢，造成传感器与感应齿之间间隙过大或过小[一般为(1±0.5) mm]。

处理方法：检查传感器是否损坏、线束是否连接良好、传感器是否松动等，及时进行修复或更换。拆装高压油泵及飞轮后的安装应严格按照相关工艺文件执行，以确保信号同步。

(二)启动困难

发动机启动困难的原因及处理方法：

1. 原因：柴油机较长时间没有运转。

处理方法：确认回油管要伸到柴油液面下。

2. 原因：低压管路有少量空气。

处理方法：排除低压管路的空气。

3. 原因：曲轴转速信号、凸轮轴信号太弱，同步判断时间较长。

处理方法：查找具体原因，重新调整。

4. 原因：环境温度太低，预热装置失效。

处理方法：检查加热法兰接线是否正常或更换预热装置。

5. 原因：柴油、机油品质太差未达标。

处理方法：更换标准油品。

6. 原因：启动机或飞轮齿圈打齿。

处理方法：更换启动机及飞轮齿圈。

7. 原因：活塞环、缸套磨损或气门密封不严。

处理方法：更换活塞环、缸套或气门座、气门。

8. 原因：排气制动蝶阀卡死在关闭状态，导致排气不畅。

处理方法：更换蝶阀。

(三)发动机功率不足(水温、机油温度、进气温度过高)

水温、机油温度、进气温度过高时，ECU 会进入过热保护功能，限制发动机功率。在排除故障之前，首先要排除传感器及仪表的反映失真情况。

1. 发动机水温过高的原因及排除方法

(1)原因：水箱液面过低。

处理方法：检查冷却管路有无泄漏处，排除并补加防冻液(注：不同牌号、不同型号不得混加)。

(2)原因：散热风扇转速过慢或不转。

处理方法：检查散热溢流阀是否关闭或风扇传动部件是否有损坏，根据实际情况进行处理。

(3)原因：水箱堵塞。

处理方法：检查水箱，对堵塞部位进行清理或修复。

(4)原因:水泵皮带松弛。

处理方法:按规定调整水泵皮带张紧力。

(5)原因:水泵垫片损坏,水泵叶轮磨损。

处理方法:检查修复或更换水泵垫片、水泵叶轮。

(6)原因:节温器故障。

处理方法:更换节温器。

(7)原因:水管密封件损坏,漏入空气。

处理方法:检查水管、接头、垫片等密封件,更换损坏件。

2. 机油温度过高的原因及排除方法

(1)原因:油底壳油面低或缺油。

处理方法:检查油底壳油面及漏油处,修复并加油。

(2)原因:水温高。

处理方法:检查上述造成水温高的原因并进行排除。

(3)原因:机油冷却器流通不畅。

处理方法:检查并清理机油冷却器。

3. 进气温度过高的原因及排除方法

原因:中冷器散热不良。

处理方法:检查中冷器的散热能力,确定散热不良的具体原因。

(四)发动机始终运行在 1 000 转

此时油门失效:ECU 通过踏板电位计给出的信号来判断负荷,当踏板出故障时,出于安全考虑,ECU 会控制柴油机会通过自动回到 1 000 转的怠速。

(1)原因:电子油门踏线松脱或接错。

处理方法:重新拔插或检查油门接线是否正确、重新接线。

(2)原因:电子油门插接件进水。

处理方法:用工具把接插件吹干后再启动。

(五)发动机在运行过程中突然无动力或动力下降

原因:中冷器管卡箍松动、脱落或橡胶连接管破损。

处理方法:紧固或补装中冷器管卡箍、更换橡胶连接管(图 6-4)。

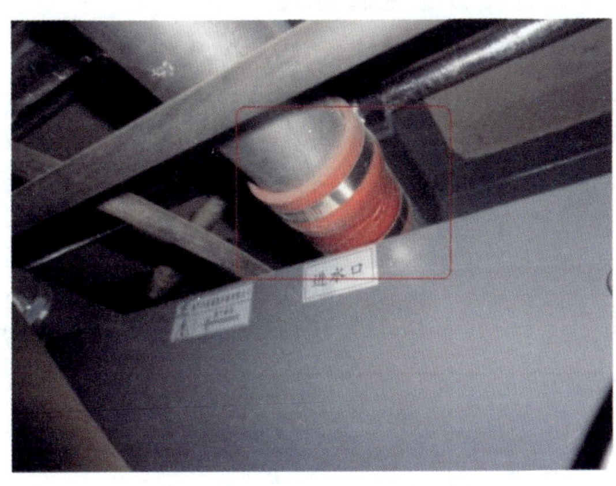

图 6-4　中冷器管

(六)发动机怠速游车

发动机游车的原因及处理方法:

1. 原因:喷油器工作异常。

处理方法:检查各缸喷油器及线束,查找喷油器工作异常的具体原因。

2. 原因:具有车速传感器的整车,停车时有车速信号输入。

处理方法:检查车速表及车速传感器信号及接线。

3. 原因:燃油质量差,含水或蜡质。

处理方法:清理燃油系统,更换燃油滤清器。

4. 原因:燃油低压油路漏入空气。

处理方法:检查油管及接头密封性,排除空气。

5. 原因:喷油嘴雾化不稳定。

处理方法:检查并修复喷油嘴。

第二节 传动及走行系统的常见故障及处理方法

JW-4G 型接触网作业车采用福伊特 T211 卧式液力传动箱,可实现无级变速。走行系统主要由两个Ⅱ轴通用型转向架组成,用于承受车架以上各部分重量,并将动力传递给轮对,以保证车辆运行平稳和安全。

一、液力传动箱

液力传动箱为德国 VOITH 公司生产的 T211re. 4 型卧式液力传动箱,自带液力传动箱诊断模块及诊断接口,位于车辆前端操作台控制柜内,液力传动箱故障诊断的操作方法如下:

1. 安装诊断电缆,将诊断电缆连接到诊断接口和安装了 VTBSwin 诊断软件的计算机的串行接口之间。

2. 通过车辆控制系统打开 VTDC 电源。

3. 控制软件被初始化,并且经过短时间后运行,可读出故障代码,进行故障排查。

二、分动齿轮箱

分动齿轮箱的常见故障及处理方法见表 6-1。

表 6-1 分动齿轮箱的常见故障及处理方法

序号	故障现象	原因	处理方法
1	轴端漏油	轴端密封件工作不良	更换密封件
2	分动齿轮箱驱动发电机摘挂困难	1. 摘挂气缸损坏; 2. 滑移齿轮损坏; 3. 拨叉损坏; 4. 行程开关损坏或安装位置移动	1. 维修或更换损坏气缸; 2. 更换损坏滑移齿轮; 3. 更换损坏拨叉; 4. 更换损坏行程开关,调整行程开关位置

三、车轴齿轮箱

车轴齿轮箱的常见故障及处理方法见表 6-2。

表 6-2　车轴齿轮箱的常见故障及处理方法

序号	故障现象	原因	处理方法
1	透气孔漏油	1. 润滑油过多； 2. 透气孔堵塞	1. 放油至标准油位； 2. 清理透气孔
2	齿轮箱工作温度高	1. 润滑油不足； 2. 润滑油品质不符合要求； 3. 润滑泵损坏	1. 添加或更滑润滑油至齿轮箱上下油位螺钉之间； 2. 更换规定品质的润滑油； 3. 更换损坏润滑油泵

四、传动轴

传动轴的常见故障及处理方法见表 6-3。

表 6-3　传动轴的常见故障及处理方法

序号	故障现象	原因	排除方法
1	传动轴抖振	1. 传动轴弯曲变形； 2. 传动轴两端万向节叉的相对位置不正确； 3. 万向节十字轴轴承和传动轴花键磨损严重； 4. 动平衡片脱落	1. 冷压校正后重新平衡； 2. 重新装配； 3. 更换； 4. 重新动平衡
2	传动轴异响	1. 传动轴弯曲变形； 2. 万向节、十字轴、滚针轴承严重磨损； 3. 传动轴花键松旷	1. 冷压校正后重新平衡； 2. 更换万向节； 3. 及时润滑或更换

五、车轴轴承箱

车轴轴承箱的常见故障及处理方法见表 6-4。

表 6-4　车轴轴承箱的常见故障及处理方法

序号	故障现象	原因	处理方法
1	车轴轴承箱工作温度高	1. 润滑脂不足； 2. 轴承损坏	1. 添加润滑脂； 2. 更换轴承或轮对总成
2	轴箱体与轮对之间移动量异常或有撞击声	车轴端盖松脱	拆除轴箱前盖，紧固车轴端盖

六、轮对系统

轮对系统的常见故障及处理方法见表 6-5。

表 6-5　轮对系统的常见故障及处理方法

序号	故障现象	原因	处理方法
1	轮对蛇行	1. 车轮轮缘踏面磨耗； 2. 轴箱侧挡间隙大	1. 旋修车轮； 2. 更换磨耗板，调整侧挡间隙
2	车轮运行振动异响	1. 车轮踏面擦伤； 2. 车轮不圆	旋修车轮

第三节 制动系统的常见故障及处理方法

空气制动系统是接触网作业车制动系统的重要组成部分，根据压力空气的变化，实现对车辆制动的自动控制，使制动系统产生制动、保压和缓解。本节主要介绍 JZ-7G 型空气制动机的常见故障及处理方法，见表 6-6。

表 6-6 JZ-7G 型空气制动机的常见故障及处理方法

序号	故障现象	原因	处理方法
1	自阀手柄在运转位时，分配阀排气口漏泄	1. 主阀供气阀胶垫不平，污物堵住或阀口有伤痕； 2. 紧急限压阀套或柱塞的第二道 O 形圈（从上方数）损伤或不清洁，使紧急限压阀部的列车制动管风漏到作用管，又经主阀排气口漏气	1. 用细砂纸磨平供气阀胶垫、清除污物或用细砂纸修补阀口伤痕（伤痕过大须更换）； 2. 更换紧急限压阀套或柱塞的 O 形圈
2	自阀手柄在运转位，作用阀排气口排风	1. 作用阀的供气阀胶面不平； 2. 作用阀的供气阀口有污物或有伤痕	1. 用细砂纸把胶面磨平整； 2. 清除阀口污物，用细砂纸修补阀口伤痕
3	自阀手柄在运转位或制动区，紧急放风阀排气口漏泄	1. 放风阀胶面不平，阀和套配合过紧； 2. 阀口被污物堵住或阀口有伤痕	1. 取出放风阀，用细砂纸修补阀口伤痕，若伤痕过大，须更换； 2. 清除污物，用细砂纸修补阀口伤痕，若伤痕过大，须更换
4	自阀手柄在制动区，作业车起紧急制动作用	1. 均衡风缸管堵塞，使均衡风缸容积大缩小，这可由检查均衡风缸的排风速度来判定； 2. 分配阀的紧急放风第一排风堵与第二排风堵装错或堵塞； 3. 紧急放风阀的充气限制堵被污物堵塞	1. 清除均衡风缸管路中的污物； 2. 重新安装被装错的排风堵或清除风堵中的污物； 3. 清洗充气限制堵中的污物
5	自阀手柄在制动区，制动缸压力上升缓慢	1. 总风限制堵（ϕ1.5 mm）堵塞； 2. 作用风缸的通路漏泄； 3. 常用限压阀套上的孔被堵塞	1. 清除总风限制堵内的污物； 2. 修补作用风缸及其管路的漏泄； 3. 清除常用限压阀套小孔内的污物
6	自阀手柄在制动区，均衡风缸排风缓慢或不减压	1. 调整阀的排气阀弧槽小或未将弧槽铣到根部； 2. 调整阀压板螺母排气孔小于 ϕ1.3mm； 3. 排气阀弹簧过软，打不开排气阀； 4. 调整阀的供气阀漏泄，虽然排气阀打开，供气阀不断供气，但却使均衡风缸减压缓慢甚至不减压	1. 用铣床把排气阀弧槽按图纸尺寸加大或铣到根部； 2. 调整阀压板螺母孔加大到 ϕ1.3 mm； 3. 更换排气阀弹簧，若没有配件，可临时弹簧后加胶垫以增加其弹力、重新安装弹簧座（注意正反面不要堵死 ϕ1.3 mm 的小孔；弹簧加胶垫后不可大开供气阀弹簧作用力）； 4. 找到供气阀漏泄的原因，如被污物堵住应加以清洗；阀口与阀密贴不好，需研磨阀与阀口；供气阀弹簧过软、其弹力小于排气阀弹簧力，需更换弹簧或采取临时加垫措施
7	自阀手柄在制动区，均衡风缸排风过速	1. 调整阀压板螺母排气孔大于 ϕ1.3 mm； 2. 均衡风缸管路堵塞使其容积变小	1. 把高速阀压板螺母排气孔恢复到 ϕ1.3 mm； 2. 清除均衡风缸管路的污物，使均衡风缸恢复原有的容积

续上表

序号	故障现象	原因	处理方法
8	自阀手柄在制动区，分配阀排气阀口漏泄	1. 主阀空心阀杆的阀口有伤痕或污物堵住； 2. 通到主阀供气阀盖导向杆背面的通路因污物或胶垫死，通路缩小，使作用管过充，此时过充压力在排气口排出； 3. 作用管到主阀小膜板上侧的缩口风堵被污物堵塞使其通路变小，造成作用管压力过充，此时充压力最后在排气口排出； 4. 工作风缸充气止回阀漏泄，使工作风缸压力逆流到列车制管，造成自然缓解	1. 有细砂纸修复阀口伤痕或清除污物； 2. 清除通路内的污物，更换胶垫，使之畅通； 3. 清除污物，使之畅通； 4. 清除工作风缸充气止阀口的污物或用细砂纸修补阀口使之不漏
9	自阀手柄在制动保压位时，作用阀排气口排风	1. 作用阀空心阀杆的阀口有污物或伤痕； 2. 空心阀杆上的第一道O形圈(从上方数)损伤或不清洁； 3. 制动缸到供气阀盖导向杆背面的通路被污物堵塞或弹簧产生永久变形，不能及时关闭供气阀，供制动缸产生过充压力，促使作用膜板下移，打开排气阀口	1. 清除作用阀空心阀杆阀口的污物或用细砂纸打磨阀口伤痕； 2. 更换空气阀杆上的第一道O形圈； 3. 清除供气阀盖导向杆背面充气通路中的污物或更换弹簧
10	自阀手柄在制动区，副阀部的充气阀尾端排风不止	1. 小充气阀套或柱塞第一道O形圈(从上方数)损伤，使局减室的压力空气漏至大气； 2. 作用风缸到充气阀膜板下侧的通路堵塞，使充气阀不发生作用，因而不能切断局减室排大气的通路	1. 更换充气气阀套或柱塞的第一道O形圈； 2. 检查充气阀盖的胶垫是否被挤死，若被挤死，须更换；否则清除气路的污物
11	自阀手柄在制动区，列车制动管减压量与制动缸压力不成比例	1. 若制动缸压力高于正常压力，是主阀于充气阀盖的通路不通或通至小膜板上侧的缩口风堵堵塞； 2. 若制动缸压力低于正常压力，是工作风缸没有充到规定压力或因其系统管路漏泄； 3. 主阀大膜板破裂	1. 清除缩口风堵的污物，使之畅通； 2. 确认工作风缸充气压力是否达到规定压力值(这一点对装有工作风缸压力表的机车是很方便的)。若达不到规定压力，则说明工作风缸充气不足。可检查工作风缸充气止回阀(止回阀是否贯通，开启度是否够，弹簧弹力是否适当)，再检查副阀充气阀凹槽是否开通，以及副阀柱塞至工作风缸的通路是否开通； 3. 更换主阀大膜板
12	自阀手柄在制动区，开始工作，风缸与制动缸压力缓慢下降，当工作风缸压力降到与列车制动管压力相同时，制动缸压力迅速下降到零	1. 主阀空心阀杆第二道O形圈损伤； 2. 工作风缸充气止回阀漏泄	1. 更换空心阀杆的第二道O形圈； 2. 整修工作风缸充气止回阀
13	自阀手柄在制动区，制动后保压，制动缸压力不断下降	1. 局减止回阀漏，使局减室压力向列车制动管逆流，到一定程度，副阀发生自然缓解，从而引起主阀缓解，表现在机车制动缸压力下降； 2. 充气阀套或柱塞的第一道O形圈损伤或不清洁，使局减室压力风排至大气	1. 检查局减止回阀，清除堵塞的污物或用细砂纸修补阀口使之不漏； 2. 更换充气阀套或柱塞的第一道O形圈

续上表

序号	故障现象	原因	处理方法
14	自阀手柄在制动后，制动缸压力不能保持，发生阶段下降	1. 副阀柱塞的第一道O形圈（从左数）损伤或不清洁，使工作风缸压力漏到降压风缸； 2. 工作风缸充气止回阀漏，使工作风缸压力空气流向列车制动管； 3. 工作风缸管系或降压风缸管系漏泄	1. 更换副阀柱塞第一道O形圈； 2. 检查工作风缸充气止回阀，清洗和排除污物，修补阀口使之不漏； 3. 检查工作风缸及降压风缸的管路系统，使之漏
15	自阀手柄在制动区，制动保压后发生自然缓解	1. 局减止回阀漏； 2. 副阀柱塞的O形圈压缩量过大，制动后，由于O形圈压缩量过大，使其回不到保压位，此时降压风缸的风压力一直经过保持阀排至大气。当此风压排到副阀膜板两侧的压差足以克服O形圈阻力时，立即就把活塞推到了缓解位，造成副阀的自然缓解。由于副阀的自然缓解，又使工作风缸压力风迅速流向降压风缸，进而使主阀发生缓解作用； 3. 降压风缸漏泄，即副阀柱塞的第二、三道O形圈（从膜板侧柱塞上的O形圈数起）损伤，使副阀不能保压； 4. 分配阀主阀空心阀杆组装时，将柱塞卡偏，使O形圈损伤并卡死； 5. 单独制动阀单缓塞或单缓柱塞套上O形圈损伤，使工作风缸压力空气漏入大气； 6. 副阀局减止回阀下部漏装缩口风堵	1. 检查局减止回阀，清除堵塞的污物或用细砂纸修补阀口使之不漏； 2. 检查副阀各O形圈压缩量应符合图纸要求； 3. 更换副阀柱塞的第二、三道O形圈； 4. 更换O形圈，重新组装柱塞，预防卡偏； 5. 更换自阀单缓柱塞或单缓柱塞套上的O形圈； 6. 加装局减止回阀的缩口风堵
16	自阀手柄从运转位移至制动区，制动缸无压力；单独制动阀手柄从运转位移至制动区，制动缸也无压力	1. 作用阀的总风缸塞门处于关闭位或风路不通； 2. 转向架的制动缸塞门关闭； 3. 作用阀不良	1. 将作用阀上总风缸塞门开通； 2. 将车下的制动缸塞门开通； 3. 更换作用阀
17	自阀手柄从运转位移至制动区，制动缸无压力；单独制动阀手柄从运转位移至制动区，制动缸有压力	1. 分配阀的总风缸塞门处于关闭位或风路不通； 2. 分配阀主阀总风限制堵有异物堵塞； 3. 分配阀主阀作用风缸管堵塞； 4. 分配阀主阀作用不良； 5. 作用风缸管变向阀柱塞卡滞在作用风缸侧	拆开变向阀前分配阀的作用风缸管接头，确认作用风缸管是否有风，若无风，则为原因1、2、3、4；若有风，则为原因5，处理如下： 1. 检查修整分配阀总风管路，确认有总风通往分配阀； 2. 清除主阀限制堵内异物； 3. 更换主阀； 4. 检查作用风缸管，清除异物或更换； 5. 轻轻敲击变向阀，若不能恢复，应清除变向阀的油脂和污物，若仍不能恢复，更换变向阀
18	使用自阀操纵后，转用单独制动阀操纵时，制动缸没有压力	在管路系统中有两个变向阀。其作用是转换自阀和单独制动阀对作用阀的操纵。也就是控制自阀和单独制动阀不能同时操纵作用阀。在上述情况下是自阀和单独制动阀转换的变向阀被卡住	先轻轻敲打变向阀体，看其是否能恢复作用。如不能恢复，应将变向阀拆下清洗干净，不须任何油脂装上即可。变向阀卡住大都是因油脂过多，黏结脏物而造成的

续上表

序号	故障现象	原因	处理方法
19	自阀手柄在运转位，均衡风缸压力正常，而列车制动管压力达不到定压，手柄移至制动区和过量减压位时，制动缸没有压力；手柄移至紧急制动位时，制动缸压力上升	中继阀膜板顶脱落，故在常用制动时，制动缸没有压力。紧急制动时，由于直接顶开放风阀，故制动缸有压力	重新组装膜板顶杆或更换中继阀
20	自阀手柄在手柄取出位时，中继阀排气口排气	自阀手柄此时并没有真正放在手柄取出位，限制自阀手柄取出的缺口偏斜或过大	更换凸轮盒盖或进行焊修缺口
21	自阀手柄从制动区回运转位，制动缸缓解或缓解不到零	1. 未装作用阀缓解弹簧； 2. 空心阀杆O形圈阻力大	1. 加装缓解弹簧； 2. 重新组装空心阀杆，使之符合图纸尺寸要求
22	自阀手柄在过充位后移至运转位，过充压力消除较快，引起作业车制动	1. 过充风缸 $\phi0.5$ mm 的小孔过大； 2. 过充管制有漏泄现象； 3. 缓解柱塞阀的第二道O形圈(从左数)损伤； 4. 分配阀副阀内的充气阀通路被污物堵塞，使工作风缸过充压力消除不了	1. 缩小过充风缸的小孔，使之恢复到0.5 mm； 2. 消除过充管制的漏泄； 3. 更换缓解柱塞阀的第二道O形圈； 4. 清洗充所阀，排除污物
23	自阀在常用全制动位，制动制压力高于正常规定压力	常用限压阀堵塞或卡死，起不到限压的作用(除全制动位外的制动区不会出现这个现象，这是因为一般常用制动时，制动缸压力受主阀膜板面积比的限定，常用限压阀是不参加作用的)	拆下常用限压阀，消除污物后，重新组装
24	自阀手柄在过量减压位时，制动缸压力高于规定值	常用限压阀发卡，起不到限压作用	清除常用限压阀内的污物，消除发卡因素
25	自阀手柄在制动区或紧急制动位时，制动缸压力达总风缸压力	1. 主阀小模板上侧的缩口风堵堵住； 2. 作用阀模板上侧的缩口风堵被污物堵住； 3. 紧急限压阀下侧的止回阀被污物垫住或阀口损伤	1. 清除主阀小模板缩口风堵的污物； 2. 清除作用阀模板上侧缩口风堵的污物； 3. 清除紧急限压阀下侧止回阀上的污物或用细砂纸修补阀口，伤痕严重须更换
26	自阀手柄在紧急制动或常用全制动后，手柄回运转位，制动缸缓解缓慢或不缓解	紧急限压阀下部止回阀被卡，使其开启量变小或回阀弹簧装错(如装用工作风缸充气止回阀弹簧，则造成不缓解)	清洗紧急限压阀下部的止回阀，重新组装，更换止回阀弹簧
27	自阀手柄不论在制动区的哪个位置，充气阀通大气口的排风不能停止	充气阀膜板破裂	更换充气阀膜板
28	当单独制动阀手柄在运转位时，单独制动阀调整阀盖排气口不漏，而手柄在制动区时有漏泄	1. 排气阀弹簧太硬； 2. 排气阀被污物堵住或研磨不好； 3. 排气阀弹簧被卡； 4. 排气阀杆断或排气阀顶部触头脱落	1. 更换排气阀弹簧。若在运行中漏泄很大，作为临时措施，可适当减少弹簧圈数以减小弹力，回段后，及时更换； 2. 清除污物，研磨阀口； 3. 重新组装排气阀弹簧或更换； 4. 更换排气阀或加装排气阀的触头

续上表

序号	故障现象	原因	处理方法
29	使用单独制动阀操纵时，发现作业车制动缸压力缓解不了或不缓解	1. 在非操纵端，单独制动阀手柄没有取下而误动了手柄； 2. 单独制动阀手柄在运转位时，调整阀的排气阀未开启	1. 如果非操纵端单独制动阀手柄没有取出，应及时取出，以免产生误动作； 2. 单独制动阀手柄在运转位时，调整阀排气阀应是开启状态，如果发现没有开启，须检查排气阀弹簧是否卡死或太软，此时应更换弹簧； 3. 更换单独制动阀的手柄或心轴，并对正作用位置
30	单独制动阀单缓柱塞排气口排气不止	1. 单缓阀套及柱塞O形圈损坏或不清洁； 2. 单缓柱塞阀杆弯曲，使弹簧不起作用	1. 更换损坏的O形圈； 2. 调直或更换单缓柱塞阀杆
31	单独制动阀手柄由运转位向制动区移动时，手柄推不动	单独制动阀调整凸轮的磨耗太深，被卡在凸轮上造成故障	拆下单独制动阀凸轮盒，检查支承的磨损，焊修加硬或更换

第四节　液压系统的常见故障及处理方法

液压系统是接触网作业车作业系统的动力来源，它为作业车的作业平台、随车起重机等作业机构提供动力。本节主要介绍JW-4G型作业车液压系统的常见故障及处理方法。

一、液压系统的故障类型、特点及判断依据

液压系统故障是指液压元件丧失了应达到的功能导致执行机构出现不正常工作的现象。

(一)故障类型

液压系统的常见故障类型包括系统压力不正常、系统动作不正常、液压油温过高及其他类故障。

(二)故障特点

1. 隐蔽性。故障往往发生在深层内部，难以直接观察，查找故障点较难。
2. 交错性。一个症状可能有多个原因引起，一个故障源也可能引起多处的症状。
3. 随机性。受各种各样随机性因素影响。
4. 差异性。由于液压元件的差异性导致磨损、劣化速度相差大。

(三)判断依据

1. 具有液压传动和控制的基础知识，熟悉元件的结构及安装位置，读懂液压系统原理图，了解液压系统和元件对工作条件和环境的要求。
2. 了解液压系统与机械系统、电气系统、电子系统的外在联系及整机工作特性。
3. 掌握设备运转状态、具有一定的设备管理知识及现场实践经验。
4. 熟练使用相应检测仪表和“五感”对故障现象进行测试和判断，并能根据现象查找出故障的原因。
5. 违反操作规程和不认真执行维护保养计划常是查找故障的主要线索。
6. 熟悉和运用故障表，以便迅速做出分析判断。

二、液压系统主要阀件的常见故障及排除方法

本部分主要列举油泵、换向阀、溢流阀 3 个主要阀件的常见故障及处理方法，见表 6-7～表 6-9。

表 6-7　油泵的常见故障及处理除方法

故障现象	故障原因	处理方法
无压力或压力上不去	发动机输出转向不对	检查发动机输出转向
	吸油管或过滤器堵塞	疏通管道，清洗过滤器，更换新的工作介质
	轴向间隙或径向间隙过大	检查更换有关零件
	连接处泄漏，混入空气	紧固各连接处螺钉，避免泄漏，严防空气混入
	介质黏度太大或温升太高	正确选用工作介质，控制温升
噪音或压力波动	吸油管及过滤器堵塞或过滤器容量小	清洗过滤器使吸油管通畅，正确选用过滤器
	吸油管密封处漏气或介质中有气泡	在连接部位或密封处加点油，如噪音减小，可拧紧接头处或更换密封圈；回油管口应在油面以下，与吸油管要有一定距离
	泵与联轴节不同心	调整同心
	油位低	加油液
	油温低或黏度高	把油液加热到适当的温度
	泵轴承损坏	检查(用手触感)泵轴承部分温升

表 6-8　换向阀的常见故障及处理方法

故障现象	故障原因	处理方法
滑阀不换向	滑阀卡死	拆开清洗脏物，去毛刺
	阀体变形	调节阀体安装螺钉使压紧，力均匀或修研阀孔
	具有中间位置的对中弹簧折断	更换弹簧
	操纵压力不够	操纵压力必须大于 0.35 MPa
	电磁铁线圈烧坏或电磁铁推力不足	检查、修理、更换
	电气线路出故障	消除故障
	液控换向阀控制油路无油或被堵塞	检查原因并消除
电磁铁换向较大响声	滑阀卡住或摩擦力过大	修研或调配滑阀
	电磁铁不能压到底	校正电磁铁高度
	电磁铁铁芯接触面不平或接触不良	消除污物，修正电磁铁铁芯

表 6-9　溢流阀的常见故障及处理方法

故障现象	故障原因	处理方法
压力波动	弹簧弯曲或太软	更换弹簧
	锥阀与阀座接触不良	如锥阀是新的即卸下调整螺帽将导杆推几下，使其接触良好
	钢球与阀座密合不良	检查钢球圆度，更换钢球，研磨阀座
	滑阀变形或拉毛	更换或修研滑阀
	油不清洁，阻尼孔堵塞	疏通阻尼孔，更换清洁油液

续上表

故障现象	故障原因	处理方法
压力调整无效	弹簧断裂或漏装	检查、更换或补装弹簧
	阻尼孔阻塞	疏通阻尼孔
	滑阀卡住	拆出、检查、修整
	进出油口装反	检查油源方向
	锥阀漏装	检查、补装
泄漏	锥阀或钢球与阀座的接触不良	锥阀或钢球磨损时更换新的锥阀或钢球
	滑阀与阀体配合间隙过大	检查阀芯与阀体间隙
	管接头没拧紧	拧紧连接螺钉
	密封破坏	检查更换密封
噪声及振动	螺帽松动	紧固螺帽
	弹簧变形，不复原	检查并更换弹簧
	滑阀配合过紧	修研滑阀，使其灵活
	主滑阀动作不良	检查滑阀与壳体的同心度
	锥阀磨损	更换锥阀
	出油路中有空气	排除系统中空气
	流量超过允许值	调节流量
	和其他阀产生共振	消除振动源

三、液压系统的常见故障及处理方法

(一)作业平台

1. 作业平台无上升下降(操作时总油压表显示有压力)

(1)原因：升降电磁换向阀下的节流阀开口太小，如图 6-5 所示。处理方法：调节节流口大小。

(2)原因：平衡阀损坏。处理方法：对平衡阀进行修理或更换。

(3)原因：升降柱卡住，如图 6-6 所示。处理方法：排除异物及故障。

(4)原因：管路堵塞或接错。处理方法：清洗管路并按规定连接。

图 6-5　控制柜内部

图 6-6　升降柱内部

2. 作业平台无上升下降(操作时总油压表显示无压力)

(1)原因:作业台电源未按通或未打开。处理方法:打开电源开关并使其可靠接通。

(2)原因:升降电磁换向阀未通电或损坏。处理方法:检修电路或更换电磁换向阀。

(3)原因:管路接错。处理方法:按规定连接管路。

(4)原因:安全溢流阀卸荷或损坏。处理方法:调整溢流阀若无变化则更换。

(5)原因:紧线装置控制箱中电源未关闭。处理方法:关闭控制箱内电源开关。

3. 作业平台无回转(操作时总油压表显示有压力)

(1)原因:回转制动带未打开如图 6-7 所示。处理方法:调节螺杆使制动带松开。

(2)原因:回转电磁阀下的节流阀开口太小。处理方法:加大节流阀开口。

(3)原因:马达或减速机卡住,如图 6-8 所示。处理方法:排除异物及故障。

(4)原因:马达或减速机损坏。处理方法:对马达或减速机进行修理或更换。

(5)原因:管路堵塞。处理方法:清洗管路。

图 6-7　回转制动带

图 6-8　马达

4. 作业平台无回转(操作时总油压表显示无压力)

(1)原因:回转溢流阀压力调整过低,如图 6-5 所示。处理方法:调整溢流阀压力至规定值。

(2)原因:回转马达或减速机坏,如图 6-8 所示。处理方法:对回转马达或减速机进行修理或更换。

(3)原因:回转电磁阀未通电或损坏。处理方法:检修电路或更换电磁换向阀。

(4)原因:紧线装置控制箱中电源未关闭。处理方法:关闭控制箱内电源开关。

5. 平台立柱工作时抖动

原因:立柱滑道缺油、滑块过度磨损、发动机转速过低,如图 6-9 所示。

处理方法:滑道涂润滑脂更换滑块、提高发动机转速。

6. 平台立柱工作时有异响

原因:有异物进入滑道、滑道缺油如图 6-10 所示。

处理方法:检查清除异物加润滑脂。

7. 作业平台紧急复位

原因:平台升起后升降控制开关不能使其下降回落,原因不明。

处理方法:如果平台升起后升降控制开关不能使其下降回落,且不能及时查找原因排除故障时,请将平台回转至中位后,打开平台紧急下降开关,如图 6-11 所示,使平台回落至初始位置。该开关设在平台回转马达的旁边,只须逐步开启截止阀旋钮手把,即可使平台平缓下降。

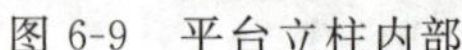

图 6-9 平台立柱内部

图 6-10 支腿装置

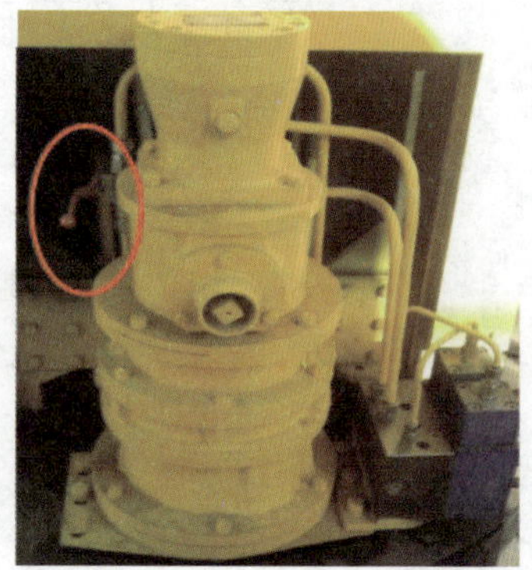

图 6-11 平台紧急下降开关

（二）调平装置

1. 调平装置作业急停操作

（1）当调平装置任一项操作遇到紧急情况，需要让作业动作停止时，可按下调平控制柜面板上的急停开关按钮，该项作业动作立即停止，且控制面板的急停指示灯亮起。

（2）当需要作业复位时，须将面板上各作业开关关闭后，将急停开关按钮顺时针旋转，开关弹起后，方可解除急停操作，此时急停指示灯熄灭，表明调平装置可以正常操作。

2. 调平装置应急复位操作

（1）应急手油泵复位

当车辆发生故障，发动机无法带动油泵工作的情况，可以使用应急手油泵使调平机构应急复位。其操作方法如下：

①闭合电源总开关。

②将作业平台液压阀件控制柜内部调平、平台应急手动换向阀向前推至“调平/支腿”位置，如图 6-12 所示。

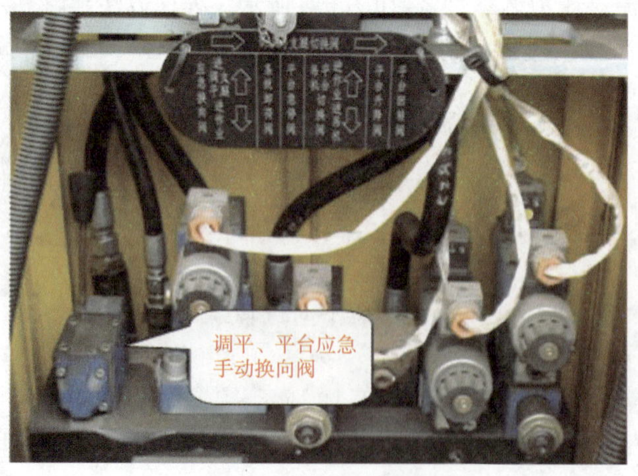

图 6-12 应急手动换向阀

③将下控制柜的“调平/支腿”转换开关置于“调平”位，如图 6-13 所示。

④一人摇动手油泵（图 6-14），另一个人操作调平控制面板各项开关，对调平装置进行复位，其操作方法和正常操作一样。直至锁定油缸活塞杆伸入锁定销孔内不再动作为止，即完成

调平装置锁定。

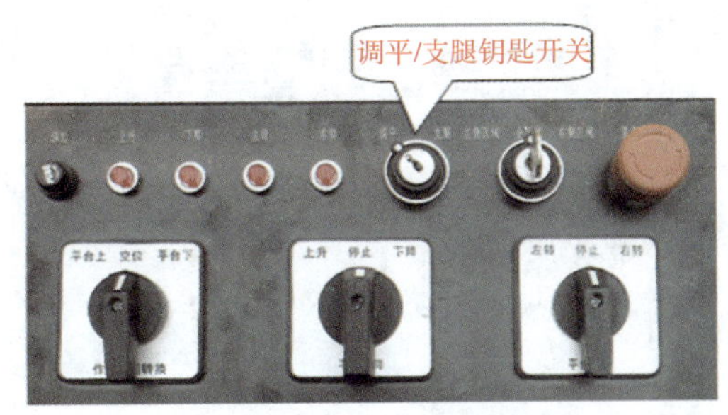

图 6-13　控制柜“调平/支腿”开关

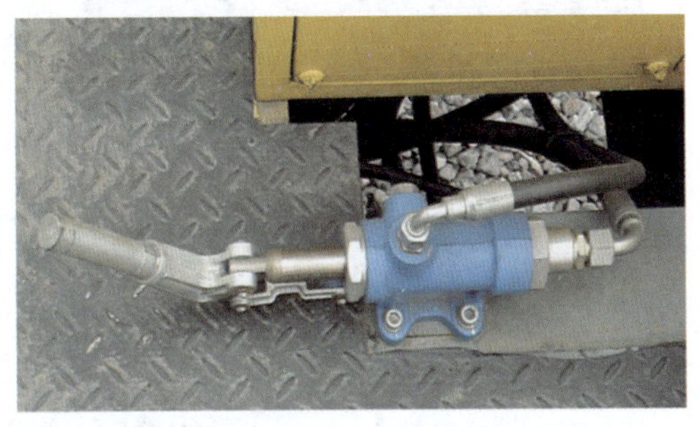

图 6-14　液压系统应急手油泵

(2)应急手油泵与电磁换向阀手动功能联合复位

当车辆电路故障或电磁换向阀故障时，可通过应急手油泵与电磁换向阀手动换向功能使调平装置应急复位。

调平电磁换向阀安装在调平控制柜内，此阀带有 2 个手动换向手柄(图 6-15)，根据实际作业需要，操纵相应手柄，可实现调平装置的手动调平等功能。具体操作方法如下：

①将作业平台液压阀件控制柜内部调平、平台应急手动换向阀向前推至“调平/支腿”位置。

②一人操作调平电磁阀手动换向手柄，另一人摇动应急手油泵，对调平装置进行相应动作的操作。

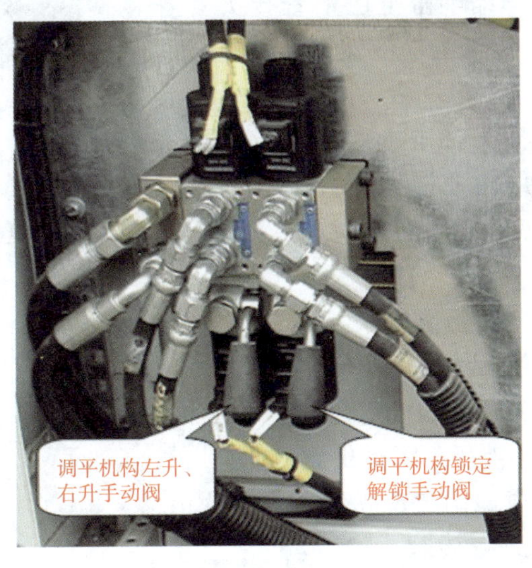

图 6-15　电磁换向阀应急手动换向手柄

3. 自动调平装置自动复位后不能正确锁定

原因：传感器损坏、复位传感器松动。

处理方法：更换传感器、调整传感器角度并固定。

4. 故障现象：支腿装置油缸震动

原因：液压系统内有空气、油缸内密封件老化、平衡阀内有污物，如图 6-16 所示。

图 6-16　操纵阀

处理方法：空载反复动作所有执行元件排除系统内空

气、更换油缸密封件、清洗平衡阀。

(三)随车起重机

1. 随车起重机无动作(压力表显示有压力)

(1)原因:操纵方向错误。处理方法:按正确方向操纵。

(2)原因:执行机构发卡。处理方法:检查、排除异物。

(3)原因:操纵阀损坏。处理方法:对操纵阀进行修理或更换。

(4)原因:管路堵塞。处理方法:对管路进行清洗。

2. 随车起重机无动作(压力表显示无压力)

(1)原因:液压油箱内油少。处理方法:加油到规定位置。

(2)原因:管路、阀件漏油或内泄。处理方法:对漏油部位进行修理或对损坏的阀件进行更换。

(3)原因:操纵阀损坏,如图6-16所示。处理方法:对操纵阀进行修理或更换。

3. 随车起重机复位(若随车起重机使用过程中液压系统出现故障)

原因:液压系统故障

处理方法:

(1)吊臂回转:扳动手动换向阀至“随车吊”位,用力摇动手油泵并操纵回转控制手柄,使吊臂回转至行车位,如图6-17所示。

(2)吊臂回缩:先拧开伸缩油缸上腔油管接头,再拧松伸缩油缸下腔油管接头,让下腔油液缓慢溢出,让吊臂靠重力缩回。

图6-17 手油泵

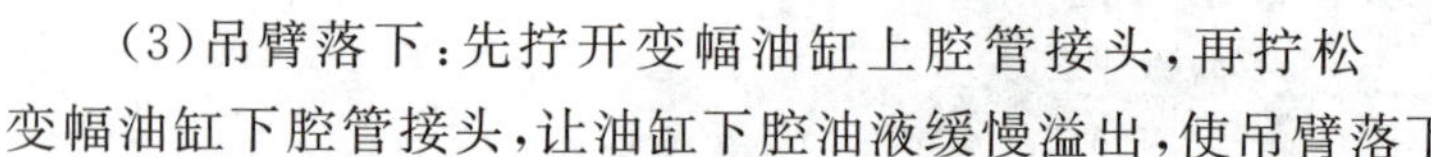

(3)吊臂落下:先拧开变幅油缸上腔管接头,再拧松变幅油缸下腔管接头,让油缸下腔油液缓慢溢出,使吊臂落下。

除上述操作方式外,也可直接使用手油泵,使随车吊全部动作复位,并锁定吊钩。

(四)其他

1. 整车动力或主油泵出现故障

原因:整车动力或主油泵故障。

处理方法:可操作手油泵使工作机构紧急复位,手油泵设在车棚后端液压油箱旁(图6-17),来回摇动手摇泵手柄即可向液压系统提供压力油。

2. 主油泵和手摇泵或电磁阀出现故障

原因:主油泵和手摇泵或电磁阀故障。

处理方法:中心回转手动紧急复位。作业过程中,若平台在超出机车车辆限界的情况下,因液压系统故障无法回转复位时,请立即使用该手动装置,使平台回转至中位,其操作步骤如下:①调节制动油缸螺杆如图6-18所示,松开制动带。②打开平台手动回转开关使用随机配摇把连续转动手动回转装置,如图6-19所示,使平台转至中位后停下。

3. 当电气系统出现故障不能向电磁换向阀提供电源时

原因:电气系统故障。

处理方法:当电气系统出现故障不能向电磁换向阀提供电源时,可通过3号或4号内六角扳手推动电磁换向阀两端的手动按钮使阀芯换向,如图6-20所示,也可以用圆棒推动按钮使阀芯移动换向,油液能通过进入作业机构的油缸或马达,保证各机构能动作。

图 6-18　制动油缸

图 6-19　手动回转装置

图 6-20　电磁换向阀

第五节　电气系统的常见故障及处理方法

电气系统是接触网作业车统的重要组成部分，它的主要作用是为车辆提供源源不断的电能。本节主要介绍电气系统的几种常见故障及处理方法。

一、各类元件及典型电路检查方法

当电气系统出现故障时，在下手进行检查之前应首先仔细阅读电路图，将系统电路读懂，搞清楚系统的功能，然后根据电路图从电源开始检查，一直查到搭铁，就可将故障点查出。

(一)保险及相关电路的检查方法

保险本身可用目视或万用表的电阻挡进行检查，测量其是否导通，如果保险烧毁，用万用表测试时，其电阻为无穷大。保险烧毁后，应找出保险烧毁的原因，并对线路进行测量，测量时可用万用表或试灯测量保险的电源端是否有电源的电压，测量电气端是否直接搭铁。如果电源端无电压则应继续向电源方向检查，直至查到电源为止。若电气端搭铁(对搭铁的电阻为0)，则必须查出线路在何处搭铁，排除故障，否则换上新保险也会烧毁。

(二)继电器及相关电路的检查方法

继电器一般由一个控制线圈和一对或两对触点组成，触点有常开和常闭触点之分，检查时用万用表的电阻挡测量继电器的线圈，如图 6-21 所示，检查其电阻是否符合要求，如果电阻符合要求，再给继电器线圈加载工作电压，检查其触点的工作情况，如果是常开触点，加载工作电压后，触点应闭合，测量电阻应为 0；如果触点为常闭触点，加载工作电压后，其触点应断开，测量电阻应为无穷大。

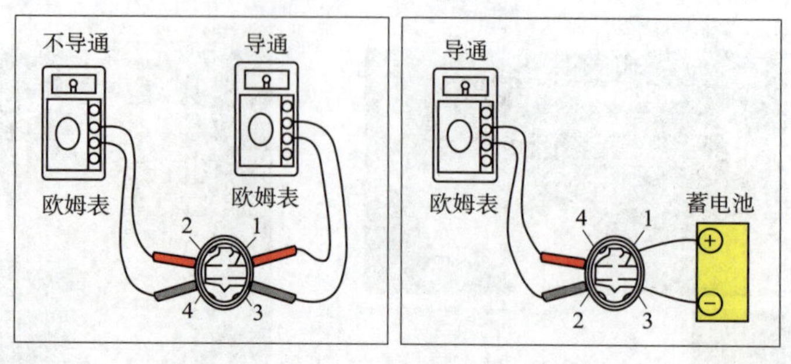

图 6-21　继电器检查方法

相关电路检测时，继电器线圈的两个插脚，一个在控制开关接通后应有继电器的工作电压，另一插脚应搭铁。触点的插脚应根据电路图确定其应接电源还是搭铁，并按照其工作情况用万用表检测是否符合要求，如图 6-22 所示。

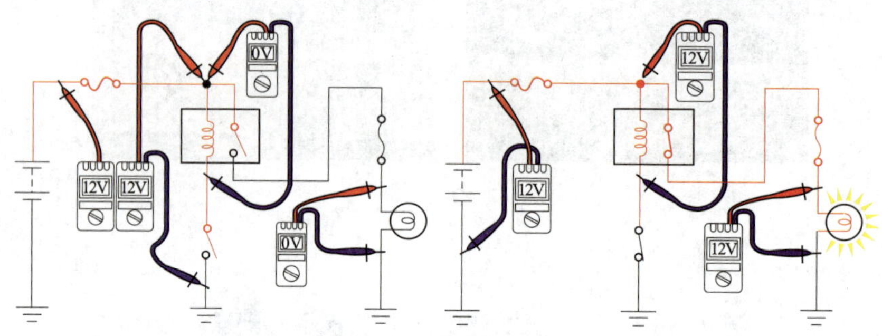

图 6-22　电路检查方法

（三）传感器类零件的检查方法

目前接触网作业车上的传感器按是否需要工作电源可分为有源传感器和无源传感器，按输出信号的类型可分为输出电压信号和输出频率信号等类型，在检查时应根据传感器的不同类型按不同的方法进行检测。

1. 有源传感器检查

检查其工作电压和信号电压或频率是否正常，如果能测量传感器的电阻，还需进行电阻的测量，检查其是否在规定的范围之内。

2. 无源传感器检查

检查其信号电压或信号频率是否符合要求，若能测量电阻，也需检查其电阻，应在规定的范围之内。

3. 开关型传感器检查

在其工作范围内检查其能否按照工作要求完成开关动作。

（四）电磁阀类元件的检查方法

电磁阀类零件的检测，主要是用万用表检查其线圈的电阻是否符合要求，在通电后阀的动作是否符合要求，是否达到规定的效果，如图 6-23 所示。

（五）灯泡的检查方法

灯泡是电气元件中比较容易损坏的部件，检查时一般可用万用表检查灯丝的通断，如果测量到灯丝的电阻为无穷大，则为灯泡损坏，如图 6-24 所示。

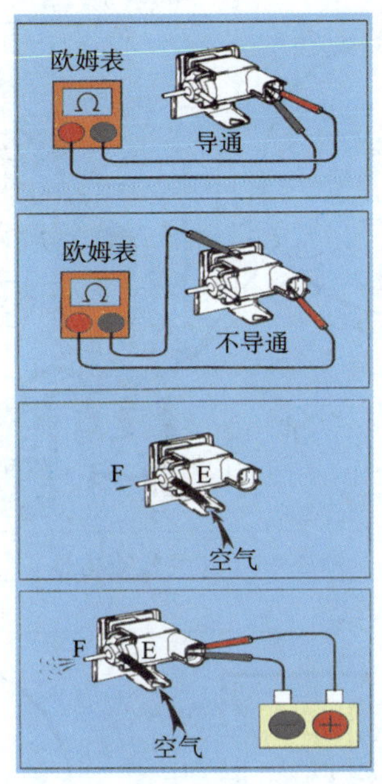

图 6-23　电磁阀类零件检查方法

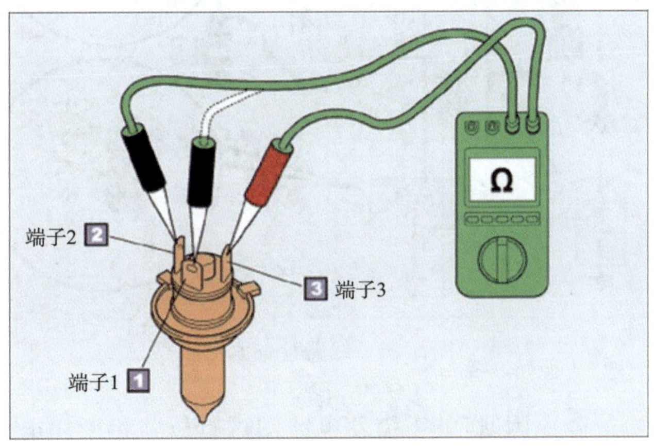

图 6-24　灯泡检查方法

（六）开关的检查方法

开关是接触网作业车电气件中最常用的部件，可根据开关的功能和开关各挡位的情况用万用表检查导通状态。通常开关与线束连接时采用插接器，插接器上的导线都有编号，检查时，使开关处于不同的挡位，按照开关接通情况测量插接器或插头相应编号导线之间的导通情况，如果检查的结果不符合开关的功能要求，说明开关已经损坏，如图 6-25 所示。

（七）线路的检查方法

线路检查一般采用两种方法，一种是利用万用表的电压挡，沿着电路图中的线路分段用万用表检查电压或用试灯测试亮灭的情况；另一种方法是用万用表的电阻挡测量相应导线的通断程度及搭铁情况，如图 6-26 所示。

（八）利用电路图检查故障的方法

当电气系统出现故障时，首先应确定故障的现象和发生故障的条件，这样可以大致确定故障的范围，检查时应首先对电源、故障系统的供电情况及故障元件本身进行检查，如果通过上

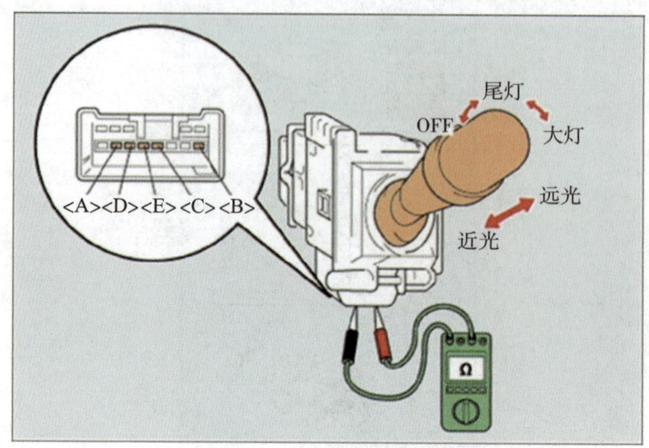

图 6-25　开关检查方法

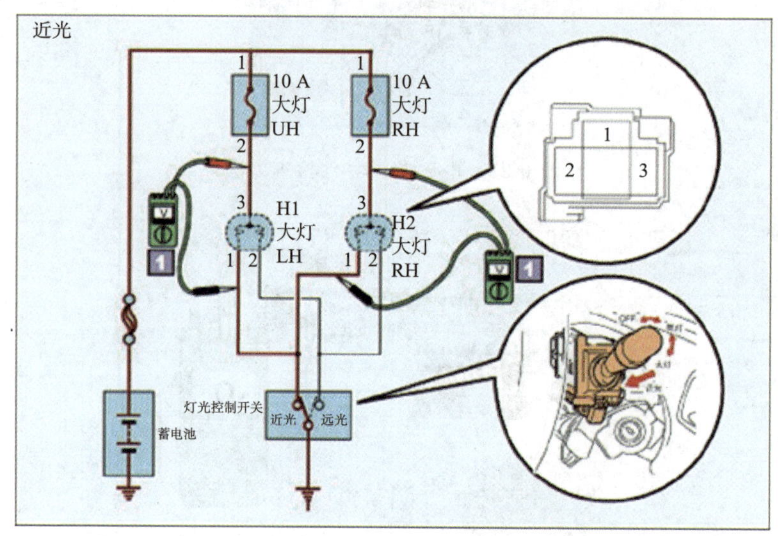

图 6-26　线路检查方法

述检查工作还不能确定故障原因时，就需借助电路图进行故障诊断。电路图可以提供电气设备的基本电路、电气元件的安装位置、线束及连接器的基本情况。在使用电路图进行故障诊断时，可按下述步骤：

1. 在电路图中找出故障系统的电路，并仔细阅读。

2. 通过阅读电路图找出故障系统电路中所包含的电气元件、线束和插接器等。

3. 通过电路图找出上述电气元件、线束和插接器在车上的安装位置及电气元件和插接器上各端子的作用或编码。

4. 对怀疑有故障的部件按前述内容进行检测。

5. 根据电路图检查线束的短路和断路情况，直至查出故障的部位。

二、电气系统的常见故障及处理方法

全车无 24 V 直流电源或个别用电设备无电、无动作。

1. 故障原因及处理方法

原因：总电源开关安装不牢靠或开关卡滞。

处理方法：检查总电源开关安装是否牢靠，注意紧固安装螺栓；检查开关转动是否顺畅、方便。若转动有卡滞现象，或无法转动，及时修复或更换开关（图 6-27）。

2. 故障原因及处理方法

原因：电瓶箱外置保险损坏、蓄电池各接线接触不良。

处理方法：检查电瓶箱外置保险是否良好、检查蓄电池电缆是否连接可靠，检查连结条、极柱及输出连线的接触情况和牢固程度，检查每只蓄电池的开路电压，检查蓄电池搭铁线与车架连接点是否固定牢固（图 6-28）。

图 6-27　总电源开关

图 6-28　蓄电池

3. 故障原因及处理方法

原因：断路器关闭或接线不良。

处理方法：检查断路器是否在开启位，检查断路器接线是否牢靠，有无松动脱落，并及时紧固（图 6-29）。

二、开启总电源发动机不能正常起动

1. 故障原因及处理方法

原因：急停开关在急停位。

处理方法：检查驾驶室内控制台急停开关是否在急停位置（如图 6-30所示）；若急停开关在急停位则发动机不能正常启动或正常启动启动机无动作。

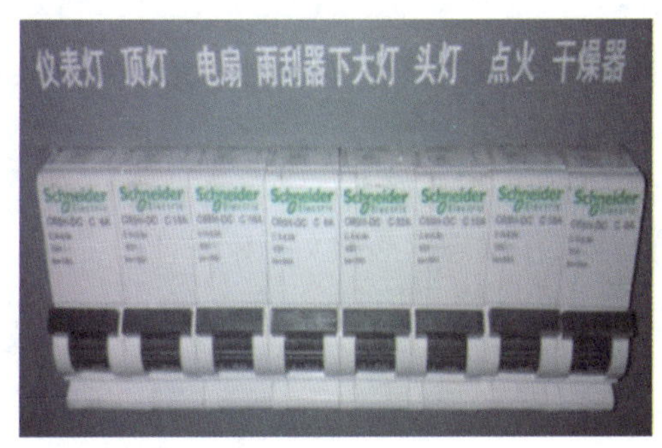

图 6-29　断路器

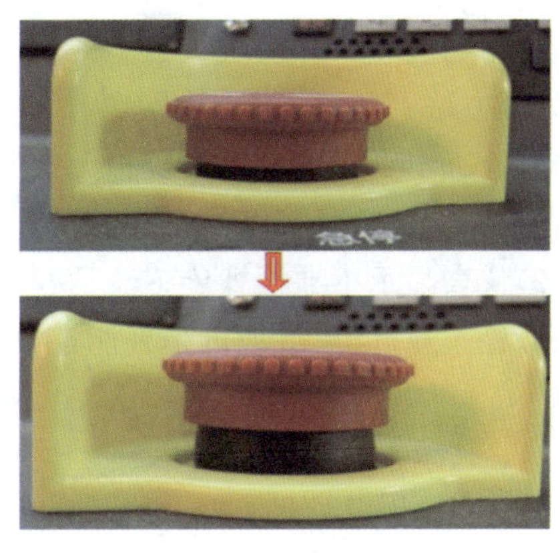

图 6-30　急停开关

2. 故障原因及处理方法

原因：变速箱工作钥匙开关在开启位。

处理方法：检查操作台变速箱工作钥匙开关是否在开启位，如变速箱工作钥匙在开启位启动发动机，启动机无动作(图 6-31)。

图 6-31 变速箱工作开关

3. 故障原因及处理方法

原因：司控器在非中立位。

处理方法：检查操作台司控器是否在中立位，如司控器在非中立位启动发动机，则启动机无动作(图 6-32)。

4. 故障原因及处理方法

原因：断路器点火控制开关在关闭位置。

处理方法：检查电气断路器点火开关是否在关闭位置；如断路器点火控制开关在关闭位置启动发动机，则启动机无动作(图 6-33)。

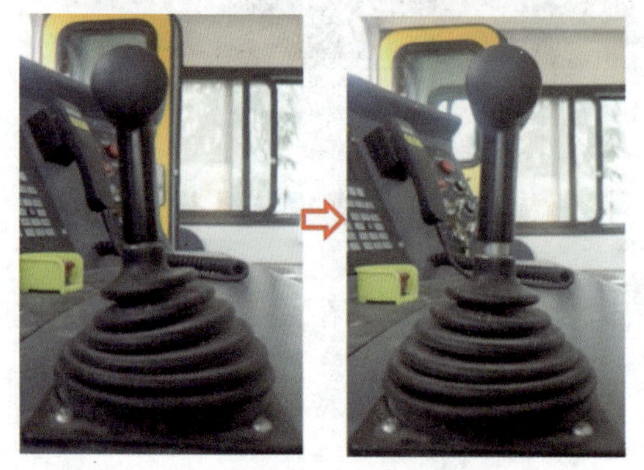

图 6-32 操作台司控器

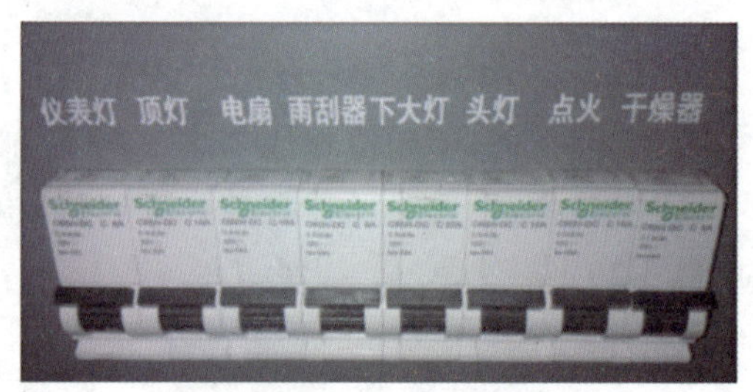

图 6-33 断路器

三、电气部分对应的电气设备不工作、仪表显示不准或不显示、充电机或启动机不工作

故障原因及处理方法

原因：电气接线虚接或状态不良。

处理方法：

(1)检查不工作的电气设备相对应的断路器是正常工作，电气柜内部相对应的接线良好无虚接。

(2)仪表显示不准检查传感器是否能正常工作、接线是否良好。

(3)检查充电机、启动机是否能正常工作，蓄电池工作状态是否良好(图 6-34)。

四、发电机组不能正常启动

1. 故障原因及处理方法

原因：蓄电池(图 6-35)电压过低或燃油中有空气。

处理方法：对发电机组蓄电池进行充电处理或排除发电机组燃油中的空气。

图 6-34　发动机外观

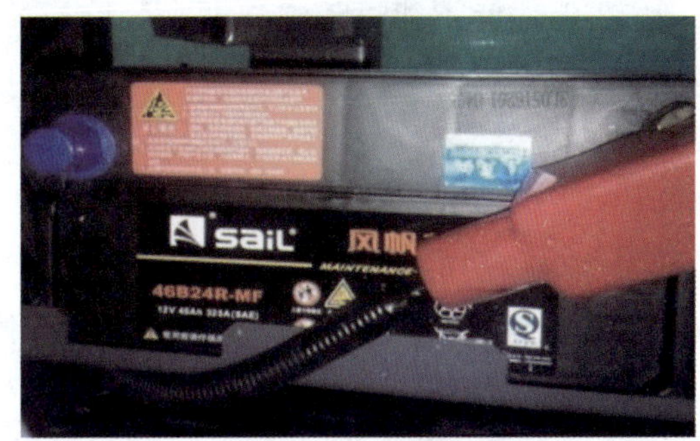

图 6-35　发电机组蓄电池

2. 故障原因及处理方法

原因:安装螺栓或接线端子松动或脱落。

处理方法:检查发电机组安装螺栓有无松动脱落,如有发现及时紧固;检查发电机组接线端子有无松动脱落,如有发现及时紧固。

3. 故障原因及处理方法

原因:电气元件安装或接线固定不牢靠。

处理方法:对发电机组控制柜内各电气元件及接线进行牢靠固定(图 6-36)。

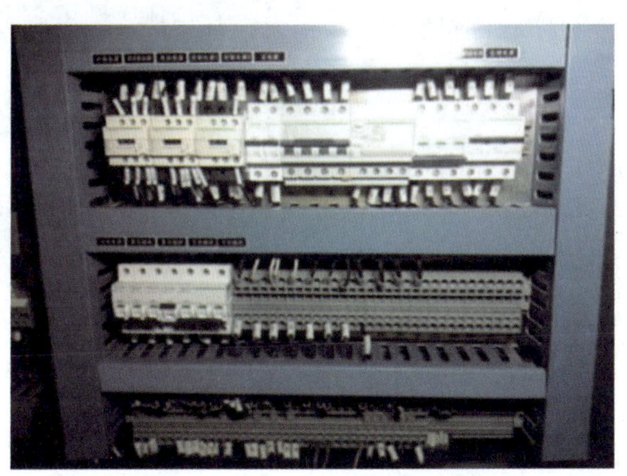
图 6-36　发电机组电气接线

第六节　GYK 故障排除

轨道车运行控制设备 GYK 是确保作业车行车安全的重要装备,运行中 GYK 发生故障,一旦处理不当,轻则可能构成行车安全隐患,重则可能酿成行车事故。因此,熟练掌握各种情况下 GYK 的故障排除方法尤为重要。

一、开机无语音、无显示

1. 检查主机保险有无损坏或接触不良。
2. 检查电源线接触是否良好。
3. 检查轨道车上电压是否正常。

二、无语音不能进入主界面、显示白屏

重新启动主机。

三、不上码

1. 检查Ⅰ/Ⅱ端，上/下行是否选择正确。

2. 检查感应线圈接线有无断裂或接触不良。

3. 感应线圈是否损坏。

四、车载信号显示与地面不一致

1. 检查监控装置监控交路制式设置是否与线路制式一致。

2. 车载信号在交流计数制式时，地面信号双黄灯显示单黄灯属正常；侧线出站时地面信号绿灯显示双黄灯属正常，地面信号红灯显示红黄灯属正常；当越过地面红灯信号机进入无码区段时车载信号显示红灯属正常；在半自闭区段，不接收预告信号机的信号属正常。

五、无速度

1. 检查速度传感器接线有无 15 V 电源。

2. 速度传感器接线有无断裂或松动。

3. 速度传感器与车辆轮对是否安装良好，有无损坏。

六、无风压

1. 查看风压线插座有无 15 V 电源。

2. 风压传感器接线是否正确。

3. 风压传感器是否损坏。

4. 风压通道设置是否正确。

七、无常用制动

1. 常用制动时检查保压、常用制动有无 24 V 电压输出，如无电压输出检查主机及主机外配线有无问题。

2. 保压及常用制动有电压输出时保压阀及放风阀是否动作。

八、无紧急制动

1. 紧急制动时有无紧急制动电压输出。

2. 放风阀是否损坏。

九、不能转储或转储时未发现 U 盘

1. 重新转储时先拔下 U 盘，再重新插入。

2. 转储所用 U 盘通用性差。

3. 确定优盘是否已经加密。

十、转储的文件不能打开

1. 选用的查看软件与设备转储的文件是否一致。

2. 选用的软件是否是最新版本。

若监控设备出现故障且不能简单处理修复时，及时上报主管部门，协调厂家专业维修人员及时修复，确保监控设备正常运行。

第七节　作业车的救援起复

接触网作业车发生脱轨事故后，要根据现场实际，制定切实可行的救援起复方案，争取在最短的时间内迅速开通线路，使事故对铁路运输秩序的影响降到最低。

一、救援起复的原则与方案

1. 救援起复的原则

救援起复的原则是：在事故救援中，要坚持争分夺秒、先通后复、双线中断先开通一线的原则，强化开通意识、时间观念，做到听从指挥，遵守纪律，明确分工，各尽其责。

2. 救援起复方案

JW-4G 型作业车在车架与转向架，转向架与轮对之间均设有连接装置，脱轨起复时不需采用锁具捆绑，可直接起复，为救援起复提供了便利条件。

(1)顶车钩起复方案

顶车钩起复，优点是视野比较开阔，缺点是操作难度较大，一旦车钩滑动将造成车辆起复失败，而且要求液压起复器油缸工作行程较长，特别是车辆排障器影响液压起复器的安装。采用此种方案要注意复轨器的安装位置，必要时可先拆除排障器。

(2)顶车辆摇枕或中梁起复方案

要求整体性强，能够把轮对与转向架连接牢固的车辆，可选用该方案。值得注意的是在顶摇枕或大梁时要垫钢板，防止应急集中损坏摇枕。

二、救援起复安全注意事项

接触网作业车运行中发生脱轨事故，司机应注意以下事项：

1. 迅速查明情况，尽快向车站值班员报告车辆脱轨情况（车次、时间、地点、人员伤亡情况、车辆及线路损伤程度、脱轨原因及自身能否起复等），并收集现场资料，同时在《行车日志》中做好记录。

2. 司机必须对脱轨车辆做好防溜措施，并做好防护，当影响邻线运行，一并做好防护。

3. 脱轨能起复时，应立即明确现场起复指挥人，制订切实可行的起复方案，严格实行“单一指挥”的原则。

4. 当不能用随车配备的起复设备进行起复时，司机应立即请求救援，已请求救援后的车辆不得再行移动。

5. 虽然现场情况千变万化，但实施救援起复过程中一定要保证救援人员的人身安全和尽量减少设备损伤。

三、起复操作步骤

液压复轨器是目前JW-4G型作业车最常用的顶复操作设备，其作用是使脱线车辆的轮对重新恢复到钢轨上，保证车辆的正常运行。下面以配置和应用较多的JYW-IB型液压复轨器为例。

车辆如发生脱轨事故时，使用JYW-IB型液压复轨器起复时，应按如下步骤：

1. 将车辆未脱轨端轮对打好止轮器。

2. 分别将垂向减振器后的挂钩加挂垫块GJ-69(A位)，共8处，如图6-37所示。

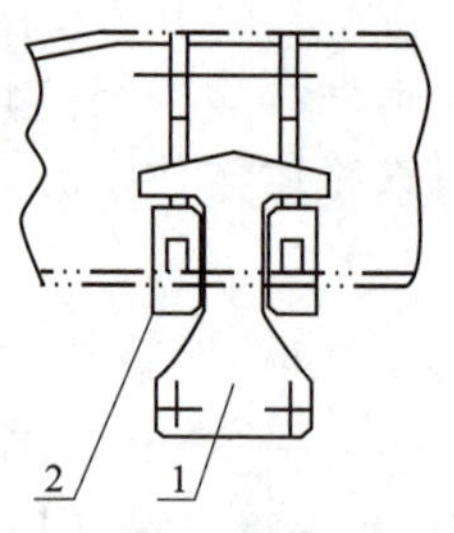

图6-37 起吊挂板

1—起吊挂板；2—垫块

3. 检查复轨器的状态：油泵管路是否排空，液压油是否足够，液压缸的回油气压是否符合要求。

4. 确定液压缸最佳摆放位置，下部用枕木头等垫平、垫稳。

5. 按复轨器的使用要求，将复轨液压缸组装成“三角形单元”，并连接手动油泵及油管路。

6. 因脱轨端为13号缓冲车钩，可使用定位块固定住钩头后，将复轨器的专用钩托顶在钩头下部并锁紧，下部用枕木头垫好。在缓冲车钩钩体两侧及上部与冲击座间垫上随机带楔块，以保证钩体在起复过程中不发生左右移位。顶点也可选择在车钩缓冲器底部的顶升垫板处。

7. 按复轨器使用说明书中的操作步骤进行起复操作。

8. 起复结束后收好复轨器，同时取下垫块及撤下止轮器。

复习思考题

1. 简述作业平台无回转的可能原因及处理方法。

2. 作业平台升起后升降控制开关不能使其下降回落时，如何使平台应急复位？

3. 简述开启总电源发动机不能正常启动的可能原因及处理方法。

4. 简述机车信号不上码的处理方法。

5. 接触网作业车顶车钩起复方案的优点和缺点有哪些？

第七章　事故案例

本章以典型性、警示性和具有普遍教育意义的原则进行认真筛选。每个案例都蕴涵着深刻的教训，都可谓前车之鉴。通过对案例的学习，既可以吸取经验教训，又可以增加非正常情况下的应急处置能力。

案例 1

轨道车装载加固不良、撞断接触网支柱并刮碰货车事故

一、事故概况

××供电段轨道车担当路料运输任务，当运行至××间上行 K361＋108 曲线处时，支柱后部在列车运行方向的左侧窜出，先将 214 号支柱刮伤，又继续运行至 361＋018 处将 204 号支柱撞断，轨道车司机察觉接触网晃动后才发现平板车装载的支柱窜出侵入下行限界，司机立即采取停车措施，轨道车停在 K360＋190 处。停车后发现下行列车接近，轨道车司机站在后部平台处使用停车手信号的方式拦×××××次机车，×××××次机车采取非常制动，机车头部刮碰支柱，机车及机次 1 位越过故障地点停车。

二、原因分析

1. 平板车上装载 11 根支柱装载及加固不符合规定，致使上层两根支柱在运行中加固的钢丝绳松脱，是造成这起事故的主要原因。

2. 司乘人员没有及时发现支柱偏载、钢丝绳松脱，没有及时采取措施。

3. 轨道车运行超过规定的限制速度。

三、防范措施

1. 接触网专用平车的装载加固须严格执行《铁路货物装载加固规则》等有关规定，严禁超重、偏重、集重、超限。

2. 司乘人员必须掌握货物装载加固相关规定，监督装卸作业人员正确、合理装卸货物以及司索工对货物装载后的加固符合《铁路货物装载加固规则》。

3. 运行中严格遵守速度要求，禁止超速。

案例 2

错误操作 GYK 影响正线行车事故

一、事故概况

××供电段×××接触网工区配合××高铁工务段处理隧道掉块缺陷。在完成任务返回运行途中，司机发现作业车 GYK 显示屏窗口显示公里数为 116.960 km，与线路实际误差已达 1 000 m 以上，随即按照有关规定进行人工校正，操作完成后，作业车出现 GYK 排风自停，于

5时51分停于K118+050处。经司机多次启动发动机均不成功，便于6时12分电话联系行调请求救援，该起故障共计影响上行线行车1 h 2 min。

二、原因分析

1. 根据对司乘人员作业过程调查及作业车GYK记录数据的查阅，确定作业车自停是由于司机在进行GYK公里误差校正时错误地将按【车位】+【向后】键操作为【车位】+【向前】，人为将公里误差数据扩大了一倍，致使作业车GYK放风自停。

2. 经排查该起故障的发生是由于作业车发动机电气控制回路的熄火继电器脱扣松动、虚接，致使作业车自停后发动机无法获得启动电源，车辆无法启动。

3. 司机日常保养不到位，未及时发现电气控制回路存在的隐患。

4. 本起事故是一起复合故障，因GYK错误操作自停排风，导致的发动机熄火；由于起动中间继电器松脱，启动电路故障造成发动机无法启动。

三、防范措施

1. 出乘前司机须按照自轮运转特种设备乘务员一次乘务作业程序的车辆检查标准，做好车辆检查及机能试验，严禁车辆“带病”上线。

2. 动车前司机与副司机要认真核对GYK输入信息，严格落实GYK联控标准，进入封锁区间作业要严格按照区间作业进入、区间作业防碰、区间作业编组、区间作业返回、5 km/h连挂等相关GYK模式及要求进行操作。

3. 加强日常对司机的实作技能(油、水、电及风管路相关知识)培训，不断提高业务素质，使其具备应急处置能力。

案例3

接触网作业车冒进信号事故

一、事故概况

××供电段在××线集中修期间，接触网作业车组在××站至××站间上行线配合接触网停电作业结束后，开×××××次返回××车站，于9时24分31秒冒进××站上行线XF信号机146 m后停车，构成责任铁路交通一般C10事故。

二、原因分析

1. ×××××次作业车司机，在进站前未进行车机联控，违章驾驶，臆测行车，导致作业车组以15 km/h速度冒进××站XF反方向进站信号机146 m，是该起事故的直接原因。

2. 作业车司机在进站前未落实信号确认制度，是本次事故发生的主要原因。

3. 作业车司机对运行区段线路及反向进站信号机设置位置不熟悉，在作业结束返回时，因GYK输入数据错误反复进行输入数据纠正，中断瞭望，是导致事故发生的另一主要原因。

三、防范措施

1. 司乘人员上线运行必须确认行车凭证、确认信号，认真执行车机联控制度，严禁违章驾驶，臆测行车。

2. 作业车司机调入新的班组，必须对管辖区段站场、区间线路情况、信号机位置以及限速要求必须项项清楚，对不同区段 GYK 操作的变化点，必须反复模拟操作，达到熟练使用。

3. 完善 GYK 数据分析制度，加强对 GYK“解锁”改为“目视行车”和“补机”模式的项点分析，及时发现、严格追究违规解锁行为。

案例 4

京广高铁接触网作业车脱轨事故

一、事故概况

××供电段使用 3 辆接触网作业车在京广高铁检查维修接触网设备，作业完毕后由车站南头转线入库时，越过Ⅱ道下行关闭的出站信号机，造成两辆作业车挤过道岔、脱轨，中断京广高铁线上行线2 h 47 min。构成铁路交通一般 B4.1 事故。

二、原因分析

1. 接触网作业车司机在未取得行车凭证、确认出站信号机显示正确情况下盲目动车，导致接触网作业车组越过关闭的出站信号机、挤坏道岔，是本次接触网作业车调车脱轨事故的直接原因。

2. 班前待班制度不落实。作业车司机在待乘期间不按规定卧床休息，导致作业时精力不集中。

三、防范措施

1. 严格落实接触网作业车标准化作业制度。要结合《自轮运转特种设备乘务员一次乘务作业》标准，强化接触网作业车行车安全卡控措施，作业中必须双人确认行车凭证、动车信号、行车进路，严格执行车机联控及呼唤应答制度。严禁违章驾驶，臆测行车。

2. 严格落实班前休息制度。接触网作业车出乘前司乘人员应充分休息，严禁饮酒，0～6 点值乘前待乘休息不少于 4 h。

3. 加强车辆运行作业分析工作。专业管理部门要通过分析 GYK 运行数据、轴温数据、音视频数据等手段，查找接触网作业车运行作业中存在的问题并及时处理，确保行车安全。

案例 5

违章指挥人身触电作业事故

一、事故概况

××供电段在××站进行接触网综合维修。1 时 16 分，工长要求 3 号作业车组对Ⅲ道接触网设备进行检修，平台操作人员在向Ⅱ道旋转平台未果的情况下，要求接触网作业车副司机将平台限位销拔出。平台操作人员错误地将操作平台转向Ⅱ道带电线路，致使作业车平台栏杆与 88 号硬横梁Ⅱ道弓形腕臂(反定位)端部发生放电，造成接触网高空作业人员被电弧灼伤，构成铁路交通一般 C24 事故。

二、原因分析

1. 工长作为工作组员，在作业过程中越权指挥、擅自扩大作业范围。工作领导人在作业过程中未履行工作领导人职责，及时制止工长的越权违章指挥是造成此次事故的主要原因。

2. 平台操作人员对作业范围和带电区段掌握不清，错误判断上行Ⅱ道为下行Ⅲ道，在操纵接触网作业车平台向未封锁、未停电的Ⅱ道转动时，在平台限位销机械闭锁无法转动、不掌握限位销机械闭锁的作用情况下，盲目要求接触网作业车司机取下平台限位销，违章蛮干操纵接触网作业车平台向Ⅱ道未封锁的带电线路侧旋转，是造成此次事故的直接原因。

3. 接触网作业车指导司机对××站场股道编号错判，在接触网作业车副司机明确提示Ⅲ道方向前提下，依然违章指挥副司机取下平台限位销，为平台转动导致事故发生创造了条件，从而导致最后一道安全防线突破，是造成此次事故的重要原因。

三、防范措施

1. 强化作业车安全管理。明确各级管理岗位的行车安全主体管理职责，动力车间的专业指导职责和监督落实职责；强化指导司机管理工作，在强化指导司机业务能力培训的同时，引入指导司机岗位胜任淘汰机制，确保指导司机管控好现场行车安全。作业车司机切实抓好关键人管理，认真抓好一次乘务作业标准的落实，定期开展岗位胜任能力评价工作，确保行车安全。

2. 严格关键岗位任职资格和准入管理。一是要对维修作业的关键岗位再次进行梳理，进一步完善工作票签发人、驻站联络员、防护员、行车防护员、平台操作员、指导司机等关键岗位作业标准，设定准入条件，明确定期评价标准。二是加强行车主要岗位业务素质教育，教育职工掌握和落实行车基本作业制度，提高遵章守纪的自觉性。

3. 强化一次乘务作业标准的落实。完善作业平台机械限位装置锁闭固定销及钥匙的使用管理。

案例 6

调车脱轨一般 D2 事故

一、事故概况

××供电段在××场进行“接触网维修及隔离开关传动检查”的维修作业，2 时 31 分，接触网作业车进入Ⅳ道进行维修作业，3 时 07 分开放下行Ⅳ道至 SL 调车信号，3 时 55 分往北头运行至 313 号道岔时，接触网作业车司机听见异响停车，检查后退行至南场 313 号道岔处脱轨，6 时 45 分起复完毕。构成一般 D 类(D2)事故。

二、原因分析

1. 接触网作业车司机调车作业时，严重违反规章制度、盲目动车，是造成事故的主要原因之一。

2. 车站运转室作业人员严重违反作业纪律，也是造成事故的主要原因之一。

3. 电务段驻站联络员违反规章制度，盲目操控行车设备，是造成事故的重要原因。

三、防范措施

1. 要结合施工计划、施工方案、作业车无动力停留、《车站行车工作细则》要求和站场设备特点等，全面排查现场作业存在的安全风险，加强职工业务素质教育、相关应急处理预案的培训和关键作业盯控。

2. 要进一步健全完善轨道车司机作业标准，加强 GYK 记录文件分析，深入现场检查分析实际作业中存在的不足，采取切实有效的措施督促作业标准落实。

3. 要加强结合部作业管理，强化部门间协调沟通、信息共享，加大多工种作业的现场检查力度，特别要加强关键作业和关键时段的作业过程监督，合力整治多工种集体违章问题。

4. 调车作业过程中正、副司机共同确认调车信号及道岔径路是否正确，严格控制速度。

案例 7

工务段轨道车与客运列车发生侧面冲突事故

一、事故概况

××××次旅客列车在××站上行场Ⅰ道开车后，运行至站内 K737＋601 处，与越过关闭的 S1-Ⅲ信号机停于 1085 号道岔辙叉心处的××工务段轨道车组发生侧面冲突(图 7-1)，构成铁路交通一般 C1 类事故。

图 7-1　事故现场

二、原因分析

××工务段综合维修车间轨道车组司机仅凭日常从××车站1 场转 3 场时由东牵 2 线转线的惯例，臆测向东的调车进路，在接到车站“1 场Ⅲ道出对西牵 2 调车信号好了”的联控指路后，没有确认信号，盲目动车，越过关闭的 S1-Ⅲ信号机，停在 1085 号道岔侵限，被Ⅰ道开出的××××次客运列车机车侧面撞上。

三、防范措施

1. 调车作业中，必须做到“精力集中，谨慎驾驶，彻底瞭望，确认信号”十六字要求，并认真执行呼唤应答、手比眼看制度；完善作业制度和标准，加强调车作业安全管控，严禁臆测调车走行进路，确保调车作业安全得到有效控制。

2. 要加强对司乘人员的行车规章、信号设备专业知识的培训工作，使之熟练掌握列车、调车规章和作业办法，熟悉各作业站场和区间的各类信号显示意义，成为行车安全的明白人。

3. 规范GYK使用。司乘人员必须确认GYK设备作用良好，转线、调车作业时，司机、副司机(学习司机)调车信号开放后或调车手信号显示后，方可将GYK设置为“调车模式”，调车结束后应退出“调车模式”。

4. 调车联控要彻底，调车信号不清严禁动车。

案例8

接触网作业车溜逸挤坏道岔事故

一、事故概况

×日10时35分××供电段接触网作业车作业返回到达××站Ⅵ场Ⅰ道停车，停在线路警冲标内方处、关闭发动机，未采取人力制动机、铁鞋防溜措施。13时38分作业车发生溜逸并挤坏651号道岔，停在643号道岔上，破坏Ⅵ场Ⅳ道已开放××××次的出发进路，于16时58分销记恢复651号道岔设备正常使用，构成铁路交通一般C8类事故(图7-2)。

图7-2　事故现场

二、原因分析

1. 接触网作业车司机违反规定，车站停车等待时关闭发动机，并未采取防溜措施。

2. 作业车司机在停留等候期间未按规定检查制动仪表状态，造成车辆缓解发生溜逸、挤坏道岔。

三、防范措施

1. 单机停留时，严禁关闭发动机，作业车必须保持制动状态。

2. 作业车在区间被迫停车后，司机应使车列保持制动状态。在坡道上停车时，司乘人员还应拧紧手制动机、并将铁鞋放置于下坡端作业车车轮下。

3. 作业车司机在出乘过程、站停等候期间，严格遵守乘务员一次出乘作业标准，按规定时刻观察制动仪表状态，防止车辆缓解发生溜逸、挤坏道岔。

案例 9

作业车溜逸人身伤害事故

一、事故概况

××供电段接触网工区，20 时 20 分作业车进入××站至××站区间下行线进行接触网检修作业，在××隧道接触网 15 号支柱处停车，南端接地线人员和接地线监护人员下车。南端接地人员下车后作业车继续运行至 333 号支柱，北端接地线人员和接地线监护人员相继下车，在 331 号支柱处进行接地准备工作。此时作业车进行换端，准备从 333 号向作业车来时方向运行(11.6‰上坡)，在换端起车时作业车向来时反方向发生溜逸，20 时 28 分撞上北端 331 号支柱处正在做接地准备的作业人员，造成 1 死 1 伤，构成铁路交通一般 B1 类事故(图 7-3～图 7-5)。

图 7-3　第一次溜逸同时接地人员情况

图 7-4　第二次溜逸后接地人员情况

图 7-5　被撞人员道心位置

二、原因分析

1. 司机起步操作错误。一是司机从Ⅱ端换到Ⅰ端操作，司机未按照规定进行制动机简略试验。二是在 11.6‰的坡道起步，作业车 ECU 输出延时和加载不足以及单独制动阀制动缓解过早，导致车辆向来时反方向溜逸、发动机熄火，移动 4 m 后司机制动停车。三是停车后司机将变速箱工作开关从工作位旋转至 0 位，起动发动机后没有将变速箱工作开关旋转至工作位的情况下进行第二次起步，由于变速箱不在工作位置，缓解后第二次继续向来时反方向溜逸，跟班盯控的指导司机发现变速箱工作开关不在工作位，随即将变速箱工作开关旋转至工作位，导致发动机再次熄火。四是发动机熄火后，司机将变速器工作开关旋转至 0 位，又再次起动发动机。第二次溜逸67 m 后司机发现车辆溜逸制动停车。

2. 司机盲目按压 GYK“警惕”按钮。第一次溜逸后 GYK 发出了“相位防溜报警”，司机按压“警惕”按钮解除 GYK“相位防溜报警”；第二次溜逸后 GYK 发出了“空挡防溜报警”，“空档防溜报警”持续 2 s，司机按压“警惕”按钮解除了“空档防溜报警”，导致 GYK 没有排风制动，车辆继续溜逸。

3. 工区工长在作业中违章站在道心指挥接地线，未发现作业车溜逸，直至被撞。

三、防范措施

1. 加强作业车行车安全知识培训，狠抓司乘人员标准化作业水平。一是对作业车司机行车安全知识教育以及作业车操纵培训，重点对《铁路技术管理规程》、局《行车组织规则》、《接触网作业车管理办法》以及《接触网作业车司机标准化作业指导书》的培训和考核，提高司乘人员安全责任意识，牢固树立“安全第一”的思想。二是狠抓司乘人员标准化作业评定验收制，每季度对管内司乘人员全覆盖进行标准化作业评定验收，对评价不合格人员一律不准上岗，并组织进行脱产集中培训。

2. 加大现场管控整治力度。一是完善图示分工。将区间线路坡道纳入图示分工，工作领导人进行重点讲解，对司机进行抽问，确保掌握现场线路情况。二是加强关键人员重点帮教。充分利用现有行车记录仪、现场作业记录仪、摄像手电筒等音视频资源，全程监控司机作业，确定重点帮教对象，采用集中帮教或现场帮教的方式，提高司乘人员遵章守纪的自觉性。

3. 司机换端操作应使用自动制动阀进行保压制动，按规定进行制动机简略试验。

4. 动车前须按规定进行鸣笛警示；值乘作业中，须按规范操作使用 GYK。做到彻底瞭望、严格执行后部瞭望制度，认真确认车辆后部及线路状态。

案例 10

轨道起重机发生脱轨事故

一、事故概况

×日 14 时 13 分，××集团电务工程有限公司在站内 2 号道岔处吊装接触网支柱时脱轨，20 时 15 分起复完毕，20 时 20 分开通线路，中断行车 5 h 40 min，构成铁路交通一般 B 类(B4.2)事故(图 7-6)。

图 7-6 事故现场

二、原因分析

1. ××供电段轨道起重车操作人员违反操作规程，起吊 H170 支柱，仅使用了锁定油缸，未将轨道起重机支腿打起，吊臂伸展过长，力臂过大，是造成轨道起重车脱轨的直接原因。

2. 监理单位对施工现场安全监理失控，现场监理员虽然人在现场，但没有对拆除旧支柱及吊装过程中轨道起重车是否使用支腿这一施工安全关键进行旁站监理，这是导致事故发生的又一主要原因。

3. 施工主体单位×××施工现场监督检查不到位，施工检查人员没有到达支柱吊装施工现场，没有发现轨道起重车未使用支腿、操作人员违反操作规程的严重隐患问题，也是导致事故发生的又一主要原因。

4. 建设单位管理不到位，没有到达施工现场对该处施工的安全监督检查，这是导致事故发生的重要原因。

三、防范措施

1. 取得"特种作业操作证"的司机方可操纵起重机。司机应熟知起重机的构造和作用，具有管理、保养起重机的能力，并对起重机的操纵、保养负责；熟悉《铁路技术管理规程》和有关起重机安全作业的规章以及突发性事故的应急处置办法。无"特种作业操作证"的任何人均不准操纵起重机。

2. 轨道吊车在吊装重物时，要严格执行操作规程，做到：

(1)作业前，根据具体情况，制定吊装方案，安全措施。

(2)吊车司机和指挥人员，其他人员不得替代。

(3)在任何情况下，吊车的 4 个水平支腿都必须全部伸出到位，因受地形限制，不能按规定打牢支腿时，应不得作业。

(4)吊车的 4 个支腿垫木，要放在平整、坚固地段，在松软地面不得支腿，以防下陷倾翻垂直支腿不宜支起过高，车轮轮缘不得超出钢轨。

(5)吊车在起吊前必须试吊，大臂旋转时被吊物离地面不得过高，起停要平稳。严禁吊臂伸展过长、力臂过大。

(6)吊车在吊装过程中应设监护人，发现异常立即停吊。

(7)严格执行"十不吊"的规定。

案例 11

作业车撞断接触网支柱并造成作业车脱线事故

一、事故概况

××供电段××接触网工区按照维修计划在××客站进行线路设备整治停电作业，3 时 52 分作业结束前司机在没有征得工作领导人的同意下，按照调度命令将作业车开往区间，3 时 54 分在城际场牵出线撞土挡脱线后，继续向前移动，撞上后方接触网 C545 号锚柱，造成锚柱根部断裂。于 5 时 27 分恢复接触网供电，构成铁路交通一般 C(C14)类事故(图 7-7)。

图 7-7　事故现场

二、原因分析

1. 工作领导人没有将缩小作业范围和变更作业车运行进路情况告诉作业车司机，导致作业车司机误认为仍然按照计划运行进路行车，这是本次事故的直接原因。

2. 作业车司机作业结束前在没有征得工作领导人同意的情况下擅自动车，没有确认进路，运行过程中瞭望不彻底，臆测运行、速度控制不当，这是造成本次事故的重要原因。

三、防范措施

1. 加强施工组织安排、作业计划审核、现场标准化作业、作业车管控等，充分利用现有行车记录仪、现场作业记录仪、摄像手电筒等音视频资源，全程监控司机作业。加强现场作业安全卡控，坚持标准化作业，确保现场作业安全。

2. 严格落实标准化作业制度，认真执行作业指导书和行车安全卡控措施，上线运行必须精力集中，确认行车凭证、信号、进路；认真执行车机联控制度，做到用语标准；严禁违章驾驶，臆测行车。

3. 充分发挥分析作用进行重点抽查分析。重点对 GYK 监控操作及记录文件转储分析情况的检查，重点对监控参数设定、机能试验、施工、调车、区间作业返回、挂车、运行速度、制动机操纵等关键环节进行分析检查，对违反规定的严格纳入考核，规范司乘人员执行作业标准的自觉性。

4. 作业车司机(含指导司机)须清楚管辖区段站场、区间线路情况、信号机位置以及限速要求，掌握突发性事故的应急处置办法。接触网作业结束后，司机应及时与列车调度员(车站值班员)联系沟通，确认作业车走行径路，防止冒进事故的发生。

案例 12

自轮运转特种设备相撞脱轨事故

一、事故概况

×日 3 时 29 分，××大型养路机械运用检修段的两台捣固车在××线捣固作业完毕，区间返回准备连挂时，与本区段停留的××工电大修段轨道车组相撞，造成一台大机捣固车第 4、5 位轴脱轨，7 时 25 分起复完毕，8 时 07 分线路开通，影响正线行车 4 h 27 min，构成铁路交通一般 B 类(B4.2)事故。

二、原因分析

1. ××大型养路机械运用检修段线路捣固车操纵机班，在没有与××工电大修段施工负责人取得联系、不清楚区间停留轨道车准确位置情况下，臆测行车，违章设置 GYK 控制模式，盲目超速运行，是事故的主要原因。

2. ××工电大修段作为施工主体单位，未严格落实施工安全协议有关规定，没有指派人员登乘大机捣固作业车；轨道车到达连挂地点后，轨道车负责人与捣固车负责人未直接取得联系的情况，未提前在现场设置停车防护信号，是造成事故的另一主要原因。

三、防范措施

1. 严格落实 GYK 操作使用的要求，正确使用 GYK 的模式，连挂前确认被挂车辆的停放位置，杜绝臆测行车，连挂过程中控制速度。

2. 施工作业时针对山区线路、夜间天窗、高坡地段、新职人员等各种不利条件，完善细化施工管理制度、方案及安全措施，明确关键环节、关键时期、关键地段、多单位作业结合部及特殊情况的工作流程及责任分工。

3. 要提高安全责任意识，牢固树立“安全第一”的思想，处理好安全与施工正点的关系，杜绝抢点运行、盲目开通。两个施工单位作业车进行编组摘、挂作业，特殊情况需要摘挂时采取专项卡控措施，由双方派胜任干部盯控，按照规范要求重点审查卡控措施并追踪落实情况。

案例 13

接触网作业车挤岔事故

一、事故概况

×日 0 时 35 分，××高铁基础设施段接触网作业车组，在××站(含)——辅助所下行区间天窗作业时，作业车组由××站内 3 道向××站方向(向东方向)运行至 109 号道岔处，作业车司机未确认前方进路道岔开通位置，致使一台作业车第一轮对左轮压上 109 号道岔可动心轨尖端后走行 3.74 m，爬上翼轨轨面接续运行 5.14 m 停车，构成铁路交通一般 D2 类事故。

二、原因分析

1. 车站作业前未按规定召开会议；未明确 3 道为封锁的站内线路，未在维修计划中注明；车站值班员未编制并传达调车计划，作业车组进路准备妥当后联控时未带西出方向别，是造成脱轨事故的主要原因。

2. 作业车司机联控动车后未认真瞭望确认道岔位置；当日作业区域未当面传达驻站联络员，导致其对维修作业范围内供电作业车进路不清，开车前未与作业负责人联系，是造成事故发生又一主要原因。

三、防范措施

1. 加强施工组织管理。一是严把施工组织方案制定审核关，规范施工组织方案的项点、内容和要求，段、车间两级在方案制定审核、作业过程控制、关键环节卡控等方面，加强安全预想、明确关键环节、细化卡控措施，须将作业车调车转线、运行经路、停车地点、解体连挂等纳入施工组织方案审核内容；明确施工组织方案审批流程，段专业管理部门须把好专业审核关。二是加强施工作业过程控制，卡控安全关键环节，加强监督检查，促进施工负责人、驻站联络员、现场防护员、值乘司机等关键岗位人员规范履职、按标作业。

2. 严格落实作业车作业标准。一是进入封锁区间前，值乘司机须与车站执行"问路式"联控，确认开行方向正确、确认进路已安排妥当。二是进入封锁区间或作业完返回时，应适当降低过岔速度，值乘司机双人确认道岔进路。三是作业中需推进运行时，须指定胜任人员携带无线调度手持通信设备及手持信号在推行车辆运行前端引导。

3. 运用科技手段把关作用。依据 GYK 数据、作业视频及录音回放分析等方式，重在发现问题、解决问题。加强对车机联控、GYK 使用、进出封锁区间等关键环节的盯控，重点检查作业标准的落实情况，发现关键性、倾向性问题要及时通报考核。

案例 14

调车脱轨一般 D 类事故

一、事故概况

××工务段轨道车组担当×××××次，到达××站Ⅱ道停车。车站值班员安排轨道车转Ⅵ道调车作业，当轨道车组退行至13号道岔时，最后一位轨道车后台车进四股脱轨，并造成一辆轨道吊平板车连带脱轨。构成调车脱轨铁路交通一般D类事故(D2)(图7-8,图7-9)。

图7-8 事故现场

图7-9 事故现场

二、原因分析

1. 轨道车司机在调车作业中，不认真确认调车进路，不执行车调联控制度，闯过关闭的调车信号，是造成事故的直接原因。

2. 车站在组织调车作业中，没有按规定填写调车作业示意图，轨道车牵出后没有及时开放调车信号、排列调车进路，当发现轨道车退行闯过关闭的调车信号时，又抢排调车进路，在道岔转换过程中，最后一位轨道车进四股，这是造成事故的另一直接原因。

三、防范措施

1. 司机在调车作业中，要认真确认调车进路，按信号显示行车。

2. 加强行车主要岗位业务素质教育，教育职工掌握和落实行车基本作业制度，提高遵章守纪的自觉性。

3. 司机在施工作业前要提前掌握施工范围、施工起止时间、施工项目、运行径路等。站内调车作业必须认真执行车调联控制度，不联控不得动车。

参考文献

[1] 刘国庆．接触网作业车[M]. 北京:中国铁道出版社,2012.

[2] 金鹰重型工程机械有限公司．JW-4G 型接触网检修作业车使用保养说明书[Z]. 襄阳:金鹰重型工程机械有限公司,2016.

[3] 宝鸡中车时代工程机械有限公司．JW-4G 型接触网检修作业车使用保养说明书[Z]. 宝鸡:中车时代工程机械有限公司,2016.

[4] 潍柴动力股份有限公司．WP12 柴油机维修手册[Z]. 潍坊:潍柴动力股份有限公司,2016.

[5] 潍柴动力股份有限公司．WP12 柴油机培训手册[Z]. 潍坊:潍柴动力股份有限公司,2012.

[6] 潍柴动力股份有限公司．WP1 柴油机使用保养说明书[Z]. 潍坊:潍柴动力股份有限公司,2016.

[7] 潍柴动力股份有限公司．WP12 系列柴油机零件图册[Z]. 潍坊:潍柴动力股份有限公司,2016.

[8] 福伊特驱动技术公司．T211 液力传动箱操作说明[Z]. 上海:福伊特驱动技术(上海)代表处,2017.

[9] 福伊特驱动技术公司．T211 液力传动箱维护说明[Z]. 上海:福伊特驱动技术(上海)代表处,2017.

[10] 徐州顺特机电设备有限公司．铁路自动调平装置用户手册[Z].徐州:徐州顺特机电设备有限公司,2016.

[11] 徐州顺特机电设备有限公司．铁路支腿装置用户手册[Z]. 徐州:徐州顺特机电设备有限公司,2016.

[12] 李志锋,徐其瑞．轨道车及接触网作业车驾驶资格理论考试[M]. 成都:西南交通大学出版社,2015.

[13] 铁道部劳动和卫生司,铁道部运输局．高速铁路接触网作业车司机岗位[M]. 北京:中国铁道出版社,2012.

[14] 姜靖国．JZ-7 型空气和电空制动机[M]. 北京:中国铁道出版社,2013.

[15] 中车北京二七机车有限公司．BR711 型接触网多功能检修作业车使用保养说明书[Z]. 北京:中车北京二七机车有限公司,2016.